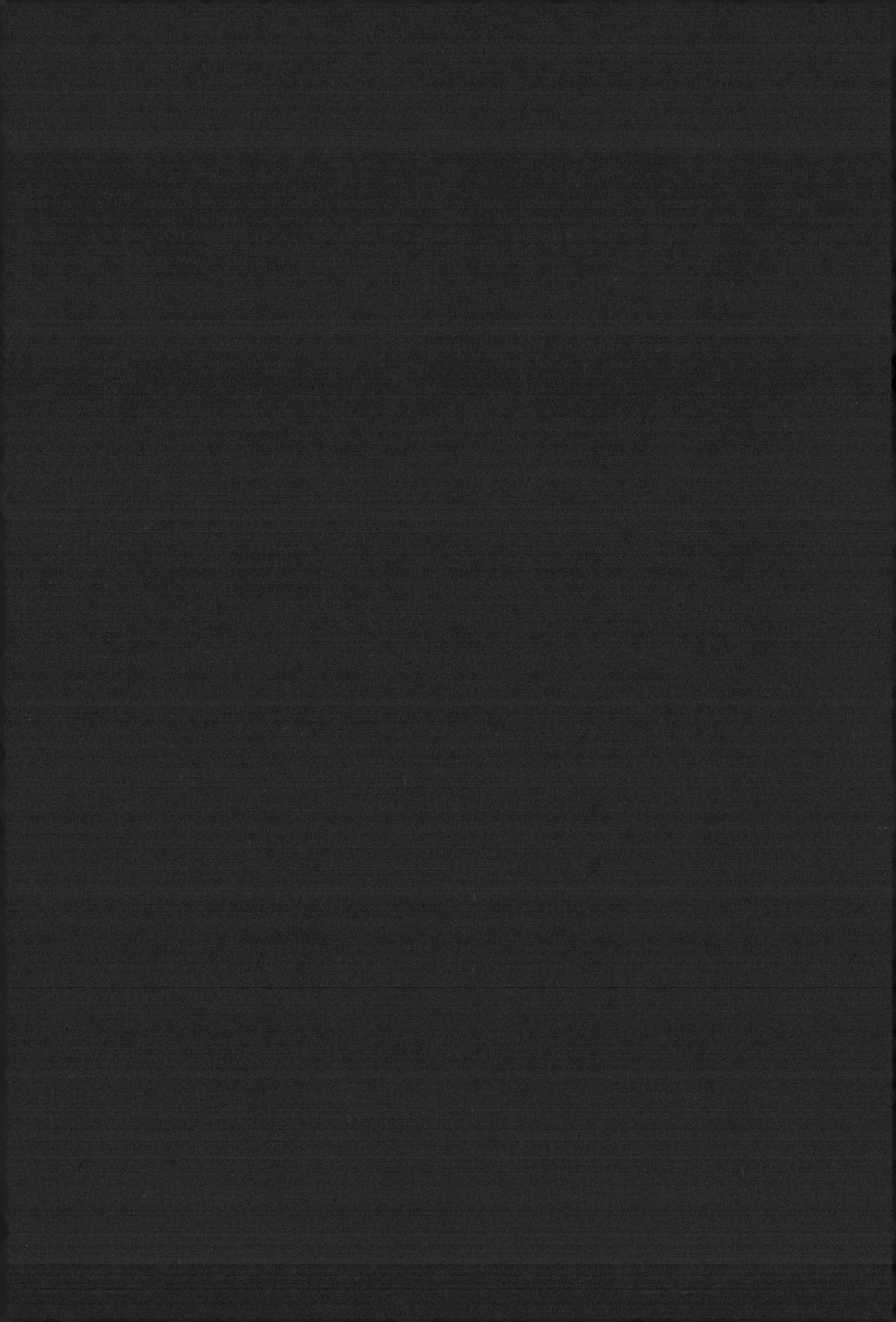

本教材受"四川大学立项建设教材"项目资助

四川大学马克思主义中国化教研室

（按姓氏拼音为序）
陈乐香　邓宗豪　纪志耿　李　红
李　俊　李小瑜　刘有军　马文武
王小鹏　羊绍武　张海浪　张仁枫
张晓磊　朱元南

思想政治理论课教学案例
中国故事

SIXIANG ZHENGZHI LILUNKE JIAOXUE ANLI
ZHONGGUO GUSHI

四川大学马克思主义中国化教研室 ◎主编

图书在版编目（CIP）数据

思想政治理论课教学案例：中国故事 / 四川大学马克思主义中国化教研室主编. -- 成都：四川大学出版社，2025.2

（四川大学思想政治理论课质量提升工程丛书 / 李栓久主编）

ISBN 978-7-5690-6448-3

Ⅰ．①思… Ⅱ．①四… Ⅲ．①高等学校－思想政治教育－教案（教育）－中国 Ⅳ．① G641

中国国家版本馆 CIP 数据核字（2023）第 210793 号

书　　名：	思想政治理论课教学案例——中国故事
	Sixiang Zhengzhi Lilunke Jiaoxue Anli——Zhongguo Gushi
主　　编：	四川大学马克思主义中国化教研室
丛 书 名：	四川大学思想政治理论课质量提升工程丛书
丛书主编：	李栓久
丛书策划：	张建全　周　洁
选题策划：	周　洁
责任编辑：	周　洁
责任校对：	于　俊
装帧设计：	墨创文化
责任印制：	李金兰
出版发行：	四川大学出版社有限责任公司
	地址：成都市一环路南一段 24 号（610065）
	电话：（028）85408311（发行部）、85400276（总编室）
	电子邮箱：scupress@vip.163.com
	网址：https://press.scu.edu.cn
印前制作：	四川胜翔数码印务设计有限公司
印刷装订：	四川煤田地质制图印务有限责任公司
成品尺寸：	185mm×260mm
印　　张：	19.5
插　　页：	2
字　　数：	471 千字
版　　次：	2025 年 2 月 第 1 版
印　　次：	2025 年 2 月 第 1 次印刷
定　　价：	66.00 元

本社图书如有印装质量问题，请联系发行部调换

版权所有 ◆ 侵权必究

扫码获取数字资源

四川大学出版社
微信公众号

目 录

第一编　经济战线上的奋进力量

"铁人"的三次落泪…… 3
"小岗梦也是广大农民的梦"…… 6
中央"1号文件"诞生记…… 10
只有奋斗的人生才称得上幸福的人生…… 15
义乌：从"鸡毛换糖"到小商品市场…… 20
"天下第一街"：武汉汉正街…… 24
坚持中西合璧，铸造"平朔模式"…… 29
推墙入海的"邯钢经验"…… 33
与深交所共成长的资本市场实践者…… 38
实业报国、达济天下的商界奇才…… 42
"领带大王"的家国情怀…… 46
大国工匠练就"振超效率"…… 50

第二编　勇攀科学高峰的民族典范

艰难归国路，只为报国赤子心…… 57
为国铸盾，卫和平…… 61
用一生熔铸"中国心"…… 65
把核放射变成治病救人"金钥匙"…… 69
中国笔石学科带头人…… 73
牧星耕宇的百岁人生…… 77
以智殉国　至死攻坚…… 83
跟月亮"打交道"的人…… 88
守护长江"微笑天使"的孤勇者…… 92
北斗，每一颗星都亮…… 96
禾下乘凉梦，一梦逐一生…… 99
践行科学家精神，传承发展中医药事业…… 103

第三编　文化自信是最基本、最深沉、最持久的力量

中国文化转型复兴的推动者……109
中国京剧艺术海外传播的先行者……112
德艺双馨的相声艺术家……115
把一生奉献给人民文艺事业……119
践行社会主义核心价值观的道德模范……122
从花鼓戏演员到闻名全国的歌唱家……128
初心不改的非遗文化传承人……132
痴心追慕中国文化的"老外"……136
不忘教育初心，牢记树人使命……140
塑造传承"女排精神"，铁榔头的传奇人生……144
择一事而终老，心归处是敦煌……148
守护故宫文化，传承精神血脉……152

第四编　保障和改善民生的中国行动

十八洞村的蝶变……159
独龙族的整体脱贫……163
"悬崖村"的整体搬迁……167
枫桥经验的金字招牌……170
酿造带领村民幸福的"人民小酒"……173
坚守职责，维护社会公平正义……176
推动"一带一路"卫生合作……179
扎根基层，为民燃烧青春……183
守护农民健康："新农合"的前世今生……187
红旗渠：太行山上的"人工天河"……191
青藏铁路：挑战极限筑天路……195
武汉长江大桥：天堑变通途……199

第五编　美丽中国的"绿色"实践

与沙漠战斗到底……205
用信念担当，用生命坚守……209
八步沙造林，三代人接续……213
牢记领袖嘱托，大力学习弘扬右玉精神……217

绿水青山就是金山银山
　　——浙江余村践行"两山论"……220
人不负青山，青山定不负人
　　——陕西省坚决打好秦岭保卫战……223
像对待生命一样对待生态环境
　　——大理洱海生态治理实践……227
保护生态环境就是保护生产力
　　——海南省建设国际旅游岛……231
塞罕坝的华美转变……235
共抓大保护，不搞大开发
　　——长江经济带走出生态优先、绿色发展之路……239
退耕还林还草第一市……243
"象"往云南生物多样性之美
　　——云南亚洲象群北移南归……247

第六编　一心为民的报国儿女

传承焦裕禄精神，做焦裕禄式的县委书记……253
尘封功绩彰显出的初心与本色……257
一辈子跟党走，一辈子为人民……262
用"火眼金睛"书写矢志报国……266
一辈子当个好工人……270
"燃灯校长"为教育扶贫坚守初心使命……274
把根扎在青藏高原……279
赤诚报国，奉献航天……283
用热血和青春筑起巍峨界碑……287
新时代革命军人的无手军礼赞歌……291
沙洲村"半条被子"映初心……295
支部领路，共同致富……299

第一编

"铁人"的三次落泪
"小岗梦也是广大农民的梦"
中央"1号文件"诞生记
只有奋斗的人生才称得上幸福的人生
义乌：从"鸡毛换糖"到小商品市场
"天下第一街"：武汉汉正街
坚持中西合璧，铸造"平朔模式"
推墙入海的"邯钢经验"
与深交所共成长的资本市场实践者
实业报国、达济天下的商界奇才
"领带大王"的家国情怀
大国工匠练就"振超效率"

"铁人"的三次落泪

张海浪

铁人王进喜为我国石油工业发展做出了卓越贡献,他用自己毕生的革命实践,为我们树立了一个用毛泽东思想武装起来的工人阶级先锋战士的光辉形象。他给我们留下的"铁人精神",永远激励着我国人民勇往直前。然而正是这样一位"铁人",却也有过三次落泪,这三次落泪足以展现一个刚强男儿充满温情的内心世界。

为祖国流泪

1950年,王进喜成为新中国第一代钻井工人。六年后,他率领的钻井队从"豆腐队"变成了"钢铁钻井队",他也获得了"钻井闯将"的称号。然而,这位"闯将"却在1959年蹲在北京街头失声痛哭。1959年,王进喜作为石油战线的劳动模范到北京参加群英会,看到大街上的公共汽车,车顶上背个大气包,他好奇地问别人:"背那家伙干啥?"人们告诉他:"因为没有汽油,烧的煤气。"这话像锥子一样刺痛了他。王进喜后来说:"北京汽车上的煤气包,把我压醒了,我真真切切地感到国家的压力、民族的压力,呼地一下子都落到了自己肩上。"身在玉门的他,虽然打了很多油井,出了油,但这对国家建设而言无异于杯水车薪。国家那么困难,自己还有脸到北京开会、受表彰,真是羞耻啊!看到来来往往的公交车上的煤气包,王进喜禁不住蹲在沙滩街上流泪了。

每当想起这些,他感到那煤气包像千斤重担压在自己的身上。他曾多次向战友们说:"一个人没有血液,心脏就停止跳动。工业没有石油,天上飞的,地上跑的,海上行的,都要瘫痪。没有石油,国家有压力,我们要自觉地替国家承担这个压力,这是我们石油工人的责任啊!"

为战友流泪

1960年春,我国石油战线传来喜讯——发现大庆油田,一场规模空前的石油大会战随即在大庆展开。王进喜从西北的玉门油田率领1205钻井队赶来,加入了这场石油大会战。一到大庆,呈现在王进喜面前的是许多难以想象的困难:没有公路,车辆不足,吃和住都成问题。但王进喜和他的同事下定决心:有天大的困难也要高速度、高水平地拿下大油田。钻机到了,吊车不够用,几十吨的设备怎么从车上卸下来?王进喜说：“咱们一刻也不能等，就是人拉肩扛也要把钻机运到井场。有条件要上，没有条件创造条件也要上。”他们用滚杠加撬杠，靠双手和肩膀，奋战三天三夜，使 38 米高、22 吨重的井架迎着寒风矗立荒原。这就是会战史上著名的"人拉肩扛运钻机"。要开钻了，可水管还没有接通。王进喜振臂一呼，带领工人到附近水泡子里破冰取水，硬是用脸盆水桶，一盆盆、一桶桶地往井场端了 50 吨水。经过艰苦奋战，他们仅用五天零四小时就钻完了大庆油田的第一口生产井。在重重困难面前，王进喜带领全队以"宁可少活二十年，拼命也要拿下大油田"的顽强意志和冲天干劲，苦干五天五夜，打出了大庆第一口喷油井。在随后的 10 个月里，王进喜率领 1205 钻井队和 1202 钻井队，在极端困苦的情况下，克服重重困难，双双达到了年进尺 10 万米的奇迹。

1961 年春，大庆石油会战正如火如荼地进行。由于正处于三年困难时期，油田粮食缺乏，职工吃不饱，每天只有五两粮食保证三餐伙食——"五两保三餐"。对于重体力劳动的钻井工人来说，能维持活下去已经是万幸。工人不得不靠挖野菜充饥，许多人身体出现浮肿。时任钻井二大队大队长的王进喜，有一天去井队，老远看不见一个人影，走近一看，工人都跪在坑里一锹锹挖着泥浆池，喘着粗气，大汗淋漓。此情此景，王进喜流泪了。他下决心把工人的生活搞上去，于是开始抽调力量开荒种地。

在那些日子里，王进喜身患重病也顾不上去医院；几百斤重的钻杆砸伤了他的腿，他挂着双拐继续指挥；一天，突然出现井喷，当时没有压井用的重晶粉，王进喜当即决定用水泥代替。成袋的水泥倒入泥浆池却搅拌不开，王进喜就甩掉拐杖，奋不顾身跳进齐腰深的泥浆池，用身体搅拌，井喷终于被制服，可是王进喜累得站不起来了。房东大娘心疼地说："王队长你可真是铁人啊！""铁人"的名字就是这样传开的。

为亲人流泪

1970 年春，在周总理的关照下，胃癌晚期的王进喜住进了北京 301 医院。弥留之际，王进喜牵挂的太多了，他第一个想见的就是母亲。组织上也已经安排。但 74 岁的母亲在大庆准备出发时，突发重感冒住进医院。这些，王进喜并不知道，他只知道母亲快来了，甚至在睡梦中都梦见了母亲，醒来便一个劲儿地问身边的陪护人员："来了没有？来了没有？"大家就说："快了！快了！"他说："快了怎么还不来啊！都急死我了。"说着说着就流泪了。王进喜逝世一个多月后，他母亲也离去了。

王进喜为发展祖国的石油事业日夜操劳，终致身心交瘁，积劳成疾，于 1970 年患胃癌病逝，年仅 47 岁。男儿有泪不轻弹。王进喜一生的三次流泪，透露出他丰富的情感世界，即对工作和生活的热爱，以及对祖国深深的爱。

案例点评

王进喜干工作处处从国家利益出发，他重视调查研究，依靠群众加速油田建设，艰苦奋斗，勤俭办企业，有条件上，没有条件创造条件也要上，建立责任制，认真负责，严把油田质量关。他留下的"铁人精神"和"大庆经验"，成为我国进行社会主义建设的宝贵财富。1964年，毛主席向全国发出"工业学大庆"的号召。

王进喜身上体现出来的"铁人精神"，激励了一代代的石油工人。铁人不仅是工人阶级的先锋战士、共产党人的楷模，更是个为国家分忧解难、为民族争光争气、顶天立地的英雄。

 **教学建议**

人生追求，是人的精神境界最集中的体现。铁人王进喜的人生追求是党和人民的利益，要给党争气，给中国人民争气，为民族的尊严争气；为中华民族伟大复兴加油，为国家的声誉、国家的强盛争气，要为党的事业而活。他的人生追求，来自他对党的深深感激和无限热爱，是中国共产党人的一种崇高使命和责任意识，是中国共产党人无悔奉献、迎难而上、艰苦创业和自强不息的优秀品质，是中国共产党人在遇到危急情况时挺身而出的集体本位的角色担当。铁人王进喜用"爱国""奉献"精神在石油大会战中"创业""求实"，实现了他人生乃至石油大会战史的很多第一。本故事可用于"走中国工业化道路的思想"的教学案例，讲解新中国刚刚成立时，我国工业基础非常薄弱，在很多工业领域甚至还是空白的现实国情下，党和国家对社会主义工业化建设的初步探索。

 **学习思考题**

1. 王进喜的人生追求是什么？当代青年如何传承和弘扬铁人精神？
2. 在中国特色社会主义新时代，如何进一步发挥"铁人精神"，建设中国特色社会主义，实现中华民族伟大复兴？

◆ 参 考 文 献 ◆

陈瑜. 铁人王进喜的三次落泪 [J]. 中国石油企业，2021 (11)：81.
郭岗彦. 铁人印记 [M]. 青岛：中国石油大学出版社，2021.
李杰，王晓英，关燕炯. 铁人王进喜：不忘初心牢记使命的典范 [J]. 发展，2020 (2)：38-39.

"小岗梦也是广大农民的梦"

张海浪

小岗村的中央有一条宽敞的马路,名为友谊大道,在这条全长700米的大道上,坐落着一座大包干纪念馆,里面珍藏了一张由18个大包干带头人以按红手印方式签下的契约,他们互相约定:"我们分田到户,每户户主签字盖章,如以后能干,每户保证完成每户的全年上交和公粮。不在(再)向国家伸手要钱要粮。如不成,我们干部作(坐)牢刹(杀)头也干(甘)心,大家社员也保证把我们的小孩养活到十八岁。"这份契约记录了时代的峥嵘,见证了改革的缘起和决心。

"大包干":为了吃饱饭

"当时真的是吃不上饭,一到秋天就得去要饭,"说起大包干之前的状态,18位带头人之一的严金昌还是忍不住叹气,"要饭真的是太丢人了,但是不要又吃不饱饭,家里还有老婆孩子要养。"严金昌家的日子原本还可以,1975年的时候,他在不到5分的自留地里种了生姜、辣椒、大葱,还养了一头母猪,母猪每年能生两个崽,还能拿出去卖钱,够一家9口人糊口了。但是,他家因此被当成"走资本主义"的暴发户,接连被大队、公社批判了好几场。此后,他便和父母兄弟分头出去讨饭。

1978年以前,小岗村是凤阳有名的"吃粮靠返销、用钱靠救济、生产靠贷款"的"三靠村",每年秋收后几乎家家外出讨饭。1959年到1961年三年自然灾害期间,小岗村饿死了67人,绝了6户人家。1978年,凤阳遭受特大旱灾,饥饿的阴影再次笼罩在小岗人头上。作为一个生产队,小岗村"大集体"的弊端不断显现。"当时就是算工分,干多干少一个样,只要每天按时出现在地里就行,"带头人之一的关友江告诉记者,"平均主义"极大挫伤了农民的积极性,导致谁都不愿真正出力干活,"谁都不干,怎么可能有粮食吃?"

生存的问题把小岗村逼上了绝路,他们开始有了打破平均主义的想法,当时为了不突破政策红线,先试验分成两组,然后四组,再到八组,"两组、四组的效果不明显,一直到八组的时候差不多就是以家庭为单位了,那个时候积极性稍微好了些,但还是不够,"关友江说,"反正都这样了,大家就决定把地分得彻底些,分到个人手上。"1978年11月24日,严金昌、严俊昌、严宏昌、严立学等18户的户主在严立华家的茅草房里,借着昏暗的灯光,齐齐在那份"保证书"上按下了红手印。之后,队里的土地按人均四亩半划分,有的多点有的少点,也没有人在意,大家心往一处想,劲往一处使,第二年就取得了大丰收,"那一年真是人努力天帮忙,粮食多得都吃不完,"说起这个,关友江还是抑制不住地激动。

"大包干":拉开中国农村改革的序幕

大包干纪念馆内展出的一组数字记录了1979年的大丰收:粮食总产13.3万斤,相当于"文化大革命"期间年均产量的4倍;油料总产3.5万斤,相当于之前20年产量的总和;交售粮食6.5万斤,自合作化以来第一次向国家交售余粮;交售油料2万斤,超过任务的80倍;归还贷款800元,小岗村历史上第一次归还国家贷款;人均收入400元,是1978年的18倍。

虽然成果是喜人的,但是在当时的背景下,分田到户的做法依然是政策明令禁止的,小岗村能够从绝境中杀出一条路,除了自身努力,与时任领导的包容也有很大关系。据严金昌回忆,时任凤阳县委书记陈庭元同情小岗村村民的境况,他说:"只要你们交齐国家征购、集体提留,并带头还贷款,还叫你们干下去。"时任滁县地委书记王郁昭在小岗村视察后提出:"春耕大生产已经开始,不管用什么形式,一律不动,以后有什么事情就由地委负责。"直到1980年,时任安徽省委书记万里来到小岗村。在严宏昌家开的座谈会上,万里对小岗村的包产到户明确表示:"地委批准你们干3年,我批准你们干5年。"对于有人批评小岗村在"开倒车"的说法,万里说,只要能对国家多做贡献,对集体能够多提留,社员生活能有改善,干一辈子也不能算"开倒车"。

1978年5月11日,《光明日报》头版刊登了《实践是检验真理的唯一标准》,小岗村用生动的实践验证了包产到户能够激发生产力这条真理。此后,大包干在全国推广开来。

这如同一股强劲的东风,瞬间冲垮"大呼隆""大锅饭",点燃地火,唤醒了沉睡已久的农村大地。18枚红手印催生的家庭联产承包责任制最终上升为中国农村的基本经济制度。中国农村改革的大幕由此被拉开。

"纪念改革最好的方式就是继续改革"

"大包干"后,小岗人吃饱肚子不再是问题,可如何实现富裕?小岗人改革再出发。2008年,关友江开了全村第一家农家乐"大包干菜馆"。不久,小岗村又开始了另一项改革——土地流转。

"大包干"带头人已逐渐把田地流转出去,和孩子们办农家乐、开超市,不再局限于在地里"刨食"。"作为小岗人,尤其是大包干带头人,更要继续发扬'敢为天下先'的改革精神,"严金昌说。

今天的小岗村,已从当初一百多人的生产队发展成为全国十大名村,正在加速打造文化、旅游、培训、现代农业四个特色品牌,乡村振兴实施方案已然绘就。

"纪念改革最好的方式就是继续改革。"严金昌说,乡村振兴,小岗村不能落后。打造一个经济繁荣、社会和谐、环境优美、村民幸福的新小岗,"这就是我的'小岗梦'。"

2016年4月25日，习近平总书记一行来到小岗村，在18户农民发起大包干签字的"当年农家"院落看当年的茅草屋，了解当年农户们商量搞大包干在这里签字的场景，称赞小岗村当年的创举是我国改革开放的一声春雷，叮嘱大家要好好记住这段历史。① "大包干"的红手印定格了中国农村改革的起点，唤醒了沉睡的大地。习近平总书记指出，我国改革是从农村起步的。小岗村是农村改革的主要发源地。② 2018年，党中央、国务院授予小岗村"大包干"带头人"改革先锋"称号，并颁授"改革先锋"奖章。

案例点评

　　包产到户后小岗村村民的日子变化很大，从吃不上饭到家家余粮吃不完，从茅草房修成了瓦房，从牛犁地换成了机械耕地，大包干迸发的活力让小岗村村民走上了幸福的道路。如今，迈入新时代的小岗村正开启新的改革征程。据了解，小岗村已完成或正在推进的改革试点有12项，已全面完成2.132万亩村集体土地所有权和1.37万亩农村土地承包经营权确权颁证，既让农民吃下"定心丸"，也助力现代农业发展走上"快车道"。今天的小岗村正在加速打造文化、旅游、培训、现代农业四个特色品牌，乡村振兴实施方案已然绘就。

教学建议

　　农村改革特别是家庭联产承包责任制的实行，对充分调动亿万农民积极性、打破农业长期停滞不前的困难局面，加快农业发展，改变农村面貌，产生了深远的影响和极大的推动作用。小岗村农业"大包干"改革突破了"政社合一""一大二公"的人民公社体制，突破了劳动组合上的"大呼隆"，变集中劳动为"宜统则统、宜分则分"的分工协作，提高了农民劳动积极性；创造了与当时中国广大农村生产力相适应的中国特色社会主义的新的农业生产模式，极大地促进了农村生产力的发展；彻底解决了农民温饱问题，并初步解决了我国的粮食安全问题。本故事可用于"改革开放和现代化建设的实践是邓小平理论形成的现实依据"的教学，讲解在我国改革开放和社会主义现代化建设过程中，邓小平是如何始终站在时代潮流的前面，支持、鼓励、保护、引导人民群众的伟大创造，从中总结两方面经验并上升为理论的。

学习思考题

　　1. 结合小岗村"大包干"案例，谈一谈为什么"纪念改革最好的方式就是继续改革"。

---

　　① 习近平：加强改革创新开创发展新局面［EB/OL］．人民网，2016-04-27，http://jhsjk.people.cn/article/28309757．

　　② 习近平：《论坚持全面深化改革》，北京：中央文献出版社，2018年，第256页。

2. 习近平总书记在小岗村调研时强调:"小岗梦也是广大农民的梦。"广大农民的梦是什么?如何实现这一梦想?

本刊资料. 纪念改革开放 40 周年:小岗村实行"大包干"回顾 [J]. 党史博览,2018 (7):2+65.
李孙强. 中国农村改革源头探究——凤阳小岗村大包干到户 [J]. 经济与社会发展,2012,10 (8):59.
钱江. 划时代的红手印——小岗村"大包干"契约的产生经过 [J]. 党史博览,2008 (9):10—13.
王翔. 小岗村:从大包干到筑梦新时代 [J]. 农村工作通讯,2018 (Z1):59—61.

中央"1号文件"诞生记

张海浪

波澜壮阔的中国改革事业发端于农村。改革开放40多年来,围绕农业、农村、农民问题,中央出台了一系列重要政策文件,包括数个中央全会文件和近30个中央"1号文件"。在不同历史阶段,中央农村工作文件准确地把握保护农民物质利益、尊重农民民主权利、不断解放和发展社会生产力的改革主线,加速了城乡协调发展的历史进程。这些有关"三农"的中央"1号文件",记录了农村改革前进的步伐,闪烁着农民首创精神的光辉,也彰显了中央对"三农"问题的重视。

首个中央涉农"1号文件"的诞生

改革初期,中央农村工作文件起草时一般都先分门别类下去调研,还常常委托地方和外单位调研,广泛听取干部群众的意见。起草、汇报、研究政策措施……最终由决策层定下来。

1982年1月1日,中共中央发出第1个"1号文件",对迅速推开的农村改革进行了总结,并对当年和此后一个时期的农村改革和农业发展做出了具体部署。之后,连续4年的中央"1号文件"都是关于农村政策的。1982年首个"1号文件"突破了传统的"三级所有、队为基础"的体制框框,明确指出包产到户、包干到户或大包干"都是社会主义生产责任制"。这个文件不但肯定了"双包"(包产到户、包干到户)制,而且说明它"不同于合作化以前的小私有的个体经济,而是社会主义农业经济的组成部分"。那么,首个"1号文件"是如何诞生的呢?

中国改革的起点是以包产到户为标志的农村改革。然而,十一届三中全会决议的规定却是"不许包产到户"。改革起点的两个标志事件竟然是不等式,其中斡旋的推手便是杜润生。

"文化大革命"结束后,杜润生得到彻底平反。当农村工作需要他时,杜润生第一时间站到了工作岗位上,国家新成立了农业委员会(简称"农委"),杜润生因为有农村工作经验,被任命为副主任,他只争朝夕地工作,争取为党多做一份贡献。初回农委工作,有同志好言相劝,要杜润生紧跟党中央,不要搞包产到户。另外一些同志则说,包产到户势在必行,只是个时间问题。虽然长期离开了农口,但身离心不离,依然熟悉农村情况,敢于替农民讲话的杜润生毅然决然选择了支持农民这一伟大的创举,坚信"野火烧不尽,春风吹又生"。

在高层，包产到户依然是一个非常敏感的争议问题。1980年在中央长期规划会议上，杜润生借机提出先在贫困地区试行包产到户。他说："贫困地区要调那么多粮食救济，交通又不便利，靠农民长途背运，路上就吃了一多半，国家耗费很大，农民所得不多。建议在贫困地区搞包产到户，让农民自己包生产、包肚子，两头有利。"

1980年9月，杜润生受中央委托，在中央召开的省委第一书记会议上发言，为国家农委代中央草拟的《关于进一步加强和完善农业生产责任制的几个问题》的文稿作说明，着重谈处理好包产到户问题。在杜润生发言前，对包产到户问题会上发生激烈的争论，公开赞成比较突出的是辽宁的任仲夷、内蒙的周惠、贵州的池必卿，这是少数，多数表示沉默，有的还坚决反对。反对的人说："包产到户是条独木桥。我们不走这条独木桥。"池必卿则针锋相对地说："你走你的阳关道，我走我的独木桥。"

据杜润生回忆，会议休息当中，一位同志拉住他说："包产到户，关系晚节，我们有意见不能不提，留个记录也好。"意见严重不统一使得会议无法继续。

杜润生的发言只有2000多字，却深入浅出，言简意赅，共分八条，把包产到户的由来、性质和好处都讲了，其中最突出的是他海纳百川，把各方的意见兼容并包，机智地选择了避开争论，就最容易统一双方认识的三个问题做文章。

一是他强调尊重农村干部勇于探索和农民群众自主选择权。对农民，他很有针对性地说："必须坚持社会主义方向，但要从实际出发，联系农民，照顾农民要求，以便于更好地引导农民前进。""如果群众自发搞包产到户，就应积极去领导，而不可顶牛或放任自流。""不该搞而搞了的不要硬纠。""还有些是需要搞而没有搞的，任群众自主选择，以免与群众对立。"对干部，他说："鼓励解放思想，调查研究新情况、新问题，勇于探索，言者无罪，兼听并收。"

二是他阐明包产到户、包干到户是社会主义经济的一种责任制的道理，但不强加于人，明确提出："这个问题上一些不一致的认识，可留待实践中解答。"

三是他阐明在全国各地都不同程度地暗中搞起来的包产到户，是解决长期以来没法解决的燃眉之急——温饱问题的好办法。他说："集体经济办不好，群众不积极；群众不积极，集体经济更办不好，形成恶性循环。包产到户可以作为一种对恶性循环的突破，不失为较好的选择。调查表明，实行包产到户后，大多增产。"

听了杜润生的发言，相持不下的一把手们，对包产到户问题采取了妥协折衷的态度，很快通过了代拟稿。最终形成后来著名的"75号文件"（即《中共中央关于进一步加强和完善农业生产责任制的几个问题的通知》）：在边远山区和贫困落后地区，群众"要求包产到户的，应当支持群众的要求，可以包产到户，也可以包干到户"。还提出：非边远山区、贫困落后地区"已经实行包产到户的，如果群众不要求改变，就应当允许继续实行"。这就改变了此前中央文件规定的"两个不许"（不许包产到户，不许分田单干），也比随后中央文件规定的"一个不许"（不许分田单干）、"一个不要"（不要包产到户）大大前进了一步。

在这年12月召开的中央工作会议上，邓小平发表讲话，肯定了"75号文件"，但当时农村改革刚刚开始，"只有三分之一的省干起来"，其他"就有不同意见"，没能执行。特别是中央领导班子的调整尚未完成，指导农村改革的思想不尽一致。《人民日报》

《农村工作通讯》《山西日报》《大众日报》《湖南日报》等报刊甚至发表文章批评"包产到户"。因此,"75号文件"受到局限。

中国改革率先从农村突破的背后

1981年6月29日,中共十一届六中全会通过了《关于建国以来党的若干历史问题的决议》,实事求是地评价了毛泽东的历史地位,并完成了以邓小平为核心的第二代领导班子的组建。新的中央领导班子主持工作后,针对国际国内形势,迅速着手进行农村改革。

7月18日,杜润生向万里汇报村工作时,万里对杜润生说,中央"75号文件"中的有些内容给极左的人和不实事求是的人撑了腰。比如说"我国多数地区集体经济是巩固的或比较巩固的";农业改革在一些地区要突破人为障碍的问题,还没有完全解决。万里提出,要考虑制定新的文件。

7月31日,胡耀邦阅批了一期《国内动态清样》,并对万里说:"我考虑今年9、10月要再产生个农业问题指示,题目可叫'关于搞好明年农业生产的几个问题'。请考虑是否叫农口同志先酝酿一下,如杜(指杜润生)。再下去考察前,也可找他先谈一次。"

这年,杜润生组织了17个联合调查组,分赴15个省调查包产到户。来自安徽的调查组报告说:包产到户是"农村的曙光,中国的希望"。这一年全国有161万个生产队包产到户,占生产队总数的32%。调查中许多农民的淳朴话语给杜润生留下了深刻印象。江苏的农民说:"不怕累,就怕捆。"石家庄一先进大队的农民说:"原来是把大家都拴在一个槽上,挤在一起吃那一点草料,管吃不管饱,自己找点东西吃都不让,只能一起饿肚子。"农民实践探索出来的适合生产力要求的产权形式,却久久得不到合法的承认,这场观念的交锋在当时中国产生的思想冲击,一直让杜润生回味悠长。

8月4日,胡耀邦找杜润生谈话,布置了文件起草工作,并特别提出了文件要写政策放宽问题。胡耀邦指出:我国农业从1978年以来的好转,主要得力于党的十一届三中全会出台的加快农业发展的25条政策,要继续放宽政策。最后要求文件于11月上旬提交中央拟召开的工作会议讨论。

9月上旬,国务院领导布置国家农委召开安徽、浙江、黑龙江、贵州等省农口负责人和滁县、嘉兴等地区主要负责人参加的座谈会,就文件起草的问题进行了讨论。会上,滁县和农业部的同志发生激烈争论。当时,全国各地"包产到户"的生产队已占32%,争论的焦点集中在下一步该怎么办。一种主张是维持中央"75号文件"的框子,不再扩展;另一种主张是只要农民愿意,就不要限制其发展。这一争论,涉及的深层次问题是"包产到户"究竟姓"资"还是姓"社"的问题。

10月4日至21日,中共中央召开了农村工作会议,各省主管农村工作的负责人都到会参加。这期间,中央书记处在10月12日还专门接见了会议代表,一起讨论了文件草稿。文件草稿肯定了杜润生倡导的土地家庭承包经营制度。在讨论中,胡耀邦针对"包产到户"究竟姓什么的争论指出:现在有一个问题,文件需要讲清楚,这就是农村改革与"包产到户",并未动摇农村集体经济。可是有些干部、群众总是用习惯语言,把改革说成是"分田单干",这是不正确的。责任制用了"包"字,本身就说明不是"单干"。土地是最基本的生产资料,坚持土地公有没有变,只是"包"给农民,而不是"分田",这应向干部和群众进行宣传解释,说明我国农业坚持土地公有制是长期不变的,建立生产责任制也是长期不变的。最后,文件草稿由各省带回去,经过省里讨论,并根据各省意见进行了修改定稿。

12月21日,中央政治局召开会议,讨论通过了修改意见稿,并定名为《全国农村工作会议纪要》。当这个文件在政治局通过后,杜润生找到胡耀邦、赵紫阳两人,建议将这个文件安排在1982年的元旦发出,成为新年的第1号文件,以便引起全党和全国重视。胡耀邦和赵紫阳当即表示赞同,胡耀邦随后签发了这个文件。于是,1982年1月1日,中共中央批转了《全国农村工作会议纪要》,指出目前农村实行的各种责任制,包括小段包工定额计酬,专业承包联产计酬,联产到劳,包产到户、到组,包干到户、到组,等等,都是社会主义集体经济的生产责任制。这样,"中发〔1982〕1号"文件便诞生了,正式肯定了土地的家庭承包经营制度,结束了对包产到户长达20多年的争论。

"1982年这个文件的核心,是第1次以中央的名义取消了包产到户的禁区,尊重群众的选择,并宣布长期不变。文件的另一要点是尊重群众的选择,不同地区,不同条件,允许群众自由选择。"杜润生回忆说,"这个文件报送给中央,邓小平看后说'完全同意'。陈云看后叫秘书打来电话说:这是个好文件,可以得到干部和群众的拥护。"

这一文件的重大意义在于初步说明了"包产到户"不姓"资",并强调要进一步放宽农村政策。当时农民称中央的"1号文件"好比让他们吃了一颗"顺心丸"。这个文件发布后,到11月,全国实行"双包"的生产队占到78.8%。1982年的农业总产值比上年增加11.2%。

当时,胡耀邦说:农村工作方面,每年搞一个战略性文件,下次还要排"1号"。于是,此后四年,每年元旦都发一个关于农村问题的中共中央文件。虽然第一个"1号文件"打破了政策坚冰,但是很多实际问题接着涌现出来,亟待回答。比如允许不允许私人购买拖拉机,农民能不能倒买倒卖长途贩运。再比如雇工已经出现,政策是否允许等。今天看来,这些都不成为问题了,但在当时则属于争议极大的大政方针。为了解决这些现实问题,杜润生又指挥部下展开紧张的调研,在各地召开一系列会议讨论研究,并且继续争取最高层的支持,起草新的文件。

1982年至1986年,中央连续发布5个指导农村改革和发展的"1号文件",其主要精神分别是:1982年,正式承认包产到户的合法性;1983年,放活农村工商业;1984年,疏通流通渠道,以竞争促发展;1985年,调整产业结构,取消统购统销;1986年,增加农业投入,调整工农城乡关系。5个"1号文件"可圈可点,总的方向是一步步消除左的束缚,解放农民和农村生产力,从而为中国农村的现代化奠定了最初的政策基础。作为中共中央书记处农村政策研究室主任兼国务院农村发展研究中心主任,杜润生同样主持起草了这几个有关农村政策的文件。每年年初布置调查题目,秋季总结,冬天起草文件,次年年初发出。

20世纪80年代初,5个"1号文件"开启了中国农村发展的第一个重要时期。主要拉动力是农民首创的家庭联产承包责任制。它极大调动了农民生产积极性,集中释放了压抑已久的农村社会生产力，一举解决了中国人的吃饭问题。杜润生这样总结当年5个"1号文件"的历史使命："中国农业的进一步改革，受制于城市国有经济体制改革和政治体制改革。用当时的一句话来讲，就是对于中国农村改革，一切'便宜'的项目已经出台，不触动深层结构，再不能向前进一步了。正是这个原因，农村改革初期一系列'1号文件'的历史使命也告一段落。……中国农村改革并未终结，还须从国民经济全局改革中寻找前进道路。"

杜润生说："我在农村问题上有一条原则：尊重农民。"他是这么说的，也是这么做的。改革之初，他坚持尽可能延长农民的土地承包权，将使用权物权化。后来，他继续呼吁减免农业税，呼吁破除制造二元体制的户籍制度，呼吁警惕因征地而造成农民流离失所……人们称他为"农村改革之父"，但面对这样的赞誉，杜润生却从不放在心上。2008年，杜润生获得首届中国经济理论创新奖。当时已95岁高龄的杜润生在颁奖典礼上表示，"家庭联产承包责任制是农民的发明，我们只是进行了调查研究和理论化。"

杜润生，我国农村改革重大决策的参与者和亲历者，坚持理论与实践相结合，坚持实事求是，创新农村改革理论，推动农村改革实践发展。从解决好农民和土地关系问题、释放农村经济社会发展活力，到不断消除城乡二元结构、实现融合发展，杜润生以毕生精力，始终坚持人民立场，坚持以人民为中心的改革价值取向，推动农村改革破局，并不断取得新收获。他在农村改革理论和实践中的卓越贡献永远留在人民心中，展现在中国大地上。本故事可用于"全面深化改革"的案例教学，讲解为什么要推进全面深化改革，全面深化改革的目标和要求是什么，如何推进全面深化改革。

1. 作为一位理论工作者，杜润生是如何坚持实事求是的？
2. 如何理解"家庭联产承包责任制是农民的发明，我们只是进行了调查研究和理论化"？

参 考 文 献

陈大斌. 一个坚定、睿智的农村改革家——杜润生对农民家庭联产承包责任制建立的突出贡献[J]. 党史纵览，2016（2）：38—40.
杜润生. 杜润生自述：中国农村体制变革重大决策纪实[M]. 北京：人民出版社，2005.
吴志菲，杜润生：给包产到户"上户口"的农村改革之父（上篇）[J]. 财经界，2011（9）：72—75.
吴志菲，杜润生：给包产到户"上户口"的农村改革之父（下篇）[J]. 财经界，2011（11）：80—83.

只有奋斗的人生才称得上幸福的人生

张海浪

1969年,在浙江钱塘江畔的一个贫困小村,一个年轻人不甘"面朝黄土背朝天",勇于同命运抗争,带领6个村民在田野里开起一个"铁匠铺"。中国乡镇企业成功上市第一家、乡镇企业收购海外上市公司第一家……如今,原先的"铁匠铺"已发展成为营收超千亿、利润过百亿的现代化跨国企业集团,其创始人就是被称为"乡镇企业改革发展的先行者"的鲁冠球。

农民的儿子:为乡镇企业和农民利益持续发声

"从田野走向世界的中国农民的儿子",这是万向集团官网对鲁冠球的描述。

1945年,鲁冠球出生于钱塘江边的一个乡村。少年时,他的理想是当车床工,以养活家人。15岁时,他从初中辍学,到浙江萧山县铁业社当打铁学徒。3年后,因人员精简被辞退。

回乡后,不甘"面朝黄土背朝天"的鲁冠球,修过自行车,后来又筹集3000元钱办了个米面加工厂。在那个时代,做生意被视为"资本主义尾巴",他不敢明着办厂,东躲西藏,但仍多次被发现,反复被"处理",几近倾家荡产。

1969年,国家批准每个人民公社可以开办一家农机厂。24岁的鲁冠球瞅准机会,变卖祖屋,带领6名农民集资4000元,创办"宁围公社农机修理厂",他任厂长。

1979年,中国改革开放的大幕拉开。《人民日报》一篇名为《国民经济要发展,交通运输是关键》的社论提出,国家在调整国民经济各部门发展比例时,为缓解铁路的瓶颈制约,决定大力发掘公路运输的潜力。

在鲁冠球的工厂里,与之相关联的,是一种叫作万向节的汽车传动轴与驱动轴连接器。鲁冠球决定集中力量生产万向节,并将工厂更名为萧山万向节厂。

此后数年,鲁冠球带领万向节厂在夹缝中强势崛起。他的"钱潮牌"万向节凭着低价在市场上占据一席之地,年销售额300多万元。此后,鲁冠球坚持薄利多销,把产品扩展到传动轴、制动器、密封件3个系列。

鲁冠球的好日子并不长久。乡镇企业一方面激活了沉睡的市场;另一方面,也对体制僵硬的国有企业带来冲击,原材料被分流,市场被分走。1981年1月,国务院接连下发8份文件,其中有7份涉及对体制外的农村乡镇企业的整顿。夏天,国家又发出两份文件,规定如果乡镇企业脱离了为农服务的方针,就要收回对其减免税的优惠政策。

当时鲁冠球所面临的困难是空前的和全方位的。原先签订的一些订货合同被中止了，理由只有一个："根据上级规定，我们不能再进乡镇企业的产品。"鲁冠球通过"多予少取"为以后的变通做铺垫。

1990年开始，鲁冠球谋取发展国际市场。他的"钱潮牌"万向节产品打开了日本、意大利、法国、澳大利亚等18个国家和地区的市场，每年创汇229万美元以上。

1991年万向集团产值过亿。当年5月，鲁冠球成为美国《时代周刊》封面人物，轰动一时。1994年1月，万向集团旗下的"万向钱潮"在深圳成功上市，成为全国第一家上市的乡镇企业。

48年间，他以"奋斗十年添个零"、年均25.89%的增长业绩，把这间曾用收购的废旧钢材等做原料，生产船钉、铁耙、犁刀的"铁匠铺"，经营成为拥有4万名员工、营收超千亿、利润过百亿的现代化跨国企业集团。

2016年胡润富豪榜，鲁冠球家族以550亿元排在汽车富豪榜榜首。尽管如此，鲁冠球一直以农民自居，始终关注农民群体，为农民发声。在担任党的第十三大、十四大代表，第九、十、十一届全国人大代表时，他都会围绕乡镇企业和农民利益提交议案。

鲁冠球辞世后，吴晓波忆及与其交往时说，2008年，全球金融危机爆发，许多农民工被辞退，他为此写了一篇文章。"没想到这位老大哥（鲁冠球）还特地打电话给我，我从他的语调中听出激动：晓波，谢谢你替我们农民讲了一句话。"

商界不倒翁："要赚钱但不做钱的奴隶"

"回想我们这代人的创业梦，从被当作'资本主义尾巴'东躲西藏，到在计划经济夹缝中'野蛮生长'，再到改革开放中'异军突起'，以及全球化中无知无畏闯天下，可以说是跌宕起伏。"这是鲁冠球生前对自己创业历程的总结。

鲁冠球敢想敢干，善于把握时代脉搏，并让自己的创业"鼓点"与之同频共振。过去的近半个世纪，任岁月更迭，鲁冠球及他缔造的万向集团始终屹立潮头不倒。

鲁冠球创造了许多个第一。1983年，"让一部分人先富起来，先富带动后富"的口号，肯定了非国营企业家存在的合理性。他抓住机会，成为萧山县承包企业的第一人；1984年，拥有世界上最多万向节专利的美国舍勒公司代表在广交会上相中万向，并在此后签下3万套订单，万向产品首次走出国门；1988年，他以1500万元向宁围镇政府买断万向节厂股权，使万向成为当时还颇受争议的民营企业；1992年，浙江万向集团公司成立；两年后，"万向钱潮"在深交所上市，成为全国第一家上市的乡镇企业；2001年，他一举收购了纳斯达克上市公司UAL，开创中国乡镇企业收购海外上市公司的先河。

鲁冠球一直认为，自己不是商人，而是企业家。"企业家要赚钱，但不做钱的奴隶。企业家注定是要创造、奉献、牺牲的。"他生前接受采访时曾说："真正的企业家都是奉献，都是在为社会工作。如果在为自己工作，就不是真正的企业家。"

造车筑梦人：圆梦新能源汽车

在鲁冠球的追悼会上，其子鲁伟鼎说："父亲临终前还嘱托我要把公司照顾好，特别是新能源汽车。"

鲁冠球曾说："很想做大事，但是实力不够，只能从小事做起。"造出属于中国人自己的整车，并且是新能源汽车，一直是他心心念念的"大事"。

20世纪90年代，有记者采访鲁冠球，发现他家老宅里贴着一幅丰田汽车的图片。鲁冠球说，看到这张图就会刺激他，"为什么到处跑的不能是中国车？"

2003年全国"两会"期间，他在接受媒体采访时再次提及造车梦，"做梦都想，但实力还不够。等条件好了，一定做汽车。我这一代做不了，儿子也要做汽车"。为实现这个梦想，鲁冠球一直循序渐进，稳扎稳打。除了坚守汽车零部件制造的核心业务，他早在1999年就成立电动汽车项目组，定下了"电池—电机—电控—电动汽车"的发展路线。随后几年，万向逐步研发出拥有自主知识产权的聚合物锂离子动力电池等，并研制出电动轿车、电动公交车。

令人欣慰的是，他在离世前终圆梦。2016年12月15日，万向集团"年产50 000辆增程式纯电动乘用车项目"正式获国家发改委批准，成为国内第6家成功拿到独立新能源汽车生产资质的企业。

2017年1月，万向集团召开总结表彰会，鲁冠球说，万向做汽车零部件48年，持之以恒，这是对汽车业的自信，更是对企业诚信的坚持，"2002年我承诺要为杭州人民造纯电动汽车，为了这个承诺，我们天天在烧钱，坚持下来了，新能源客车、乘用车、凯莱车、卡玛车，国内国外接力奋斗，我们的初心、努力和效果达成完美一致，这是对企业诚信最生动的坚持。"

鲁冠球既是一个脚踩大地的创业者，也是一个有远见卓识的改革家。20世纪80年代初期，商品紧缺，鲁冠球却率先提出了"抓质量求生存，靠信誉闯天下"。1980年初，鲁冠球派骨干到全国主动回收了3万套次品，召集全厂职工参观评议，最后把次品以6分钱一斤的价格卖到了废品收购站，并在内部开展了质量大整顿。

鲁冠球认为，"生产'将就'产品还发奖金，对工人是腐蚀，对企业是经济自杀"。这个厂当年的产值和利润减少了40%，500多名职工没有拿一分钱奖金。可是暂时的损失换来的是创造更大财富的现代化企业的素质。

1984年，万向第一个将中国汽车零部件打入美国市场，美国最大的万向节企业舍勒公司提出，万向"生产多少他们要多少"，对一家乡镇企业来说简直是"天上掉馅饼"的好事，但是条件是弃用"钱潮"这个品牌。

鲁冠球苦苦思索了很久，最后拒绝了舍勒公司的要求。历史证明了这个决策的正确，万向不仅避免了沦为外国代工厂的可能，而且在2000年，万向集团下属的万向美国公司收购了美国舍勒公司。岁月轮回，证实了鲁冠球的论断"我坚信万向可以在国际市场上立足"。

从创业创新、参政议政，到带领农民追求共同富裕、关心帮助企业家健康发展，鲁冠球常挂在嘴边的一句话是"做受人尊敬的企业"。在鲁冠球的带领下,万向集团从一个小作坊发展为第一个进入美国市场的中国汽车零部件企业。2018年,按照他的遗愿,万向设立"鲁冠球三农扶志基金",将"三农"产业收益捐赠给社会。他曾说,作为共产党员,不能忘记共同富裕的使命。2017年10月25日,这个没有"退休时间表"的战士永别了他深爱的企业,而鲁冠球所代表的企业家精神正在新时代奔涌传承,激励着一代又一代企业家砥砺奋进、挺立潮头。

"只有奋斗的人生才称得上幸福的人生。"这是鲁冠球对自己一生的总结。

案例点评

鲁冠球一生心怀使命,奋斗不息,他为后人留下了宝贵的精神遗产——心无旁骛的攻坚精神、履中蹈和的正道精神、久久为功的创造精神、荣辱不惊的乐观精神、厚德弘毅的大同精神;他创造了万向集团公司和万向三农集团,留下了鲁冠球万向事业基金和鲁冠球三农扶志基金两个公益基金;他用一个伟大梦想,激励万向人围绕"让空气更清新"的使命,牢牢把握清洁能源和动行智控两大产业方向,全力建设万向创新聚能城,让"奋斗十年添座城",将"奋斗十年添个零"持续推进。

教学建议

鲁冠球,万向集团公司董事局原主席。他始终听党话、跟党走,把党的方针政策落实到企业经营发展之中。改革开放初期,鲁冠球以开拓者的胆识,主动与乡政府签订厂长个人风险承包合同,开创了浙江企业承包改革的先河,并首创浮动工资制。在他的带领下,万向集团从一个小作坊发展为第一个进入美国市场的中国汽车零部件企业,并开创乡镇企业收购海外上市公司的先河,向世界展示了中国企业家勇于改革实践的智慧和担当。鲁冠球将让更多人过上好日子作为毕生奋斗目标,他说,万向创立之前,让家人过上好日子,是他的动力;万向创立之后,带领更多人过上好日子,是他的责任;加入党组织后,共同富裕成了他毕生的信念。本故事可作为"改革开放理论"相关章节的教学案例,讲解改革的实质和目的,通过改革从根本上改变束缚我国生产力发展的经济体制,促进生产力的发展,从而解决社会主义社会的发展动力问题。

1. 改革开放后,乡镇企业发展过程中面临哪些困境?
2. 鲁冠球作为一名党员企业家,他的初心是什么?

李树林,林宏伟,莫小平. 鲁冠球:新时代民营企业家的榜样[N]. 中华工商时报,2021-11-9(2).

吴丹,吴炯. 新时代中国浙商企业家精神——对鲁冠球精神的内容分析[J]. 现代经济信息,2019(24):81-82.

许雪亚. 鲁冠球:乡镇企业改革发展的先行者[J]. 农村工作通讯,2018(Z1):46-47.

义乌：从"鸡毛换糖"到小商品市场

张海浪

党的十一届三中全会后，已经包产到户的义乌农民开始从事各种副业，在城里逐渐自发形成小规模的路边摊市场。但是，当地一些部门因对搞商品市场还没有明确定论，仍把这些路边摊市场视为"投机倒把，走资本主义道路"进行打击。

有一天，在县城摆摊经常被驱赶的农妇冯爱倩将时任义乌县委书记的谢高华堵在县委机关大院外，责问为什么不让摆摊。谢高华请她进办公室，听她讲述遇到的困难。听罢，谢高华说："你继续摆摊，有人来查就说谢书记同意的。"

此后，谢高华着手对义乌农民的状况和城里的摆摊者进行调查。他认为，如果农民从事小商品售卖能吃饱饭，甚至致富，那就高度契合党中央的精神。政府要顺应民意，给市场松绑。当时政策不明了，不少干部顾虑重重。在一次县机关大会上，谢高华明确表态："开放义乌小商品市场，出了问题我负责！"

义乌，最初在中国人记忆中就是"鸡毛换糖"的拨浪鼓声，义乌的穷可以说是全国有名的，谢高华对此深有感触：那时候，义乌、东阳、永康一带的人不仅仅是贫穷的代表，也几乎是"野蛮人"的代表，因为那边的人性子烈，动不动就和人打架，讲起话来也像是炒豆子一样。这些人常年穿着自家织就的土布衣衫，挑着货担一个个巷子走着，不是叫着"鸡毛换糖——"，就是"补面桶（盆）补窝（锅）哦——"，仿佛永远都不会疲倦。这是小伙伴们最开心的事情，他们翻出家里的破铜烂铁或者鸡毛鸭毛，可以换糖吃。那时候义乌的"鸡毛换糖"很有名，到了大年三十，冰天雪地的，我们在家里过年，义乌人却出门走街串巷做生意。因为过年了，家家户户杀鸡杀鸭，可换的鸡毛鸭毛最多，摇个拨浪鼓，挑个担子，哪里有生意就往哪里转，不怕艰辛，经常在老百姓家借宿，有时甚至露宿街头。

"义乌人的脑袋就是灵，做生意也会赶形势，当时正在抓计划生育，货担里甚至还有避孕套。"谢高华对鸡毛换糖体会很深，曾经有一次，在衢县老家杀了鸡改善伙食，有人闻鸡声敲门入院，谢高华一看，是挑着货担的义乌人，凑近看担子，分明就是个小百货店，基本的吃穿用物品都有。

在原针织市场大门前，城中路与篁园路交叉口的小广场上，矗立着一尊"敲糖换鸡毛"雕塑。雕塑中老人比真人略显魁梧，头戴斗笠，肩挑一副沉甸甸的货担，右手高擎个拨浪鼓，不管是在晨曦初露的街头巷角，还是暮霭沉沉的荒野人家，拨浪鼓总是在一个劲地摇：叮咚叮咚，叮咚叮咚……那声音永远是那样悠扬婉转，那声音永远是那样耐人寻味，满脸刻着的深深皱纹，记录了他走街串巷、一分一厘赚钱的沧桑风雨。

百样生意两肩挑，一副糖担四处跑，东西南北熟如家，酸甜苦辣也逍遥。"货郎担"走街串巷几乎遍及全国，堪称义乌一绝。

义乌的"鸡毛换糖"，以前就一直是当资本主义来批评的。党的十一届三中全会以前有一句流行语："堵不住资本主义的路，迈不开社会主义的步。"党的十一届三中全会后要搞经济建设，方向是定了，但怎么搞仍不明朗。此时，一些义乌人开始不满足仅仅在本地"鸡毛换糖"解决生计问题，农闲时便摇起拨浪鼓，挑着装满敲糖的箩筐，行走在浙江及周边省份的城乡换取鸡毛和牙膏皮等废品。回家后再把换来的鸡毛等分三个档次，第一个档次用来做工艺品、装饰品，制成鸡毛掸子卖给供销社；第二个档次做药品，鸡肫皮可以入药，当时浙江医药公司的鸡肫皮主要是从义乌进的货；第三个档次就是做肥料，当时化肥不多，鸡毛、鸭毛可以做农家肥，牙膏皮等则卖给废品回收站。

"鸡毛换糖"积累到一定程度以后，义乌农民的箩筐里就出现了小商品，如针线、发夹、雪花膏等。这些都是农村需要的日用品，或者卖钱，或者换鸡毛，经过这样滚动，义乌做"鸡毛换糖"的农民挣的钱就越滚越多了。他们过年一般都不在家里，因为这时候"鸡毛换糖"的生意最好，一个年过下来，往往能赚到百来块钱。虽然政府一直在打击"鸡毛换糖"，这里赶那里罚，但义乌在周边做"鸡毛换糖"的农民仍然有上万人。

谢高华结合这一实际向马克思、恩格斯的《资本论》讨教，从中得到巨大的启发：产品向商品的转化是惊险的跳跃。于是，他组织县委理论学习小组，讨论什么是社会主义，什么是资本主义。其实当时中央的政策也不明朗。

要冒天下之大不韪，难！难！难！但谢高华竟然敢！一条迈向未来的方针思路在谢高华脑海里越来越明晰，他就向当时的金华地委书记厉德馨汇报。

"给'鸡毛换糖'正名，开放小商品市场！"

厉德馨称赞他对义乌的现状汇报很务实，高瞻远瞩地说道："你先去大胆干，希望你干出成绩来。有什么问题，出了什么状况，由我来一起扛！"

"尊重群众的首创精神。允许看，允许试，不轻易下否定的结论。"

"尊重经济发展的规律和基层实践。不唯书、不唯上，只唯实。"

谢高华听后非常激动，上级的认同支持给予他无限的力量，于是他决定采取"明管暗放"的办法，有选择地发一部分许可证，派出部分干部维护市场秩序，收点市场管理费，同时抓一下税务管理。

谢高华给"鸡毛换糖"正名的意义，在于最大限度地释放了民间的活力，既看到群众的伟大创造，又可对领导干部做出正确的评价。

社会是在不断克服"禁区"、进出"禁区"中前行的。我们说的"要敢于打第一枪""敢为天下先"，就是敢于不畏"禁区"，敢于冲破"禁区"。

义乌现象告诉我们：尊重百姓首创精神，务实胜过高谈阔论；群众才是真正的英雄，没有量变就等不来质变。

义乌小商品市场因在全国率先开放而抢占了商机。到1982年底，市场已有30多个大类2000多种小商品，吸引了国内10多个省份的客商前来采购。在此基础上，义乌县委、县政府又发出"四个允许"通告：允许农民经商，允许农民进城，允许长途贩运，允许多渠道竞争，进一步为城乡经济松绑。

1984年，谢高华结合义乌实际，首创"兴商建县"的区域经济发展战略。随着义乌撤县建市，"兴商建县"变成"兴商建市"，内涵也不断与时俱进。谢高华曾回忆说："当时改革情况复杂，我们也有很多情况搞不清。我就一切从实际出发，从老百姓的利益出发。"

在当时计划经济的铜墙铁壁中，做出这样的决定无疑要冒很大的政治风险，但谢高华面对质疑发出了"开放义乌小商品市场，出了问题我负责，我宁可不要乌纱帽！"的铿锵之声。谢高华认定放开市场，允许农民经商是一件好事情，所以他横下一条心，坚决把它干成，义乌最终得以抓住机遇，培育繁荣的市场。"咬定青山不放松，不达目的不罢休"，这就是谢高华心中的执着和韧劲。认准的事情，只要百折不挠、坚韧不拔去做，就会不断激发蓬勃之气、奋发之态、进取之心，积极主动想办法克服困难，取得最后的胜利。

有人说，义乌人是一群"赚钱的机器"，全身上下没有一个细胞不适合赚钱。那是因为他们明白，在市场经济体制下，价值规律是硬道理，企业所从事的一切经营活动，本质上就是听钱的话。同样，要想在市场中制胜，就要一切按经济价值规律办事。正是义乌人受到经济利益的直接驱动，因而他们的决策都是围绕着经济价值目标而进行的一种强烈逐利行为，他们的合作都是以经济纽带为基础形成的一种利益共同体。也正因如此，义乌的崛起是自然规律形成的，是在经济竞争中获得生存和发展的。所以，"一有雨水就发芽，一有阳光就灿烂"，拥有顽强的生命力和强大的竞争力。

案例点评

谢高华，浙江义乌原县委书记。改革开放初期，他坚持群众需求就是第一导向，打破条条框框，以敢于改革创新的勇气和担当，毅然拍板给路边摊市场开绿灯，果断提出"四个允许"的政策，首创了"兴商建县"的区域经济发展战略，并带领全县干部勇敢坚持、积极作为、精心培育，从而催生了义乌这一全球最大的小商品市场，为全国小商品市场的改革树立了榜样。他的先进事迹体现了共产党人一心为民、敢于担当的改革精神，赢得了人民群众的广泛赞誉。

教学建议

习近平总书记说：幸福都是奋斗出来的。换句话说，党和人民的事业都是实干出来的。谢高华心怀群众，所以干劲十足，他用实际行动告诉我们，唯有实干，才能为老百姓谋得福祉；唯有实干，才能交出一份令人民满意的答卷。新时代，实现人民群众对美好生活的向往，更需要我们弘扬和践行实干精神。处在新时代，广大党员干部特别是基层领导干部应该努力向谢高华同志看齐，自觉践行以人民为中心的发展思想，忠诚于党和人民的事业，在全面建成社会主义现代化强国的新征程上恪尽职守，为不断满足人民群众对美好生活的需求而努力工作、有所建树，赢得广大人民群众的信任和称赞。本故事可作为"以人为本是科学发展观的核心立场"等相关章节的教学案例,讲解在发展社会主义市场经济过程中为何要坚持以人为本、如何坚持以人为本。

1. 改革开放初期,谢高华开放义乌小商品市场的初衷是什么?
2. 谢高华是如何做到始终把百姓的利益放在心头的?

陈蓉. 谢高华:勇于担当敢为先[J]. 党建,2022(4):69.
顾春. 谢高华:勇于担当搞活市场[J]. 共产党员(河北),2021(Z1):116.
潘毅刚. 谢高华的改革逻辑[J]. 浙江经济,2019(21):15.
王飞. 改革先锋谢高华[J]. 城市党报研究,2019(4):32—33.

"天下第一街":武汉汉正街

张海浪

"白云黄鹤从这儿飞过,长江汉水在这儿汇合,汉口由她而始,大武汉数她著名。"武汉汉正街,这条坐落在长江与汉水交汇处的古老长街,因小商品批发市场的迅猛发展脱颖而出,名噪全国,在中国改革开放的大潮中跃上了"天下第一街"的宝座。这里更是改革开放的试验田和风向标。1979年底,103名无业人员在汉正街持证摆摊,拉开了我国城市商品流通体制改革的帷幕,也标志着个体私营经济重回中国经济舞台。

"那个年代,做生意是一件非常危险的事情"

"过去,汉正街仅有一个三镇市场,这个市场包含汉正街旌德小巷和公安巷这两条巷子,虽说市场不大,却是全国闻名的小商品集散中心,南边广东的货以及江浙沪等华东的货都来到这里,经过周转,发往华北的石家庄市场、西北的西安市场、西南的成都市场,再辐射到全国。"谈起汉正街,在此住了一辈子的郑举选如数家珍:"那时,汉正街就是'买全国卖全国'。"

郑举选1940年出生在武汉市蔡甸区侏儒镇,儿时就随做小生意的父亲生活在汉正街的老三镇市场里。1945年,一场天花在25天的时间里夺去了郑举选家族中5口人的生命,同时也让年幼的郑举选左眼失明,右眼仅能看到模糊的光影。

"'盲瞎'就是那个时候街坊们给我取的绰号。"郑举选回忆说,因为视力和身体原因,上完初中后,他不得不停止学业随父亲经商。

郑举选说,他一生的起伏都与国家商业政策的调整密不可分。

1958年,国家号召"公私合营",郑举选家里拿出150元钱入股汉正街的"三署百货合作商店",18岁的郑举选成为这里的一名销售员,他的经商才华在此也逐渐显现。

那时的销售方式是"行商",需要每天到店里领货,再挑到外面去卖。郑举选四处"捡耳朵",寻商机。"听说武钢明天要发工资,我第二天一早就到店里领货,第一个赶到武钢的厂门口去摆摊。"郑举选说,他专门根据一些大单位发工资的时间,有的放矢,业绩逐渐做了起来。短短一年,他的销售额排到了全店第一。然而,那个年代,没有更大的舞台让他施展。

1961年,武汉要恢复汉正街的老三镇市场,允许小摊小贩搞个体经营。21岁的郑举选来到工商所注册申办了人生中的第一份商业执照——"协记小摊小贩",在位于三镇市场内的家门口摆摊,从事针头线脑等百货批发生意。

然而，好景不长，时间来到1966年，个体私营经济被视作产生资本主义的温床而被严格限制，汉正街陷入沉寂——市场几乎无人经营，盛极一时的"三镇"门庭冷落，市场萧条，私人经营一度中断，整个市场处于封闭状态。

"这一下子就断了我谋生的门路，"郑举选回忆说，"因为我看不见，又没有进过盲校学过盲文，盲人工厂不要我，正规工厂也安排不了我。"

为了谋生，他只好继续做老本行，偷偷做些小买小卖。

20世纪60年代，国人以佩戴毛泽东像章为荣。为了能多卖货，郑举选每逢周末就到六渡桥、老武汉商场等地找客户。随着销售渠道逐渐稳定，他又降低价格，薄利多销。

那时候，新人结婚兴打家具，大量需要铰链（合页）。武汉的铰链厂家少，供不应求；而长沙这类企业多，供大于求。郑举选便从长沙进货到武汉来卖。

每次进回十几箱铰链，还没等他走出火车站广场就销售一空。尽管生意做得不错，但都是"偷偷摸摸"的。"那个年代，做生意是一件非常危险的事情。"郑举选回忆起几十年前的那段岁月，依然心有余悸——那时，一件衣服，一只手电筒，都按国家下达计划生产，由国营商业部门独家收购，出厂循着绘定的"线路图"：由国家批准的商业储运公司负责，调往省级商业批发站，然后由省到地区到县，此所谓固定供应区域、固定供应对象、固定倒扣作价率。相对应，自行进货、自行运输、自行定价销售，被称为"投机倒把"。

显然，汉正街的郑举选们的行为违背了当时的法定商业模式。他们根据顾客需要直接从厂家进货，依据市场供求自行定价。

从1966年到1978年的十多年间，郑举选已记不清货物被没收多少次。他只记得，自己一见穿制服的人，第一反应就是往厕所里躲。即便如此，他依然没能躲过1978年初那场牢狱之灾。

1978年1月18日，郑举选因"投机倒把罪"被抓，在看守所待了18个月。在狱中他的右眼也彻底失明。

但光明随之而来，党的十一届三中全会召开后，国家政策开始"松绑"，终于在1979年10月28日，武汉市工商局向首批103位汉正街的个体经营者发放个体工商户执照，郑举选就在其中。

"好政策让我吃下'定心丸'"

1979年6月30日，郑举选出狱了，一年半的牢狱之灾暂时磨平了他的心志——"宁可到垃圾堆里捡菜叶子吃，也不敢再经商了！"

这时，郑举选还不知道，在他入狱期间，改变中国命运的十一届三中全会胜利召开。全会提出了改革开放的政策，要求多方面地改变同生产力发展不适应的生产关系和上层建筑，改变一切不适应的管理方式、活动方式和思想方式，大幅度地提高生产力，实现"四个现代化"。

回到汉正街的郑举选，发现汉正街变了，原本沉寂的老街开始有苏醒的迹象。

1979年4月，国务院批转有关部门关于全国工商行政管理局长会议的报告中，首次提出恢复和发展个体经济。

5个月后，在"解放思想、放宽政策、搞活经济"的方针指引下，武汉市政府决定在全市恢复、发展个体经济，开放汉正街小商品市场。硚口区工商局当年11月在汉正街开展试点，核发首批小百货个体工商户的营业执照。汉正街由此成为全国第一个以个体私营经济为主体的小商品市场。

彼时的郑举选，听到"生意"两字就害怕，躲在家里为生计发愁。昔日的生意伙伴纷纷前来劝他"出山"："如今政策不同了，有执照就合法了！""我不想再走这条路，但是我除了干这个，也无路可走了。我还有三个伢要读书、要吃饭。"忐忑中，他递上申请，拿着仅有的15元钱，买些鱼钩、顶针、钩针，两个玻璃瓶子一装，竹床一摆，又出摊了。到当年年底，郑举选与其他102名无业人员，都领到了首批小百货个体工商户营业执照。

这一标志性事件意味着中国民营经济大门从此打开。沉寂了十余年的汉正街小商品市场，随着他们此起彼伏的叫卖声再度热闹起来。

"虽然只有15元钱的本钱，但我的摊子从来不缺货源，不缺买家。"郑举选有些"得意"地说，凭借自己过去做生意的信誉和累积下的人脉，以往的客户主动送货让他卖，先货后款。"这在当时是不可想象的。"

1982年8月28日，《人民日报》发表题为《汉正街小商品市场的经验值得重视》的社论。同年10月16日，国家工商总局允许汉正街个体户批量销售国家计划产品，允许厂店挂钩，允许长途贩运，允许价格随行就市。

从这以后，个体户、个体经济的腰杆子开始硬了起来。加入汉正街的个体户越来越多，汉正街也成为中国改革开放对内搞活的一个缩影。"改革开放的好政策让我吃下'定心丸'。"彻底甩掉心理包袱的郑举选如鱼得水，开始大进大出地批发经营。

郑举选虽双目失明，但做生意的套路比谁都"看"得清。他生性豪爽，在商不言商，义字当先。比如，市场价格是波动的，上次卖出的货物跌价了，别人下次来进货时，他会将差价退给对方；有时被骗了，他也不计较，心里知道就行了，这反而让对方觉得愧疚，为他赢得了一批固定客户。手下的员工也从不做假账、订假合同。

上海运来一船弹珠找销路，汉正街没人敢接，他全要了；武汉打火石厂发不出工资，成吨的货压在仓库里，他对厂长说"全部拖来吧"；毛笔厂的零碎竹节堆积如山，搬掉这座垃圾山要耗费很多劳力和财力，他对厂里的领导说，"卖给我吧"……这类例子举不胜举，郑举选最大的本领就是把堆积如山的货盘活。

郑举选总结他的经商经验——薄利多销：一根针只赚1厘钱，但他一年能卖出1亿根，仅此一项，就能成"万元户"。何况，他当时经营着数百种这样的小商品。20世纪80年代，郑举选在汉正街经营户中创下了四个第一：销售额第一、纳税额第一、各种捐款第一、认购国库券第一，最先步入汉正街个体户中的"万元户""百万元户"的行列。

"改革开放就是打破禁区"

如今,习惯于网络购物、移动支付、被各种商家促销信息包裹的年轻人,很难想象计划经济时期的商品流通模式。

直到改革开放的春风吹遍神州,像郑举选一样的个体工商户才重获新生。

"如果没有改革开放的天时、没有汉正街得天独厚的地利,加上诚实经营造就的人和,就没有我郑举选的今天。"郑举选深有体会地说。40多年来,他亲身经历了由改革开放打破的一个又一个禁区。

1979年底,当郑举选捧着新申请的小百货个体工商户营业执照时,他完全没有想到,他和另外102个同伴共同锻造了全新的商业流通链条,重绘了商业模式,并由此开启了中国商品流通体制的改革大幕。汉正街,这条狭窄的小街,一举冲破几十年计划经济的桎梏,正式建立了中国探索市场经济的试验场,"第一个吃螃蟹"的汉正街在全国乃至世界引起关注。

"起初,汉正街定位就是小百货、小商品,我卖的也都是针头线脑。"郑举选说,那个时候汉正街不许卖大商品,谁要卖就罚款。可以卖童装,但不能卖衬衣;可以卖纽扣电池,但不能卖计算器,那些大件商品冰箱、电视,更是想都不敢想……

"除了不能卖大商品,还有很多禁区,比如,汉正街的个体户本身就是面向农村,以批发为主,但不能长途贩运,如果贩运就是投机倒把。在价格上,根据购货多少,确定货价高低。但当时在一些工业品上,政策上是不能随行就市来定价的,只有国营企业一口价。"

但是,汉正街的郑举选们还是在夹缝中顽强生长起来,打开了传统商业模式的缺口,他们的"冒险"行为也引来此起彼伏的质疑:"汉正街投机倒把多""汉正街是社会主义吗"……

对此,当时的武汉市工商局专门组织调研组,蹲点汉正街调研——把口子,清理进场人数;到摊子上,连续记录3天营业额;到个体户家中,盘点小商品存量……十多天"解剖麻雀"得出一个结论:开放市场利多于弊,应当允许存在。调研报告迅即报送有关部门及新闻媒体。

汉正街现象很快引起社会各界的关注,国务院也组成调查组到汉正街调查。

各种各样的顾虑和担忧在1982年8月28日被彻底打消。当天,《人民日报》发表社论《汉正街小商品市场的经验值得重视》,廓清了社会上的种种争议。"《人民日报》就开放一个市场发表社论,前所未有。"郑举选回忆起这件事情依然情绪激动。

随后不久,国家工商管理部门在汉正街召开现场会,允许个体户批量销售,允许长途贩运,允许价格随行就市。这也就意味着,汉正街冲破了"三级批发、禁止长途贩运、统一工业品价格"的政策限制。汉正街的实践引发了一场小商品流通领域的深层次革命,使人们重新认识到了搞活流通的巨大价值。

1984年5月,国务院确定在武汉进行经济体制综合改革试点。作为第一个实施城市经济体制综合改革的省会城市,武汉市冲破旧体制重生产、轻流通的传统观念,提出并实施"两通（交通和流通）突破、放开搞活"的战略。

打破了政策上的禁锢，汉正街步入快速发展期，至20世纪90年代中期，经历了两轮大的开发改造和规划建设后，汉正街迎来它的极度辉煌：形成69个专业市场、2.7万余户商家，经营12大类20余万种商品，经营面积260万平方米，年货物吞吐量150万吨，成为华中地区最大的商品集散地。

"汉正街模式"是城市商品流通的重大创新。当时国内流传着一句话：在中国，要看对外开放，得去深圳；要看对内搞活，得到汉正街。汉正街探索恢复、发展个体经济，冲破了国营商业一统天下的格局，在计划经济体制向市场经济转型进程中迈出重要的一步。

2018年12月，庆祝改革开放40周年大会在北京举行，郑举选受邀参加庆祝大会。会上党中央、国务院授予其改革先锋的称号，称其为"小商品市场'汉正街'模式的主要开创者"。改革开放让郑举选从无路可走的盲人，变成了可以养活家人的生意人。汉正街精神的代表——郑举选们则是推动改革前进的重要动力之一。多年来，汉正街的商户在变，环境在变，经营模式在变，但在商言义、义字当头的经营理念没有变，勤奋、诚信的汉正街基因没有变。

教学建议

在改革开放和社会主义现代化建设新时期，我国逐步建立了社会主义市场经济体制，实现了从高度集中的计划经济体制到充满活力的社会主义市场经济体制的转变。改革开放后的很长时期内，我国经济体制改革的核心问题是如何正确认识和处理计划与市场的关系。以郑举选为代表的个体商业经营者在此过程中发挥了重要的推动作用，见证了社会主义市场经济的艰难发展历程。本故事可用作"社会主义市场经济理论"的教学案例，说明如何正确认识和处理计划与市场的关系，如何建设社会主义市场经济体制。

1. 郑举选能够经营成功的关键是什么？
2. "汉正街"模式对于社会主义市场经济体制建设具有哪些重要的推动作用？

金琳. 小商品市场"汉正街"模式的主要开创者——记改革开放四十周年改革先锋称号获得者郑举选[J]. 湖北政协, 2018（12）：12-14.

筱涵, 王金晶. 郑举选：小商品市场"汉正街"模式的主要开创者[J]. 政策, 2018（12）：55-58.

肖丽琼, 祝融, 高素. 郑举选：汉正街最早的万元户[J]. 支点, 2018（12）：70-72.

坚持中西合璧，铸造"平朔模式"

张海浪

平朔安太堡露天煤矿是我国改革开放初期首个最大的中外合作项目。项目建成后，因国际煤炭市场疲软、煤价下跌等，连年亏损。因此，1991年6月，美国西方石油公司决定调整经营方针，经商谈，退出合作。至此，由平朔煤炭公司全部接管了这一现代化的特大型煤炭企业。中国人能否管好这个现代化特大型煤炭企业，一时间成为国际国内不少人关注的焦点问题。

为国争光：平朔模式载史册

1981年底，时任煤炭工业部部长高扬文找时任大同矿务局局长陈日新谈话。"平朔安太堡矿是我国重要的中外合作项目，也是改革开放的'试验田'。现在有这么一副担子，你明天给我个答复。"

"不用等明天，我愿意到平朔去！"就这样，陈日新担起了筹建平朔安太堡项目的大任。

协议达成，中外合作开先河。经过艰苦卓绝的谈判，在多方努力下，中美合作开发平朔安太堡露天煤矿项目最终达成。

1985年6月29日，《中美合作经营平朔安太堡露天煤矿合同》在人民大会堂签字。安太堡露天煤矿项目开"引进外资、引进装备、引进管理、引进技术"之先河，是中美双方"和衷共济、开发矿业"的友好开端，更是中国改革开放国家意志的最好展示。

1985年7月1日，备受世界关注的中国改革开放第一个中外合作项目——平朔安太堡露天煤矿开工建设，并举行了隆重而热烈的开工剪彩仪式。

中美合作开发平朔安太堡露天煤矿开工的消息一经发出，立即引起世界主流媒体的热切关注，"平朔安太堡露天煤矿"成为各大媒体的热词。《人民日报》、《参考消息》、《经济日报》、《光明日报》、美国《华尔街日报》、美国广播公司、哥伦比亚广播公司、美国国家广播公司、美联社、法新社、合众社、路透社等中外主流媒体云集平朔，共同见证这一伟大时刻。

作为中国改革开放的"试验田"，平朔项目具有划时代的历史意义。邓小平在会见前来参加合同签字仪式的哈默时，告诫在场的中方负责同志："安太堡露天煤矿合作项目一定要搞好，要体现出我们的水平。"李鹏在开工典礼上说："我希望安太堡露天煤不仅能够生产出更多的煤炭，而且能够成为中外合作的典范。"作为联合管理委员会主席，陈日新牢记党和国家的嘱托，带领平朔的建设大军始终秉承"国家荣誉至上"的信念，用爱国的情怀追求和衷共济，用企业家的睿智诠释合作开发。

保障有力：党的领导引航向

合作经营时期，安太堡露天煤矿完全照搬西方露天矿的管理模式，一切按合同进行，只设工会组织，不设党的组织机构，一切带有政治色彩的人员、活动等，都被排斥在外。同时，安太堡露天煤矿规定，非矿上的雇员不准进入生产现场，致使党的工作难以开展，党务干部想上矿了解情况多次被拒之门外，只能"冒充"安全部门的人员入矿。作为党委书记，陈日新旗帜鲜明地指出："社会主义国家制度下的合作企业，绝不能脱离党的领导！"他以一名老党务工作者的经验，创造性地摸索出一套中外合资企业下党务工作的新方法，使安太堡露天煤矿从合作经营初期开始，始终没有脱离党的领导。

1985年11月，陈日新首先在劳动服务公司建立党委，建立健全组织机构，随后，在安太堡露天煤矿设置党委，中方管理人员兼任党委书记和工会主席的职务，并层层复制，把党的组织渗透到基层班组，形成了自上而下的组织体系，党组织的政治核心作用和党员的先锋模范作用隐秘而活跃。党的活动与安太堡露天煤矿的生产经营紧密结合，做到哪里有班组，哪里就有党的组织；哪里有员工，哪里就有党员的身影。与此同时，陈日新采取在同等技术、业务水平条件下，关键岗位派党员、重要环节用党员、招工择优选党员等措施，不断强化职工队伍的政治身份，最大限度地充实壮大党员队伍。到1991年，安太堡露天煤矿的党员人数已占全矿职工总数的21.4%，在各个层次的管理人员中，党员占88.2%，中方值班经理中，党员占28.2%，矿机关主要业务干部中，党员占82.9%，党员在安太堡露天煤矿职工队伍中成为中坚力量。

和谐共赢：共奏交响

安太堡露天煤矿在中美合作经营期间，来自美国、英国、新加坡、菲律宾等国家的300多名外方工作人员与中方人员共同工作。他们在带来先进管理理念和先进技术的同时，其资产阶级思想意识和奢华的生活方式与20世纪80年代中国尤其是晋北贫穷落后山村的生活条件形成强烈反差，新奇、羡慕、向往的欲念浊噬着一些人的心灵，冲击着人们的思想。

陈日新敏锐地发现了这些苗头，采取措施开展了思想教育活动。紧紧围绕国际大气候和企业小环境，从警惕帝国主义推行和平演变战略到抵制资本主义思想渗透和腐蚀的方面，定期对党员干部进行形势教育和爱国主义教育，维护国格、人格和外事纪律，使党员干部在大是大非问题上保持头脑清醒，警钟长鸣。陈日新告诫广大党员干部："我们是中国改革开放的先行人，是中国共产党员，一言一行代表着中国形象，决不能染上资产阶级习气，决不能做出损害国格、人格的事来，决不能给中国人丢脸，决不能给改革开放抹黑!"凝重的话语醍醐灌顶,振聋发聩。

以陈日新为代表的中方管理人员,在合作企业的特殊环境中,率先垂范,以身作则,坚定共产主义理想信念,与广大干部职工一起自觉维护中国的尊严,既坚定地维护中方利益,又友好地与外方合作共事。安太堡露天煤矿合作经营期间,中方人员与外方人员在摩擦中增进友谊,在分歧中求同存异,使广大职工感受到了党组织的力量与政治核心所在,也使外方人员认识到中国共产党人的力量和高尚人格的魅力。

合作经营,不仅是东西方思想的碰接,也是东西方文化理念的交融。在平朔这个中国改革开放的大舞台上,中西方文化的相互碰撞、相互融合,演绎出一曲动人的交响乐。陈日新带领平朔人矢志报国,笃志改革,让平朔这块"试验田"绽放出中国改革开放思想的璀璨光芒!

建成投产,改革开放结硕果。1987年9月10日,举世瞩目的中美合作项目——平朔安太堡露天煤矿建成投产,并举行了隆重的剪彩仪式。安太堡露天煤矿建成投产,是中国对外开放政策结出的硕果,是中美合作的成功典范。

从1985年7月到1991年6月,在中美6年合作经营的历程中,陈日新带领平朔人胸怀"和衷共济,为国争光"的崇高理想,以"勇立潮头,善为人先"的改革精神,与美国西方石油公司精诚合作,共谋大业,创造出高效率、高科技、高效益、快节奏的"三高一快"平朔模式,彪炳史册。

不忘初心:绝知此事要躬行

风云变幻,世事难料。1991年6月28日,中美双方合作6年后,美国西方石油公司因经营战略调整,单方面退出合作,将其股份转让给中方。平朔安太堡露天煤矿的生产经营全部由平朔公司接管。何去何从,安太堡露天煤矿面临生存大考和重大抉择。

非知之难,行之惟难。陈日新"绝知此事要躬行"。他不忘初心,带领全体干部职工砥砺前行,绝地发力,创造了独立经营安太堡露天煤矿的奇迹,实现了经营模式、管理方式、开采工艺和规模质量的历史性变革,书写了中国自主经营特大型露天煤矿的传奇。一年后,安太堡露天煤矿绝处逢生,走出困境,生产经营不仅没有受到美国人撤资的影响,而且创造出了更好的效率和效益。1991年12月29日,安太堡露天煤矿提前两天完成全年1000万吨商品煤生产计划,超额3693吨。尤其是1992年,公司上下握指成拳,凝纱成绳,苦干一年,使生产经营出现了喜人气象。陈日新带领安太堡露天煤矿全体干部职工,不仅经受住了撤资的"大考",而且彻底粉碎了外国人说的"中国人自己不可能独立经营安太堡露天煤矿"的荒唐预言,向党和人民交了一份满意的答卷,赢得了国际声誉。

1992年7月,原合作经营安太堡露天煤矿的外方总经理劳恩·亨特重返平朔,参观他工作了6年的安太堡露天煤矿后,感慨地说:"我万万没想到,你们能把露天矿管理得这么好,仅用一年多时间就恢复了安太堡露天煤矿的正常生产秩序,了不起!"

从平朔创业到中美合作，从外方撤资到独立经营，陈日新以高度的政治责任感和矢志不渝的党性原则，用生命践行党的改革开放政策，坚定不移地走改革开放道路，成为中国改革开放的维护者和践行人，在平朔这块试验田里播种下一颗中国改革开放的种子，精心培育。而今这颗种子早已成为平朔改革开放的红色基因，在塞北高原这片沃土上枝繁叶茂、硕果累累——3座年生产能力2000万吨～3000万吨的特大型露天矿，3座年生产能力千万吨级的现代化井工矿，年入洗能力1.25亿吨的6座配套洗煤厂，4条总运输能力达1亿吨的铁路专用线，2010年12月15日公司原煤产量首次突破亿吨大关，建成我国首座单一露井联采的亿吨级矿区。

陈日新光辉的人生印记已经镌刻在平朔乃至中国改革开放和中国煤炭工业发展的史册上。以他为代表的平朔领导集体在改革开放的奋斗中熔铸出来的"勇立潮头、善为人先"的平朔精神，不仅展现了平朔人对共和国煤炭事业的赤子之心和挖掘乌金、奉献光明的炽热情怀，成为融入平朔人血脉的精神标识和忠诚担当的事业追求，也成为引领平朔人奉献共和国煤炭事业、培育"家国命运共同体"的意识认知，并且已经升华为平朔人听党话、跟党走，为实现中华民族伟大复兴的中国梦而奋斗的坚定信仰！本故事可用作"改革开放理论"的教学案例，讲解改革是社会主义发展的直接动力，对外开放是建设中国特色社会主义的一项基本国策，实行对外开放如何正确对待资本主义社会创造的现代文明成果。

1. 党的领导在"平朔模式"中发挥哪些重要作用？
2. 在美国西方石油公司退出后，平朔安太堡露天煤矿是怎样走出困境的？

参 考 文 献

韩文林，王广德. 拓展延伸的路——"平朔模式"纪实［J］. 当代矿工，1994（6）：3-4.
杨家琪，高玉兰. 改革先锋——中煤平朔集团第一任党委书记、总经理陈日新践行改革开放纪实［J］. 当代矿工，2021（7）：14-19.
中外合作"平朔模式"的创造者陈日新［J］. 企业文明，2019（4）：14-18.

推墙入海的"邯钢经验"

李小瑜

刘汉章是在我国社会主义市场经济道路探索过程中成长起来的著名企业家,是首批带领企业融入市场、参与市场竞争的改革者,他的身上始终充满了对现状的冷静与客观、对未来的期待与憧憬、对创新的接纳与探索。在社会主义市场经济理念如春风拂过的时代背景下,刘汉章主动推墙入海闯市场,创造了国企改革的"邯钢经验"。

从鞍钢到邯钢:青年钢铁梦

1936年,刘汉章出生于河南省巩义市一个普通的家庭。从小到大,刘汉章耳濡目染了积贫积弱的旧中国百姓饱受内外欺凌的苦难,侵略者和反动派的坚船利炮让年少的刘汉章直观感受到了枪炮的厉害,也感受到了钢铁的力量。新中国成立以后,对"天安门"饱含憧憬的刘汉章发奋学习,成绩出类拔萃,为了早日就业,改善家庭经济情况,他选择就读中专。当时国家在太原等7个地区组建了7所冶金专业中专院校,旨在为国家培养钢铁冶炼领域紧缺人才。刘汉章选择到太原冶金工业学校就读钢铁专业,开启了他与钢铁一生的缘分。

1956年,20岁的刘汉章从太原冶金工业学校毕业,被分配到鞍山第一炼钢厂平炉车间担任技术员。毕业便加入当时的国内第一大钢铁工厂,这让年轻的刘汉章无比自豪,也更加坚定了他投身钢铁事业的决心。在鞍钢的岁月里,刘汉章作为技术员积极主动投身生产,和其他生产工人一起上工、吃住,苦练一线本领;与此同时,年轻的刘汉章从不曾放弃学习,工作之余便一头扎进图书馆,刘汉章持续不断地将理论与实践深度融合,才能够成长为一名有着丰富实战经验的炼钢技术员。

1958年,国家决定组建邯郸钢铁,鞍山钢铁一次性调配600余名员工前往支援,年轻的刘汉章毅然前往。从鞍山前往邯郸,变化的是工作地点,不变的是对于钢铁事业的初心与使命。也许在旁人眼中,刘汉章放弃了鞍钢的稳定,选择了更大的挑战,但此时并无人可以预见从鞍钢前往邯钢的这位青年将影响到整个邯钢的未来。

勇担大任:推墙入海闯市场

初入邯钢的刘汉章,仍然从技术员开始,一边深入一线,一边强化理论。从1964年开始,刘汉章历任邯钢生产办公室副主任、炼钢车间副主任、第一副主任、邯钢第一炼钢分厂厂长、第二炼钢分厂厂长、第二分厂党委书记等职。变化的是他的岗位和职责以及他对炼钢行业、炼钢企业的认识与积累，不变的是他的"钢铁梦"。1983年，刘汉章任邯钢总厂副厂长、党委常委，1984年1月他正式出任邯钢总厂厂长、党委常委。

上任厂长之初，邯钢处于多年盈利的状态。在普通人看来，此时的邯钢一路顺风顺水，前景也是一片大好，但刘汉章看到的却是钢铁市场以及企业管理方面的潜在危机，如何才能够让邯钢好上加好、持续发展是他思考的重要问题。刘汉章首先关注的便是企业的人才管理体系，乘着邯钢作为全国首批"厂长负责制"试点机构的机遇，刘汉章一举主导选派200余名符合条件的优秀中青年干部奔赴邯钢各个重点岗位，锻造了一支能够打硬仗的管理队伍；其次，他主导推进厂内工资分配制度改革，更加侧重将岗位工资向一线员工倾斜，极大地提振了一线员工的积极性；同时，他参照鞍钢经验推行钢铁企业"一体两翼承包"。这一系列举措很快就取得了成效，至20世纪90年代初，邯钢年产量突破百万吨，生产规模已相当可观。

20世纪90年代初，社会主义市场经济理念如春风刚刚拂过，带来了国内市场环境的急剧变化。一方面，国内基本建设规模持续压缩，银根紧缩，钢铁需求量持续萎缩，钢铁价格持续下跌；另一方面，钢铁原材料价格却持续上涨，成本持续攀升。据邯钢测算，钢材成本1989年较1988年上升14.96%，1990年较1989年又上升21.59%。在此背景下，邯钢在当年生产的28款产品中，有26款都处于亏损状态，钢铁不再走俏，市场逐步滑坡。这让不服输的刘汉章夜不能寐，他冷静下来与领导一起透过市场环境着力谋划邯钢的未来，他们充分意识到摆在邯钢面前的已不再是过去靠增产、上量、提价便能实现增效的路径，而应该顺应市场、深化企业改革、着力转变企业经营机制，这才是国有企业的未来。

长期以来，邯钢与其他国有企业一样，采用的是高度集中的企业管理模式，总厂对于各二级厂均采用指令性计划价格进行成本与收益的核算；但与此同时，总厂已经面临市场的竞争与冲击。在这一背景下，总厂承担市场风险，分厂稳拿内部收益，厂内员工从上到下均缺乏对市场的敏感性，也不愿意为了应对竞争而去推动现有生产模式的变革以及生产质效的提高。一堵无形的"墙"横亘在分厂与市场之间，唯有打破这堵墙，才能让市场的洪流涌入企业的内部。

刘汉章创造性地推出"模拟市场核算，实行成本否决"制度。模拟市场核算就是打破原有计划经济体制下按照指令性价格进行模拟核算的方式，这是推行市场经济体制下的企业微观市场机制的再造，是将市场价格机制、竞争机制引入企业内部的重要方式，是让企业融入市场经济体制的必要手段。成本否决是将企业的管理与分配挂钩至成本控制，将成本控制作为至关重要的考核内容，一旦承办考核指标未完成则否决全部效益奖金，继而实现控成本、提效益的连贯目标。刘汉章与时任邯钢总会计师的李华甫充分沟通了市场核算、成本否决的思路，李华甫前后历时8个月细化制定了若干个体现市场信号、符合邯钢实际的指标，刘汉章主导将这些指标"倒推"落实到了全厂几万名员工的身上，形成了"千斤重担人人挑，人人肩上有指标"的利益共同体，使职工真正成为企业的主人，激发出无穷的活力。

1994年，邯钢全厂可比产品成本在剔除价格因素后比上年下降8.9%，实现钢材含税销售收入46.7亿元（销售价格比上年每吨下降430元），实现利税11.2亿元，比上年增长6.66%；实现利润7.8亿元，比上年增长73.33%。1995年，在全国钢铁市场萎靡的情况下，邯钢仅上半年便实现了利税6.59亿元，利润4.09亿元，占全国冶金系统利润的10%。1991年到1996年，邯钢的成本每年降低6%以上。在钢铁行业效益大幅下降的背景下，邯钢利润连续多年超过7亿元，跻身行业前三。以1996年为例，邯钢的25项技术指标在全国排前三，负债率仅为39.5%。1998年，面对亚洲金融危机的冲击，在消化多种减收增支因素的情况下，邯钢可比产品成本较上年下降了2.61%，1999年又同比下降了6.16%。

"邯钢经验"：国企改革新浪潮

邯钢的探索不仅仅解决了邯钢一家企业的问题，而且开启了一场国企改革的浪潮，开始了一场国企经营机制的革命。

1992年，国家冶金主管部门针对邯钢的经验进行专项调研总结，以期在全国冶金行业进行推广复制，全国多地政府也发出向邯钢学习的号召。但是由于多种原因，短期内的学习并未真正掌握到邯钢改革的精髓。同时国内钢铁行业的持续低迷倒逼着改革的步伐，1995年，国家相关部门再次组织对邯钢的经验进行深入总结学习，并向国务院提出了在全国推广"邯钢经验"的建议，此时"邯钢经验"已经充分揭示了企业经营管理机制改革的本质，成了指导国有企业改革的重要参考。1996年，国务院以正式发文的形式要求全国企业学习推广"邯钢经验"，国企改革中转变思想观念的重要性也被提到了空前的高度，以思想转变推动企业经营管理机制转变成为国有企业改革的基本共识与重要工具。

"邯钢经验"开启了一轮国企改革的浪潮，但是对于邯钢人而言、对于刘汉章而言，脚踏实地才是他们一贯的选择。刘汉章曾说"靠吃老本的厂长不是好厂长"，他既不吃自己的老本，也不吃别人的老本，而是依旧冷静客观地看待邯钢所取得的成绩以及存在的问题，不断探索以推进邯钢的成长与发展。

刘汉章带领邯郸钢铁推墙入海的历程既充分体现了刘汉章本人作为企业管理者的角色，也是国有企业改革发展的一个缩影。企业是国家发展的重要元素，企业的发展离不开企业职工的辛勤付出，离不开卓越的企业家；企业家的成长需要有持续的企业家精神，还需要有良好的市场环境。新时代的发展离不开优秀的企业组织，也迫切呼唤优秀的企业家。刘汉章和邯钢对国家的贡献，不仅仅是邯钢发展成为利税大户、特大钢铁企业，更大的贡献在于，其管理模式为20世纪90年代初在摸索中前行的国企树立了一个典范，打开了一条直面市场的道路。

本案例可用于"事物的普遍联系和变化发展"和"改革在社会发展中的作用"等相关内容的教学。"邯钢经验"是我国国企改革系列成果的一个缩影，也是我国社会主义市场经济理念深入人心、社会主义市场经济改革逐步深化的必然结果。企业的发展离不开企业赖以生存的市场环境，企业改革的成功绝非脱离时代背景的一种偶然，而是一系列宏观与微观、主观与客观因素共同作用的结果。"邯钢经验"的产生很大程度上正是得益于刘汉章既把握了社会主义市场经济改革的前进方向，又充分发扬了他作为企业家引领改革创新的精神。"邯钢经验"解决了邯钢自己的问题，更开启了国企改革的新浪潮，带来了巨大的经济效益和社会效益，彰显了企业改革在社会发展中的重要作用。可结合本案例加深学生对改革的认识，使学生充分理解改革是"在不改变社会基本制度的前提下，对生产关系和上层建筑的某些环节和方面进行变革，从而达到促进生产力发展和推动社会进步的目的"。习近平总书记在党的二十大报告中指出，要"完善中国特色现代企业制度，弘扬企业家精神，加快建设世界一流企业"①。可结合本案例，引导学生深刻领会现代企业制度、企业家精神对企业发展的重要作用。

1. 如何理解"邯钢经验"的主要内容？
2. 有人认为"邯钢之路是中国国企改革发展的缩影"，你如何看待这种说法，为什么？

参 考 文 献

本刊评论员. 致敬，刘汉章[J]. 冶金企业文化，2019（1）：1，65—66.

国企改革"邯钢经验"的创造者——刘汉章（1936—2009）[J]. 共产党员（河北），2019（1）：30—31.

刘汉章. 模拟市场核算实行成本否决[J]. 经济与管理，1996（2）：28—35，64.

刘汉章. 转换经营机制　推进技术进步　实现经济增长方式的转变[J]. 经济与管理，1997（6）：25—26.

刘青山. 刘汉章：创立"邯钢经验"[J]. 国资报告，2018（12）：69—73.

宋春雷，王洪仁，刘会卿. 刘汉章和他的事业[J]. 冶金管理，1997（1）：25—29.

王洪江. 钢铁铸造辉煌——记全国劳模、邯钢集团公司总经理刘汉章（一）至（十）[J]. 中国经贸导刊，1998（11）—1999（4）.

习近平. 高举中国特色社会主义伟大旗帜　为全面建设社会主义现代化国家而团结奋斗——在中国共

---

① 习近平：《高举中国特色社会主义伟大旗帜　为全面建设社会主义现代化国家而团结奋斗——在中国共产党第二十次全国代表大会上的报告》，北京：人民出版社，2022年。

产党第二十次全国代表大会上的报告（2022年10月16日）[M]. 北京：人民出版社，2022.

张承耀. 企业家素质与企业文化——以邯钢刘汉章为例[J]. 中国经贸导刊，2000（17）：7-10.

张许峰，徐光明. "推墙入海"：从邯钢"推"向全国[N]. 河北日报，2008-12-10（5）.

与深交所共成长的资本市场实践者

李小瑜

禹国刚是深圳证券交易所建立、成长、发展全过程的见证者，是中国资本市场的探索者，他勇立时代改革的潮头，坚定地走出了自己的人生路，也展示了特区早期建设者们勤勉努力、探索创新的拼搏精神和敢闯敢干、敢为人先的改革精神。在深圳经济特区探索创建资本市场的初期，禹国刚从零开始负责筹建深圳证券交易所，并一手推动深交所闻名世界，是我国资本市场发展的重要实践者。

厚积薄发：机遇垂青时刻准备之人

1944年，禹国刚出生于陕西安康的一个普通家庭，家庭贫困加之兄弟姐妹众多，导致他幼时常常挨饿受冻，甚至一度辍学。尽管生活捉襟见肘，他求知求学的脚步却从未因此停留片刻。1964年，禹国刚以优异的成绩考入西安外国语学院（现西安外国语大学）俄语专业。彼时中苏关系开始恶化，禹国刚开始思考学习俄语是否还能完成自己最初的梦想。在几经苦思仍不得其解后，他开始去书中寻找真谛，一次偶然的阅读让他发现鲁迅、郭沫若都曾去日本留学，孙中山也多次前往日本。这次发现让他对日本产生了强烈的好奇心，于是决定学习日语。但是转专业并没有想象中那么容易，他不仅需要说服校长在学校开设日语专业，还需要寻找合适的日语老师。困难没有打倒禹国刚，禹国刚发挥了他敢闯敢干的精神，很快解决了这两件事，如愿以偿地学了日语。

大学毕业后，禹国刚被分配到铜川矿务局下属的一家煤矿公司，成为一名煤矿工人。如果按部就班地生活工作下去，禹国刚的人生轨迹似乎和金融证券是两条平行线。可一位回到深圳老家的工友的来信，让两条线有了产生交集的可能性。信中工友对深圳未来前景的美好展望和青年人前往深圳有光明前途的论述，深深打动了早已盼望去外面看看的禹国刚。于是1981年春节，禹国刚拿着全部身家600元，带着家人来到深圳闯荡。禹国刚在深圳找到的第一份工作是爱华电子公司的党委秘书兼日语翻译，这份工作让他学习了不少证券、股票等领域的知识，禹国刚对此十分感兴趣，于是他常常利用闲暇时间借来证券类书籍自学。由于勤奋刻苦和学习能力突出，禹国刚初步掌握了证券金融的基础知识。

历史的车轮向前滚动，禹国刚也迎来了一次真正改变他命运的机会。1983年国家决定选派两名人员前往日本学习证券知识，共青团中央和对外经济贸易学院为此还专门成立了招考小组，选拔条件主要包含"政治条件好、日语好、掌握金融证券知识"这三个。起初招考小组在北京、上海、天津选拔时,并没有挑选出条件完全匹配的人,于是在广州组织最后一轮招考。禹国刚的出现让招考组喜出望外。于是,39岁的禹国刚成为我国第一批被选派到日本学习证券知识的留学生。留学期间,禹国刚夜以继日、废寝忘食地学习了大量的证券市场理论和实际操作经验,为日后牵头筹建深圳证券交易所打下了坚实的基础。

筹建深圳证券交易所:从模仿到超越

1984年,学成归国的禹国刚被调到中国银行深圳分行上班。彼时深圳证券市场开始萌芽,深圳市政府决定利用深圳经济特区政策优势创建资本市场。深圳市政府于1988年11月成立资本市场领导小组,并任命禹国刚担任专家小组组长,开始有计划地筹建深圳证券交易所(以下简称"深交所")。

禹国刚坚信"凡事预则立",筹建深圳证券交易所首先需要建立清晰明了的法律法规和规章制度。于是,在专家小组,禹国刚带领成员们第一时间翻译公司法、证券交易法、证券法、会计制度会计准则、证券交易所上市交易规则等外文资料。在禹国刚的领导下,专家小组共计翻译了200多万字的英文资料。在此基础上,专家小组结合深圳的具体情况,编写了《深圳证券交易所筹建资料汇编》。这本书也成为打造深交所的"蓝图"。禹国刚以香港市场为蓝本,借鉴港交所已有的规章制度,搭建了深交所股票上市、交易、登记等一系列法律框架。

1990年5月,在基本完成深交所筹备工作后,禹国刚信心满满地前往中国人民银行总行报批,但却未能顺利获得批复。深交所筹备工作一时陷入停滞,万般无奈之下禹国刚只好向时任深圳市委书记李灏汇报此事。禹国刚带人在深圳市委、市政府领导面前,声情并茂地模拟表演了证券交易全过程,汇报结束后立即得到领导们的支持。1990年12月1日,禹国刚和筹建伙伴王健在深圳国家信托大厦15楼一起为深交所开市鸣钟。开业首日,深交所的挂票股票"深安达"成交8笔,合计8000股[①]。

纵观国际证券市场,1971年美国纳斯达克率先实现交易电脑化和无大堂运作化,新加坡证券交易所紧随其后推出无纸化交易。1993年,禹国刚出任主持深交所工作的法定代表人,他决定抓住时代机遇,主动迎接科技挑战,将前沿科技融入金融,在短短三年时间内突破实现"四个现代化"——交易电脑化、交收无纸化、通信卫星化、运作无大堂化。领先的技术水平让深圳证券交易所声名鹊起,一跃成为全世界知名的证券交易所。

拳拳爱国心　浓浓赤子情

禹国刚参与并见证了我国资本市场从无到有、从小到大、从区域到全国发展的全过

---

① 禹国刚:敢为人先[EB/OL]. 中央电视台"面对面栏目",2020-10-18, https://tv.cctv.com/2020/10/18/VIDErvDW2fle4hLXoIV1gAHS201018.shtml。

程。他从零开始负责筹建深圳证券交易所，推动深交所率先实现"四个现代化"，以领先的科技水平立足全球。2018年12月18日，他被党中央、国务院授予"改革先锋"称号，颁授"改革先锋"奖章；2020年，禹国刚入选深圳经济特区建立40周年创新创业人物和先进模范人物的40人。禹国刚用一生践行了"爱国、勤奋、博学、创新"的人生信条。尽管载誉一身，他却表示："一个人你本事再大，你没有党的领导，没有这个大时代，改革开放的大潮，没有团队，不可能做任何事。只有生命不息，奋斗不止。"

案例点评

禹国刚是深圳证券交易所建立、成长、发展阶段的见证者，是中国资本市场的探索者之一。他勇立时代改革的潮头，坚定地走出了自己的人生路，也展示了特区早期建设者们的精神和担当。首先，一生勤勉努力，热爱学习。禹国刚幼年时一度辍学的经历，让他倍加珍惜读书的机会。无论是专业知识还是其他学科知识，只要有时间他都愿意学习。而正是这样的求学态度，让他在学好日语的同时具备了证券金融知识，为将来出国留学，负责筹建深圳证券交易所打下了坚实的理论基础。其次，敢闯敢试，乘风破浪。无论是大学时期转学日语专业的勇气，还是放弃工作、背水一战前往深圳闯荡的魄力，都充分体现了禹国刚"敢想敢干"的精神。最后，勇于担当，砥砺前行。所谓"时代造英雄，英雄创时代"，改革开放初期，涌现出一批时代英雄。作为零起步的证券交易所，深交所筹建过程中经历的每一步都举步维艰。禹国刚不畏艰险，勇敢担起了深交所筹建的重任，不仅让深交所在1990年顺利成立，而且在成立后短短三年时间里实现了交易电脑化、交收无纸化、通信卫星化、运作无大堂化，也让深交所由此成为全球第一个实现"四化"的证券交易所。像禹国刚一样为中国证券市场发展默默耕耘的先行者值得被后来人永远铭记。

教学建议

本案例可用于"量变质变规律"和"人生观"相关内容的教学。首先，量变是质变的必要准备，质变是量变的必然结果。禹国刚勤奋好学，无论是读书期间，通过刻苦努力学习日语，奠定了良好的语言基础；还是工作之余，自学的金融证券知识；抑或是留学期间积累的大量证券市场理论和操作经验，这些量变的准备都奠定了禹国刚成为日后负责筹建深圳证券交易所首要人选的基础，也印证了量变和质变的关系原理。其次，禹国刚始终践行"爱国、勤奋、博学、创新"的人生信条。结合禹国刚始终紧紧跟随着时代的浪潮，在筹建深圳证券交易所过程中勇于担当、敢于创新、不畏艰难险阻的事迹，鼓励学生学习禹国刚敢闯、敢干、敢为人先的拼搏精神和爱岗敬业、无私奉献的时代精神，激励学生树立正确的人生观、价值观，学好专业知识，在将来为祖国的繁荣富强贡献更多力量。习近平总书记在党的二十大报告中要求健全资本市场功能，也可以借本案例逐步增强学生对证券市场、资本市场的认识。

1. 新生事物的成长不是一帆风顺的,深圳证券交易所筹备过程中经历了哪些挫折?有什么启示?
2. 运用量变质变规律原理,说明为什么机遇总是留给有准备的人?
3. 你认为资本市场对于经济发展有哪些重要作用?

樊舟. 改革先锋禹国刚——中国资本市场开路人[M]. 深圳:海天出版社,2021.
新中国证券市场制度建设奠基人之一禹国刚见证深圳证券市场诞生[N]. 深圳特区报,2010-11-30(B4).
资本市场从无到有的见证者[N]. 文摘报,2019-9-3(5).

实业报国、达济天下的商界奇才

李小瑜

霍英东生于忧患之间、成长于乱世之中，却以他独到的智慧缔造了商业传奇，终其一生用实业、体育和慈善真诚奉献于他所深深依恋的祖国和人民。随着国家改革开放大幕的拉开，霍英东怀着拳拳赤子心，成为最早一批进入内地投资的香港企业家，为国家改革开放做出杰出贡献，塑造了爱国的一生、奋斗的一生、奉献的一生。

商界奇才：致力实业报国

1923年5月，霍英东出生于一个贫困的渔民家庭，家中五个子女，他排行第四。最初一家人住在小船上，霍英东7岁那一年，父亲和两位兄长相继去世，他才和母亲、姐妹到岸上生活。上岸后，他在香港皇仁学院读书，后来抗日战争爆发被迫辍学。战争让一家人生活捉襟见肘，18岁的霍英东挑起家庭重担，他在船上当过烧煤工，在糖厂做过学徒，在启德机场当过苦力。在经历了多份工作后，霍英东发现自己并不想一直给别人打工，相反他更想自己去创业做老板。想通这一点之后，霍英东立即发动亲朋好友凑钱，开起了杂货店，主要经营日用杂货。由于经营有方，霍英东初尝成功的喜悦。后来，香港人口增加，对土地和房产的需求骤增，霍英东敏锐地发现了这一点并涉足房地产领域。1953年，霍英东成立了立信置业有限公司，经营房地产业。其间霍英东发明了"卖楼花""分期付款"等制度，这些制度在全世界广为流传，并沿用至今。房地产业的发展也带火了建筑材料业，霍英东顺势进入海底采沙业，经过苦心经营大获成功，他也一举成为名副其实的"海沙大王"。后来，他又成立了霍兴业堂置业有限公司、信德船务有限公司等，进一步将业务范围拓展到航运、石油、百货、酒楼等诸多领域。随着公司的发展壮大，他成为香港商界炙手可热的新星。

霍英东从小热爱祖国，一心想为祖国做出贡献。20世纪70年代，随着香港地产陷入低迷，霍英东决定退出房地产市场，进入内地投资，大力支持国家建设。从1962年开始，他先后与内地在海沙、石油等方面开展合作。改革开放后，他也是最早一批进入内地投资的香港企业家。1979年，霍英东投资建成了中山温泉宾馆。4年后他又与广东省相关部门合作，兴建了我国第一家自主设计、施工管理的大型现代化酒店——广州白天鹅宾馆。

霍英东一生积极投身"一国两制"伟大实践。他坚定支持香港回归祖国，坚定拥护"一国两制""港人治港、高度自治"方针，为确保香港平稳过渡、顺利回归和长期繁荣稳定殚精竭虑，做出了突出贡献。

钟爱体育：倾力支持申奥

霍英东十分热爱体育运动，他坚信"强国必先强身"，因此他一生都在全力以赴地推动中国体育事业发展。在他创办的"霍英东基金会"中，体育项目获得的捐款资金超过20%。利用基金会的资金，霍英东捐建了20多个具有现代化水平的体育运动基地、运动中心、运动场馆，并调拨专项基金奖励在奥运会上取得优异成绩的祖国体育健儿。

霍英东曾公开表示他最大的心愿便是祖国能够早日申奥成功。1993年，中国与悉尼争夺千禧年的奥运主办权，霍英东动用各种资源向国际奥委会执委做了大量的游说和公关工作。在宣布结果之前，形势一片大好，霍英东信心满满，他甚至提前预订了酒店和报纸版面庆祝申奥成功。但当投票结果揭晓，北京以一票之差输给悉尼，霍英东伤心流泪。这一次申奥的失败，并没有打消霍英东支持祖国早日实现奥运梦的信心和热情。他很快重整旗鼓，以更多的精力和财力投入新一轮的申奥过程。当中国取得2008年奥运会主办权的消息传来，霍英东激动得热泪盈眶，这次的眼泪饱含喜悦与荣耀。

乐善好施：资助无数同胞

除了实业报国、体育强国，霍英东还积极投身慈善事业。霍英东是香港捐款最多的慈善家之一，他希望自己能够更多地参与国家建设和发展，为民族富强贡献自己的力量。

1977年，霍英东创立"霍英东基金会"。霍英东基金会以非牟利投资和直接捐款的形式运营，以期为祖国现代化建设贡献更多力量。自成立以来，为全力支持改革开放事业，霍英东基金会策划并实施了上百个项目，尤其是在教育、体育、文化、扶贫等方面贡献良多。比如，番禺大石大桥、洛溪大桥、沙湾大桥和广珠公路上的4座大桥等多个基础设施建设，都得到霍英东的鼎力相助。同时，从1984年开始，霍英东通过基金会参与南沙的开发和建设，呕心沥血二十多年，在滩涂上建起广州南沙海滨新城，有力地促进了整个珠三角地区的大繁荣和大发展①。

1986年，霍英东与教育部合作，出资1亿港币成立"霍英东教育基金会"。霍英东教育基金会以"扶植新秀，奖掖群贤"为宗旨，设立高等院校青年教师基金，鼓励和资助青年教师拼搏奋斗、创新进取，在教学和科研中做出更多贡献。

除此之外，霍英东还积极推动祖国医疗事业发展。2003年"非典"期间，霍英东捐款800万元支持广东中医医院抗击"非典"。2006年，他在逝世前还叮嘱向广东省中医院捐款500万港元，用于中医药人才的培养。

---

① 乐善好施霍英东［EB/OL］. 央视网，2006-10-30，http://news.cctv.com/china/20061030/105538.shtml。

霍英东一生乐善好施、捐款无数。据统计，霍英东一生捐款总额 150 亿元以上，造福无数同胞。

案例点评

霍英东的一生，是爱国的一生、奉献的一生、奋斗的一生。霍英东用自己的商业智慧培育了庞大的实业帝国，创造了无数个商业传奇；霍英东始终保持着强烈的爱国情怀，并终其一生用实业、体育和慈善真诚奉献于他所深深依恋的祖国和人民。霍英东一生爱国爱港、光明磊落、奋斗不止，在动荡与逆境中始终将个人命运融入国家与民族的兴衰，始终坚持中华民族自强不息的理想信念；霍英东一生乐善好施、热心公益、无私奉献，在成长与发展中始终将祖国与人民的发展置于心头，始终坚守服务社会、回馈祖国与人民的选择。

教学建议

本案例可用于"坚定理想信念，投身新时代中国特色社会主义伟大事业""事物发展的前进性和曲折性的统一""爱国主义的基本内涵"等相关内容的教学。首先，无论是霍英东从年轻时的忧患到成就实业帝国的传奇经历，还是他终其一生爱国至诚、爱港至深，坚持真理、爱憎分明的选择，抑或是他服务祖国、服务社会的慈善事业，都值得我们尊敬与学习并永远怀念，以激励广大青年学子坚定理想信念，积极投身新时代中国特色社会主义伟大事业。其次，任何事物的发展从来都不是一帆风顺的，事物发展充满了前进性和曲折性的统一。通过展现霍英东的成长经历以及他在动荡与逆境中对理想信念的坚持，引导学生正确认识个人成长与发展中可能面临的困难，进而深化理解人类社会及其发展规律，初步理解个人在社会历史中的作用，具象理解社会基本矛盾及其运用规律。最后，也可以通过展现霍英东实业报国、体育强国、慈善报国的多重实践以及他谦和低调、自律简朴的品格，引导学生理解奉献并无多少之分，而在于至真至诚，引导学生树立正确的人生观、价值观。习近平总书记在党的二十大提出要"巩固和发展最广泛的爱国统一战线""发展壮大爱国爱港爱澳力量"，增强港澳同胞的爱国精神，结合本案例可以向学生充分阐述以爱国主义为核心的民族精神。

学习思考题

1. 请谈谈霍英东的事迹对于当代大学生思考人生价值的启示。
2. 请结合本人或周围人的实际经历，谈谈你对奉献的理解。
3. 请结合你的个人经历或者未来规划，谈谈你对爱国主义的理解。

谷梁. "红色慈善家"霍英东 [J]. 广东党史，2009 (1)：28—31.

霍英东先生生平[N]. 人民日报, 2006-11-8 (2).

冷夏. 霍英东全传[M]. 北京：中国戏剧出版社, 2005.

石泰峰. 在纪念霍英东先生诞辰 100 周年座谈会上的讲话[N]. 人民日报, 2023-5-11 (6)

习近平. 高举中国特色社会主义伟大旗帜　为全面建设社会主义现代化国家而团结奋斗——在中国共产党第二十次全国代表大会上的报告（2022 年 10 月 16 日）[M]. 北京：人民出版社, 2022.

闫红军. 霍英东：赤子的爱国情怀[J]. 传承, 2009 (17)：32-33.

"领带大王"的家国情怀

李小瑜

曾宪梓出生于广东梅州一个贫穷的农民家庭，在国家的资助下顺利完成了大学学业，机缘巧合下投身领带行业，厚积薄发创造了"金利来"高级领带品牌，成为名副其实的"领带大王"。生活富裕、产业发展之后的曾宪梓始终牢记祖国和家乡的养育之恩，毫不犹豫地捐资支持教育、航天、体育等社会公益事业，倾力支持改革开放、倾力支持祖国的发展。

独辟蹊径：高级领带脱颖而出

1934年2月，曾宪梓出生于广东梅州一个贫穷的农民家庭，他四岁时父亲去世，和母亲、哥哥相依为命，一家人生活十分困难。由于家庭贫困，曾宪梓一度辍学。全国解放后，在国家助学金的资助下读完中学和大学。1961年，曾宪梓从中山大学生物系毕业，由于各方面表现优异，毕业后他成功进入广东农业科学院生物实验室就职。1963年5月，为了与家人团聚，解决父亲遗产纠纷，曾宪梓决定辞职并前往泰国。同年，曾宪梓经香港到泰国，到达泰国后了解具体情况的他不再和叔父争夺遗产，而是选择向叔父请教领带制作技术。曾宪梓的大度赢得了叔父的尊重，于是将领带制作技艺倾囊相授。其实曾宪梓在香港生活期间，就已经注意到了领带行业，他在帮助哥哥从香港采购领带时，逐渐熟悉了领带的制作步骤和营销环节。他敏锐地觉察出领带行业的市场前景明朗、有利可图。可是，在泰国曾宪梓一家寄人篱下，不仅处境尴尬，而且由于语言不通，孩子入学、大人工作都十分困难，也无法充分实践他对领带行业的梦想蓝图。在各种问题集中爆发后，曾宪梓决定赴香港寻找机会。

1968年，曾宪梓带着家人从泰国来到香港。由于两手空空，曾宪梓决定继续从事本钱小、生产工艺相对简单的领带行业。想通了这一点，曾宪梓认真研究香港领带市场，他发现由于与国际市场接轨，香港人酷爱穿西装且香港服装业十分发达，但香港竟然没有生产领带的工厂。发现这一现象后，曾宪梓迅速在油麻地租了一块小地方作为生产基地，带着妻子买来尺子、剪刀、熨斗等生产工具开始生产制作领带。此时的曾宪梓还处于糊口的阶段，他粗略算了一下，每天至少需要卖60条领带，才能赚到50块钱养活全家人。起初，夫妻两人起早贪黑，既要自己生产又要沿街叫卖，十分辛苦，可是生意却不尽如人意。

曾宪梓开始思索哪个环节出了问题。既然平价领带薄利多销无法打开销路，不如尝试制作高级领带。说干就干,曾宪梓首先买了一批法国、瑞士的高档领带,进行研究和仿制,然后在此基础上进行改良和创新,很快便生产出了属于自己的高级领带。为了尽快打开销路,占领市场,曾宪梓做了一个十分大胆又冒险的决定,他将第一批高级领带放到一家商店向顾客免费供应。由于这种高级的花色和款式迎合了当时香港顾客的需求,曾宪梓的领带大受欢迎,这也使得曾宪梓的领带在很短时间里声名鹊起。1970年,曾宪梓正式成立了金利来(远东)有限公司,1971年他又在九龙创建了一个规模更大的领带生产厂。

1974年,香港经济出现了大萧条,多数商家选择降价售卖,而曾宪梓再一次发挥他敏锐的商业头脑。他坚定地认为衰退只是暂时的,复苏将很快出现。他引进欧洲的工艺和技术,进一步大幅度提高领带的质量,并适时提高销售价格。独树一帜的营销方案,让金利来在经济萧条过后迅速占领市场,其销售量迅速成为亚洲第一。

曾宪梓并不满足于此,他希望带着金利来品牌走向世界。他多次带人到国外参观领带工厂,并且不断学习新的制作工艺和营销方法。曾宪梓认为领带虽然利润可观,但是更新换代很快,对花样、质地要求很高,一旦款式落伍,对企业来说就有滞销的风险,因此企业员工都应该有居安思危的思维,不断推陈出新。随着在领带行业布局的逐步完善,曾宪梓开始生产衬衫、皮带、袜子、领结、领带夹、腰封等系列产品,进一步拓宽了"金利来"产品体系,开启多元化产品生产。与此同时,曾宪梓还积极拓展海外市场,进军东南亚国家。他前往新加坡、印尼、泰国、马来西亚等国设立分公司。香港回归后,为了支持祖国发展,曾宪梓毫不犹豫地将准备投往美国的资金转而投入内地。最终,"金利来"的成功让曾宪梓成为名副其实的"领带大王"。

报效祖国:终生的事业

曾宪梓一直谨记是祖国人民和家乡亲人栽培他成长,他说:我能念书,靠的是国家一个月3块钱的助学金,从17岁到27岁中山大学生物系毕业,学了10年,一共领了10年。没有共产党就没有新中国,没有共产党也就没有后来的我,是祖国抚育我成长的。我觉得我跟自己的祖国是血肉相连,无法分开的。于是,在他生活富裕、产业发展之后,他将自己的资金用来兴办各种公益事业,报答祖国和家乡的养育之恩。

从20世纪80年代起,曾宪梓便开始捐资支持国家教育、航天、体育、科技、医疗与社会公益事业发展。1992年,曾宪梓捐赠1亿港币,与教育部合作设立"曾宪梓教育基金",资助贫困地区教育事业。据统计,该教育基金累计奖励优秀大学生超过3万人次。2003年,他又捐赠1亿港币设立"曾宪梓航天科技发展基金",支持国家航天科技事业。除此之外,他还设立"曾宪梓体育基金",用来奖励在奥运会上获得金牌的中国内地体育健儿。1993年,为了表彰曾宪梓为国家发展做出的卓越贡献,南京紫金山天文台将国家编号3388号小行星命名为"曾宪梓星"。据不完全统计,从20世纪70年代至今,曾宪梓家族对内地的教育、科技、医疗、体育等事业的捐赠逾1400项次,累计金额超过12亿元。曾宪梓曾经说:只要"金利来"不破产,曾宪梓不死,我就要报效祖国。实际上，即使他的生命终止了，他报效祖国的愿望也没有停止，他让自己的儿子继承基金会，继续用行动回报祖国。

曾宪梓曾荣获国家民政部颁发的"中华慈善奖"、香港特别行政区政府"大紫荆勋章"。在2018年12月举行的庆祝改革开放40周年大会上，曾宪梓获得"改革先锋"称号，获授"改革先锋"奖章。

出生于一个贫苦家庭的曾宪梓，通过自己的努力获得了就读大学的宝贵机会，在国家的资助下完成了中学和大学学业，最终成长为一名"领带大王"，并将报效祖国作为他一生的事业。作为一名企业家，曾宪梓独辟蹊径，在领带这样一个细分领域创立了"金利来"这样一个响亮的品牌，体现出了他所独具的经营智慧。更值得关注的是，作为一名中国人，曾宪梓对祖国和人民有着深厚的感情，自改革开放以来，他捐资支持国家教育、航天、体育、科技、医疗与社会公益事业发展，可谓倾力支持祖国的发展，用实际行动诠释了一颗赤子之心。曾宪梓时刻不忘祖国曾经对他的资助，将报效祖国作为其毕生的事业，并让这种爱国情怀在自己的子孙后辈中持续传承。

本案例可用于"价值规律及其作用"和"爱国主义的基本内涵"相关内容的教学。首先，价值规律是商品生产和商品交换的基本规律。曾宪梓在薄利多销无法打开销路的情况下，转而制作高级领带的经营理念，以及对产品质量精益求精的要求，对花色、款式不断推陈出新的要求，都是自觉遵循价值规律的结果，是发挥价值规律在市场资源配置过程中重要作用的体现。其次，滴水之恩，当涌泉相报。曾宪梓曾在祖国的资助下完成学业，而后用一生来报效祖国，生动诠释了什么是爱国主义。引导学生充分认识集企业家、慈善家于一身的曾宪梓对祖国和人民所做出的贡献，引导学生正确认识贡献与索取、个人与社会的关系，激励学生弘扬以爱国主义为核心的伟大民族精神，持续深化爱国主义教育。

1. 曾宪梓的故事对我们时代青年树立远大理想、热爱伟大祖国有什么启示？
2. 曾宪梓在薄利多销无法打开销路的情况下，转而制作高级领带的经营理念，体现了哪些经济学原理？

参 考 文 献

陈庆立. 曾宪梓先生的爱国情怀 [J]. 中国人大，2016（4）：44—46.
陈支农. 曾宪梓与他的"金利来" [J]. 中外企业文化，2004（6）：34—35.

李小燕. "领带大王"曾宪梓[J]. 经济纵横，2005（2）：66-67.
刘北辰. "男人世界"的主宰香港领带大王曾宪梓小记[J]. 中外企业家，2006（3）：19.
山林. 曾宪梓与他的"金利来王国"[J]. 党员干部之友，2006（1）：34-35.
曾宪梓：殷殷爱心育桃李[N]. 人民日报海外版，2005-12-30（2）.

大国工匠练就"振超效率"

李小瑜

调入青岛港、与码头结缘的许振超充分意识到了知识和技术对于工人和工厂的重要性,因此他奋发图强、自学自研,不断在实践中掌握各式机械设备的操控要领,练就一身本领,成就"振超效率"。许振超是一名普通的工人,更是有理想守信念、懂技术会创新、敢担当讲奉献的"大国工匠"。

初圆工人梦

1950年1月,许振超出生于山东荣成一个贫穷的工人家庭。在那个激情似火的年代,工人阶级肩负建设祖国的神圣使命,成为工人是一件无比荣耀的事。然而想要成为一名工人并不容易,一个50多人的班级也就1到2名同学可以如愿。许振超便是佼佼者之一,1968年,许振超凭借出众的学习能力在初中就读一年半后成为一名工人。那一年,年轻的许振超第一次穿上崭新的工作服走在工厂的小道上,心中感到特别满足和自豪,不禁暗自向自己许诺"好好干,当一个好工人"。而这句朴实的承诺也成为他终身为之奋斗的目标。

1974年,许振超调入青岛港工作,开启了他与码头结缘的故事。彼时的青岛港主要依靠人力完成装卸作业,工人十分辛苦。初来乍到的许振超便开始认真思索如何将码头工人从繁重的体力劳动中解放出来。后来青岛港购买了一批现代化机械设备来减轻工人工作量和提高工作效率。但是那时能够掌握设备使用和维护技术的工人并不多,设备常常出故障,甚至酿成事故。残酷的现实让许振超真正意识到知识和技术对于工人和工厂的重要性,于是他开始发愤图强,利用业余时间读书学习,并在不断的实践中初步掌握了各式机械设备的操控要领。

大国工匠练就"振超效率"

1976年,许振超负责门机操作,刚上手时不熟练,在将矿石装入火车的过程中漏洒很多。对此,许振超十分内疚,但他坚信勤能补拙,于是常常利用休息时间反复练习。功夫不负苦心人,几个月后许振超终于能够一钩抓牢矿石,既准又稳,被工友们赞为"一钩准"。许振超在不断突破自己技能上限的同时,也不忘帮助工友。他将自己的技术要领编成小册子,免费向全队发放,带领全队走向专业化、规范化。

1984年，青岛港组建集装箱公司，许振超被选为青岛港第一批桥吊司机。和以往的工作大不相同，桥吊司机需要在四五十米高空通过操控高技术设备指挥吊具前进、后退和升降。面对高科技设备，许振超最初很是兴奋，不过在看到几百页密密麻麻的外文操作手册之后，瞬间便感到十分焦虑。由于文化程度不高，这些外文他自然是看不懂的。但他不怕苦，在用了几天时间制订攻克计划之后，便买了一本英汉辞典，决定先挨个翻译，然后根据操作手册内容反复练习，许振超很快成为公司的业务骨干。

1990年，公司里一台桥吊设备控制系统发生故障，由于内部员工不懂修理技术，公司只好请外国工程师来进行维修。外国工程师仅用十来天时间，就收取了高达几万元的维修费。这件事深深刺痛了许振超的心。他不禁暗自懊恼，如果自己掌握了维修技术，便能替公司省下几万元的维修费。此后他用了4年时间，自学数百本资料，倒推12块不同型号的电路模板，绘制两尺多厚的电路图纸，攻克了各类桥吊的技术难点。4年的苦心钻研，让许振超掌握了各类桥吊的技术参数和设备性能，成为名副其实的"桥吊专家"，他亲手绘制的模板图纸成为公司桥吊排障、提效的"利器"。

为了提高港口装卸作业效率，时任桥吊队长的许振超带着工人坚持不懈地每天开组会、反思会，一遍遍带着工人在码头"磨"技术。在他的带领下，许振超团队逐渐普遍练就了"一钩准""一钩净""无声响操作"等绝活儿，并亲手带出"王啸飞燕""显新穿针"等一大批具有一定社会影响力的工人品牌，使我国装卸作业效率上升了20%。但许振超并不满足于此，2003年4月27日，许振超团队在"地中海法米娅"轮的装卸作业中，创造了每小时单机效率70.3自然箱和单船效率339自然箱的世界集装箱装卸纪录。至此，享誉全球的"振超效率"正式诞生，而后许振超团队又先后9次刷新集装箱装卸世界纪录。

2006年，为响应国家节能减排号召，许振超又带领团队积极实施轮胎吊"油改电"集成技术创新。这项技术不仅填补了国际空白，而且能使能耗下降超过40%，每年可节省成本2000万元以上，尾气排放和噪音产出率趋近于零，在得到交通部嘉奖后，该项技术也很快在全国推广开来。

精益求精展现工匠精神

许振超曾说：咱当不了科学家，也要练就一身"绝活儿"，做个能工巧匠，无愧于时代，无愧于港口的培养。尽管他已经凭借傲人的成绩和过硬的素质，荣获了改革先锋、全国优秀共产党员、全国劳动模范、全国五一劳动奖章、第一届全国敬业奉献道德模范、最美奋斗者等称号或奖励，但是从一线岗位退下来的许振超，仍然奋斗在拼搏的道路上，始终坚持着工匠的初心。他表示：我和工人们一块儿摸爬滚打将近50年，培养更多有理想守信念、懂技术会创新、敢担当讲奉献的产业工人，仍然是我努力的方向。如今的许振超，依然在不断探索自动化集装箱码头技术创新，通过多种途径分享个人成长经历，想以此激励更多年轻人尊重知识，热爱劳动，传承大国工匠精神，立志成为新时代有知识、有技术、有担当的技术工人。

案例点评

许振超出生于一个贫穷的工人家庭，只上了一年半的初中，却凭借刻苦钻研的精神和持续的技术创新，从一名普通的码头工人成为新时代产业工人的楷模。

他干一行、爱一行、精一行，苦练技术，自学成才，练就了"一钩准""一钩净""无声响操作"等绝活儿，先后9次刷新集装箱装卸世界纪录，使"振超效率"享誉全球。从业几十年，许振超追求卓越，做事专注，依靠永不满足的拼劲和永不服输的韧劲，将自己千锤百炼，最终成功蜕变为一名"能工巧匠"。即使后来荣誉等身，他也始终不忘初心，时刻谨记自己是一名工人，一定"要当一个好工人"。许振超用他的人生经历，既形象地展示出新时代"学习型、知识型、创新型"产业工人的高超技能，又生动地诠释了新时代"爱岗敬业、一丝不苟、攻坚克难、创新创造、追求完美"的工匠精神。

教学建议

本案例可用于"正确的人生观"和"弘扬中国精神"相关内容的教学。一方面，结合许振超在平凡的岗位做出不平凡成绩的故事，和"要当一名好工人"的朴素理想，引导学生思考如何树立正确的人生观，激励他们一丝不苟、精益求精、追求卓越，创造有意义的人生。另一方面，在讲授新时代"大国工匠精神"时，既要讲清楚"工匠精神"的主要内容和时代意义，也要善于从"工匠精神"的内涵中挖掘激励学生成长的素材，比如新时代产业工人的新要求、学习是终身的大事等。鼓励当代大学生将自己的职业规划与祖国发展的大浪潮结合在一起，在平凡的岗位做出骄人的成绩。习近平总书记在党的二十大报告中指出："加快建设国家战略人才力量，努力培养造就更多大师、战略科学家、一流科技领军人才和创新团队、青年科技人才、卓越工程师、大国工匠、高技能人才。"可以结合本案例，加深学生对于国家人才战略以及个人成长发展的理解。

学习思考题

1. 请结合所学知识，谈谈许振超身上体现了"大国工匠"的哪些可贵品质？
2. 如何正确认识和把握"振超效率"？
3. 你对自己未来的成长发展有何定位和规划？

参考文献

刘新平. 100位新中国成立以来感动中国人物——许振超[M]. 长春：吉林文史出版社，2012.
孙迪. 许振超："当一个好工人"[J]. 党建，2022（2）：69.

习近平. 高举中国特色社会主义伟大旗帜　为全面建设社会主义现代化国家而团结奋斗——在中国共产党第二十次全国代表大会上的报告（2022年10月16日）[M]. 北京：人民出版社，2022.

许振超. 干就干一流　争就争第一（奋斗百年路启航新征程数风流人物）[N]. 人民日报，2021-6-10（7）.

第二编

艰难归国路,只为报国赤子心
为国铸盾,卫和平
用一生熔铸"中国心"
把核放射变成治病救人"金钥匙"
中国笔石学科带头人
牧星耕宇的百岁人生
以智殉国　至死攻坚
跟月亮"打交道"的人
守护长江"微笑天使"的孤勇者
北斗,每一颗星都亮
禾下乘凉梦,一梦逐一生
践行科学家精神,传承发展中医药事业

艰难归国路，只为报国赤子心

朱元南

他是享誉全球的"科学巨星"，冯·卡门曾这样评价他：我们的朋友钱学森，是1945年我向美国国防部科学咨询团推荐的专家之一。他是当时在美国处于领导地位的第一流火箭专家，后来成了世界闻名的新闻人物。钱学森作为加州理工学院火箭小组的元老，曾在第二次世界大战期间对美国火箭研究做出重大贡献。他是一个无可置疑的天才，他的工作大大促进了高速空气动力学和喷气推进科学的发展。他的这种天资是我不常遇到的。人们都这样说，似乎是我发现了钱学森，其实，是钱学森发现了我。

美国专栏作家米尔顿·维奥斯特曾这样写道：冯·卡门是空气动力学领域里独一无二的大师，而钱学森的名望仅在他一人之下，钱学森是冯·卡门雄心壮志与事业的继承者。钱学森是帮助美国成为世界第一流军事强国的科学家银河中的一颗明亮的星。

美国海军部前副部长丹尼尔·金贝尔评价钱学森说：一个钱学森，抵得上五个海军陆战师。

1923年，钱学森考上北京师范大学附属中学。钱学森回忆说：我们在附中上学，都感到一个问题压在心上，就是民族国家的存亡问题。我们努力学习就是为了振兴中华。

1935年钱学森怀着"将最先进的科学技术学到手，为中国人争气，为祖国争光"的远大理想赴美留学，在加州理工学院航空系攻读博士学位，师从世界著名的大科学家冯·卡门。十年后，他成了世界一流的火箭专家。留学期间的钱学森，时刻关注着祖国的发展。1949年10月1日，当中华人民共和国的开国礼炮声传到了大洋彼岸，钱学森和夫人蒋英激动不已，便商量着早日赶回祖国，为祖国效力。然而这条归国路，却遭到美国各种方式的阻拦。

20世纪50年代，朝鲜战争爆发，美国掀起了一场歇斯底里的反共浪潮，迫害美国进步人士，也迫害中国科学家和留学生，其中最著名的是钱学森。1950年，麦卡锡主义横行，钱学森成为美国联邦调查局的审查对象，他的保密许可证被吊销。钱学森意识到形势严峻，先后辞去在美国的一切职务，将家中一切打包进8只大木箱，准备运回祖国，但美国联邦调查局却借口涉及美国机密文件将其扣押。后来的调查显示，那些被没收查扣的文件不过是私人书籍、笔记。对于钱学森这样的著名科学家，美国当局是绝不会放他回中国的。于是各种"罪名"接踵而至，声称其"非法入境"违反了移民法，是"美国共产党员""中共间谍"，有颠覆美国政府的企图。美国联邦调查局以"间谍罪"

将钱学森逮捕入狱。美国千方百计阻止他回国,从挽留到拘留,从监视到迫害,因为他们深知钱学森"抵得上五个师",声称"宁可把这家伙枪毙了,也不能放他回中国去"。

1950年9月6日,这位曾深受尊敬的科学天才身陷囹圄。在特米诺岛的狭小囚室内的15天是他人生的至暗时刻。美方为从精神上摧垮钱学森,每天24小时强光探照,进行高强度审问,并且禁止他与任何人接触。在被拘禁的15天里,钱学森挣扎在崩溃的边缘,他失声了,体重15天掉了15公斤。1951年4月26日,美国司法部移民局做出判决,说钱学森曾经是美国共产党员,予以驱逐出境,同时因其掌握美国机密信息,推迟执行,不许出境,只能在一定范围内活动。

从此,钱学森便失去了自由,开始了被监视、监听和跟踪的生活,常常受到各种无缘无故的干扰,且每月必须按时到移民局报到。在长达5年的软禁生涯里,钱学森归国之心不改,报国之心愈坚,他相信自己总有一天会回到祖国,于是很快将他的研究方向转向不带机密性的理论工作,即工程控制论和物理力学,并做出开创性贡献。与此同时,他一直想方设法、积极地寻找回国的机会。

1955年夏,北京举行盛大的游行集会活动,欢庆五一劳动节,钱学森通过《人民画报》看到了庆典盛况,并惊喜地发现,在天安门城楼上,站在毛泽东身边的是全国人大常委会副委员长陈叔通,他正是钱学森父亲钱均夫的老师,也是钱家多年的老友。钱学森很快给陈叔通写了一封"求救信"。在信中,他这样写道:以致被美政府拘留,今已五年,无一日、一时、一刻不思归国参加伟大的建设高潮。钱学森用最直接的方式表达了当前的困境和对归国的期待。

辗转了大半个地球后,这封信终于送达北京。陈叔通当即把信呈送到周恩来的手中,外交部马上给正在日内瓦参加中美大使级谈判的王炳南发电报,让他向美方要求释放钱学森。在谈判桌上,当美方代表坚称没有愿意回国的中国公民被扣留时,钱学森的信成为最有力的回击:但是现在报纸上说中美有交换被拘留人之可能,而美方又说谎谓中国学生愿回国者皆已放回,我们不免焦急。我政府千万不可信他们的话,除去学森外,尚有多少同胞,欲归不得者。在毛泽东和周恩来指示下,中国政府经多次交涉,决定以朝鲜战争空战中被俘的多名美军飞行员作交换。1955年9月17日,钱学森一家终于登上"克利夫兰总统号"邮轮,历经一万多公里,21天的海上颠簸,一段长达5年的艰难归国路终于结束。回到阔别已久的祖国,钱学森的喜悦之情溢于言表,在接受新华社记者采访时他是这样回答的:我终于回到了日夜思念着的祖国,今后要贡献自己的全部力量,为祖国的建设事业服务。

1955年11月,钱学森来到了"哈军工"参观访问,会见了专程从北京前来迎接的陈赓大将。陈赓问钱学森:"钱先生,你看我们中国人能不能搞导弹?"钱学森不假思索,脱口而出:有什么不能的?外国人能造出来,我们中国人同样能造出来,难道中国人比外国人矮一截不成?陈赓听罢紧紧握住钱学森的手,含泪笑道:钱先生,我要的就是您这句话!

此后,钱学森带领由诸多顶尖科学家组成的团队,作为中国科技界的一面旗帜,通过不断实践与总结,用自己毕生所学,为新中国建造起了一座座航空、航天、导弹领域的摩天大厦,为中国的现代化进程和大国地位的提升立下了不可磨灭的功勋。1960年

11月5日，中国第一枚国产导弹"东方一号"发射成功。1966年10月27日，原子弹与导弹"两弹结合"试验成功。1970年4月24日，长征一号运载火箭把我国第一颗人造地球卫星"东方红一号"送入地球轨道。1980年5月18日，我国第一枚洲际导弹发射试验成功。这些都离不开钱学森的努力，五年归国路，十年两弹成，他的归国效力，使中国导弹、原子弹的发射向前推进了至少20年。1991年，他被授予"国家杰出贡献科学家"荣誉称号和一级英模奖章，被赞誉是"爱国知识分子的杰出典范"。钱学森终于实现了把他在美国学到的知识奉献给祖国和人民的初心。

晚年，钱学森依然牵挂中国航天事业。在他心中，把中国人送上太空，是自己几十年砥砺奋进的所愿所盼。2003年，神舟五号载人飞船发射成功，杨利伟成为第一位造访太空的中国人，回到北京后，他专程到钱学森家中探望。从那之后直到2009年10月31日钱学森逝世前，每位从太空凯旋的中国航天员都会来到钱学森家中，向这位中国航天奠基人报告好消息！2005年，钱学森提出"为什么我们国内的大学老是培养不出有独特创新的杰出人才？"这个被称为"钱学森之问"的问题，引起了教育界、科技界的普遍重视。

他的一生似明珠璀璨绚丽、光芒四射，让我们看到无论是作为一个谦虚的学者，一个报国的赤子，还是一个伟大的科学家，他都激励着我国科技工作者以更快的步伐向建设世界科技强国迈进。钱学森先生有太多珍贵的品质值得我们学习。正如《感动中国》对他的评价：钱学森是知识的宝藏，是科学的气质，是中华民族知识分子的典范！

案例点评

钱学森是学生耳熟能详的科学界领军人物，这位在万里之外的海外赤子孤身一人面对强大的美国反动势力，不仅没有屈服，而且表现出一名中国科学家在美国国家力量打压面前毫不畏惧、有理有节的大气魄、大智慧，充分体现了大义凛然的民族气概和义无反顾的赤子豪情。

教学建议

本案例可用于"社会主义核心价值观"相关内容的教学，本案例讲解能够让学生在感受这种坚定的爱国情怀、家国梦想的过程中，学习榜样的力量，形成承载责任的思想自觉与行动自觉，树立起钱学森式的崇高理想和坚定信念，成为社会主义建设者和接班人。

学习思考题

1. "我们在附中上学，都感到一个问题压在心上，就是民族国家的存亡问题。我们努力学习就是为了振兴中华。"这句话对于新时代的青年来说，有何启示？

2. 现今社会有些年轻人急功近利，逐渐变成了精致的利己主义者，而钱学森毅然决然放弃美国优厚的生活条件,积极投身社会主义建设事业,这对你的人生价值选择有什么启发?

卢胜军,顾吉环,李明,等. 钱学森科学家精神的内涵与时代价值[J]. 科技导报,2023,41(17):40—46.

钱永刚. 巨擘的故事[J]. 中国航天,2021(12):9—14.

叶介甫. 钱学森与中国导弹航天事业[J]. 文史春秋,2021(10):4—10.

张蕾. 钱学森:"那一天,我激动得彻夜未眠"[N]. 光明日报,2021-5-24(1).

为国铸盾,卫和平

朱元南

他的名字曾是国家最高机密,在1988年被媒体报道以前,很少有人知道他是谁,更少有人了解他在做什么。他曾言:"一个人的名字,早晚是要没有的。能把自己微薄的力量融进祖国的强盛之中,便足以自慰了。"没有留学经历,没有接受过海外教育,却成为世界一流的理论物理学家,他的成就远远超出了普通科学家对于国家的意义,他让中国在核大门关闭之前,拥有了足以平视美国的底气。他感动了中国,也因为有他,没人敢动中国。他就是中国核物理学家、国家科技奖和"共和国勋章"获得者——于敏。

1951年从北京大学物理系毕业后,于敏在中科院近代物理研究所从事原子弹核理论研究,他的研究成果在国内和国际上具有重要影响力,让诺贝尔获奖者都称赞有加。当时美国、苏联和英国的核技术领先世界,氢弹设计已经有相当坚实的基础。他们一方面遏制其他国家掌握核能力,一方面通过地下核试验来提升自己国家的作战能力。随着1952年美国氢弹的爆炸,悬在中国头顶上的达摩克利斯之剑已经从原子弹变成了氢弹。杜鲁门跟艾森豪威尔都赤裸裸地宣称,美国绝不能让中国搞氢弹。如此恶劣的环境下,毛主席和其他中共领导人做出了明确指示:原子弹要有,氢弹也要快。中国必须成功地掌握更为先进的氢弹技术,才能真正屹立于世界民族之林。

1961年1月,正当于敏在原子弹核理论研究中可能取得重大成果时,钱三强找到于敏,希望他从研究原子弹核理论转为研究氢弹,交给他氢弹理论探索的任务。钱三强拍拍于敏肩膀,郑重地对他说:咱们一定要赶在法国之前把氢弹研制出来,我这样调兵遣将,请你不要有什么顾虑,相信你一定能干好!当时的氢弹技术是各个核大国的最高机密,造氢弹,没有参考借鉴,我国完全从一张白纸起步。对于敏来说,这不仅意味着要放弃已经颇有成就的研究成果,一切从零开始,同时也将意味着一生的隐姓埋名。他毫不犹豫地表示服从分配,"转行",在新的领域开拓新的研究方向。他深知,中国没有自己的核力量就不能真正独立。他说:我过去学的东西都可以抛开,我一定要全力以赴搞出来。从此,他开始了长期从事氢弹研究的"沉默"人生。连他妻子后来都说:没想到老于是搞这么高级的秘密工作的。

在上海,由于大型计算机机时非常紧张,国内仅有一台每秒运算达万次的计算机J501进行验证计算,95%的时间计算原子弹,5%的时间留给氢弹设计。为了加快研究,1965年9月至11月,于敏带领团队来到上海华东计算所,对加强型原子弹进行优化设计,经过"百日会战",最终打破僵局。100多个日日夜夜,于敏先是埋头于堆积如山的计算机纸带，然后作密集的报告，率领大家发现了氢弹自持热核燃烧的关键，找到了突破氢弹的技术路径，形成了一套从氢弹原理到构形的基本完整方案。消息传到北京，党中央领导和所有科研工作人员欢呼雀跃，斗志昂扬。

然而，设计方案还需经过核试验的检验。在西北大漠的核试验场，于敏和所有工作人员需要克服异常艰难的生存条件。西北核武器研制基地地处青海高原，在那里，科研人员吃的是夹杂沙子的馒头，喝的是苦碱水，茫茫戈壁飞沙走石，大风如刀削一般，冬天气温低至零下30摄氏度，道路冻得像搓板。于敏高原反应非常强烈，食无味、觉无眠，从宿舍到办公室只有百米路，有时要歇好几次、吐好几次。即便如此，他仍坚持解决完问题才离开基地。

1966年12月28日，氢弹原理试验取得成功。1967年6月17日，我国第一颗氢弹空投爆炸试验成功，爆炸威力同于敏计算的结果完全一致。中国成为世界上第四个拥有氢弹的国家。从第一颗原子弹爆炸到第一颗氢弹试验成功，美国用了7年多，中国仅仅用了两年零八个月。西方科学家评论：中国闪电般的进步，对西方来说，是神话般的不可思议……

1969年，于敏带领团队来到了四川绵阳的深山里，开启了核武器研究的新征程。当时我国已经有了原子弹、氢弹，很多人好奇为什么要继续隐姓埋名研制核武器。于敏说：核武器已进入了一个新的阶段，如果丧失威慑能力，我们就要重新受到核讹诈。

在我国研制核武器的进程中，他的脚步从未停歇。但长期在艰苦环境里工作，他的身体变得越来越虚弱，曾多次与死神擦肩而过。1969年初，在首次地下核试验和大型空爆热试验时，于敏身体极度虚弱，上台阶都要用手抬着腿才能慢慢上去，同事都劝他休息，他坚持要到小山冈上观测火球。由于操劳过度，在工作现场，他几近休克。1971年10月的一天深夜，于敏再次因为过度劳累休克，经医生抢救才转危为安。1973年，于敏在从青海高原返回北京的火车上开始便血，回到北京后被立即送往北京医学院第三附属医院检查，在急诊室打点滴时，又一次休克。多次来回奔波，精神压力巨大，于敏为国铸核盾几乎是拼上了自己的性命。

在二代核武器研制中，于敏不仅一次次突破关键技术，更敏锐地意识到，核武器发展到一定程度后，美苏肯定会采取措施，限制其他国家进行核试验，中国必须加速核试验！

20世纪80年代以来，于敏率领团队又在二代核武器研制中突破关键技术，使中国核武器技术发展迈上了一个新台阶。1986年，301医院的一间普通病房内，总是能看到于敏去探望病人的身影。他的老朋友邓稼先已进入直肠癌晚期，除了探病，于敏同邓稼先谈论更多的，还是中国的核试验发展。于敏问邓稼先：我们是不是到头了？邓稼先也很忧虑，但两人都意识到中国核试验决不能"为山九仞，功亏一篑"！当时邓稼先已经进入生命倒计时，全身出血不止的他坚定地对于敏说：我们现在就上书中央！在邓稼先生命最后的期限里，他们和同事们反复商讨，并由邓稼先和于敏联合署名写成了一份关于我国核武器发展的极为重要的建议书，建议在世界全面禁止核试验前，加快中国的核试验步伐。

1986年7月29日，邓稼先逝世之后，于敏和他的同事们十年如一日地将两人合作的最后一份规划一步步变成现实。1996年7月29日,在邓稼先逝世10周年这一天,中国郑重向全世界宣布:从1996年7月30日起中国暂停核试验。1996年9月10日,联合国大会以压倒性多数票通过了《全面禁止核试验条约》。正是邓稼先、于敏的战略眼光,为我国争取了10年宝贵的核试验时间,大幅度提高了我国核武器研制水平,为我国国家安全做出重大贡献。

童年的动荡生活给于敏留下了惨痛的记忆,他说:"中华民族不欺负旁人,也不能受旁人欺负。"于敏曾经直言:这种民族情感是我的精神动力。这位喜欢古诗词的科学家,向往诸葛亮的"鞠躬尽瘁"和"淡泊以明志,宁静以致远",仰慕文天祥的威武不屈和"留取丹心照汗青",教会孙子的第一首古诗词是岳飞的"怒发冲冠,凭栏处、潇潇雨歇。抬望眼,仰天长啸,壮怀激烈……"

2014年"感动中国人物"评选委员会给于敏院士的颁奖词中写道:离乱中寻觅一张安静的书桌,未曾向洋已经砺就了锋锷,受命之日,寝不安席,当年吴钩,申城淬火,十月出塞,大器初成,一句嘱托,许下了一生,一声巨响,惊诧了世界,一个名字,荡涤了人心。这正是于敏波澜壮阔的一生,他用一生完美地诠释了家国情怀与科学精神。2019年1月16日,于敏在北京去世,享年93岁,但他的情怀和精神永远地留了下来。同年9月17日,他被授予共和国勋章。

于敏在事业上鞠躬尽瘁,在科学上唯实不唯上。"宁静以致远"是于敏毕生箴言,他这样解释他心中的那片宁静:所谓宁静,对于一个科学家,就是不为物欲所惑,不为权势所屈,不为利害所移,始终保持严格的科学精神。

教学建议

本案例可用于"社会主义核心价值观"、毛泽东思想活的灵魂——"独立自主"以及社会主义建设探索成果相关内容的教学,通过本案例讲解,宣传于敏隐姓埋名、以身许国铸就大国重器的先进事迹,引导学生理解不论是革命年代,还是社会主义建设探索时期,面对任何艰难险阻,我们始终把立足点放在依靠自己的力量的基础之上,自主培养优秀科学人才,坚持自主研发,避免了我国技术受制于人,有利于增强学生自豪感和自信心,对于引导激励学生践行社会主义核心价值观、积极投身国防和军事现代化建设具有重要意义。

学习思考题

1. "所谓宁静,对于一个科学家,就是不为物欲所惑,不为权势所屈,不为利害所移,始终保持严格的科学精神。"如何理解这种科学家精神?

2. 于敏没有留学经历,没有接受过海外教育,却成为世界一流的理论物理学家,为国铸盾,是完全由我国自主培养的人才。这给我们留下什么启示?

 参考文献

陈海波. 于敏:"民族情感是我的精神动力"[N]. 光明日报,2019-9-19(4).
胡仁宇. 我心目中的于敏[J]. 物理,2006(9):760-763.
郑绍唐. 氢弹功勋 于敏传略[J]. 现代物理知识,2015(1):3-6.
朱祖良. 德才双馨 风高范远[J]. 物理,2006(9):764-766.

用一生熔铸"中国心"

王强强

科学巨匠的命运是注定与国家的科学事业紧紧地联系在一起的,因为对祖国和人民的无限忠诚、对科学事业的无尽热爱深深地镌刻在他的人生信条中。2009年3月18日,一位93岁的老人走完了自己的人生历程,作为新中国航空发动机事业的奠基人和开拓者,他以给中国战机装上一颗"中国心"为使命,将自己的一生都奉献给了祖国和人民的事业。他就是"中国航空发动机之父"吴大观。

立志航空报国的求学者

1916年吴大观出生于江苏镇江,从小受到母亲和舅舅的影响,他逐渐形成友爱、正直的品格和敢于奋斗的精神。虽然年少时家庭贫困,但在舅舅一家的帮助下,吴大观读完了扬州中学,就在他前往上海参加清华大学的报名考试时,爆发了"八一三"事变,日本侵略者大举进攻上海,清华大学的报名考试一时搁置。吴大观一心求学,便进入了清华大学、北京大学、南开大学等在长沙组织的长沙临时大学。

吴大观始终坚定求学报国的信念,数次面临选择仍然不改初心。1937年,随着抗日战争局势的变化,长沙临时大学面临西迁的问题。正在长沙临时大学就读的吴大观和当时的众多青年一样,面临着参加抗日和继续求学的选择。当时吴大观身边的很多青年都纷纷参军抗日,就在他犹豫不决时,遇见了逃难的表哥。吴大观的表哥了解到他的情况后,给了他20元大洋并鼓励他继续读书,待学到知识后更好地为国家做贡献。在表哥的鼓励下,吴大观选择了随学校西迁。

在西南联大读书时,吴大观原本在机械系就读,读书期间日本侵略者的飞机不断轰炸昆明,看到老百姓受苦,吴大观毅然选择改修航空系。1942年,吴大观从西南联合大学航空系毕业,面临两个工作选择:一个是和同学去做买卖,在滇缅路贩货,发国难财、赚大钱;另一个是到贵州大定去搞航空发动机。吴大观毫不犹豫地带着新婚妻子登上了前往贵州大定的卡车。到大定工作后,虽然常常面临土匪骚扰、吃住条件差等问题,但是吴大观仍然全身心地投入学习和工作。1944年,吴大观被选中前往美国参加学习培训。在美国培训结束后,有超过一半的人选择了留在美国,吴大观却没有忘记大洋彼岸的祖国,放弃美国的优越生活回到中国,进入北京大学工学院担任讲师。

一生献给"中国心"的科学家

新中国成立后,吴大观作为负责人筹建了我国的航空工业局,开始投入航空发动机的研制工作。1956年,航空工业局调吴大观到沈阳410厂组建我国第一个喷气发动机设计室,开始设计我国第一台喷气教练机发动机。当时国外对我国进行重重技术封锁,并且国内研制航空发动机的各方面条件都不具备。对于当时的吴大观来说,从活塞发动机到喷气发动机,是包括原理、结构在内的革命性的改变,是一个天大的变化,比搞飞机的风险还要大。他考虑这个任务的时候,感到压力很大,很担心完不成任务。但是,面对这样的困难,吴大观并没有选择放弃,而是下定决心一定要搞出我们自己的飞机和发动机。

为了选定发动机型号,吴大观和同事们反复分析当时的国内经济、工业基础和技术水平,决定只能"先易后难,由小到大,先从教练机开始"。最后选定设计喷气教练机,定名"歼教-1"。之后吴大观团队从沈阳航空发动机厂设计科和航空工业局选调了一些技术人员,接收了一批南京航空工业专科学校的毕业生,并对这些毕业生进行了短期的集中培训,解决了发动机研制工作所需的科研人员的问题。

为了便于测试技术人员学习电子学知识,吴大观把自己从美国带回国的真空管长短波收音机拿出来,供工作人员装拆练习。他还拿出从苏联买回来的幻灯机,供工作人员对"压力排"照相底片进行判读,从而提高压力测量的精度。他们因陋就简,在土洋结合的条件下,克服困难,起步做测试工作。在不到一年的时间里,测试小组和试制车间的工人就试制出了温度传感器和定向定位用多点测压靶子,用于单管燃烧室和叶栅风洞试验,初步实践了"喷发-1"发动机的火焰筒和涡轮叶栅两项最关键的试验。凭借着这种敢于拼搏、勇于创新的精神,吴大观等人与工人一起奋战了210个日夜,经过20小时的试车,首批4台发动机研制成功。

1958年8月1日,这4台发动机装在新设计的"歼教-1"飞机上试飞。这架装有"喷发-1A"发动机的国产喷气教练机试飞成功,标志着"喷发-1A"型发动机成功诞生。1958年10月,装备"喷发-1A"发动机的两架"歼教-1"飞机从沈阳飞到北京西郊机场,受到中央首长的检阅。向全世界证明了我们中国人是能够造飞机和发动机的。之后,吴大观团队成功完成了涡扇系列发动机的设计和斯贝发动机的仿制生产等工作。

淡泊名利的优秀共产党员

吴大观生在旧中国,他目睹了帝国主义侵略者对祖国的践踏和对百姓的蹂躏。吴大观在1938年流亡途中看过一部电影《悲惨世界》,其中有一句台词影响了他一生——"人生是施与不是索取"。吴大观在他的口述自传中说:我们的祖国经历了太多的苦难。我在美国、欧洲都有过学习、生活和工作的经历。我能够体会到,国家贫弱,人民就会被看不起,就会受到歧视。我想,在这些优秀的中华儿女心里,想到的也应该是要用自己的聪明才智、用自己学到的知识、用先进的科学技术把我们的国家建设强大。所以,他们选择了吃苦和奉献。

1955年，国家考虑到吴大观的贡献，给他定的工资是273元，当时普通工人的工资是二三十元，车间主任的工资是六七十元，吴大观多次请求降薪未允，于是，从1963年开始，他每月多缴100元党费，坚持了30年。从1994年开始，吴大观每年向中组部继续多缴党费4000~5000元。此外，吴大观为"希望工程"、灾区等捐款累计9万多元，临终前又立下遗嘱，拿出积蓄10万元作为最后一次"大额党费"。吴大观说：建国初期国家一穷二白，百废待兴。我的工资那样高，脱离群众，为表心意，多缴党费，20世纪50年代到70年代，是为了国防急需的问题，进入21世纪，与某些国家相比，我国底子薄、科技落后，多缴党费，就是想体现我作为一个党员的党性意识。

案例点评

在新中国成立初期，航空发动机制造等高精尖技术是我国工业领域的短板，面对国外的重重技术封锁，中国人走出了一条独立自主的航空发动机制造道路。以吴大观为首的团队对航空发动机事业做出了卓越贡献，为航空发动机研制的后来者树起了一座永远的精神丰碑。他们用坚定的理想信念、高尚的品德情操、毕生的拼搏奋斗，忠诚践行了中国航发人"国为重、家为轻"的家国情怀和"择一事、终一生"的价值追求。

教学建议

本案例可用于毛泽东思想活的灵魂——"独立自主"的相关内容的教学。独立自主，就是坚持独立思考，走自己的路，把立足点放在依靠自己力量的基础上，同时积极争取外援，开展国际经济文化交流，学习外国一切对我们有益的先进事物。独立自主是中华民族的优良传统，是中国共产党、中华人民共和国立党立国的重要原则，是我们党从中国实际出发、依靠党和人民力量进行革命、建设、改革的必然结论。在新中国成立之初，面对我国航空发动机领域发展落后的现状，吴大观积极投身航空发动机的研制，他带领团队战胜各种困难，凭借对航空事业的热爱和报效国家的热心，最终独立研制出新式航空发动机，向全世界证明了中国人是能够造飞机和发动机的，避免了我国的航空工业发展受制于人，补齐了国家航空工业的短板。

学习思考题

1. 面对科研条件不足、技术人员短缺等重重难题，吴大观团队仍然制造出了中国人自己的航空发动机。你认为他们成功的原因有哪些？

2. 吴大观在求学路上多次面临不同选择，但是他坚定求学信念，最终成为一名优秀的航空事业工作者。这对你有什么启示？

温源,刘英. 吴大观航空报国勇做中国心 [J]. 交通运输工程学报,2022,22(2):6-8.
温源. 吴大观:用一生熔铸中国心 [N]. 光明日报,2019-10-8(3).
闻平. 做人要做这样的人 [J]. 红旗文稿,2009(9):1.

把核放射变成治病救人"金钥匙"

张启迪

出于对放射性的恐惧,至今仍有不少人"谈核色变"。而科学家们则从未停止利用原子核造福人类的脚步。中国科学院资深院士王世真便是其中一位。在他的"核世界"里,放射性不再是危及人类生命的代名词,相反,它是一把济世救人的"金钥匙"。

王世真,1916年3月7日出生于福建福州,是著名生物化学家、核医学家,我国核医学事业的创始人。1938年于清华大学化学系获学士学位。1949年在美国获博士学位,后在该校放射性研究所任研究员。1951年回国,先后任北京协和医学院副教授、教授,放射医学研究所副所长、名誉所长,核医学国家重点实验室学术委员会主任等职。1980年当选为中国科学院学部委员(院士)。长期致力于原子核医学的科学研究、应用和教育工作。

首次合成多个特效药

中国首次合成杀虫剂DDT(双对氯苯基三氯乙烷)、首次合成抗肺结核的特效药雷米封,都有王世真的功劳。

1916年,王世真出生在福建福州的一个显赫家族,清朝两广总督王庆云正是王世真的高祖。王世真的父亲王孝缃早年留学日本,曾作为中国的唯一代表参加远东医学大会,也曾参与孙中山领导的同盟会和辛亥革命;母亲林剑言是民族英雄林则徐的曾孙女。生在名门望族、书香门第,王世真深受家庭环境的熏陶和影响,自幼刻苦读书。

17岁那年,王世真考入燕京大学。一年后,他转学到清华大学化学系。原来,清华大学于1932年新建的化学馆名师荟萃,吸引了他和许多同学的目光,于是大家一起决定考试转学。然而,战火硝烟击碎了王世真继续在清华园安心读书的梦想。

1937年7月7日,卢沟桥事变爆发,刚刚获得清华大学学士学位的王世真在著名化学家袁翰青的推荐下,进入贵阳医学院任教。当时正值抗日战争最为艰苦的时期,他加入了由北京协和医学院的一批爱国教授组成的战时卫生人员训练所,担任化学组主任。在这里,他第一次学以致用,做出了开创性的贡献。

那时,中国抗日部队卫生条件极差,时刻受到斑疹、伤寒等流行病的威胁。从留学德国的哥哥漂洋过海寄来的一封信中,王世真了解到德国军队所用新型杀虫剂DDT的化学结构。他马上进行研究合成,不久便向抗日部队提供了这种强效杀虫剂。由此,王世真成为在我国首次合成DDT的科学家。

战争中的经历让王世真深切体会到国家落后就要挨打。1945年抗战尚未结束，耳边仍是日本飞机的隆隆轰炸声。他报名参加了当时教育部负责招生的公费留学考试，并取得制药化学专业第一名的成绩。1946年，王世真前往加拿大多伦多大学学习药理学，半年后转入美国艾奥瓦大学化学系。获得博士学位后，美国一家著名制药公司曾以优厚的待遇向王世真抛出橄榄枝。当时，一心想当制药专家的王世真也想利用先进的设备研制新药，但"要进入那里工作，必须先加入美国籍"。王世真断然拒绝了这个要求。随后，他改去刚刚成立的美国艾奥瓦大学放射性研究所工作。正是这次工作变动改变了王世真的科研命运，让他与奉献毕生心血的核医学结缘。在那里，王世真用核素示踪方法成功标记了碳十四甲状腺素和碳十四门冬氨酸，其合成方法至今还收藏在美国的国家档案局。两年间，他与同事合成了世界上最早的一批放射性标记化合物，也为他此后致力于我国核医学事业的发展奠定了坚实基础。

1951年，尽管在美国有着优越的生活条件，但内心希望祖国能够强大的梦想强烈感召着王世真早日回国。王世真终于冲破重重阻碍回到国内，被聘为北京协和医学院生化系副教授。当时国家科研基础薄弱，没有进行核医学研究的基本实验条件。而正是回国后不久的那段时间，他首次在中国合成了抗肺结核的特效药"雷米封"。此前，被民间称为"痨病"的肺结核几乎是不治之症，几百万人面临着死亡的威胁。"雷米封"的出现，使中国肺结核病的治疗发生了根本性改变，这种疾病不再意味着死亡。直到现在，雷米特仍然是中国治疗肺结核的首选药之一。

开创中国核医学事业

在生物化学家、核医学家、中国科学院院士王世真的"核世界"里，放射性不再是危及人类生命的代名词，而是一把济世救人的"金钥匙"。

1956年在王世真眼里是我国核医学研究的春天。当年，在我国拟定的《十二年科学技术远景发展规划》中，第一次将"同位素在生物医学中的应用"列入国家重点科研项目。王世真创办了中国第一个同位素应用训练班，他亲手制订了这个项目的实施规划。没有方法、没有技术、没有仪器设备，一切都要从零开始，全部依靠自己创造。王世真说，没有一件事情是容易的。同位素技术是核医学领域的核心内容，办同位素训练班成为中国核医学发展的第一步。正是在这个训练班里，诞生了我国第一批放射性同位素测试仪，研制出第一批放射性标记物，完成了第一批显影实验，培养了第一批从事核医学研究的专业人员。王世真在协和医院建立了中国第一个同位素中心实验室，第一个将同位素应用于人体试验。而首位勇敢的被试者，就是他自己。在中国创建了同位素标记物合成、液闪测量、放免分析、医用活化分析、稳定核素医学应用、放免显像等技术；他在甲状腺激素（TH）的系统研究中解开了TH作用机制的一些不解之谜，取得了令人瞩目的成果。他在异军突起的核素示踪技术的研究中，实现了一个又一个突破。20世纪70年代末，他就提出在实验核医学领域内以稳定核素作为示踪原子来进行生物医学及药学研究。

1986年王世真与夫人周前被美中核医学学会授予"核医学优异成就奖"。在国内外核医学界,他被誉为"中国核医学之父"。他主编了《核医学与核生物学》、《中国医学百科全书》核医学卷、"核技术及其在生物医学中的应用丛书"等12种专著,发表近200篇学术论文。当时,全中国几乎所有的同位素医学应用技术和方法都是在王世真的主持和倡导下创建并向全国普及推广的。

1987年,王世真在联合国国际原子能机构会议上做了中国核医学的现状和发展规划的报告。翌年,国际核医学大会在北京召开,成为中国核医学研究走向世界的里程碑。

实验核医学与临床核医学的结合

早在20世纪70年代末,王世真就提出在实验核医学的领域内开展以无放射性的稳定同位素作为示踪原子来进行临床医学的研究。

1982年,在王世真的领导下,在我国首先合成了用于研究人体内蛋白质代谢的稳定核素 15N 标记的甘氨酸,确立了生物样品稳定核素定量的方法,对中国核医学的研究与应用起到了积极的推动作用。他的实验室首先制备出了 15N 标记的甘氨酸,同年用气相色谱-质谱-计算机联用仪进行生物样品中放射性核素的定量,并将此法正式用于人体的代谢研究。以此为开端,他们用稳定放射性核素标记多种氨基酸,以此种示踪的方法较系统地进行了对慢性肾功能衰竭以及白血病患者中蛋白质、氨基酸代谢紊乱,并针对其代谢特点开展了用必需氨基酸治疗的研究。除此之外,他们还相继开展了稳定放射性核素标记化合物的研究、双标记呼气实验、药物代谢等方面的研究工作。

在世纪之交,他主要从事标记奥曲肽的合成的工作。此外,他还筹建了中国自己的正电子发射断层显像技术(PET)中心。

以身许国,何事不敢为?

2009年元月26日(适值己丑年春节),已快满93岁高龄的王世真还惦记着如何推动我国核医学的进一步发展,正构思撰写一篇论文,拟把春节假期也充分利用上。后来他在《基础医学与临床》上发表了《加强发展我国核医学的建议》(长达8页,1.34多万字)。该文系统地梳理了我国核医学的历史与现状,从国内外进展与需求等方面精辟论述核医学在生命科学和卫生保健中的作用,并着重指出存在的问题,提出六方面有理有据的具体解决对策。这些真知灼见不仅需要拥有渊博宽广的学识和雄厚的学术功底,更缘于强烈的事业心和历史使命感,突出地体现了王世真对发展我国核医学事业的赤诚忠心。

80多岁高龄时,王世真仍坚持带博士生,不辞劳苦地指导培养年青一代,称他们为"孙子辈"的学生。先后直接培养硕士、博士和博士后40余人。使人备受感动的是他那发自肺腑之言:"青出于蓝,质重于量;这是我们这些超龄服役老兵的唯一愿望。"他一直坚持用协和精神的"三基"(基础理论、基本知识、基本技能)和"三严"(严肃的态度、严格的要求、严密的方法)培养学生。

遵照王老师的遗愿，2016年5月31日，庄严肃穆的告别仪式举行之后，家属即把遗体捐赠给北京协和医学院。

案例点评

王世真是生物化学家、核医学家，中国核医学事业的创始人。他在甲状腺素的研究中开拓了结构和功能关系的研究新领域，在国内合成帕马喹，研究、合成并生产了多种标记化合物。他在实验核医学与临床核医学的结合方面的研究，如放射免疫显像、稳核素的临床应用等，提高了对某些疾病的诊断与治疗的效果，推动了基础医学与临床医学的发展。作为医学大家，在近80年的科学遨游中，王世真披荆斩棘，一生严谨治学，多项研究成果在国内外均属首创。他不忘初心，马不停蹄地为核医学事业奔波呼吁、推动发展。作为受敬重的师长，他凭借扎实的专业知识和强烈的事业心，培养硕士、博士、博士后等40余人，一代代优秀的年轻人走向临床一线和科研岗位，可谓桃李满天下。

教学建议

本案例可用于"科学的本质是创新。只有大力推进知识创新、科技创新，才能实现技术的跨越式发展"的教学，王世真为我国核医学事业的创立和发展所做出的贡献体现了"创新精神"。改革创新体现了中华民族最深沉的民族禀赋，反映了当代中国发展进步的必然要求，始终鞭策着我们中华儿女与时俱进、不断奋进。大学生作为21世纪现代化建设的主力军，在党和国家大力强调自主创新的今天，科技创新能力成为高素质人才的核心和灵魂，所以培养和提高大学生创新能力被摆在更加突出的位置上。在教学过程中可以引导学生了解、学习王世真案例，把握大势、抢占先机、勇于创新、顽强拼搏，不断激励自己成为努力担当中华民族伟大复兴大任的时代青年。

学习思考题

1. 实现中国梦必须弘扬中国精神，作为一名大学生，如何在学习生活中贯彻"以改革创新为核心的时代精神"？
2. 结合王世真的科学研究之路，如何把握"科学精神"的实质和历史地位？

参考文献

郝俊. 王世真：握紧命运的缰绳［N］. 中国科学报，2013-5-24（6）：3.
郑钧正. 纪念中国核医学之父王世真院士［J］. 核技术，2016，39（7）：99.
郑钧正. 中国核医学之父王世真院士永垂青史［J］. 辐射防护，2016，36（4）：262-264.

中国笔石学科带头人

王强强

穆恩之是我国著名的地层古生物学家,也是笔石学科带头人。他全面推进我国笔石学的研究,早在20世纪40年代就确定了我国五峰页岩和所含笔石动物群的时代,至今被国内外广为引用;他在1950年提出笔石的系统分类,是全世界最早提出笔石系统分类的学者之一。

全面推动国内笔石学科发展

1917年,穆恩之出生于江苏丰县的一个没落封建大家庭。1937年中学毕业后,在张五楼小学任代课老师。1938年日本侵略军逼近徐州,在大环境的影响下,他不得不前往后方,在昆明西南联合大学地质地理气象系学习。读大学期间因为经济困难,穆恩之不得不辍学,去从事教学工作。1941年,穆恩之回西南联合大学复学,毕业后被派往湖南晃县资源委员会管理处,先后任甲种实习员、工务员。穆恩之于1944年9月起在贵州遵义县立中学短期执教,并兼任教务主任。1945年2月到四川北碚中央地质调查所工作,任技佐、技士。同年7月随调查所迁至南京。1949年4月到南京古生物研究所(后改名中国科学院南京地质古生物研究所)工作,先后任副研究员、研究员、副所长、学术委员会主任,并先后兼任中国科学院南京分院副院长、顾问。

自20世纪50年代以来,他亲自领导、组织和参加了一系列重大科研项目,曾多次在全国和江苏省获奖。中华人民共和国成立初期,他参加了辽东太子河流域的地层古生物学研究;50年代后期参加了中国科学院组织的祁连山综合地质考察,领导祁连山早古生代地层和笔石的野外工作及室内研究工作。为满足生产实践和教学的急需,他提出编著各门类化石丛书,后出版"中国各门类化石"丛书,此丛书为中国古生物门类研究的系统总结,自1962年起至1978年共出版15种17册,对中国区域地质调查、寻找沉积矿产及地质普查勘探发挥了重要的作用。

20世纪60年代后期至70年代,他领导组织了燃化部、国家计委地质局和中国科学院三方的西南石油会战以及1976—1977年的海南岛石碌地区富铁会战中的地层、古生物考察研究,满足了国民经济建设的急需,推动了学科的发展,许多重要的地层古生物研究成果都是在这一时期内取得的,由他主编的专著《西南地区下奥陶统的笔石》即是其中之一。这一专著系统地描述了西南地区下奥陶统的笔石属类,并建立了西南地区下奥陶统的12个笔石带，为解决华北区和华南区以及国际奥陶纪地层的对比关系提供了重要的依据。

20世纪80年代以来，他领导并参加了各系界线的研究工作，三次赴湖北宜昌地区进行野外考察，并亲自主持奥陶—志留系界线的研究。他认为，湖北宜昌的奥陶—志留系界线剖面实际上是世界上最好的剖面。他还十分关心、支持和指导青藏高原的地质研究工作，并在60多岁高龄时亲赴西藏从事野外地质考察，为中国高原地质研究达到新的水平和将高原研究成果推向世界做出了重要贡献。

为国际笔石研究领域做出贡献

从1956年开始，穆恩之曾赴波兰、捷克斯洛伐克、朝鲜、英国、苏联、法国、丹麦、挪威和瑞典访问讲学，参加国际学术会议，进行学术交流。1980年，赴法国参加第26届国际地质大会，会上宣读论文《中国奥陶纪笔石序列及生物地理分区》；1984年，赴苏联参加第27届国际地质大会，会上宣读论文《笔石的发展阶段与地层界线》《湖北黄花场奥陶系与志留系界线的新研究》；1985年，赴法国参加国际地质对比计划科学委员会第12届会议。为促进中国古生物学界与国外的交流做出了重要贡献。他政治上旗帜鲜明地坚持中国政府的原则立场，学术上坚持正确的学术观点。1985年在丹麦召开的第三次国际笔石会议上，他是唯一应邀在大会上做专题报告《笔石的分类学与分类》的学者，在这次会议上他被选为国际古生物学会笔石工作组主席。他在国际地层古生物学界的积极活动，深受各国同行的尊崇。

穆恩之是著名的古生物学家和地质学家，在国内外享有崇高的声誉。穆恩之对我国地层学的研究，特别是对奥陶纪和志留纪地层的研究做出了重大贡献。他于20世纪50年代末第一次对我国志留系进行全面的总结，他以笔石地层为标准，提出了奥陶系与志留系的划分对比方案。他对华中区奥陶系的研究初步解决了华北与华南区奥陶系的对比问题。在国际对比上，中国奥陶统上部6个笔石带的建立，填补了世界上这一层段笔石序列的空白，为确定全球奥陶系—志留系界线提供了极重要的依据。他在四川长宁双河奥陶系剖面上同时发现上、下两层下垂对笔石动物群，解决了长期具有争议的欧洲、美洲和大洋洲等各大洲奥陶系的对比问题，过去国外误认为这两层下垂对笔石为同一层，因而引起对比上的混乱和争论。

重视国民经济建设和人才培养

穆恩之非常重视科学研究为国民经济建设服务，始终把祖国的经济建设需要放在首位。他的研究工作主要是结合地质勘查以及寻找石油、煤、铁等矿产和考察铁路工程地质工作进行的。为了取得野外第一手资料，他曾到辽宁东部太子河流域、小兴安岭原始森林、祁连山、柴达木和酒泉盆地以及湖北、四川、云南、贵州和海南等地进行地层古生物调查研究。为了解决一些地层古生物的关键性问题，他曾经到浙江西部、内蒙古鄂尔多斯、广西、广东以及喜马拉雅山地区进行调查研究。他经常与青年人一起跋山涉水，风餐露宿。1956年他身患肺结核病，仍带队参加祁连山考察工作。1977年，参加海南岛富铁矿会战时，正值盛夏，野外气温高达40～50℃，由于过度疲劳，他的眼球出血了，他却全然不顾，仍坚持野外考察。

穆恩之一贯重视人才的培养，认为培养又红又专的人才是取得科研成果的前提和基础。穆恩之在担任南京地质古生物研究所副所长期间，与其他几任领导一起主持制定科研规划、项目安排和部署学科的发展，派遣人员参加国际合作及研究生出国深造，培养了一批人才，为研究所发展成为我国古生物学的研究中心呕心沥血，并为其在国际上成为一个重要的研究单位打下了坚实的基础。

只有人才济济，才能硕果累累。他主张大胆放手让青年科研人员挑重担，使他们在工作中学习，在工作中提高，通过"以老带新，层层带动"，帮助青年一代迅速成长。他对青年人总是悉心指导，言传身教，诲人不倦，竭诚鼓励。对青年人在学业上、政治思想上严格要求，在生活上无微不至地关怀，培养了一批地层古生物研究的骨干和学术带头人。

案例点评

穆恩之的一生是为科学奋斗的一生，是为共产主义事业奋斗的一生。他在科学事业上取得了卓越功绩，是我国笔石学科的先驱者。穆恩之求真务实，通过科学研究推动了国家社会经济发展；他治学严谨，在工作中对自己精益求精，对后辈热情鼓励；在生活上艰苦朴素，克己让人，顾全大局，团结同志。他德高望重，是我国地质古生物工作者的良师益友和学习的楷模。

教学建议

本案例可用于"科学技术是第一生产力""科教兴国""人才强国"相关内容的教学。科学技术是第一生产力，是先进生产力的集中体现和主要标志，全面落实科学技术是第一生产力的思想，坚持教育为本，在建设中国特色社会主义伟大事业中把人才作为推进事业发展的关键因素，把我国由人口大国转变为人才强国。在新中国成立之初，面对笔石学科发展不完善、同国际笔石领域发展脱轨的情况，穆恩之将自己的精力全部投入笔石学科的发展，全面推动我国笔石学科的建立和发展。穆恩之非常重视科学研究为国民经济建设服务，完成了一系列矿产勘探和地质考察工作，推动了矿产开发和铁路修建等。同时，穆恩之重视科研人才的教育和培养，在工作中帮助青年学者成长成才，培养了一批地层古生物研究的骨干和学术带头人。

学习思考题

1. 穆恩之将个人科研事业与国家社会发展融合在一起，在实现个人目标的同时，为国家科研事业发展做出巨大贡献，这对你有什么启发？

2. 穆恩之将培养又红又专的人才视为获得科研成果的重要基础,谈谈你对"德才关系"的认识。

林尧坤. 穆恩之[J]. 中国地质,1990(3):32.

中国科学院南京地质古生物研究所. 纪念我国著名古生物学家和地质学家穆恩之教授[J]. 古生物学报,1988(2):139-140,5.

牧星耕宇的百岁人生

张启迪

从求学西南联大到远渡重洋赴美深造,从参与创立新中国航天事业到隐姓埋名投身研制"两弹一星",从主持研制我国的返回式卫星到谋划星船耀太空……他不断提出航天新概念,探索宇宙新空间。作为与中国共产党同龄的百岁党员,他始终视发展航天技术为开拓天疆、造福中华民族和全人类的宏伟事业,至今仍思考着中国航天的未来,为航天强国建设贡献不竭智慧——他就是中国科学院院士、中国航天科技集团五院技术顾问王希季。

王希季1942年从国立西南联合大学机械系毕业,1949年从美国弗吉尼亚理工学院毕业,获科学硕士学位。1950年回国,先后在大连工学院、上海交通大学任教。1958年后,历任上海机电设计院、第七机械工业部第八研究院总工程师,第七机械工业部、航天工业部总工程师,中国空间技术研究院副院长、院科技委主任、技术顾问,中国宇航学会理事,云南工学院名誉教授等职。1982年当选为中国空间科学学会副会长。1987年当选为国际宇航科学院院士。1993年当选为中国科学院学部委员(院士)。

白族青年的"工业救国"梦

和中国共产党同年同月诞生的王希季,出生成长于美丽的春城昆明。白族崇文重教的传统让他自小打下良好的学习基础。17岁时,他才读完高一,就以优异的成绩考入西南联大机械系。在抗战中组建的西南联大不仅有着雄厚的师资,而且有着爱国报国的优良传统,那首铿锵的校歌《满江红》中所唱的"千秋耻,终当雪",深深镌刻在王希季的心里。

1940年,日本侵略军占领越南后,频繁轰炸昆明。那些被炸得血肉模糊的躯体和火光中传来的凄惨哭叫声,让年轻的王希季悲愤交加、欲哭无泪。这一幕幕惨绝人寰的景象,永远定格在他的脑海中。要想摆脱这种任人宰割的悲惨命运,祖国就必须强大起来。在那个时代,现代科学技术人才是稀缺资源。一个"工业救国"的梦想在王希季心里萌芽。他想成为一名电力工程师,为家乡云南建设一家相当规模的发电厂。

1948年,王希季前往美国弗吉尼亚理工学院动力及燃料专业留学。他学习非常勤奋,上课之余,隔日还去附近的热力发电厂工作,从锅炉工一直干到领班,全面掌握了发电厂的每一个生产环节,学到了先进的管理方法。

1949年12月,他以优异成绩获得了科学硕士学位。就在王希季准备进一步攻读博士学位时，刊登在《纽约时报》上的两张照片——南京路上好八连、中华人民共和国成立，改变了他的求学计划。

半个世纪之后，王希季回忆起当初选择回国的动机时，充满感触地说：我是在军阀间相互打仗，国家被蚕食、被分治的状态下长大的，有生以来首次看到真为老百姓服务的军队和祖国大陆的统一，我为此而欢呼，决心回国参加新中国的建设。

当时，美国政府为了留住中国留学生，给他们创造了许多优厚的条件。但王希季已经归心似箭。他出国就是为了学习先进技术，改变祖国的落后状况，如今新中国已经成立，有了施展抱负的社会环境，留在美国已无必要。因此，他毅然踏上了驶往东方的"克里弗兰总统号"商船。

白手起家，拓荒中国航天事业

1958年11月，入党刚一个月的王希季接到上海市委组织部的通知，让他到新成立的上海机电设计院报到。具体做什么工作，市委组织部的人没有明说，只说"去了就知道了"。

当王希季拿着介绍信前往上海淮中大厦报到时，他才知道新单位是由中国科学院与上海市双重领导的科研机构，主要负责运载火箭和人造卫星的总体设计。他担任技术负责人，主管火箭的研制工作。王希季心里清楚，这项工作对于已在三尺讲台上耕耘了8年的自己来说，是完全不同的领域，自己接受了任务，就意味着要面临各种想象不到的困难和压力，还将隐姓埋名，但他更清楚，将人造卫星送上天，对于新中国来说何等重要。想到此，王希季毫不犹豫地点头答应，以国家需要为己任，义无反顾地改了行。

此前从未接触过火箭研制工作的王希季深知，发射卫星是国家重大战略，对于中国这样一个大国来说，要想不战而屈人之兵，就必须有足够威慑力的战略武器。国家的需要就是科研人员努力的目标！

从此，王希季率领一支平均年龄21岁的年轻团队，开始了艰难创业。缺乏技术，他找来资料自己先学，再给年轻人讲课；经费不足，将火箭发动机推进剂供应系统的试验设备安装在厕所隔出来的小天井里，把日本人遗弃的废碉堡改造成了试车台；用电动和手摇计算器进行弹道计算，算一条就要45天，计算纸摞得半人高。

短短3个月后，王希季和他的团队成功发射了中国第一枚探空火箭"T-7M"。虽然距离只有短短的8公里，虽然还没有真正飞到天上去，但毕竟是飞起来了！这枚完全由中国人研制的火箭，发射条件却是意想不到的简陋：控制火箭头体分离的定时装置是用一个7元的闹钟改装的；火箭点火装置是用手电筒的灯丝裹上硝化棉制成的；没有吊车，就用辘轳绞车把火箭吊上发射架；没有燃料加压设备，就用自行车的打气筒加压；没有自动遥测定向天线，靠几个人用手转动天线跟踪火箭……

"T-7M"首次发射成功4个月后，毛泽东在上海新技术展览会参观时激动地说：了不起呀，8公里也了不起！我们就要这样，8公里、20公里、200公里地搞下去！搞它个天翻地覆！

不断攀登航天事业的新高峰

从第一枚探空火箭到"长征一号"运载火箭的设计方案,再到返回式卫星设计、小卫星研制,直至载人航天技术的突破,王希季带领着几代航天人,创造了中国航天史上一个又一个奇迹。

1965年,在"两弹"建设基本完成之后,我国第一颗人造卫星的发射任务被提上议事日程。上海机电设计院承担卫星运载火箭总体任务,由上海迁至北京,正式改名为第七机械工业部第八设计院。王希季被任命为该院总工程师。时代再次赋予王希季前所未有的挑战与重任:主持中国第一枚运载火箭"长征一号"的研制工作,承担中国第一颗返回式卫星方案论证的工作。

王希季是一个头脑清醒、求真务实的人。面对研制我国第一个卫星运载火箭的重任,他深知关键在于要提出一个适合中国国情的、可行的技术方案。查阅了资料后,他创造性地提出一个以中程液体推进剂导弹为第一级和第二级,研制一个固体推进剂火箭作为第三级的运载火箭方案。这一方案的成果就是后来的"长征一号"。

1967年,"长征一号"的研制工作初样阶段即将结束时,按照国防科工委要求,"长征一号"总体任务移交给运载火箭技术研究院(一院)负责。王希季再次无条件服从组织安排。两年后,"长征一号"成功地把"东方红一号"送入太空,使我国成为世界上第五个独立研制和发射卫星的国家。

在攀登航天高峰的道路上,王希季的脚步从未停歇。1975年,他负责研制的我国第一个返回式卫星发射成功,使我国成为继美国、苏联之后,世界上第三个掌握卫星返回技术的国家。欧洲人敬佩地说:中国的航天技术有两件事了不起,一件是独立自主研制出氢氧发动机,另一件是独立自主研制出返回式卫星。这些成功背后,王希季付出了多少汗水,已经无法计算。仅返回式卫星的回收系统,他和团队就经过了58次空投试验,反复改进。

20世纪80年代,我国先后成功发射8颗返回式卫星,其中有6颗是王希季负责研制的。由于他在"东方红一号"卫星和返回式卫星研制中的突出贡献,王希季两次荣获国家科技进步特等奖和一次一等奖。但他却认为,功劳应该归于那些不计个人得失、跟着他加班加点的技术人员和工人师傅。

攻坚克难,成就卓越硕果累累

王希季常说:搞航天只能服从科学规律和客观事实。设计走弯路和研制失败,损失的都是国家利益。而国家是什么?是千千万万老百姓。正是秉持着这样的信念,无论是率先提出太空资源、空间技术体系和空间基础设施等新概念,还是主持完成我国高分辨率对地观测系统工程实施方案的论证和编制,王希季始终站在航天发展的潮头,牧星耕宇。

1986年,中国制定了跟踪世界高技术前沿的《高技术研究发展计划纲要》(即"863"计划)。他以高度的热情和较多的精力投入"863"计划中航天领域的研究,并在一段时间内主持中国空间技术研究院有关空间站及空间运输系统的研究工作。

中国载人航天从何起步、如何发展，是王希季十分关注的问题。他是最早建议中国应从载人飞船起步来突破载人航天技术的专家之一，也是最早认识到载人空间站和载人空间实验室有根本区别，并认为载人空间实验室是发展空间站之前不可逾越的一个步骤的专家之一。1997年，他根据国际载人航天活动已从20世纪80年代末期的热潮演变成90年代初中期较为务实、各航天大国已纷纷对载人航天计划做出调整的客观情况，与他人合作提出了中国载人航天的发展应冷静观察、妥善规划、重点突破、稳步前进的建议，为中国在神舟号飞船载人工程完成后如何使载人航天技术进一步发展献计献策。

王希季还是公用平台技术和小卫星技术的倡导者、研制带头人。由他任首席专家的实践5号（代号SJ-5）科学实验卫星已于1999年圆满地完成了飞行试验任务。该卫星不仅质量轻（只有300千克）、功能多（既进行科学探测，又进行航天新技术试验，还进行微重力环境下的流体科学实验），而且是中国第一颗采用公用平台设计思想的小型科学卫星。SJ-5卫星的研制实践，为今后中国研制高性能的小卫星积累了经验、探索了道路。

资源是社会发展的基石。从资源开发利用的角度来看，人类文明的进程就是人类对其拥有资源的开发利用深度不断加深、广度不断扩展的过程。国际航天界把太空（又称空间，指地球稠密大气层之外的空间区域）的地位上升为人类的第四环境，与陆地（第一环境）、海洋（第二环境）和稠密大气层（第三环境）相并列，他把发展航天技术与开发利用太空资源、为人类造福联系起来，并于1983年发表了论述太空资源的论文。自那时以来，探测研究太空环境、开发利用太空资源就是航天技术得以发展的主导因素和主要任务的论点，逐渐成为人们的共识。王希季与他人合作于1994年出版的《空间技术》从开发利用太空资源的角度论述了航天技术的发展，并阐述了他在前几年就已提出的推动载人航天发展的主要动力是因为进一步开发利用太空物质类和能源类资源很难做到完全自动化，需要人在太空直接参与的论点。后者为中国发展载人航天技术提供了一定的理论依据。

王希季在长期的工程实践中认识到，要高效优质地完成一个复杂的工程项目设计，完成一种卫星型号的设计，光靠专业技术知识是不够的。他认为，作为一名设计师，特别是总体设计师，还应具有对有关工程项目或有关卫星设计本身特点、设计全局和设计规律性等方面的知识。只有这样，设计师才能在面对系统性问题时运用权衡、选优等方法进行处理和辩证地理解目标与制约、决定与改变、整体与部分等关系，又快又好地完成设计。为此，他经过多年的潜心研究和准备，与他人合作于1994年、1997年相继出版了《工程设计学》和《卫星设计学》。"卫星设计学"是"工程设计学"基本原理与卫星设计实践相结合的设计方法论，为卫星设计师提供了一种从卫星与其外部环境的联系和按总体（或称系统）功能最优的原则来进行设计的方法，开创了航天技术领域从设计学角度总结研制经验的先河。这两本书中提出的卫星等大型、复杂的工程项目设计应遵循"先高（高层次）后低（低层次）、先外（外部环境）后内（工程项目本身）"的客观规律，以及应把求得整体功能最优作为主要目标等设计原则，被不少专家认为是具有开拓创新性和较大参考价值的见解。

 **案例点评**

王希季院士是我国空间技术专家,是我国空间事业的创始者和组织者之一。他主持研制了我国第一枚液体燃料探空火箭,并发射成功;他提出了我国第一枚运载火箭"长征一号"的技术方案,并负责研制,最终成功将中国首颗人造卫星"东方红一号"送上太空;他负责完成了我国第一颗返回式卫星的技术设计,并首发成功,使中国成为世界上第三个掌握返回式卫星技术的国家。他更是我国空间太阳能发电站研究的奠基者和开拓者,提出发展空间太阳能发电站是解决中国能源问题的根本出路。

 **教学建议**

邓小平指出:中国的事情要按照中国的情况来办,要依靠中国人自己的力量来办。独立自主,自力更生,无论过去、现在还是将来,都是我们的立足点。百年来,中国共产党带领中国人民进行革命、建设、改革,走的是前人没有走过的道路,没有现成经验可以照搬。只有独立自主、勇于探索、敢闯敢试,才能不断从胜利走向胜利。独立自主的探索精神,坚持走自己路的坚定决心,是中国共产党不断从挫折中觉醒、不断从胜利走向胜利的真谛。而王希季的百岁人生,就是一个中国人在中国共产党成立之后,从精神上追寻、奋斗、拼搏的峥嵘岁月;就是一名航天人在中国共产党坚持独立自主、自力更生方针的指引下,奋发图强、勇于攀登、无私奉献,铸就卓越功勋的真实写照。在新的征程上,新时代青年一定要以王希季院士为榜样,大力弘扬"两弹一星"精神,以高扬的精神旗帜为指引,坚持独立自主、自力更生,既虚心学习借鉴国外的有益经验,又坚定民族自尊心和自信心,不信邪、不怕压,把中国发展进步的命运始终牢牢掌握在自己手中。

 **学习思考题**

1. 总结中国共产党的百年党史,哪些重要事件体现了"独立自主,自力更生"精神?这对当代大学生的成长成才有何重要意义?
2. 王希季的"一切从实际出发"的工作作风在案例中哪些地方有所体现?

参 考 文 献

甘晓. 王希季:中国航天"拓荒者"[N]. 中国科学报,2021-7-26 (1).
胡喆. "两弹一星"科学家王希季:牧星耕宇的百岁人生 [J]. 决策探索(上),2021 (8):86-87.
牧宇耕星,百年风华——"两弹一星"科学家王希季 [J]. 华南理工大学学报(自然科学版),2022,50 (3):147.
王高岩. 他把毕生献给了航天事业——记中国科学院院士王希季 [J]. 航天器中国人才,2019 (10):35-37.

杨璐茜，祁首冰，侯欣宾. 中国空间太阳能电站研究的开拓者——王希季院士［J］. 国际太空，2021（7）：4－7.

赵迎龙，赵宏校. 航天短讯［J］. 航天器工程，2021，30（4）：159－166.

朱晴. 王希季院士传记［M］. 北京：中国宇航出版社，2014.

以智殉国　至死攻坚

张启迪

为了中国科技事业的攻坚，有这样一个群体，他们以智殉国，至死攻坚。其中，有这样一个代表人物。"C盘已经做完了，"坐在电脑前的老人，用尽全身力气说出这样一句话。此时，离他生命的终点只剩2个小时了。几天前，老人因为病情恶化被送进了重症监护室昏迷不醒，等他清醒过来立马让人扶他起来继续工作。几个小时后，老人终于忙完了工作，在众人的搀扶下，老人被抬回了病床昏睡过去。从此，再也没有醒来。在生命的最后一刻，他没有给家人留下一句话，而是把最后一次心跳都奉献给了国家，老人叫林俊德，也许很少有人听过这个名字。

林俊德（1938—2012），福建省永春县人，爆炸力学工程技术专家。1960年毕业于浙江大学机械制造专业。长期从事空中爆炸冲击波、地下爆炸岩体应力波、爆炸地震波、爆炸安全工程技术、强动载实验设备与实验测量技术等研究工作。参加过多个重大国防科研试验任务，带领项目组解决了多个关键技术难题，获国家发明奖2项、国家科技进步奖2项、二等以上省部级科技进步奖12项。1990年获国家人事部颁发的"有突出贡献的中青年专家"证书。2001年当选中国工程院院士。

扎根戈壁，干惊天动地事

林俊德说他这辈子有三个"没想到"：没想到能上大学，没想到能做将军，没想到能当院士。他最初也没想到，个人命运和国家命运会绑得这样紧。

1938年春，林俊德出生于福建省永春县大山深处一个偏僻乡村。17岁时，父亲因病去世，留下母亲和四个孩子。作为家中的老大，他很早就肩负起了家庭的重担。高考时，他考上了浙江大学机械专业，家里却拿不出一分钱。上大学时的路费，是靠信用社的借贷和学校的补助解决的。大学五年，为了省钱他没回过一次家。读大学的费用，全靠政府发放的助学金。从那时起，林俊德就默默下定决心：学好本领，报效祖国！

大学毕业后，林俊德被分配到单位，实际上他是被专门挑来的。到了单位后，组织上给他交底：国家正在西北建设一个核试验场，把你挑过来，就是去那里工作。虽然对核试验了解不多，但他一听能跟国家命运靠得这么紧，非常激动。林俊德一辈子被人看作学习狂和工作狂。即使上了70岁，在他的日程表里，搞研究、做实验、带学生几乎占去所有时间。他一年只休息三天：大年初一、初二、初三。他说，成功的关键，一个是机遇，一个就是发狂。他说：一旦抓住机遇，就要发狂地工作，所以效率特别高，不可能的事就可能了。

在哈尔滨军事工程学院进修两年后,林俊德受命担任首次核试验冲击波机测仪研制小组组长。当时,西方国家对我国进行技术封锁,苏联撤走核专家并带走了一切资料,我国开始独立自主发展核事业。没有实验设备,也没有技术资料,谁也不知道核爆炸的冲击波该怎么测量。林俊德根据当时的实际情况,决定走一条自力更生的路。他和其他科研人员住着地窝子,吃着玉米面与榆树叶合蒸的窝头,喝着又咸又涩的河水,在艰苦的条件下进行科研攻关。

1964年10月16日,罗布泊一声巨响,蘑菇云腾空而起。人们欢呼雀跃,庆贺这难忘的时刻。然而还有一些人,他们冒着浓烟前进,去搜寻记录此次爆炸数据的设备。当时,现场总指挥张爱萍将军向周恩来总理报告,我国第一颗原子弹爆炸成功。周总理在电话里谨慎地问:怎么证明是核爆成功?现场指挥帐篷里顿时一片肃静。正好,程开甲带着26岁的林俊德匆匆赶到,说:冲击波的数据已拿到,从记录的波形和计算的数据证明,这次爆炸是核爆炸。张爱萍看了看眼前不太面熟的年轻人,激动地拍了拍林俊德满是尘土的肩膀说:你们立了大功!当时用来测量核爆炸冲击波的仪器,正是林俊德带头负责研制的钟表式压力自记仪。它的样子像一个罐头盒,是林俊德用自行车轮胎和闹钟等,采取"土办法"搞成的"自主高科技产品",获得了当时证明核爆炸的重要数据之一,还拿到了国家发明奖。那时候,他从浙江大学毕业才四年。①

1966年,我国首次氢弹试验,决定采用空投方式。林俊德临危受命,研制高空冲击波测量仪。高空测量冲击波比地面测量更难,测量仪器要在零下60摄氏度低温中工作。为了创造低温环境,林俊德和同事们背着仪器,爬上海拔近3000米的山顶,在零下20摄氏度的环境下,待了一宿,全身都冻僵了。功夫不负有心人,最终他们采用高空气球放飞试验解决了问题,赶在试验前,研制出了高空压力自记仪,为我国飞机投放氢弹安全论证提供了科学依据。

1967年6月17日7时整,天刚破晓,一架载着氢弹的飞机起飞,向核试验场区方向飞去。7时58分40秒,投弹。因投弹时技术人员漏掉一个操作动作,忘记按自动投掷器,氢弹未投下。时间接近8时20分,再次投弹。氢弹脱钩后,降落伞按程序正常开伞,8时20分,氢弹在距靶心315米、距地面2960米的高度爆炸。林俊德带领回收小组在爆心附近步行几十公里,完成了核试验爆炸数据的采集任务。

1969年冬,中国进行了首次地下核试验。林俊德的工作场所从大气层转到了地下,为尽快掌握地下核试验爆炸应力波测量和核试验工程设计技术,他和战友从大山深处的平洞试验到戈壁滩上的竖井试验,先后建立了10余种测量系统,为中国地下核试验安全论证和工程设计提供了重要数据。1969年,林俊德主持的空中冲击波测量项目获得国家科技进步三等奖。

1974年,林俊德主持的强冲击波测量项目获得全军科技成果二等奖。1987年,林俊德把冲击波测量技术成功应用到常规兵验武器试验中,他带领项目组研发了声电报靶

---

① 柯溢能:百余名浙大人,在罗布泊写下光辉的一页[EB/OL].浙江大学求是新闻网,2021-10-21,http://www.news.zju.edu.cn/2021/1022/c63101a2433290/page.htm.

技术、声电落点定位技术，解决了国际上自动检测大面积立靶的难题，研制的设备系统已装备于中国多个试验靶场和公安部门射击训练场。

1996年7月29日，我国成功进行了最后一次地下核试验。林俊德持续了三十余年的研究随之停止。这一年他58岁，从核基地总工程师的位置上退下来。

随后，林俊德又进入陌生的国防装备新技术领域，启动核试验地震、余震探测及其传播规律研究。他率领一群朝气蓬勃的年轻人，继续驰骋戈壁荒漠，跨越天山南北，亲力亲为，从零做起。通过全面收集分析全球地震数据，把地下核试验应力波测量技术向核试验地震核查技术拓展。

2001年，林俊德当选中国工程院院士。他仍然停不下工作，主动担纲了一项重大国防科研实验装备的研制任务，在各种方案分歧很大的情况下，是他带领攻关小组连续攻克方案设计、工程应用、实验评估等难关，最终取得了关键技术的重大突破，研制了适合各种实验要求的系列重要装备。

争分夺秒，为国奉献终生

2012年春节期间，林俊德视察完川黔腹地的工厂车间，又飞到新疆马兰向基地司令作了汇报。基地领导在回招待所的路上，发觉林俊德的身体大不如以往，步子慢了。

5月26日是周末，林俊德很早起床，对老伴黄建琴说："今天休息，医生应该不会过来打针吃药，我可以请个假，回单位处理一下工作。"但值班护士给他测体温，第一次是37.2度，第二次是37.3度。黄建琴在旁边劝说道：发烧了，医院不会让你请假的。紧接着，林俊德出现血便，一次、两次、三次……满便池的红色，令人触目惊心。接着开始呕吐，腹痛，心跳加速，呼吸困难，血压下降，腹水越来越多……林俊德被担架车推入重症监护室，实施全天24小时隔离监护，从腹腔中抽出2800多毫升积水。各种管线横七竖八地把他束缚在病床上，环绕着的仪器设备昼夜监测着他的生理指标。林俊德开始发脾气，向旁边的医护人员一再申明：我是搞核试验的，现在最需要的是时间，你们让我出去，我要工作。

医院领导与研究所领导协商后，28日，林俊德被移出重症室，转到普通病房，全身上下插满导管、挂满瓶子。在普通病房，林俊德坐在临时搬进病房的办公桌前，吃力地挪动着手中的鼠标。他的电脑里有关系国家国防事业的技术文件，还有自己的科研思考以及学生的毕业论文，每一件都只有他才能整理。亲人、朋友、学生、同事赶到医院看望，他说：我没有时间了，看望我一分钟就够了，其他事问我老伴吧。

5月28日晚，林俊德出现大面积肠梗阻，腹胀如鼓，影响到脏器和呼吸。29日，经过反复会商，医生建议实施手术，并且明确说明，目前实施手术和化疗是延长生命的唯一手段。林俊德拒绝了医生的建议："那就不用了，今年我都75岁了，延长几周或者几个月，相对于75岁的生命，已经微不足道，不用再花国家的钱。"医生又建议他做血液透析，但得知透析对工作可能存在一定的影响后，他再次拒绝：有影响那就不做了，我现在还有一些工作没有做完，既然手术和透析都影响工作，那就不做了。

基地领导不得不忍痛同意。于是，按林俊德的要求，医护人员取下吊瓶，扯起输液管、胃管、导尿管、减压管、氧气管，搀着林俊德挪下床，扶他到办公桌前，然后，轻轻地把他扶坐在办公椅上。

5月31日，已经极度虚弱的林俊德，经过多次请求甚至哀求医生和家人，又坐到电脑前开始工作。他几次问女儿："我的眼镜在哪儿？"女儿说："戴着呢。"看到这一幕，在场很多人忍不住痛哭起来，但又怕他听到，只能使劲捂着嘴巴。半个多小时过去了，老伴儿轻声劝道："医生想叫你休息一会儿。"他则回答："坐着休息，我不能躺下，躺下了，就起不来了！"

2012年5月31日20时15分，连接林俊德身体的心电仪上波动的生命曲线从屏幕上永远地消失了。从23日到31日，林俊德坚持在工作中度过了生命最后的一段时间。临终前，林俊德用虚弱的话语再三叮嘱："死后将我埋在马兰。"

2018年，经中央军委批准，增加"献身国防科技事业杰出科学家"林俊德、"逐梦海天的强军先锋"张超为全军挂像英模。自此，各时期的中国人民解放军挂像英模共10位（张思德、董存瑞、黄继光、邱少云、雷锋、苏宁、李向群、杨业功、林俊德、张超）。

如今，新疆马兰基地的烈士陵园第371号坟冢的主人就是林俊德。与他一起创造了马兰精神的马兰人在他去世后以一副挽联为他送行：铿锵一生，苦干惊天动地事；淡泊一世，甘做隐姓埋名人。

案例点评

林俊德是中国工程院院士、我国爆炸力学与核试验工程领域著名专家。他忠诚党的事业，矢志强军报国，执行了多次核试验任务，突破了一系列核心关键技术，取得了一批重大科研成果，为铸就国防盾牌、挺起民族脊梁做出了卓越贡献。特别是罹患癌症后，他坦然面对生死，决然放弃手术化疗，依然忘我工作，用实际行动书写了生命不息、冲锋不止的壮美人生，不愧为献身国防科技事业的时代楷模，不愧为广大科技工作者的杰出代表，不愧为爱党爱国爱军的光辉典范。学习宣传林俊德院士的先进事迹，对于大力弘扬"两弹一星"精神、加快推进创新型国家建设，对于引导激励广大官兵模范"践行当代革命军人核心价值观"、努力"为国防和军队现代化建设贡献智慧力量"具有十分重要的引领和推动作用。

教学建议

介绍林俊德院士的事迹以及贡献，可以结合"社会主义核心价值观""加强党的思想建设""实现高水平的自立自强，必须强调自主创新"等教学内容，特别是要把握以下三个方面。

一是林俊德忠诚党的事业，矢志强军报国，突破了一系列核心关键技术，取得了一批重大科研成果，为铸就国防盾牌、挺起民族脊梁做出了卓越贡献。学习宣传林俊德的先进事迹，对于大力弘扬"两弹一星"精神、加快推进创新型国家建设，对于引导激励新时代青年学生践行社会主义核心价值观具有十分重要的引领和推动作用。

二是林俊德长期扎根戈壁大漠，始终坚守科研试验一线，为铸造我国核盾牌奋斗终生，他的事迹充分说明，共产党人要牢记党的宗旨，挺起精神脊梁，解决好世界观、人生观、价值观这个"总开关"问题。只有常怀忧党之心，才能将个人理想信念与党的事业对接、与国家需要链接、与我军使命熔接，这样的人生态度为学生树立了正确的人生观，激励学生结合社会理想与个人理想，全力以赴、全神贯注地完成好党和人民赋予的各项任务。

三是林俊德一辈子聚焦我国核爆炸力学领域，做了大量创造性工作。只有坚持自力更生、自主创新，大力提高原始创新能力、集成创新能力和引进消化吸收再创新能力，才能不断突破和掌握核心关键技术，充分发挥科技进步对加快发展的巨大推动作用。学生应在实践中科学求实，严谨务实，勤俭朴实，为军队发展、国家富强、民族复兴做出新的更大贡献。

1. 结合林俊德的主要事迹，谈谈青年党员如何解决好世界观、人生观、价值观这个"总开关"问题？
2. 在中国科技发展的新征程上，如何提高自主创新能力？

2012感动中国十大人物——林俊德院士（一）[J]. 岩石力学与工程学报，2013，32（4）：865-866.
常万全，王洪尧. 献身国防科技事业的楷模——学习宣传林俊德院士先进事迹的启示[J]. 求是，2012（19）：7-9.
陈瑜. 林俊德：一生奉献给核事业的将军科学家[J]. 党建，2022（3）：70.
刘晓宇. 林俊德：干惊天动地事　做隐姓埋名人[N]. 人民日报，2021-6-8（7）：1.
强军报国的楷模[J]. 求是，2013（19）：1.

跟月亮"打交道"的人

邓宗豪 张启迪

"月球究竟是什么样子?""月球背面有没有外星人?"这些问题正随着科技发展被一一破解。但几十年前,这几个简单问题让一个一腔热血的青年成长为一位德高望重的科学家。走进欧阳自远的办公室,仿佛置身于美妙的外太空:墙上挂着嫦娥一号拍回的月球表面高清图,桌面、地板上放满了大大小小的地球仪、月球仪,书柜边放着画满星空的木版画……年逾80岁的欧阳自远身处其中,这些物件如同月球绕着地球一般,围绕在欧阳自远的周围。

欧阳自远1935年10月9日出生于江西吉安,1956年毕业于北京地质学院(现为中国地质大学),1960年作为中国科学院地质研究所矿床学的研究生毕业。他是著名的天体化学与地球化学家、中国月球探测工程首席科学家,被誉为"嫦娥之父"。他曾任中国科学院院士、第三世界科学院院士、国际宇航科学院院士、中国科学家协会荣誉会长,现任中国科学院地球化学研究所研究员,中国矿物岩石地球化学学会理事长,中国地质学会副理事长,中国空间科学学会理事长与空间化学委员会主任,国际环境问题科学委员会(SCOPE)、国际地圈生物圈计划(IGBP)和地球岩石圈国际委员会(ICL)中国委员会副主席、常委与委员,贵州省科学技术协会主席,贵州省人大常委会副主任。

与地质学结缘

1935年,欧阳自远出生于江西吉安。高中毕业时,他正思考和选择未来的专业方向。当时,国家提出:我们将要建设一个工业化的国家,最缺的是矿产资源和能源。国家号召:年轻的学子们,你们要去唤醒沉睡的高山,让它们献出无尽的宝藏。欧阳自远就被这句话深深打动,下决心报考地质学专业,去找矿,为祖国的工业化添砖加瓦!国家的需要就是他的选择。虽然欧阳自远最喜欢的是天文学和化学,但他仍下定决心报考地质专业。欧阳自远是家中独子,长期的战乱环境和颠沛流离的生活使父母都希望他学医,传承家业,当一名医生,过安稳的小康生活。欧阳自远违背了他们的意愿,但父母还是尊重和支持了他的理想。

1952年,欧阳自远参加新中国成立后第一次高校招生全国统一考试,被刚刚成立的北京地质学院金属与非金属矿产勘探系录取。经过四年学习,欧阳自远打下了找矿勘探和地球科学的坚实基础。毕业之后,学校动员欧阳自远参加全国第一次副博士研究生统考,他被中国科学院地质研究所矿床学专业录取,随后留在地质所做研究工作。他初步实现了自己的理想，从一个医药世家传人变身为一个"地质人"，成为一个"挖地球"的专业人士。当时，欧阳自远主要从事长江中下游铁、铜矿床成因与找矿方向研究，他孤身一人跑遍长江沿岸的各种矿井。每天清早，他带一壶水、两个馒头上路，下到深深浅浅的矿井坑道里，观察矿脉、描述岩层、采集样品。每次还要带相机下去拍照，当时没有闪光灯，用的是镁光灯，照一张照片得炸掉一个灯泡。欧阳自远每次拍照前都反复选择角度，以求每炸掉一个灯泡，都能换回一张有科研价值的照片。

从陨石开始研究

1957年苏联发射第一颗人造地球卫星，宣告了人类空间时代的到来。1958年，苏联和美国开始探测月球，1960年又开始探测火星。这些消息使当时还在矿洞里观察矿脉和岩石的欧阳自远为之一振。他认识到，要更系统、更全面地认识地球，就必须"跳出"地球，从更宏观的"太阳系家族"角度去进行研究。他说：我们做地质成天像蚂蚁一样在地球上"爬"，假如有一颗卫星绕地球运行，它能够全面精细地观测地球的气象变化与环境、地形与地质构造、岩石类型与分布等，那必将是另一番景象。对月球与火星的探测，意味着人类对地球和太阳系的研究进入一个全新的整体性认识阶段。中国如果在这个崭新领域落后于人，必将成为民族最大的憾事。欧阳自远坚信地质学必将与探测地球、月球与行星的结果相关联，中国也必将进入空间站时代。

于是，他把精力放到了陨石、月球和行星地质研究上，为中国空间站时代的早日到来做准备。欧阳自远利用一切机会自学天文学、月球科学和行星科学等方面的专业知识。他一方面收集整理、综合分析研究美苏两国探测月球与行星的科学目标、技术路线、载荷性能和探测成果，另一方面开始研究各类地外的物质，如陨石、宇宙尘埃、月球和火星的岩石等，建立相关的实验室，并结合国情，着手梳理中国开展月球和火星探测的战略目标、发展步骤和规划。

历经35年的不懈努力，1993年，欧阳自远正式请求国家组织专家开展月球探测评审论证：首先是对"中国开展月球探测的必要性与可行性研究"进行论证，其次是对"中国开展月球探测的发展战略与长远规划研究"进行论证，最后进行"中国首次月球探测的科学目标、载荷配置和可实现性研究"的专家论证。

伟大的开拓者

1994—2003年，欧阳自远倡导的历次论证都得到了各个专家委员会的一致同意和支持。2004年1月，"嫦娥一号"探月计划正式获批，已近古稀之年的欧阳自远成为这项计划的首席科学家，肩负起中国首次月球探测科学目标设计的重任。

2007年，中国发射了第一个月球探测器"嫦娥一号"，成功绕月探测16个月，取得了月球空间环境、全球性地形地貌、地质构造、土壤厚度分布与氦-3资源量、岩石与矿产的类型和分布等方面的一系列科学探测重大成果。

2010年，中国发射了"嫦娥二号"探测器，绕月运行8个月，首次绘制了全月球最高分辨率为 7 米的地形图和三维立体图，全面提高了"嫦娥一号"各项探测数据的精度等。在完成月球探测任务后，"嫦娥二号"又受控飞往距离地球 150 万千米的日地引力平衡的 L2 轨道，连续工作 235 天，取得了人类首次完备的太阳爆发和太阳活动的记录。

此后，"嫦娥二号"再立新功，飞往 700 万千米之外的图塔蒂斯小行星进行交会探测，首次取得了小行星形状、大小与表面特征图像。当前，"嫦娥二号"已成为一颗绕太阳运行的人造小天体。

2013 年，"嫦娥三号"首次实现了中国探测器软着陆月球风暴洋虹湾地区，进行着陆器的就位探测和月球车的巡视探测。这是国际上首次开展"观天、看地和测月"探测；着陆器在月面用月基望远镜观测天文，发现了一批新型双星和新天体；极紫外相机监测地球等离子体层的结构、密度与变化，研究地球环境变化；"玉兔一号"月球车拍摄月球地形、测定岩石和土壤成分，携带的测月雷达实现了人类首次探测月面下浅层结构与变化。

2019 年初，"嫦娥四号"成为人类首次成功登陆月球背面的探测器。除正常开展月球背面的地形地貌、岩石成分、表面环境探测外，"嫦娥四号"充分利用月球背面的特殊条件，首次探测了来自深空的低频和甚低频信息、月球背面中子和辐射剂量、中性原子等，首次发现了月球深部古老的月幔岩石，揭开了古老月背的神秘面纱。

2020 年，"嫦娥五号"先后经历了两次发射起飞（地球与月球）、两次着陆（月球与重返地球）、近月空间无人自动交会对接、在月面铲取和钻孔取样品、首次将月壤和月岩碎块（1731 克）带回地球等操作环节，完成了迄今中国月球探测最复杂、最艰巨的一次任务，并成功收官。有国外媒体评价说，这是中国迄今为止最雄心勃勃的探月使命，是风险最大的太空任务之一。

2020 年 12 月 17 日，"嫦娥五号"返回器带着 1731 克月球土壤和陨石碎块样本，稳稳降落在内蒙古四子王旗着陆场，国家立即组织全国各相关高等院校和研究院所开展实验室的系统测试与研究。在短短的几个月内，研究成果相继在《科学》《自然》等国际国内重要科学杂志上发表，共计有研究论文 16 篇。

60 多年来，对于月球在 45 亿年前形成之后的演化历史，人类 100 多次月球探测的研究成果只能揭示其中距今 40 亿年到 30 亿年的部分，40 亿年之前和 30 亿年以来的历史进程，给全世界留下了月球演化的"一老"和"一新"问题。而"嫦娥五号"采回的样品确证，距今 20 亿年前月球仍然有玄武岩的火山喷发，形成大面积玄武岩熔岩流覆盖，将人类对月球演化的生命历程的认知延长约 10 亿年。中国的研究成果得到国际同行的称赞，引起强烈反响。

从"嫦娥一号"到"嫦娥五号"，欧阳自远见证了中国探月工程的每一个环节。他说，"嫦娥五号"成功"挖土"归来，让中国未来更有底气去火星、小行星等地外天体探测并采样返回，更有信心去探索太阳系的星辰大海。

他认为，探月精神是对中国"两弹一星"精神、载人航天精神的继承。他说：我负责过中国地下核试验场选场与防止地下水污染，爆后验证成功。有多少当年参与"两弹一星"的科学家，默默无闻地奋斗了一辈子，最后怀揣着科学理想走到生命的尽头，直到埋骨戈壁滩都没能看到自己的梦想实现。而我已经能看到梦想在遥远的太空深处展现的淡淡轮廓。作为我国天体化学学科的开创者、月球探测工程的首任首席科学家，欧阳自远始终强调：是国家的发展与重大需求，引导和培育我成长。

案例点评

作为中国月球探测工程的首任首席科学家，欧阳自远响应号召加入为国找矿行列，他研究陨石准备迎接空间时代，他五战五捷成就中国探月传奇，他潜心科普致力于社会公益60载。他带领科学团队夙兴夜寐、风雨兼程，攻克一个又一个难关，夺得一场又一场胜利，最终将"嫦娥奔月"的古老传说变为现实。在欧阳自远看来，为国家奋力科研才是作为一个科学家的人生价值，他告诫我们科学研究要实事求是，做科普亦然。而他的科普也处处体现求真务实的严谨作风，有助于学生真切地感受与学习"实事求是、脚踏实地"的思想。

教学建议

欧阳自远曾说：一个国家、一个民族一定要有仰望星空的人，这个民族才有希望。而仰望星空的基础是脚踏实地、认准目标、长期坚持。只有做事踏踏实实，学好真本事，才能以学报国，才能自信地对着浩瀚宇宙说一声：我们的目标是星辰大海！结合"实事求是，就是一切从实际出发，理论联系实际，坚持在实践中检验真理和发展真理"这一教学内容，联系当代青年大学生肩负的历史使命，推进社会主义事业为大学生一代的全面发展打开无限广阔的天地。实事求是是贯穿我们党的全部实践、全部理论的一条基本线索。一部中国革命、建设、改革的历史，就是中国共产党、中国人民、中华民族实事求是地认识中国、改造中国、建设中国、发展中国的历史，因而大学生学好"实事求是"思想，是建设社会主义现代化事业的根本，我们应从中受到启示，从而实现自我价值。

1. 通过对欧阳自远院士事迹的了解，作为年轻人，应该如何为国家的富强献力？
2. 如何理解探月精神是对中国"两弹一星"精神、载人航天精神的继承？

贾璇. 中国科学院院士欧阳自远：人们为什么要去月球？[J]. 中国经济周刊, 2021 (15): 42-45.
欧阳自远. 国家的需要就是我的选择——中国科学院院士欧阳自远先生自述 [J]. 党建, 2019, 39 (5): 709-710.
任荃. 欧阳自远：从探月起步，探索太阳系的星辰大海 [N]. 文汇报, 2020-12-24 (5): 3.
孙英兰. "探月院士"欧阳自远 [J]. 瞭望, 2007 (41): 47-49.
王建柱. 欧阳自远：欲圆中华奔月梦 [J]. 中国人才, 2005 (21): 3.

守护长江"微笑天使"的孤勇者

邓宗豪　王强强

有"微笑天使"之称的江豚一旦现身长江,就会成为当地最热的头条新闻。而在"微笑天使"现身的背后则是守护"微笑天使"的孤勇者不为人所知的故事。王丁是中科院水生所学位委员会主任,他带领的鲸类保护生物学学科组,自 20 世纪 70 年代开始,长期从事白鱀豚、江豚和其他珍稀水生野生动物的行为学、生态学和保护生物学研究。

加入保护白鱀豚的事业

王丁在大学是空间物理系的学生,1982 年毕业,却阴差阳错被分配进水生生物研究所。也正是这个时候,白鱀豚进入动物学研究视野。

1982 年,王丁加入水生所后,便开始参加对白鱀豚的考察。他谈到:那时候,每次出去没有一次是空手而归的,如果你要看白鱀豚,只要给我一个星期的时间,基本上不会让你空手而归。最多一次看到了 17 头白鱀豚。白鱀豚喜欢小家庭,但是也不乏类似壮观的场面。可是随着人类活动空间的不断扩展,白鱀豚的生存领地不断被压缩,生存环境不断恶化。面对此种情况,王丁等研究人员对保护白鱀豚提出了三大措施:就地保护、迁地保护、人工繁殖。

1980 年 1 月,一头白鱀豚在湖南城陵矶被捕获,送到武汉水生所。这头雄性白鱀豚被取名为"淇淇",成为当时世界上唯一一只人工饲养的白鱀豚。1982 年,王丁来到水生所,自此开始了与淇淇 20 年的朝夕相处。由于王丁是学物理的,他与声学所一起摸索白鱀豚声学的研究。当时,国际鲸类研究界有个定论:白鱀豚这种淡水豚不会发出哨叫声。但是王丁等一众科学家的努力,终于打破了白鱀豚不会哨叫这一固有认知。

王丁常年给淇淇录音,通过与声学所合作的声学研究,他发现白鱀豚的声信号可分为"哨叫声"和"脉冲性信号",其中"哨叫声"属于通信信号,具有社群功能,起到种群间的相互沟通和表达情感的作用。经过深入研究,王丁等研究人员还发现,淇淇的哨叫声还有一定的区别度,从中可以分辨出呼唤声、悠闲自在时的哞叫声、兴奋时的吱吱声以及呼救声。我国科学家对淇淇的行为、生理、季节变化规律、血液学、治疗、饲养等方面的研究,一一填补了白鱀豚知识的空白。

但是为保护白鱀豚付出的努力终究没能抵过其消失的速度。2006 年 11 月至 12 月,时任中科院水生所副所长的王丁带领 7 个国家的 60 多名专家学者,在长江上进行了 30

多天的考察，结果一只白鱀豚都没有发现。这次科考后，白鱀豚被宣布为"功能性灭绝"。而唯一一只人工饲养的白鱀豚"淇淇"在2002年去世后，王丁再也没有见过任何活体白鱀豚。

全力留住独属长江的"微笑"

2006年，白鱀豚被宣布"功能性灭绝"后，王丁所在的鲸类保护生物学学科组，把研究重点放在了长江江豚上，全力留住这独属于长江的"微笑"。江豚的绝对数量在以每年5%以上的速度下降，过去15年，江豚数量就减少了一半以上。在洞庭湖的调查中发现，2009年江豚的数量比2007年少了一半。受多种因素影响，自然水域中长江江豚被困、受伤事件频繁发生。王丁多次组织力量，成功救护了因搁浅、疾病、冰灾等原因受困和受伤的长江江豚。

2013年9月至11月，经科学诊断和积极治疗，王丁领导的团队经过近2个月的不懈努力，成功救治1头在长江干流严重受伤，且伴有胃出血、乳腺炎等疾病的产后雌性江豚，并在其各项生理指标恢复正常、具备野外生存能力的条件下，将其安全放回长江天鹅洲长江江豚迁地保护区。2013年12月，王丁团队联合多家单位组织了17位渔民，准备了网具、网箱等各种设备，历时近1个月，成功救出被困在武汉天兴洲夹江内的2头成年雌性和2头幼龄长江江豚，并长途运输转移至湖北石首天鹅洲长江江豚迁地保护区释放。江豚救护工作得到主管部门的高度认可，湖北省水产局授予王丁团队"江豚救护行动先进集体"荣誉称号。多年来，王丁协助地方政府和主管部门建立了多个长江江豚自然保护区。

王丁及其团队在开展保护理论研究及保护实践的同时，还借助科普渠道及公众媒体普及江豚知识，宣传长江江豚保护的目标和任务。

2006年，王丁领导的团队联合7国科学家在长江干流开展了长江豚类科学考察。考察结束后，组织撰写并于2008年出版了《搜寻最后的长江女神》。该书不但被《读书》杂志评为当年的"百佳"出版物，而且于2011年被国家科学技术部评为"全国优秀科普作品"。2012年12月，长江豚类科考成为公众及媒体关注的焦点。国际著名科学杂志《自然》和《科学》曾6次报道王丁团队关于长江豚类的研究和保护工作。2013年11月至12月，在王丁的领导下，"武汉白鱀豚保护基金会"与多家机构合作，在农业部的支持下，成功发起并组织了"为江豚来奔跑"公益宣传活动。该活动持续1个多月，覆盖宜昌至上海之间的10多个城市，行程近4000公里，直接参与的各级领导和群众4000余人，媒体报道100余次，受众人数约1万人，为武汉白鱀豚保护基金会募捐近百万元。

2017年，在农业部长江办的领导下，王丁团队完成了全范围长江豚类大考察。江豚现有野外种群数量跟2012年相比变化不大，基本维持稳定。但跟2006年相比，2012年长江干流的数量下降非常多。这说明王丁提出的"遏制种群快速下降"短期目标已经初步达成。2022年上半年，成群江豚不断于城市江段"露脸"。网友纷纷留言"最美的微笑回来了"。在接受记者采访时，王丁表达了江豚种群恢复的积极信号，但同时提醒，影响长江江豚生存的因素中，捕捞只是其中之一，江豚数量不可能在短时间内大幅增长，不能因短期成效有所懈怠。王丁认为长江大保护是系统工程，绝非一朝一夕，而需久久为功。

面对困难总是坚持下来

白鱀豚被宣布"功能性灭绝"后，作为国内白鱀豚研究领头人的王丁，面临着尴尬的处境。王丁深知濒危动物保护本身是一项困难的工作。从事这项工作的人，就像他们的工作对象——濒危动物那样，越来越少。他总是告诉自己的团队成员，他们没有退路。他说：我们要是放弃了，这个物种就没有希望了。我们是国家最后、也是唯一还在研究江豚、白鱀豚保护的人。

在为江豚奔走的日子里，王丁仍然会遇到很多实际工作上的困难。尤其是在动物保护与当地的经济发展和民生之间，有时候是一种两难困境。正在建立的保护区，需要把原来养鱼的网箱全部拆除。一些世代捕鱼的渔民一夜之间失业。

尽管科研环境并不明朗，40多年来，水生所对白鱀豚、江豚的研究从未中断。王丁说，团队成立的初衷就是国家需求，院所两级也给予持续的支持和保障，让这支"孤勇者"队伍得以坚守到"拨云见日"。

只有真正意识到紧迫，许多坚持才能最终被看到。近年来，当"绿水青山"的理念深入人心，生态保护也迎来了从旁观到全民参与的转变。王丁说：幸运的是，身处中科院这个体系，让我们撑过了黑夜。

案例点评

王丁坚持保护长江江豚的信念不动摇，长期活跃在江豚研究保护的工作一线，并持之以恒地通过推动建立自然保护区、迁地保护区、开展人工繁殖研究等促进长江江豚的保护，这对长江江豚乃至长江生物多样性的保护有着重大意义，他不断践行着"人与自然和谐共生"的生态理念，是守护长江"微笑天使"的"孤勇者"和保护神。

教学建议

本案例可用于"科学发展观""习近平生态文明思想"相关内容的教学。"生态兴则文明兴，生态衰则文明衰。"生态环境是人类生存和发展的根基，生态环境变化直接影响文明兴衰演替。王丁有着高尚的人生追求，他致力保护长江濒危生物，力图挽救"长江精灵"，使其免遭灭绝，努力实现人与自然的和谐相处。同时，王丁展现了积极的人生态度，在保护长江水生生物过程中遭受长江白鱀豚灭迹的挫折和社会对其保护工作的质疑，仍能保持信心，继续投入保护长江江豚的工作，最终避免了长江江豚走向灭绝。

1. 人类社会的不断扩张和自然生态保护之间的冲突是社会发展面临的重大课题，就此谈谈你的认识。

2. 很多年轻人急于成功成才，而王丁甘坐冷板凳，大学毕业后就选择投入长江白鱀豚保护事业，这对你的人生选择有什么启发？

2014年海昌奖获奖者先进事迹介绍（一）[J]. 中国水产，2015（8）：25—28.

任红. 对话王丁：长江上那些濒危的生灵 [J]. 中国三峡，2010（7）：66—71.

北斗，每一颗星都亮

王强强

"大家都看过《鲁滨逊漂流记》吧，如果有一天一个人漂流到了孤岛上，能怎么办呢？如果这个时候他选择的是GPS，他只能知道自己在什么位置，无法通知别人，所以他还是只能在荒岛上求生。如果用的是北斗系统，情况就完全不一样了，他不仅可以知道自己的位置在哪里，而且还能够把位置发送给几十公里、几百公里之外的人。相信我，如果你选择了北斗定位系统，你很快就可以在救援船上和你手持GPS的小伙伴说拜拜了。"说这番话的是中科院光电研究院研究员、博士生导师徐颖。她16岁就以优异的成绩考上大学，年仅32岁便成为光电研究院史上最年轻的博导、教授，并先后担任北斗卫星分系统主任设计师，导航技术院副主任、研究员，成为大众眼中的"北斗女神"。

北斗的星光照进了现实生活

"长大后，我想成为一名科学家。"这是徐颖写在小学作文里的语句。看似不经意的一句话却早已埋下她与"北斗"导航系统缘分的种子。1999年，16岁的徐颖考上了北京信息工程学院（北京信息科技大学前身）并选择进入通信工程专业学习。徐颖在本科期间全身心地投入学习，多次取得专业第一的成绩，大二时参加北京市电子设计竞赛并获得一等奖。凭借扎实的专业基础，本科毕业后徐颖进入北京理工大学进行硕博连读，正是在研究生学习期间徐颖与北斗导航系统结下了奇妙缘分。

研究生二年级时，徐颖的导师正在着手做北斗二号一期接收机的课题，凭借丰富的科研经验，徐颖顺利进入导师的课题组，并承担相应的科研任务。博士毕业后，徐颖进入隶属于中国科学研究院的光电研究院工作，担任助理研究员，与同事们一起继续从事北斗系统的研究。经过在相关科研领域的深耕，徐颖的科研能力有了很大的提升，科研成果不断涌现，进入中科院三年后徐颖便被评为副教授，并担任北斗卫星分系统主任设计师，以完成增强北斗信号的技术试验。

2015年，徐颖开始担任中国科学院光电研究院博士生导师，这一年她32岁，是光电研究院建院以来最年轻的博士生导师。虽然年纪轻轻，但是徐颖的科研能力和教学水平却是不容置疑的。在她的主持下，科研团队完成了国内首个低轨卫星的北斗信号增强技术试验等多个科研项目。在教学领域，徐颖是严师。严谨的教学风格和高超的科研水平，使徐颖赢得了同行和学生们的尊重和支持。

困难挡不住前进的脚步

时至今日,徐颖和北斗已经相伴十几年了,她已经习惯了和北斗较劲死磕。在被问及经历过的科学难题时,徐颖笑道:我还不配被称为一名科学家,最多是一名工程师。做工程和做科研很不一样,要想方设法让纯粹的科学原理落地。这注定是一个繁琐、令人疲惫的过程。徐颖坦言:每一次都感觉过不去了。

和很多人一样,徐颖的科研生涯并不是一帆风顺的。2011年,28岁的徐颖开始主持国家级课题。对徐颖来说,当时是处于一个未知状态,谁也不知道能不能做得出来,也不知道应该从什么地方着手。面对这种困难,徐颖不断地去阅读文献,跟不同的人探讨,以求找出思路。为此,徐颖经常工作到凌晨,办公室已经成了她第二个"家",周末加班是"家常便饭"。功夫不负有心人,在徐颖的努力下课题最终成功结项。

在科研压力下工作,煎熬是常态,焦虑也是,在焦虑之后,项目依然要继续推进。北斗的研究推进需要灵感,这样的灵感不会突然降临,而是需要一轮轮尝试、讨论、实验。正是这样在扎实的实践中一步步向真理迈进,是徐颖以及她的团队一直坚持践行的理念。

经过在科研领域的辛勤耕耘,徐颖取得了丰硕的成果。她申请发明专利近30项,累计发表SCI论文24篇,其中大部分都与卫星导航系统建设有关。在中科院光电研究院工作的13年,徐颖经历并见证了北斗二代系统的应用、三代系统首颗组网卫星发射、中国未来的PNT体系(导航、定位、授时)论证等。多年的磨砺,从一个科研小白变成北斗系统研究的领军人物之一,徐颖完成了华丽蜕变。

打破常规的科普方式

谈到自己做的科普工作时,徐颖说:科普对我来说更像是"但行好事,莫问前程"的一件事。让更多的人知道我们在做什么,有什么价值,是一种使命。

2016年,在"SELF"格致论道公益讲坛上,徐颖发表了一场名为《来自星星的灯塔》的"脱口秀"演讲。她以《鲁滨逊漂流记》为例,运用浅显易懂、幽默风趣的方式与大家互动,为大家科普了北斗导航系统在通信应用中的强大功能,解答了一些有关北斗系统最受关注的问题。在此之后,徐颖的观点,比如"科研没有性别之分""科研时间一定大于996"等接地气的表达方式,不断拉近大众与科研的距离,刷新了社会对科学家的认知。《人民日报》也曾发文称:科普需要更多的"徐颖"。2019年,徐颖同杨利伟等科学家一起,被聘为"科普中国"形象大使。

徐颖为什么会打破常规,不仅做一个埋头苦干的科学家,也成为在大众面前积极科普的"北斗女神"呢?这来自一次偶然的机会。徐颖曾经听过这样一种说法:美国的全球定位系统是正版,俄罗斯的格洛纳斯卫星导航系统是高仿,欧盟的伽利略卫星导航系统是低仿,而北斗系统是淘宝"九块九"包邮产品。也许在普通民众听来,这仅仅是一个调侃，但是徐颖却怎么也笑不出来。徐颖意识到，在科研工作者和公众之间有一道屏障。

在徐颖看来，做科普不能集中在几个少数擅长做科普的人身上。她认为，所有科研工作者都应该做科普，跟大众分享自己的工作，因为科研工作者在解释自己所做的工作时一定是最权威的、解读偏差最小的。她说：很多航天方面的大工程，大众对这些有好奇。科研工作者告诉大家这些东西，总比他们从其他渠道了解到的更正确、更正规。正是秉持着这样一种观点，徐颖才能不断为大众奉献一场场经典的科普讲座，才会成为大众口口相传的"北斗女神"。

徐颖是新一代青年航天工作者的代表，她既有着老一辈"航天人"特别能吃苦、特别能贡献的优良品质，又汇集了新生代航天工作者善于打破常规、个性突出的特点。她在"北斗"系统研发和运转中攻坚克难的身影正是新时代青年航天工作者的缩影。中国人在航天领域实现跨越式发展，依靠的就是一代代新老"航天人"的不断传承，得益于我们锻造了一支结构合理、素质优良的航天人才队伍。

本案例可用于"创新驱动发展战略"和"人才强国战略"相关内容的教学。创新是引领发展的第一动力，创新发展注重的是解决发展动力问题，必须把创新摆在国家发展全局的核心位置，让创新贯穿党和国家一切工作。在建设中国特色社会主义的伟大事业中，要把人才作为推进事业发展的关键因素，把我国由人口大国转变为人才资源强国。徐颖确立科学高尚的人生追求，立志成为一名科学家，为国家和人民的科学事业做出突出贡献。新时代青年要做改革创新的生力军。徐颖打破常规，不拘泥于固有的科普形式，通过"脱口秀""演讲"等形式向大众普及科学知识，获得了大众的喜爱和支持。

1. 徐颖等一批航天人在面对科研难题时，屡次攻坚克难获得成功，谈谈你对"航天精神"的认识。

2. 徐颖创新科普形式，选择"脱口秀"等形式进行科普，这对你有什么启发？

参 考 文 献

李晨阳，徐可莹. 徐颖：可否不叫我"北斗女神"[N]. 中国科学报，2022-5-20（1）：3.

马小惠. "北斗女神"徐颖[J]. 创新世界周刊，2022（3）：108-109.

肖睿. 徐颖：脚步从未停下[N]. 中国妇女报，2022-9-27（4）：5.

徐可莹，李晨阳. 徐颖：北斗之下，见自己[J]. 旗帜，2022（7）：85-86.

禾下乘凉梦，一梦逐一生

黄姝瑞

民为国基，谷为民命。粮食事关国运民生，粮食安全是国家安全的重要基础，是"国之大者"，保障粮食安全任何时候都不能放松。党的二十大报告提出："全面推进乡村振兴，要全方位夯实粮食安全基础，牢牢守住十八亿亩耕地红线……确保中国人的饭碗牢牢端在自己手中。"新中国成立后，中国始终把解决人民吃饭问题作为治国安邦的首要任务。70多年来，在中国共产党领导下，经过艰苦奋斗和不懈努力，中国在农业基础十分薄弱、人民生活极端贫困的基础上，依靠自己的力量实现了粮食基本自给，不仅成功解决了近14亿人口的吃饭问题，而且居民生活质量和营养水平显著提升，粮食安全取得了举世瞩目的巨大成就。过去10年间，我国粮食产量增加了近7000万吨。

"一粒粮食能够救一个国家，也可以绊倒一个国家"

"种粮安全关系到国家安全，只有攥紧中国种子，才能端稳中国饭碗。"袁隆平是我国研究与发展杂交水稻的开创者，也是世界上第一个成功应用水稻杂种优势的科学家。为实现"发展杂交水稻，造福世界人民"这一宏愿，他长期致力促进杂交水稻技术创新，并将其推广至全世界。袁隆平曾在采访中提到自己研究水稻的初心：你们年轻人没有经历过饥荒，不知道粮食的重要性，一粒粮食能够救一个国家，也可以绊倒一个国家。

抗日战争爆发后，当时还是小学学龄的袁隆平身处重庆，猖狂肆虐的日寇，贫瘠的国家，袁隆平目睹了大量受到战争迫害而流离失所、饥饿难耐的百姓，他们中很多人因为饥饿再也无法活着看到胜利。也许从那时起，袁隆平心中就有了一个"禾下乘凉梦"。

1951年，抗美援朝战争打响，投身农学研究的袁隆平当时在西南农学院深造，心怀保家卫国信念的他毅然决然以学员的身份报名参加了空军飞行员选拔，并且凭借过硬的身体素质和技术成为共和国空军预备班的一员。

刚刚成立不久的新中国需要大量的工业、教育人才，毕业之后，袁隆平前往湖南省怀化地区的安江农校任教，同年被分配到偏远落后的湘西雪峰山麓安江农校教书。在抵达学校后，袁隆平很快展开教育工作，虽然环境恶劣，但他十分乐观地进行自己的教职工作，在教学之余他仍然不忘初心坚持着自己的农业研究。

三年困难时期让袁隆平对自身理想使命的实现更加急切。功夫不负有心人，1966年，他发表了在后世看来具有划时代意义的论文《水稻的雄性不孕性》，正是这篇论文拉开了中国杂交水稻研究的序幕。

"自花授粉作物没有杂交优势"，这是当时学界的普遍共识。真是这样吗？袁隆平冲破传统学术观点的束缚，义无反顾地选择攻关水稻杂交优势的利用。从1964年开始，他带着学生在稻田里从寻找天然雄性不育株入手，用"三系法"研究杂交水稻。

然而，袁隆平的研究之路并不顺利，光是为了找到雄性不育的水稻植株，他就跑遍大半个中国，找了6年之久。他说：在田里，人的身体上半截被太阳晒着，很热。腿在田里冷水中泡着，很凉。但我们每天都要拿着放大镜，一垄垄、一行行、一穗穗，在成千上万株稻穗里寻找水稻雄性不育株，真的就像大海捞针。

潜心研究，"两个梦想"终成真

他举着放大镜，一垄垄、一行行，终于发现了第一株雄性不育株。此后，他带领助手用上千个水稻品种进行了3000多次试验，直到1970年才打开了杂交水稻研究突破口。1973年，中国籼型杂交水稻"三系"配套成功，在1976年开始全面推广。

自此，我国的水稻产量节节攀升。到2013年，我国累计种植杂交水稻接近4亿公顷，累计增收稻谷8000亿公斤。随着中国水稻研究连续取得突破性进展，2017年2月，国际著名学术期刊《自然·植物》发表文章，称中国的植物生物学研究已经确立了在全球的卓越地位，特别是水稻生物学、遗传学和群体基因组学研究已经引领世界水稻乃至作物科学研究，可谓"中国的复兴"。

2019年9月29日，袁隆平获得共和国勋章。颁奖词这样描述袁隆平：他一生致力于杂交水稻技术的研究、应用与推广，发明"三系法"籼型杂交水稻，成功研究出"两系法"杂交水稻，创建了超级杂交稻技术体系，为我国粮食安全、农业科学发展和世界粮食供给做出杰出贡献。

不止在中国，杂交水稻早已走向了世界。在袁隆平和一大批中国科研人员的前赴后继下，在亚洲、非洲、"一带一路"沿线，杂交水稻已在40多个国家成功示范，并在10多个国家大面积推广，年种植面积达800万公顷。金黄的稻谷让无数人享受到了吃饱的幸福，看到了生活的希望。

袁隆平常说自己有两个梦想，一是禾下乘凉梦，二是杂交水稻覆盖全球梦。他曾说：全世界有一亿六千万公顷的稻田，如果其中有一半稻田是杂交稻，每公顷增产两吨，可以增产一亿六千万吨粮食，能多养四到五亿人。中国的水稻将为人类的粮食安全做出贡献。如今，水稻高产的梦想变成现实，杂交水稻也在印度、越南、菲律宾、美国、巴西等国家大面积种植。为了实现梦想，袁老和其他科学家们一直在努力，从未停止探索的步伐。

2021年5月22日，袁隆平先生走了，带着他念念不忘的"梦"。"人就像种子，要做一粒好种子"，这是袁隆平院士生前常说的一句话，他也用一生为这句话写下了注脚。

国家对农业的重视和投入，"杂交水稻之父"袁隆平等农业科学家的努力，以及化肥、农业机械的推广，使得我国粮食产量不断攀升，彻底摆脱了饥荒的阴影。同样是发愁"今天吃什么"，如今的年轻人可能再也体会不到"饥饿"的感觉了。请意识到这是一种幸福吧！为了这一天，诸如袁隆平院士这样的科学家真的走了很远很远的路。

案例点评

袁隆平为了"让所有人远离饥饿"，一生致力于杂交水稻技术的研究、应用与推广，在解决中国人的温饱问题、维护国家粮食安全、促进世界粮食增产方面做出了巨大的贡献。习近平总书记强调：我们对袁隆平同志最好的纪念，就是学习他以人民需要为己任，以奉献祖国和人民为目标，一辈子躬耕田野，脚踏实地把科论文写在祖国大地上的崇高风范。习近平总书记的这段话是对袁隆平的科学家精神的高度精练、概括和评价。

"袁隆平是一位真正的耕耘者。"这是中国科技评奖委员会的评价。"他看上去更像一个地道的湖南农民。"这是农民朋友的赞誉。他常说：我不在家就在试验田，不在试验田，就在去试验田的路上。人们看到的袁老，总是挽着裤腿下稻田的形象，无论是播种季还是收获季。新中国成立70周年之际，袁隆平被授予"共和国勋章"。但即便是在获得国家最高荣誉的当天，袁老还下地查看"第三代杂交水稻"制种情况，拿着水稻说："花开得好好。"成就的背后，恰是脚踏实地的奋斗、敢为人先的创新、鞠躬尽瘁的坚守。

教学建议

人无精神则不立，国无精神则不强。习近平总书记在海南崖州湾种子实验室考察调研时强调：要弘扬袁隆平等老一辈科技工作者的精神。为深入贯彻落实以习近平同志为核心的党中央对科学家和科学家精神高度认可和肯定的要求，2019年6月，中共中央办公厅、国务院办公厅印发《关于进一步弘扬科学家精神加强作风和学风的意见》，对科学家精神做出了明确界定，即爱国精神、创新精神、求实精神、奉献精神、协同精神和育人精神。袁隆平的科学家精神是袁隆平院士及其团队在长期的杂交水稻研究中所体现的意志品质和价值追求，也是中国共产党人精神谱系的伟大精神的组成部分。

学习思考题

1. 从袁隆平身上我们可以学习到什么样的科学家精神？
2. 谈谈在实践中应如何践行袁隆平的科学家精神，并自觉将此精神内化于心、外化于行。

郁静娴. 袁隆平——良种济世粮丰民安［J］. 中国农业文摘－农业工程，2022，34（5）：96.

周先进，史倩颖，刘艳军. 袁隆平的科学家精神融入高校课程思政：价值与路径［J］. 湖南农业大学学报（社会科学版），2022，23（3）：100－105.

周月桂，孟姣燕. 袁隆平："湖南日记"里耀眼的星辰［N］. 湖南日报，2021－6－3（9）.

践行科学家精神，传承发展中医药事业

邵芹芹

习近平总书记曾说：中医药学是中国古代科学的瑰宝，也是打开中华文明宝库的钥匙。中国传统医药学为我们提供了丰富的价值，屠呦呦等科学家就通过从中草药中提取出青蒿素，解决了长期困扰人类的抗疟治疗失效难题，极大地推动了我国中医药的科技创新和发展。

几十年来，屠呦呦一直致力于严重危害人类健康的世界性流行病疟疾的防治研究，从中医药这一伟大宝库中找寻创新源泉，从古代医学典籍中寻找灵感。她带领研究团队，以科学家坚持不懈、团结合作、不断改革创新的精神，投身科研工作，最终发现了青蒿素，为人类抗击疟疾提供了重要的武器。青蒿素的发现推动了中国传统医药学走向世界，为人类健康事业提供了中国智慧和中国方案。在传承发展中医药的事业中，屠呦呦做出了不可磨灭的贡献。

牢记使命，掘青蒿济世

疟疾是经蚊虫叮咬或输入带疟原虫者的血液而感染疟原虫所引起的虫媒传染病，是一种十分可怕的传染性疾病。在青蒿素被发现之前，人类对疟疾束手无策，谈之色变。这种传染性极强的疾病，在很长一段时间里都对人类的生命安全造成了严重的威胁。

1965年，中国决定全面无私援助越南反抗美帝国主义侵略战争，战争爆发后，热带丛林耐药性的疟疾肆虐，大批士兵被蚊虫叮咬，急发疟疾。在此期间，疟疾造成的非战斗性人员伤亡人数远远超过了战斗性减员人数。由于恶性疟原虫对氯喹为代表的老一代抗疟药产生抗药性，如何发明新药成为世界性棘手问题。美国陆军医学研究所组织研制新一代抗疟药，之后美、英、法、德等国家的大型制药企业投入巨额资金和最优秀的研发团队，都想攻破疟疾这一人类难题，但在筛选了数以十万计的化合物之后，依然未合成出理想有效的抗疟疾新药。中国在1967年紧急启动"疟疾防治药物研究工作协作"项目，代号"523"。1969年，屠呦呦还是中国中医科学院中药研究所的一名实习研究员。因为兼具中西医背景，且正致力从植物中提取有效化学成分，屠呦呦被委以重任，临危受命，加入了"523"项目，并且担任课题组的组长，开始致力寻找治疗疟疾药方的研发工作。

在屠呦呦加入疟疾防治药物研究项目之前，已经有很多研究员从中医药入手进行抗疟研究，但是都没有取得实质性进展，中国的抗疟药物研究仍处于困境。另外，当时国内条件艰苦，机器设备也比较陈旧落后，在这样的背景下进行挖掘抗疟新药的研发工作可谓是困难重重。但是，作为一名科研工作者，屠呦呦怀着对科学的信仰，以饱满的热情和动力迎接了这一挑战。加入课题组之后，屠呦呦先从本草研究入手，她带领课题组系统地翻阅和整理了历代医学典籍，走访名医，研究民间药方，调查收集了2000多种药剂，并在其中选择了640种可能对治疗疟疾有用的药方。最终，在草药提取过程中得到了380种提取物。在出现频率较高的抗疟中草药中，青蒿提取物具有一定的抗疟效果。但是在对药物进行筛选实验和检测的过程中，屠呦呦课题组发现检测结果都不尽如人意，青蒿提取物对疟疾的抑制率不高。于是，屠呦呦又回到古代医学典籍中去寻找答案。后来，她在东晋名医葛洪的医书——《肘后备急方》中得到灵感。书中提到"青蒿一握，以水二升，渍绞取汁，尽服之，可治久疟"，这启示了屠呦呦改进提取方法。于是，她改用乙醚低温提取，如愿获得了抗疟效果更好的青蒿提取物。这一次的成功是在无数次的失败之后才得来的。为了检验青蒿素提取物对人体的抗疟效果，屠呦呦等人甚至以身试药，在自己的身上进行实验，之后再进行实地考察实验，最终发现青蒿素治疗疟疾的临床效果非常好。

在寻找抗疟新药的过程中，屠呦呦经历了重重阻碍，也遭遇了无数次的实验失败。但是，从接到这个任务起，屠呦呦就没有退缩过。她带着对科研的信仰，带着科学家的坚持不懈、团结合作与创新精神，在一次次实验失败之后继续进行下一次实验，最终排除万难，发现了青蒿素，为人类的健康事业做出了巨大的贡献。青蒿素的发现标志着人类抗疟步入了新纪元。在屠呦呦发现青蒿素之后，研究人员又以青蒿素为基础发明了青蒿素类复方或联合用药（ACT），使世界上无数人免于疟疾之苦。

不忘初心，以科研报国

"青蒿素研究获奖是研究团队集体工作的成绩，是中国科学家集体的荣誉，"在获得诺贝尔奖之后，屠呦呦说："这个奖是奖给中国科学家群体的。"在至高的荣誉面前，屠呦呦仍然保持着一贯的低调。获奖之后，屠呦呦把自己的部分奖金捐给了北京大学，成立基金用于奖励年轻科研人员，不遗余力地鼓励和支持年轻的科研工作者。科研工作依靠的是创新精神和坚持不懈，只有对科学保有崇高的信仰，耐得住寂寞，才能在科研这条道路上越走越远。在发现青蒿素的过程中，对国家任务的责任感驱动着屠呦呦不断将科研向前推进。在这项工作中，屠呦呦数十年如一日做着重复的工作，在重复的实验过程中不断突破和创新。坚持几十年做一件事，默默耕耘，淡泊名利，这正是中国科学家高尚精神的真实写照。

正如屠呦呦所说的那样，青蒿素是人类征服疟疾进程中的一小步，也是中医传统医药贡献给人类的一份礼物。以青蒿素为代表的中国传统医药，是中国古代科学的瑰宝，具有非常大的可利用价值。因此，在发现青蒿素、取得人类抗疟疾征程中如此重要的成果之后，屠呦呦仍坚持推进青蒿素的进一步研究。屠呦呦始终坚持着自己的研究态度，心系青蒿素的下一步研究。在她看来，发现青蒿素只是这项科研工作的第一步，当然也是非常重要的一步，但是不能在取得一点成果时就沾沾自喜。

屠呦呦始终牢记自己的科研初心，对青蒿素的研究出了成果也仍持续跟踪，不断拓宽和深入，不断关注和解决新出现的问题，并在此基础上开展新的研究，以期为人类健康做出新的贡献。

在屠呦呦看来，中医药具有很大的价值，如何利用现代科学技术做好传承创新，推动中医药学的进一步发展是科研人员在未来的工作过程中需要思考的问题。青蒿素的发现为人类抗疟疾治疗做出了突出的贡献，也向世界展示了中国智慧。以屠呦呦为代表的中国科学家们不断地进行研究创新，就是为了发挥中医药的最大效用，使中国的传统医药与西医相互补充，为人类的卫生健康事业做出更大的贡献。在这一初心使命驱使下，屠呦呦和无数投身于科技创新发展的科研工作者们不懈奋斗，步履不停。

青蒿素享誉世界，让一株无名药草成为全世界闻名的解药，这是中医药为人类健康做贡献、为世界性难题提供中国式解决方案的生动诠释，也是屠呦呦等科学家们不忘初心、牢记使命、接续奋斗的成果。

"青蒿一握，水二升，浸渍了千多年，直到你出现。为了一个使命，执着于千百次实验。萃取出古老文化的菁华，深深植入当代世界，帮人类度过一劫。呦呦鹿鸣，食野之蒿。我有嘉宾，德音孔昭。"① 感动中国 2015 年度人物颁奖盛典曾用这样的话语描绘屠呦呦的事迹，短短的几句话就向我们展示了屠呦呦所从事的伟大事业以及取得的伟大成就。屠呦呦在接受了国家的任务之后，就全身心地投入了这场战斗。数十年如一日，屠呦呦从未改变过自己追求真理的科研初心。在古典文籍中寻找、在无数次实验中奋斗，她完全将自己的人生融入了国家的命运和人类发展进步的进程。她以科学家的坚定执着坚持着这项工作，经历了无数次失败，又在无数次失败之后从头再来，在平凡的岗位上创造出了不平凡的成就，最终谱写了一段不朽的人生传奇。

教学建议

屠呦呦发现青蒿素的故事是科学工作者在爱国主义精神感染下潜心科研、践行科学精神的生动诠释。本案例可用于"继承优良传统、弘扬中国精神"相关内容的教学。习近平总书记指出：中国精神是以爱国主义为核心的民族精神和以改革创新为核心的时代精神，这种精神是凝心聚力的兴国之魂、强国之魂。新时代的中国青年，更应该厚植爱国主义情怀，将个人的命运和祖国的前途事业紧密联系在一起。在教学过程中，可以着重引导学生继承中华优良传统，增强学生改革创新的意识和改革创新的本领。

---

① 2015 "感动中国" 年度人物 [EB/OL]. 共产党员网，2016-02-15，https://news.12371.cn/2016/02/15/ARTI1455518327059988_4.shtml。

1. 从屠呦呦的事例中，我们能汲取怎样的精神力量？如何把这些精神力量转化成物质力量？

2. 作为科学家，屠呦呦把自己的一生都献给了科研事业。屠呦呦的事迹对于我们理解人生价值有何启发？我们应该如何实现人生价值？

参 考 文 献

葛喜珍，李映，韩永萍，等. 科学与思政视角的屠呦呦与青蒿素［J］. 教育教学论坛，2020（16）：59－62.

孙进军. 屠呦呦：一生倾情青蒿素［J］. 党建，2022（2）：67.

孙秋霞. 呦呦寸草心——记中国首位诺贝尔医学奖获得者、药学家屠呦呦［J］. 中国科技奖励，2020（11）：38－41.

杨戈. 呦呦鹿鸣　食野之蒿［J］. 中国科技奖励，2019（7）：28－31.

朱安远. 青蒿素之母——诺贝尔奖得主屠呦呦［J］. 世界科学，2022（8）：54－57.

第三编

中国文化转型复兴的推动者

中国京剧艺术海外传播的先行者

德艺双馨的相声艺术家

把一生奉献给人民文艺事业

践行社会主义核心价值观的道德模范

从花鼓戏演员到闻名全国的歌唱家

初心不改的非遗文化传承人

痴心追慕中国文化的"老外"

不忘教育初心,牢记树人使命

塑造传承"女排精神",铁榔头的传奇人生

择一事而终老,心归处是敦煌

守护故宫文化,传承精神血脉

中国文化转型复兴的推动者

张仁枫

党的十九大报告和二十大报告都提出,要推动中华优秀传统文化"创造性转化、创新性发展"。优秀的文化学者是中华文化传承发展的见证者,也是引领文化发展方向的实践者。作为当代中国大文豪,郭沫若是推动中华文化转型复兴的代表性人物。在革命战争年代,他创作了一系列话剧文本,包括《屈原》《虎符》《棠棣之花》《南冠草》《孔雀胆》《高渐离》六部历史悲剧作品。郭沫若在革命战争时期的作品开创了一条大众形式与精英创作结合、现代性与传统性共存的文学与文化道路。

发表《女神》奠基新诗

郭沫若14岁时入嘉定高等学堂学习,开始接受民主思想。22岁时留学日本,在九州帝国大学学医。五四运动爆发,27岁的他在日本福冈发起救国团体"夏社",投身于新文化运动,写出了《凤凰涅槃》《地球,我的母亲》《炉中煤》等诗篇。1921年,29岁的郭沫若发表第一本新诗集《女神》,书中洋溢着强烈的浪漫主义气息。《女神》是中国新诗的奠基之作,郭沫若凭借此书成为中国新诗的重要奠基人之一;同年,他又与成仿吾、郁达夫等人一同创立上海文学学社"创造社",是新文化运动的重要旗手。次年3月15日,《创造季刊》问世。这一时期,郭沫若的诗作同胡适等人的新文化运动、五四运动作品,影响了日据时期台湾的早期新诗创作。

投笔从戎 流亡海外

1926年到1927年,郭沫若任国立武昌中山大学筹备委员会委员。1926年7月,他投笔从戎,随国民革命军北伐,历任北伐军总政治部宣传科长、副主任。

1927年"四·一二"事变前夕,他撰写了《请看今日之蒋介石》一文,揭露了蒋介石"背叛国家,背叛民众,背叛革命"的行径,在人民群众中产生了巨大影响。这篇文章让郭沫若的名声再次大振,但也因此遭到蒋介石的通缉,他随即参加南昌起义。1928年2月,他被迫流亡日本。在日本期间,日本的军国主义者对郭沫若进行了严格的监视,在这样的环境下,郭沫若只能潜心进行学术研究。

郭沫若和罗振玉、王国维、董作宾在甲骨学领域并称为"甲骨四堂"。不过郭沫若最初并未研究甲骨文,他的甲骨文研究的特点是起步晚,但是起点高、成就大。郭沫若最初在日本没钱买书,只能每天去书店借书看。不过,在书店他颇有收获。1928年6月,他在东京的书店看到王国维写的《殷墟书契考释》,对历史研究十分有兴趣的他注意到了这本书,他认为研究这本书对研究历史有很大帮助。之后,他就拿着这本书开始研究甲骨文,郭沫若对甲骨文一个字也不认识,也没有人指导,可以说是无师自通。为了生计,郭沫若在日本还经常写一些文章,或者做翻译等。后来,在朋友的帮助下,他与东洋文库主任石田干之助联系,得到了两个月的阅读允许。就在这两个月,他几乎把中国考古学上发现甲骨文的记载全都翻阅了一遍,同时几乎拜访了日本所有的甲骨文收藏者。

功夫不负有心人。他在流亡日本的十年间不断地研究、写作,写了《卜辞通纂》《殷契粹编》《甲骨文字研究》《殷周青铜器铭文研究》《中国古代社会研究》等书,他在甲骨文研究方面有了很大的成就。

1937年,抗日战争爆发,郭沫若从日本归国参加抗战。

贡献甚多　影响后世

凭借在甲骨文领域的深入研究,郭沫若在56岁时当选为第一届中央研究院院士。之后,担任国民政府军委会政治部第三厅厅长,其间组织了声势浩大的武汉抗战文化运动,发动歌咏、话剧、电影等各界一同宣传抗战。

与此同时,他创作了大量话剧剧本,鼓舞民心士气,包括《屈原》《虎符》《棠棣之花》《南冠草》《孔雀胆》《高渐离》六部历史悲剧作品,其中《屈原》最受欢迎。

1949年,他当选中华全国文学艺术会主席。中华人民共和国成立后,他担任中央人民政府委员、政务院副总理兼文教委员会主任、中国科学院院长等职,在文学、教育等诸多领域中做出不朽贡献。1978年6月12日,他因病医治无效,在北京逝世,终年86岁。

案例点评

郭沫若是近现代中国涌现出的杰出的文学家、思想家、历史学家、考古学家。他博学多才,精通翻译、诗歌、小说、散文、戏曲等。他是中国新诗的奠基人之一,中国历史剧的创始人之一,"甲骨四堂"之一,是推动中华传统文化转型发展的重要代表性人物。他不仅创办了中国科技大学,而且是唯一一个两次被授予中将军衔的文人。他在中国开创了唯物主义历史学派,是坚定的马克思主义者。郭沫若的人生充分见证了中华传统文化的浴火重生,为今天中华优秀传统文化的创造性转化和创新性发展提供了丰富的素材和经验性启发。

教学建议

本案例可用于"文化强国建设"专题中的传统文化发展议题的教学,可用作近代以来中华文化的创新发展历程和历史事实的重要参考案例。通过故事性的讲解，引导学生辩证看待传统文化的"破"与"立"，增强对传统文化的认同感和文化自信。

1. 大文豪郭沫若的人生经历和历史影响对我们有什么启发意义？
2. 郭沫若推动中华文化转型的经历对新时代中华优秀传统文化创造性转化和创新性发展有何启示？

马蓥伯. 先进文化的一面旗帜——纪念郭沫若诞辰110周年［J］. 今日中国论坛，2002（6）：56-58.
章玉钧. 文化先觉郭沫若与文化中国转型复兴之路［J］. 中华文化论坛，2013（1）：5-8.

中国京剧艺术海外传播的先行者

张仁枫

党的二十大报告提出,要"深化文明交流互鉴,推动中华文化更好走向世界"。京剧作为我国的国粹,早在民国时期就在国外传播和流行起来。作为向海外传播京剧艺术的先驱,梅兰芳曾于1919年、1924年和1956年三次赴日,1930年赴美,1935年、1952年赴苏联演出。其中赴日演出次数较多,这与中日同属亚洲,日本历史上受中国文化影响较大且文化根脉与中国文化相近、接受度较高有关。根据资料记载,梅兰芳赴日演出在观众群体和学人中反响强烈。日本媒体评价梅兰芳的艺术表演"姿容美,声音美……服装也极美……舞蹈……精致极了"[①]。至今,日本仍有大批梅兰芳的崇拜者和追随者。梅兰芳早期赴日演出可谓中国传统艺术海外传播交流的先声。

1930年,梅兰芳赴美演出,在中美交流史上意义非凡,影响深远。《梅兰芳歌曲谱》《中国剧之组织》是梅兰芳和齐如山赴美演出前为使观众能够更深入地了解京剧音乐而作的。琴师徐兰沅操琴,梅兰芳演唱,作曲家刘天华把关,一个音符一个音符订正,一个小节一个小节对照,将工尺谱译为五线谱。齐如山专门著述,从京剧的唱念做舞到文武场面,从服装盔靴到脸谱切末(道具),进行了系统介绍,并译成英文,为西方人观看京剧提供详尽参考。

1930年初,梅剧团一行到达美国。参照美国戏剧专家和留美学者的建议,戏码选了又选,最后将《刺虎》《霸王别姬》《贵妃醉酒》《天女散花》《打渔杀家》定为主打剧目,又特意将《霸王别姬》《江关》中的剑舞,《天女散花》中的散花舞、绶舞,《嫦娥奔月》中的镰舞,《西施》中的羽舞,《木兰从军》《霓关》中的戟舞,《麻姑献寿》中的杯盘舞,《上元夫人》中的拂舞、袖舞,《廉锦枫》中的刺蚌舞等各剧中的各种舞抽出来,单演一场,充分体现出梅兰芳访美演出时悉心斟酌确保万无一失的职业操守和敬业精神。

在美国学术界,极负盛名的评论家斯塔克·杨(Stark Young)撰文,褒奖京剧"才是真正的戏剧",将以梅兰芳为代表的中国戏剧艺术与古希腊戏剧相提并论。美国波莫纳学院和南加州大学特别向梅兰芳授予文学博士荣誉学位,表彰他在戏剧领域所取得的卓越成就。梅兰芳与卓别林会面,卓别林称其是世界上第一个可羡慕之人。美国《时代》周刊对梅兰芳访美演出进行了大幅介绍。

---

① 吉田登志子:《梅兰芳1919、1924年来日公演的报告》,载《梅兰芳艺术评论集》,北京:中国戏剧出版社,1990年10月。

梅兰芳赴美演出在民众中影响巨大。每到一个城市,剧场观众满坑满谷,买不到票的观众围堵在剧场门口翘首以待,久久不愿离去。街头巷尾,人们都在谈论梅兰芳。就连每地的裁缝,都因当地女子为看梅兰芳的演出制作新衣而"爆单",忙都忙不过来。梅兰芳走在街上,常被围得水泄不通,警车开道都很难走出去。美国之行,不仅使梅兰芳获得崇高的国际地位,更对中国京剧在海外的传播做出了杰出贡献。梅兰芳口述整理的《梅兰芳游美日记》,记录其访美是"替国家努力的一个机会……使他们认识我们中国文化的久远,艺术的伟大"。

如果说梅兰芳的赴美演出所获得的瞩目和影响体现在美国主流社会,那么1935年梅兰芳赴苏演出则更多影响知识分子和文化艺术阶层。由于赴美演出积累了丰富经验,梅兰芳接到苏联的演出邀请之时,首先在戏码选择方面花心思,选择的剧目有意识地倾向于社会主义国家政治性、社会性与艺术性的结合,如《霓虹关》《抗金兵》等,区别于美国演出更注重形式美的剧目,响应当时意气风发的苏联文化建设。而苏方特意安排梅兰芳在莫斯科大剧院演出,苏媒报道说,梅剧团登上了这座苏联戏剧最高舞台,彰显出"戏剧之崇高",一举奠定梅剧世界戏剧三大表演体系的地位。据资料看来,苏联不愧为有着丰厚文化底蕴和产生众多伟大艺术家的国度,其学术界对梅兰芳的评价,高屋建瓴,理性而深刻。如莫斯科《消息报》刊出拉狄克的文章,认为梅兰芳的才能可以传达中国千百年来的思想,如果中国演员能以自己的天分和勤劳,运用中国古代艺术的技巧和伟大的经验,付诸"中国民族之解放,则中国必能解脱其束缚而创造其新而伟大之艺术"。

案例点评

梅兰芳作为中国传统艺术海外传播的实践者和先行者,一生辛勤耕耘,特别是对现代人而言,其于海外弘扬京剧之行止,为我们留下宝贵经验和无人企及的国际声誉,具有借鉴意义。回眸梅兰芳数度赴海外演出,当时的中国正处于内忧外患、风雨飘摇的年代,以梅兰芳为首的一批有识之士以家国情怀、团体之力,身体力行赴海外推介中华文化,以提高中国的国际地位为宗旨,前方是从未有人走过的一片荆棘之路,艰难程度可想而知。梅兰芳担当起在海外传播中国传统艺术的伟大使命,其精神和行止以及取得的伟大功业,令人感佩。中国的经济发展与国际地位今非昔比,优势之处前人不可比拟,这是传统艺术海外宣传的保障。但我们同时还要理性地看到,以梅兰芳和中国京剧为代表的戏曲的鼎盛时期去而未返,我们需要借助前辈文化传播的丰富经验,以国际影响为目标,以文化自信为主旨,革故鼎新,进而取得新的成就。

教学建议

梅兰芳将中国戏剧传播到海外的生动案例充分说明了传统文化的重要性和传播的可能性。文化是一个国家、一个民族的灵魂,是文明与智慧的结晶。发挥文化在国家发展中的重要引领作用具有非常强的现实意义。当今世界,各式各样文化相互碰撞、多元互动的趋势进入了不可逆的发展时期。中国政府秉持传统文化、革命文化和社会主义先进文化共同发展的理念，共同服务于国家治国理政，促进世界和谐共处。进入新时代，我们尤其需要坚持文化自信，积极推动优秀传统文化的创造性转化和创新性发展，积极实施中华优秀传统文化"走出去"发展战略，在"一带一路"的国际倡议中丰富文化传播的路径和方式，在构建人类命运共同体过程中彰显中华文化的魅力和吸引力，凝聚起世界大团结的磅礴力量，为建设社会主义现代化强国和实现中华民族伟大复兴提供坚实的文化基石。

1. 中国特色社会主义进入新时代，正逢中国富强、民族复兴，我们应该以怎样的姿态走出国门，走向世界，去完成传播中国传统艺术的新使命？

2. 在梅兰芳等先行者所取得的卓越成就和国际地位面前，我们应该如何推动传统文化创造性转化和创新性发展？

陈倩. 华美协进社与中国戏曲的跨文化传播——再论梅兰芳访美之始末［J］. 中国文化研究，2021（2）：171－180.

杨新贵，郑洞天，尹鸿，等. 评电影《梅兰芳》［J］. 当代电影，2009（1）：25－36.

德艺双馨的相声艺术家

张仁枫

"德艺双馨"是对艺术家最高的赞誉，也是人民艺术家马三立的真实写照。马三立在长期的艺术实践中潜心探索，饱经风霜，历尽坎坷，矢志不移地以相声为武器，讽刺假恶丑，歌颂真善美，在海内外享有相当高的声誉。他博采众长，承前启后，创立了独具特色的"马氏相声"，推动了相声艺术的发展，不愧为当代的相声泰斗、幽默大师。

辍学从艺

马三立曾就读于天津汇文中学，初中毕业后开始说相声。他出身曲艺世家，祖父马诚方是著名的评书艺人，擅说《水浒》，名噪一时；父亲马德禄是"相声八德"之一，又是相声前辈艺人恩绪的宠徒和门婿，母亲恩萃卿曾学唱京韵大鼓，兄马桂元师承相声八德之一李德钖，以擅演"文哏"段子著称。家庭环境使他从小就耳濡目染，对相声艺术十分熟悉。在父兄的熏陶下，打下"说""学""逗""唱"的深厚功底。他 1930 年开始登台演出，学艺进步很快，视野也日渐开阔。他 12 岁跟父亲马德禄学艺，后拜著名相声演员、相声八德之一周德山（绰号"周蛤蟆"，与马三立父亲马德禄是同门师兄弟）为师。新中国成立前，他先后与耿宝林、刘奎珍、侯一尘、张庆森搭档。1947 年，他登上了天津大观园剧场，与侯一尘搭档，大受观众追捧；翌年，他第三次来到北京，在华声电台和茶社戏园演出，以他风格独特的马家相声在曲艺迷中引起轰动。

艺术之春

中华人民共和国成立后，马三立积极编演新相声。1950 年，应新声戏院之邀，马三立杀了个回马枪，重回天津，在同行和观众心目中确立了自己的地位。

自此之后近十年间，马三立一帆风顺，心情舒畅。新制度、新生活，一切都是新的。这全新的一切给他带来了新的身份、新的地位。他已经"翻身"了，由"臭作艺的"变成一名职业文艺工作者，他参加赴朝慰问团文艺队并任副队长，当上了市曲艺团副团长，成为市政协委员。他满腔热情地改编、表演新相声，要求团里的同志们热爱党、热爱新中国。他说：党和政府让我们有了单位，有了正式工作，享受干部待遇，每月都有工资领，还发给我们工作证。

冬天来了

但是,1958年很快到了,反右派运动很快开始了,马三立被打成了"右派"。关于他为何被打成"右派",有说法是他改编并表演了《买猴》,塑造了一个闻名全国的办事马虎、工作不认真的人物形象"马大哈"。

1970年,马三立全家离开天津,到南郊区北闸口村落户。在那个普通的村庄,马三立一待就是7年,其间,他甚至还学会了一手很不错的木匠活。不管是在城里还是农村,不管是下放还是蹲牛棚,马三立从来没有忘记过背词,几乎每天早晨都要练上一番,身上的功夫并没有荒废。作为一个技艺超群的老艺人,他心里无时不在想着舞台,想着舞台下那些爱他捧他的观众。

寻常晚年

平反以后,年近古稀的马三立和王凤山搭档,将《西江月》《文章会》《开粥厂》《卖挂票》等诸多拿手绝活再度搬上舞台。尤为难得的是,老人在无人捧哏的情况下,又积毕生之功,编创表演了一系列脍炙人口的单口小段《逗你玩》《家传秘方》《检查卫生》《八十一层楼》《追》等。这些小段一方面融合了传统相声讽刺、幽默的固有特点,一方面又带有马派相声的特色,有着浓郁的市井气息,因此,一经推出,历久不衰,形成马三立艺术创作上的另一高峰。

精湛的表演赢得太多掌声,历经磨难的马三立对纷至沓来的荣誉和光环总是保持谦虚。在掌声中,在人群中,他一次又一次地说:我不是大师,不是艺术家,我只是个普普通通的老艺人,是个热爱相声、喜欢钻研相声的老艺人。

面对业内风气日趋庸俗,马三立坚守自己的初心,始终发扬服务人民群众的高尚品德。他每年义务为剧场、学校、机关、工厂、部队演出,仅获得一些相册、花瓶、镜子、钢笔架等礼品,甚至没有礼品报酬。作为多家幼儿园的校外辅导员,他每年儿童节都会到最少三个学校讲话、说故事,"报酬"是戴红领巾。除此之外,他也去八里台南边的养老院慰问演出,把笑声带给养老院的老年人。而国内一些单位想高报酬邀请他去演出,都被他婉言拒绝。

告别舞台

2000年,马三立先生被确诊为膀胱癌。2001年12月8日,他在天津人民体育馆举办了从艺八十周年的告别演出,向喜欢他的相声艺术观众们告别。

2003年2月11日6点45分,马三立因病医治无效,告别了他的观众,享年89岁,葬礼在天津举行。

马三立在表演中常以第一人称的叙述方法,使用含蓄隽永、质朴自然的语言,把不同时期、各具特点的普通人形象表现得淋漓尽致,辛辣地讽刺了这些人物的自私、虚伪、悭吝和贪婪，使其共同构筑了鲜活生动的"马氏人物画廊"。

"禁琢磨"是马三立相声的一大特点。其实生活中的马三立就是一个爱琢磨问题的人。他创作的艺术形象，总是来源于生活并高于生活。马三立的更可贵之处，在于他对艺术追求的那种执着精神。对一个相声段子，他如果不把本子改到"够火候"，即改到自己认为合情合理的话，他是不会拿出去的。当初，马三立在整理、改编《买猴》这段相声时，每晚都要在自己的小屋里苦思冥想，琢磨本子。正是凭着这股执着劲儿，《买猴》终于成为马三立享誉大江南北的代表性段子，而其中的主人公"马大哈"也成为办事马虎、粗心的代名词。相声界这样评价：谁不学马三立谁不会说相声，谁刻意模仿马三立谁说不好相声。这句话一语道破了马三立相声对于初学者的启蒙作用以及马派相声的难学。马三立是迄今在相声舞台上从艺时间最长、跨越新旧不同社会历史时期最长、整理并创作传统作品和新段子最多、最富个性化表演风格和最具经久艺术魅力的一位相声大师，被公认为"相声泰斗"。

案例点评

作为资深的相声演员，马三立的人生充满了坎坷和曲折，但他用自己精湛的表演艺术深刻阐释了"人民艺术为人民"的艺术初心。作为从旧社会走出来的表演艺人，马三立深知只有共产党才能救中国，只有共产党才能把他从水深火热的艰难生活中拯救出来。为此，他笃定理想，很早便提出了加入党组织的请求。自此以后，无论顺境逆境，马三立从未动摇过对党的坚定信念，终于在71岁时实现了加入党组织的愿望。他将党的优良传统和人的真善美的高尚品格植入自己的演艺生涯，用自己的真情演绎人生，播撒爱心，践行了"爱国、敬业、诚信、友善"的社会主义核心价值观，充分体现了老一辈艺术家德艺双馨的高尚品德。

教学建议

本案例可用于"中国共产党的初心""培育和践行社会主义核心价值观"等相关内容的教学。作为中国共产党员，马三立的人生见证了中国共产党的发展壮大，见证了中国共产党人"为人民谋幸福、为中华民族谋复兴"的初心使命。作为艺术演绎者，马三立一生追随党的脚步，践行党的宗旨，是"爱国、敬业、诚信、友善"的社会主义核心价值观的光辉典范。在教学的过程中，可以向学生深刻讲解马三立在践行核心价值观上的生动事迹，引导学生从现实生活中认识核心价值观的重要性和实践性。

学习思考题

1. 结合马三立的人生经历，谈谈他是如何践行"爱国、敬业、诚信、友善"的社会主义核心价值观的。

2. 请谈谈新时代大学生应如何践行社会主义核心价值观。

邓晨. 马三立的相声艺术 [J]. 对外大传播，2003（5）：46.
李玉霄. 一生坎坷马三立 [J]. 书城，2003（2）：34—38.

把一生奉献给人民文艺事业

张仁枫

一切向前走，都不能忘记走过的路；走得再远、走到再光辉的未来，也不能忘记走过的过去，不能忘记为什么出发。面向未来，面对挑战，全党同志一定要不忘初心、继续前进。① 习近平总书记的话语激励着我们不断完善自我，初心为民。蓝天野，原名王润森，是一名演员，也曾是一位地下党员，革命年代为避免身份暴露改名"蓝天野"，隐姓埋名75年。

从艺70多年，他始终坚守"服从组织安排，听党话，跟党走"的信念。1952年进入北京人民艺术剧院工作后，他发掘并培养了一大批文艺界领军人才，为中国话剧艺术繁荣发展做出了重大贡献。他先后荣获"从事新中国文艺工作六十周年表彰""中国话剧金狮奖""中国戏剧奖·终身成就奖""全国德艺双馨奖·终身成就奖""全国优秀共产党员"等，将自己的一生献给了人民文艺事业。

践行初心　成为中共地下党员

抗日战争末期，蓝天野参加革命工作，当过交通员，往来于白区和解放区之间。他骑着自行车到北京西郊，跟解放区来的人会合，往解放区送一些东西，有时候是文件、物资、书，解放区也把一些东西交给他带回来。他说：当时就是很简单的想法，党需要我做什么就做什么。

1945年，18岁的蓝天野加入中国共产党，成为一名地下党员。在电影《风声》中，刘林宗的公开身份是一名话剧演员，实际上他却是中共地下党员，以演员的身份作为掩护，为党获取重要情报。蓝天野也有一段类似的传奇经历，在北平解放前夕，党组织决定把宣传重点放在戏剧战线上，全力搞戏剧运动，蓝天野奉命化名为"王皇"，穿上国民党的少校军服，潜伏在敌后。

当时他在两个团体，一个是"祖国剧团"，那是中共地下党在北平的一个据点，还有一个是"演剧二队"，是国民党的军队编制，但是实际上是由中共地下党领导的。由于是军队编制，蓝天野当时身穿国民党少校军官的制服，这也给当时的工作带来很多方便，往解放区传递文件、物资比较方便，他还护送一些进步人士到解放区。

1948年，北平的地下党组织为了保存有生力量同时培养一批人才，让王皇跟随组

---

① 习近平：《习近平谈治国理政（第二卷）》，北京：外文出版社，2017年，第32—33页。

织撤到了解放区，为了掩护他在北平的身份，他在解放区的名字改成了"蓝天野"。北平和平解放前夕，蓝天野跟随华北大学文工团回到了北平。

北平解放后，蓝天野所在的华大文工二团改编为中央戏剧学院话剧团。1952年，戏剧战线上已经汇集了一批像蓝天野这样的优秀人才，属于人民的专业文艺院团逐步开始筹建，北京人民艺术剧院（简称北京人艺）应运而生。

永远是普通演员，永远为观众服务

2015年，88岁的蓝天野执导一部话剧时，因为年轻演员的肢体动作始终不到位，站在一边的他突然扔掉手里的拐棍，倒地进行示范。旁边的人担心他的身体，蓝天野却说：为人艺培养人才是我分内的事，有什么豁不出去的。在排练演出期间，他总是到得最早、走得最晚，手把手传授演员声台形表的基本功，一对一指导演员如何融入角色。他的以身作则令年轻人感佩。

2011年，北京人艺排演纪念建党90周年重点剧目《家》，阔别舞台19年的蓝天野以84岁高龄重返舞台。在排练过程中，他不慎摔伤造成了手指骨折，起身后第一反应是跟大家说：对不住大家，让各位受惊了。第二天仍坚持带伤排练。

2021年3月，首都剧场，一场话剧上演。当话剧大幕落下，94岁的导演蓝天野上台致谢，引起了观众经久不息的掌声。耄耋之年的蓝天野不断刷新自己创造的年龄最大话剧导演、演员的纪录。

永远是普通演员，永远为观众服务，这是北京人艺的艺术追求，也是蓝天野的人生准则。"只要党需要我、观众需要我，我就要发好光和热，"蓝天野说。他先后在《茶馆》《北京人》《家》等70余部话剧中塑造了众多经典人物形象，执导了十余部话剧，荣获"中国话剧金狮奖""中国戏剧奖·终身成就奖""全国德艺双馨奖·终身成就奖""全国优秀共产党员"等荣誉。

到生活中去、到群众中去

"话剧带给人的美学积累，会让人终身受用。"2018年，"北京人艺进校园"首场公益活动在清华大学举办，蓝天野面对莘莘学子如是说。

从少年时代与话剧结缘，蓝天野在中国话剧的舞台上走过了70多个春秋。做演员、当导演，他在多年的舞台创作与生活实践中，坚持用话剧艺术反映生活变化和社会进步。

生于1927年的蓝天野，原名王润森。抗日战争胜利之前，蓝天野在北平艺专油画系学习油画。1944年，他首登话剧舞台，参演了剧作家曹禺的代表作《日出》，开启了自己的话剧艺术生涯。"当时只是对话剧感兴趣，没想过会演一辈子，"蓝天野说。

1945年6月，他正式参加革命工作，并于同年9月加入中国共产党。在党组织的安排下，他一边从事革命工作、秘密发展党员，一边参加话剧演出、配合学生运动，还成为北平地下党的一名交通员。蓝天野的想法很简单："党让干啥就干啥，一切为了革命、为了人民。"

1952 年，北京人民艺术剧院建院，蓝天野成为第一批演员。"北京人艺表演风格的形成，很重要的一点是重视深厚的生活积累，"蓝天野说。到生活中去、到群众中去，成为蓝天野一直秉持的理念。为了演好农村题材的剧目，他去京郊房山岗上村大队体验生活，与大队老书记、全国劳模吴春山在牲口院一住就是半年；正式转为导演后，蓝天野排第一部戏时，带着全体演职人员到顺义后鲁各庄一待就是 3 个月……

蓝天野说：创作者要重视生活积累，要重视文化修养，要在舞台上塑造鲜活的人物；不要装腔作势，不要矫揉造作，不要弄虚作假，不要千篇一律，不要描别人的模子，要有自己的独创性。在多年的演戏、导戏经历中，蓝天野追求深刻的内心体验、深厚的生活基础、鲜明的人物形象，形成了兼容并蓄又不断创新融合的艺术风格。

初心不改，一生奉献。1987 年，蓝天野离休。虽然离休多年，蓝天野后来仍担任北京人艺艺术委员会顾问，关注并参与着中国话剧事业发展。2022 年 6 月，蓝天野在北京去逝，享年 95 岁。

作为党的优秀艺术代表人物和中国共产党员，蓝天野坚守艺术为人民服务的宗旨，初心不改。这颗"人民艺术为人民"的初心，始终滚烫。用他自己的话讲：只要党需要我、观众需要我，我就要发好光和热。广大文艺工作者应以前辈为榜样，观照人民的生活、命运、情感，表达人民的心愿、心情、心声，创作出在群众中传之久远的精品力作。

中国共产党人的初心和使命，就是为中国人民谋幸福、为中华民族谋复兴。坚守和践行初心，需要从优秀的代表身上学习他们的精神。蓝天野的事迹既可以作为"党的初心使命"相关内容授课过程中的生动故事，也可以作为社会主义核心价值观教学中的素材和案例。

1. 根据蓝天野的事迹，谈谈如何理解中国共产党人的初心和使命。
2. 蓝天野对艺术生活的追求和奉献对党员和党员干部有什么启示？

参 考 文 献

"红色艺术家"蓝天野［N］. 人民日报，2021-08-20（7）.
韩为卿. 路遇"王沪生爸爸"——访著名表演艺术家蓝天野［J］. 电影评介，1992（2）：23.
罗琦. 蓝天野：以信仰与赤诚谱写生命的青春之歌［J］. 党员文摘，2021（9）：58-59.
王碧薇. 蓝天野：响应党号召　发好光和热［J］. 党建，2021（11）：50-52.

践行社会主义核心价值观的道德模范

张仁枫

党的二十大报告指出，新时代新征程要"以社会主义核心价值观为引领，发展社会主义先进文化，弘扬革命文化，传承中华优秀传统文化，满足人民日益增长的精神文化需求，巩固全党全国各族人民团结奋斗的共同思想基础，不断提升国家文化软实力和中华文化影响力"[①]。社会主义核心价值观不仅需要培育，更需要践行。郭明义在平凡岗位上当好螺丝钉体现出的雷锋精神，是我们今天践行核心价值观的精神力量。郭明义说，雷锋人人可学，雷锋精神永不过时。郭明义用实际行动书写新时代的雷锋故事，用实际行动践行雷锋精神。2012年3月2日，中央精神文明建设指导委员会授予郭明义"当代雷锋"荣誉称号。

爱岗敬业的"铁山楷模"

5年的军旅生涯中，郭明义夺得过新训汽车驾驶员大比武理论考试和实际操作的双料冠军，先后荣获"全师优秀共青团员""学雷锋标兵"等荣誉。1980年6月，他光荣地加入了中国共产党。

1982年，郭明义复员到鞍钢矿业公司齐大山铁矿。在鞍钢，他始终坚持干一行爱一行，在每一个工作岗位都取得了优异的业绩。任矿汽运车间大型矿用生产汽车司机时，他创造了全矿单车年产的新纪录；任车间团支部书记时，他所在的支部是鞍钢的红旗团支部；任党委宣传部理论教育干事时，他撰写的党课教案在矿业公司的评比中荣获一等奖；任车间统计员时，他参加了统计员资格的全国统考，是矿业公司第一个获得资质证书的人；任矿扩建办英文翻译时，他每天最早到、最晚走，认真负责的敬业精神赢得了外方专家的赞誉。

1996年，郭明义担任采场公路管理员，更是把自己当成一颗螺丝钉，牢牢嵌在了这个亚洲最大的露天铁矿采场。为了准确了解路况，他把自己的办公室从矿机关移到露天采场，每天坚持徒步巡检高低落差200多米的采场道路，至今已累计走了70 000多公里。为了给生产赢得宝贵时间，他每天提前2个小时上班，制订修路作业计划，组织实施道路维护保养，双休日、节假日从不休息，至今已累计献工18 000多小时，等于

---

① 习近平：《高举中国特色社会主义伟大旗帜　为全面建设社会主义现代化国家而团结奋斗——在中国共产党第二十次全国代表大会上的报告》，北京：人民出版社，2022年。

多干了 7 年多的工作量。为了完成工作任务,他被冻伤过耳朵和手脚,还几次中暑晕倒在采场。

2007 年元宵节,鞍山遭遇了一场 50 年未有的特大暴风雪,暴风雪一直持续到后半夜才停。凌晨 2 点多,等雪稍微小一点了,郭明义就从家里出发往采场赶。路上的积雪没过了膝盖,最深的地方超过 1 米。平时只要 50 分钟就能走完的一段路,他连滚带爬用了 3 个多小时。当时采场内的车辆全部"趴了窝",生产已经被迫中断。他马上指挥夜班职工进行除雪作业,一直干到晚上 6 点多才把主要道路疏通好,让生产得以恢复。当他回到办公室想要换下脚上穿的劳动鞋时才发现,雪顺着缝隙灌进鞋里,把脚和靴子冻在了一起,怎么也脱不下来。最后还是门卫张师傅急忙从外面端回一大盆雪,用双手反复帮他搓脚,他才避免了被冻伤的危险。

2008 年 8 月的一天,郭明义按照鞍山市中心血站前一天晚上打来的紧急电话的要求,一早就到血站去捐献了 2 个单位的血小板。9 点半,他又回到采场组织抢修一条关键道路。那天的气温超过 32℃,采场里的地面温度超过 40℃。快到中午时,由于长时间在高温酷暑下工作,他晕倒了,而最近的水源点离现场有 4 公里远。情急之下,工友们调来了 5 米多高的采场公路洒水车,朝他的身上连喷了多次,他才慢慢苏醒过来。大家劝他下山去休息,他却坚决不肯。他说:"这条路夜班生产就要用,耽误不得啊。"说完,他又跟跟跄跄地往修路作业的现场走去。工友们都被感动了,谁也没下山去休息,谁也没去吃午饭,都和他一样选择继续奋战,终于抢在生产开始前按照标准完成了这条道路的建设施工。

郭明义是一个面对工作苦干实干的人,更是一个能干会干的人。他研制出的采场公路建设新工艺、新技术和新流程,填补了鞍钢的技术空白。高标准采场公路为企业降耗增效近 4000 万元。2011 年,他提出改矿石破碎站一侧进车为双向进车的建议,一年就为企业降耗 200 多万元。2012 年,他又研发出采场公路建设的路料配备新方案,大幅度降低了路料的使用成本,获评公司合理化建议一等奖。

近年来,上级安排他外出的机会多了,但每次外出,他都力争尽早回来工作。不管多晚到家,第二天早上 5 点多,他都会准时出现在采场。2010 年春节,他参加了中央电视台春节联欢晚会的录制,大年初一一早,连夜赶回鞍山的郭明义就来到了采场,当班工友都惊奇地问:"老郭,你不是昨天上春晚了吗,怎么今天就来上班了?"他笑着回答说:"咋?我上了春晚,你们就不认识我了?我还是原来的我,该干的工作还得继续干。"

在郭明义的影响和带动下,鞍钢各单位成立了郭明义敬业奉献团队 500 多支,围绕生产突击会战、攻关解难、发明创造、义务献工等主题,掀起了岗位学雷锋的热潮,奏响了建功立业的时代最强音,为鞍钢推动高质量发展注入了强大的精神力量。

助人为乐的"爱心使者"

在工作上坚强如铁的郭明义,在生活中却有着一颗柔软的心,见不得任何人受苦落难。

看到工友的劳动鞋、工作服坏了，他会马上把自己的衣服和鞋子脱下来换给他。听到职工议论通勤车老化、食堂饭菜质量不好，他会主动帮着向矿里反映。了解到工友家庭经济困难，他就主动送去生活费……仅在采矿作业区一个班组的 30 名工友中，就有 23 人受到过他的直接帮助。工友们都说，郭明义就像"润滑油""黏结剂"，团结了同事工友，促进了企业发展，维护了社会和谐。

郭明义不仅帮助工友，也帮助社会上素不相识的人，无论谁遇到困难，只要他知道了，都会热情相帮。

租住在鞍山市铁西区的杨斯雯和奶奶就是郭明义的捐助对象。小斯雯出生刚 3 个月，父母就离异了，此后不久，爷爷突然离世，祖孙二人只能靠奶奶的低保金艰难度日。小斯雯上到小学四年级时，奶奶连买书买本的钱都快拿不出来了。就在这时，郭明义从鞍山市希望工程办公室了解到杨斯雯的情况，马上给她捐了助学款，并向市希望工程办公室的工作人员承诺说："这个孩子我一定帮到底。"郭明义说到做到，从那时起他一直资助杨斯雯，从未间断。

多年来，像杨斯雯这样的孩子，郭明义资助了 300 多个。为此，他几乎倾尽所有。有时为了多攒一点钱，他甚至连午饭都舍不得吃，恨不得一分钱都掰成两半来花。在郭明义的心里，总想着别人还需要什么，自己又能为别人再做些什么。助人为乐的好事，他做了一件又一件，多到谁也数不清。

看到无偿献血能救人一命，他从 1990 年开始就加入了无偿献血队伍，70 多本无偿献血证书，见证了郭明义在近 30 年的时间里共献血 6 万多毫升的壮举，他先后两次荣获"全国无偿献血奉献奖"金奖。2005 年鞍山有了血小板提取设备，他又几乎月月捐献血小板。每次提取血小板，全身的血液在血细胞分离机里多次循环，提取后再输回体内，场面令人震撼，而郭明义总是一副心愿得偿的样子。

2009 年春节前的一天中午，郭明义刚从采场下来，突然接到市中心血站的电话，一名临产孕妇出现严重的融血症，问他能不能马上捐献血小板。他顾不上吃午饭，立刻赶到血站，坚持捐献了两个单位的血小板，确保了孕妇和胎儿平安。捐献结束的时候，从早上 5 点到下午 2 点水米未进的他已经沉沉地睡着了。

时间轴可以清晰地记录下郭明义的奉献足迹。2002 年，他成为鞍山市第一批造血干细胞捐献志愿者。2006 年，他成为鞍山市第一批遗体和眼角膜捐献志愿者。几十年来，他把一个人所能献的都献了出来，自己却始终过着清贫简朴的生活。

郭明义的女儿说："爸爸总能发现比他还困难的人。"郭明义的工友们说他帮助别人发自肺腑、毫无保留，就是活雷锋。郭明义用 30 多年如一日的助人为乐，改变了周围人对学雷锋的看法，大家对他的称谓也从最初的"郭傻子"变成了后来的"郭大侠"，变成了现在群众公认的"爱心使者"。2010 年，郭明义当选"感动中国 2010 年度人物"。2012 年 3 月，他被授予"当代雷锋"荣誉称号。他先后当选中国共产党第十八届、十九届中央委员会候补委员，两次当选全国总工会副主席（兼职）。郭明义把这些荣誉都看作党和人民的信任，他选择更加严格地要求自己。

近几年，单位领导考虑他年纪大了，多次提出要给他调换岗位、配车配司机，他都婉言谢绝。他说，和采场里的工友相比，自己没有任何特殊的地方。

虽然现在外出的任务多了，但每次外出，他都按照给自己定下的规矩去做：不走贵宾通道，不坐头等舱、一等座，不参加任何宴请，就是自助餐费也要自己来付。

而对困难群众，郭明义一如既往地给予关心和帮助。原来住的房子，被他买断后改了房主姓名，捐给了一名外地拾荒者。每年开学前，他仍会给困难学生汇去助学的费用。虽然现在已经接近无偿献血的年龄最高线，但只要符合捐献条件，只要有患者需要，他还是毫不犹豫地去献血。他说："即使有一天我不符合献血条件了，也要做一个无偿献血的宣传员。"在他看来，如果说现在的自己有了什么变化，那就是要做得更多了。

引领风尚的"当代雷锋"

30多年来，郭明义的善举就像一个个温暖的火种，烧旺了神州大地，让越来越多的人开始积极投身社会公益事业，加入学习雷锋、传承雷锋精神的阵营。

2009年7月，郭明义在鞍钢成立了"郭明义爱心团队"，当时就有5800多名志愿者加入。现在，郭明义爱心团队已经走向了全国，成为拥有1200多支分队、210多万名志愿者的民间志愿服务组织。下设的造血干细胞捐献志愿者大队，仅在鞍山地区就有5 000多名志愿者采集了血样，其中有3名志愿者成功完成了捐献。下设的遗体（器官）捐献俱乐部，成为全国最大的遗体（器官）捐献俱乐部，已有5名志愿者在身后完成了捐献。雷锋精神在众多志愿者的爱心奉献中汇成洪流，凝聚起创造人间奇迹、推动社会文明进步的强大力量。

2010年，工友严会春的女儿严涵出生刚10个月就查出白血病。郭明义不仅带头捐款，还马上写了一封感人的倡议书，发动爱心团队的广大志愿者捐款、捐献造血干细胞，先后4次共为孩子募集到近50万元的善款，资助她在上海成功完成了造血干细胞移植手术。7年过去了，如今的小严涵早已平稳度过了术后危险期，过上了正常的生活。

小严涵的父母给郭明义送来感谢信，他们眼含热泪地说："郭大哥，谢谢你！感谢你给了孩子第二次生命。"郭明义却回答："你们不要感谢我，应该感谢所有为小严涵献出爱心的志愿者。爱心团队虽然以我的名字命名，但我也只是这个团队中坚持学习雷锋的一员。"

郭明义以信念的能量、大爱的胸怀、忘我的精神、进取的锐气，为雷锋精神注入了新的时代内涵。从身边工友到社会爱心人士，从鞍钢到各行各业，从遍布鞍山到走向全国，郭明义爱心团队以蓬勃发展的态势，不断书写新时代雷锋故事，在全社会掀起了"跟着郭明义学雷锋"的热潮，雷锋精神的种子在神州大地上不断生根发芽，继而结出累累硕果。

2012年3月，鞍钢党委专门设立了鞍钢集团郭明义爱心工作室，协助郭明义管理日益庞大的郭明义爱心团队，及时处理群众的各种困难，策划并组织开展各种学雷锋志愿服务活动。依托工作室搭建起更广阔的学雷锋志愿服务平台，建立从接收捐赠到使用捐赠全过程公开透明的管理模式，为广大志愿者和社会爱心人士提供了便捷、高效、具有极强社会公信力的爱心输送渠道，为千千万万需要帮助的困难群众送去了温暖、关怀和希望。

2015年，郭明义开始发动郭明义爱心团队参与精准扶贫，将学雷锋志愿服务引向脱贫攻坚这一新领域，建立了据实核查、按需捐助、结对帮扶、跟踪落实的帮扶流程，探索出了一条动员社会资源助力国家精准扶贫的有效渠道。

如今的郭明义，工作、学习、生活没有任何改变。他依然坚守在采场公路管理员这个已经奋战了二十多年的一线岗位上，依然在工休时给工友们唱歌，依然倾尽全力帮助遇到困难的工友和群众，依然坚定而执着地走在传承雷锋精神的道路上。他说："看到越来越多的人加入学雷锋的行列，我真的感到每做一件好事都有一股幸福感涌上心头，我会一直坚持下去，直到生命的最后一息。"

案例点评

习近平总书记指出，雷锋、郭明义、罗阳身上所具有的信念的能量、大爱的胸怀、忘我的精神、进取的锐气，正是我们民族精神的最好写照，他们都是我们"民族的脊梁"。2010年8月，胡锦涛总书记对鞍山钢铁集团郭明义同志先进事迹做出重要批示："郭明义同志是助人为乐的道德模范，是新时期学习实践雷锋精神的优秀代表。要大力宣传和弘扬郭明义同志的先进事迹和崇高品德，为构建社会主义和谐社会提供强大精神力量。"郭明义的先进事迹是我们今天学习伟大建党精神的最好案例。他生动阐释了伟大建党精神在新时代的发扬光大。

党的二十大报告指出，在全面建设社会主义现代化国家的新征程，我们要"广泛践行社会主义核心价值观，弘扬以伟大建党精神为源头的中国共产党人精神谱系，深入开展社会主义核心价值观宣传教育，深化爱国主义、集体主义、社会主义教育，着力培养担当民族复兴大任的时代新人"。为此，我们更应该多学习郭明义的英雄事迹，在新时代新征程中以更加饱满的精神状态迎接中华民族伟大复兴。

教学建议

郭明义的事例让我们看到了普通工人的成长经历，更体现了伟大建党精神在新时代的熠熠生辉。弘扬伟大的建党精神需要立足现实，从身边最熟悉的人物中寻找典型。郭明义无疑是我们身边涌现出的先进代表人物。本案例可用作"社会主义核心价值观""劳动教育""建党精神"等教学内容的补充和研讨材料，对弘扬社会主义核心价值观、发扬爱岗敬业精神具有较好的示范作用。

学习思考题

1. 郭明义的人生经历对新时代"劳动教育"和爱岗敬业精神有什么启发？
2. 今天我们应该如何弘扬"雷锋精神"？

吴峥.“雷锋精神”的优秀传承者郭明义[J].企业文明,2019(3):15-18.
翟元斌,孟军.“当代雷锋”郭明义:“当了全总副主席更要学雷锋”[J].党建,2019(3):23-24.

从花鼓戏演员到闻名全国的歌唱家

纪志耿　余梦洁

党的二十大报告指出：全面建设社会主义现代化国家，必须坚持中国特色社会主义文化发展道路，增强文化自信，围绕举旗帜、聚民心、育新人、兴文化、展形象建设社会主义文化强国，发展面向现代化、面向世界、面向未来的，民族的科学的大众的社会主义文化，激发全民族文化创新创造活力，增强实现中华民族伟大复兴的精神力量。中国人的文化自信，不仅源自中华民族悠久的历史，源自我们的文化积淀和精神信仰，更源自五千年来中华民族产生的一切优秀文艺作品，以及创作这些作品的德艺双馨的文艺大家。

著名女高音歌唱家、国家一级演员李谷一，当了13年的花鼓戏演员，演出了20多出花鼓戏，虽然后来离开了湖南省花鼓戏剧院，但她的艺术路上从没有离开过花鼓戏，仍不遗余力地推广、宣传、演唱花鼓戏。1980年，她的《乡恋》应时而生，扣人心扉，被称为"中国大陆第一首流行音乐"；改革开放40多年来，她的《难忘今宵》陪伴几代人成长，成为春晚标志主题曲；青山在、人未老，如今艺术在她身上仍焕发着生命力，歌唱是她的第二生命。

结缘花鼓戏

2022年中央电视台春节戏曲晚会上演绎了湖南花鼓戏经典曲目《双送粮》。"浏阳河，弯过了几道弯？几十里水路到湘江……"的唱腔耳熟能详，令人难忘。当音乐响起，花鼓戏演员李谷一出场与青年演员们共同演唱，唱段婉转动人，掀起一波回忆杀。这首歌李谷一已经演唱了几十年，她的演唱风格中地方风情和戏曲韵味并存。舞台上，她的行腔、表演、一招一式，都有浓浓的花鼓戏味道。

李谷一出生于一个高级知识分子家庭，父亲李世康是湖南师范大学教授，是资深的京剧票友，他的留声机里播放的梅兰芳的京剧、罗马尼亚的《云雀》、日本流行歌曲，就是李谷一最初的音乐启蒙。母亲向大威出身习武世家，早年是女子篮球队的队员，在国际上取得过"九胜一负"的好成绩，是位典型的运动健将。自幼受父母的感染，李谷一喜欢唱歌跳舞，也喜好体育运动。

中学毕业后，李谷一考入湖南艺术专科学校专修中国古典舞蹈。通过勤学苦练，她练就了扎实的基本功，1961年，李谷一被选入湖南省花鼓戏剧院，成为一名花鼓戏演员。在剧院，她师从花鼓戏老艺人、前辈杨福生、杨鑫华、周斌秋、龚谷音、龚业珩、唐镜明等人，系统学习了戏曲表演、形体身段、运气行腔。因其扮相靓丽、嗓音甜美，加之勤学好问、刻苦钻研，李谷一很快脱颖而出，成功地塑造了二十多个不同时代、不同身份、不同性格的少女角色。

1964年，李谷一在湖南花鼓戏《补锅》中扮演了一位勇于追求自由恋爱的进步女青年刘兰英，在中南五省戏剧汇演中一炮打响、声名鹊起，获得了1964年和1965年湖南省和中南五省优秀表演奖。随后赴北京汇报演出，毛泽东主席、周恩来总理观看了演出，并接见了全体演员。

尽管李谷一在戏剧界渐渐有了名气，但她从未停止艺术追求的脚步。她说：我当了13年的花鼓戏演员，演出了20多出花鼓戏，虽然后来离开了湖南省花鼓戏剧院，但我与花鼓戏的情缘未了，我的艺术路上从没有离开过花鼓戏，不遗余力地推广、宣传、演唱花鼓戏直到今天。花鼓戏给了我营养，是我艺术的土壤，深深植根于我心中。

走上创新探索之路

创新是艺术的不竭源泉。李谷一年轻时就是一个敢于创新且创新有为的人。改革开放刚一拉开序幕，李谷一便敏锐地捕捉到了时代脉搏，在歌唱领域开始尝试用更多的技巧和手法来表现歌曲中人的情感。她开创性地在演唱中使用气声技巧，这种非常规的发声方式，让歌声更加委婉动听、韵味深长。通过长期的创新与实践，李谷一在演唱艺术的道路上不断摸索、不断进取，在演唱风格与艺术特色方面形成了自己的独特标识，也奠定了她在中国歌坛的地位和影响力。

20世纪90年代初，李谷一提出戏歌概念，把戏曲、歌唱嫁接起来，形成一种特别富有民族特色的声乐作品。如唱《浏阳河》，她特别强调有几个湖南方言音不能改，这些字句具有浓郁的地方风格。她认为，戏歌通过吸收戏曲元素，谱成新的歌曲，用舞台方式呈现，这是对中国传统文化的独特传承。

除了在唱法上大胆创新，李谷一还坚持鼓励音乐融合、音乐多元化。1982年，她开始着手中国轻音乐团的筹备工作。1986年，中国轻音乐团正式成立，李谷一既是团长，又是主要演员。她带领团员们走着一条之前没有人走过的民办公助的改革路子，踽踽独行，但步步铿锵。经过二十多年的发展，中国轻音乐团为我国音乐园地增添了新的品种，也培养了一批优秀的歌手和演奏员。

对于新生事物，李谷一总是抱着一种积极而热情的态度，将这种活力和生气注入自己的艺术生涯，同时影响着我国乐坛的发展。

《难忘今宵》传唱30余年

"无论天涯与海角，神州万里同怀抱，共祝愿祖国好，祖国好……"1984年除夕，央视春晚临近尾声，李谷一演唱了这首《难忘今宵》，在舒缓的旋律、深情的歌声中，人们内心对祖国的真挚祝福、对来年再会的无限期盼倾泻而出。1986年，这首全民唱响的歌获得了中国音乐"晨钟奖"。

1984年至2023年的39年间，这首歌先后28次登上春晚舞台，成为晚会的保留节目。《难忘今宵》的音律舒缓、悠扬，词意亲切、邃远，贴近观众的心，易于上口传唱，更具催动情感的张力和渗透力，既道出了盛筵将散、深情告别时的真挚祝福，又表达了对来年再相会的无限期盼和良好祝愿，同时配上李谷一叹声轻柔的唱法，使得歌曲朗朗上口，回味无穷。

李谷一成就了《难忘今宵》，而《难忘今宵》这首歌也成全了李谷一的歌唱生涯。李谷一在接受采访时说："第一次演唱《难忘今宵》，更多表现的是期盼的情感，盼望国家尽快从贫穷落后走向繁荣富强，让百姓过上好日子。随着综合国力的提升，我见证了国家的快速发展。每一年唱《难忘今宵》，我所期盼的都不一样。"传唱30余年的《难忘今宵》以其浓厚的情感、深厚的底蕴、优美的旋律陪伴了一代又一代人。

人民歌唱艺术家

艺术永无止境，在艺术长青的背后，是惊人的毅力和宝贵的坚守。虽已过古稀之年，但李谷一的音色仍然清亮，与年轻时相差无几，这源于她每天坚持训练、时刻为演唱准备着。她常说，文艺工作者是为国家、社会和人民创作，遵循真善美的原则释放情感，这一点绝不可以背离。歌唱不仅要寓乐于教、予人思考，也要陶冶情操、浸润人心。文艺作品是有温度的，要以人为本、扎根生活，以作品折射时代、用歌声鼓舞人心，这是党和国家对文艺工作者的期盼，也是每一位文艺工作者的责任和使命。她认为，我们拥有几千年的文化、几百种民歌和戏曲，如果能够扎根于这片浩瀚的文化大海，踏实、灵活地加以学习运用，就一定能创作出好的作品。

她的从艺生涯，对艺术至臻，为人至诚，这是人民歌唱家的本色。近些年，李谷一仍然奔忙在艺术的道路上，演出、出专辑、办音乐会、教学、参加社会活动，她对新生代的歌手充满期待，提出歌曲创新要做到思想性、艺术性、时间性和群众性相统一；她对演唱抱有信念，直言只要春晚需要、人民想听，她就随喊随到，永远为人民歌唱，这是一位人民歌唱家的情怀和境界。

一个人，一个时代，40多年歌唱生涯，60年艺术人生，李谷一始终活跃在舞台上，为我国声乐艺术的发展做出突出贡献。她对艺术的极致追求、创新精神、人民情怀，犹如一盏明灯，给人启迪和温暖。

案例点评

1942年，毛泽东在延安文艺座谈会上强调，文艺应该是为人民大众服务的。习近平总书记在中国文学艺术界联合会第十一次全国代表大会、中国作家协会第十次全国代表大会上强调，广大文艺工作者不仅要让人民成为作品的主角，而且要把自己的思想倾向和情感同人民融为一体，把心、情、思沉到人民之中，同人民一道感受时代的脉搏、生命的光彩，为时代和人民放歌。文化艺术的发展必须坚持为人民服务、为社会服务的方向，要坚持创造性转化、创新性发展。李谷一能成为时代的歌者，在于她能唱出人民的心声，在于她注重民族声乐的传承弘扬和创新发展,她用歌声抒发出民族复兴路上国人的奋进精神,倾诉着共产党领导下盛世中国的流金岁月,展现出中华文化的魅力光彩!

本案例可用于"坚定文化自信""保护与传承传统文化""艺术要坚持人民立场""守正创新"等相关内容的教学。我们的文化自信,不仅源自中华民族生生不息的悠久历史,更源自五千年来中华民族产生的一切优秀文艺作品,以及创作这些作品的德艺双馨的文艺大家。李谷一通过有情感、有温度、有底蕴的人物呈现,彰显艺术作品的时代之美、信仰之美、崇高之美。结合本案例,可以引导学生深入理解文化自信的内涵和意义,引导学生自觉做中华优秀传统文化的传承者、传播者、创新者和践行者,引导学生理解艺术必须根植于人民、服务于人民。

1. 结合李谷一六十余载的艺术生涯中的主要事迹,谈谈对你的启发。
2. 李谷一常常谈到"文艺应该以人为本,歌始终是唱给大众听的",请你谈谈你的理解。

参 考 文 献

陈薇. 李谷一:歌声乘着春风来[J]. 新湘评论,2019(1):26.
李诗原. 李谷一声音的个性、魅力与价值[J]. 人民音乐,2020(3):4—11.
刘骄. 用心为人民歌唱向改革先锋李谷一学习[J]. 新湘评论,2019(20):41—42.
毛泽东. 毛泽东选集(第3卷)[M]. 北京:人民出版社,1991:854—858.
习近平. 高举中国特色社会主义伟大旗帜 为全面建设社会主义现代化国家而团结奋斗——在中国共产党第二十次全国代表大会上的报告[M]. 北京:人民出版社,2022:43.
习近平. 在中国文联十一大、中国作协十大开幕式上的讲话[M]. 北京:人民出版社,2021:9.
杨晖. 李谷一民族声乐艺术研究之启示[J]. 黄河之声,2018(5):125.

初心不改的非遗文化传承人

纪志耿　余梦洁

他从事基层文化工作数十年，热爱文化事业，尽职尽责，默默奉献，开拓进取，把自己的青春和激情都奉献给了塘南镇的文化事业，经他挖掘整理的"塘南贺郎歌"被评为南昌市非物质文化遗产保护项目。他就是南昌市非物质文化遗产项目"塘南贺郎歌"的代表性传承人——李寿印。近40年的光阴，源自对家乡那份淳朴的热爱，他兜兜转转，不辞艰辛，不畏挫败，把心中的文化梦一个个变为现实，并以一种生命激荡的方式，传承弘扬着优秀传统文化，感染着一方水土，书写着基层文化工作者平凡而又富有色彩的故事。

犹忆当年贺郎歌

贺郎歌在塘南已有七百多年的历史，由鄱阳湖渔歌演化而来，是举办婚庆礼仪的一种艺术表演形式。在娱乐活动匮乏的年代，贺郎歌盛行于南昌县滨湖地区的乡村，成为农家子弟喜酒宴席上必不可少的传统节目。

贺郎歌一般分为两个阶段进行。第一阶段为自由演唱阶段，众多亲友即兴表演，随兴演唱，愿意表达心意和祝福的亲友张口就来。这一阶段演唱的歌词大多要与正堂中的一对花烛相关，表示对新人的美好祝愿。众人争先抢后演唱的场面往往也将气氛推到高潮。第二阶段是传花演唱阶段，即将新郎佩戴的帽子上的绒花取来插在一块新鲜的豆腐上用托盘装好，自上座开始，一桌一桌地传送，"花"传送到哪一桌，哪一桌就必须派出一位代表来唱贺郎歌。而这一阶段演唱的歌词大多要与传送的"花"相关，表示喜庆吉祥将随"花"传遍各位亲友。

夜幕降临，邻里乡亲齐聚办喜事的人家，就着油灯那昏黄摇曳的灯光，大家依次入座。正席前一对大红烛格外亮堂，祥瑞之气洒满酒席现场，那对花烛里，有母舅的大爱。乡下办婚宴，讲究娘亲舅大，通常是母舅坐上座，大花烛也由母舅出资购置，彰显甥舅之间的人世情谊。蓦地，喇叭响起，厨下开始往酒桌上搬送肴馔，有人出来逐桌敬烟、筛酒，宴酣耳热之际，有人开始喝彩：

"伏羲吔，天上金鸡叫哇，地下凤凰啼哟"

"呵！"

"洞房花烛夜呀，正是贺郎时哦！"

接下来就有人放开喉咙唱起了贺郎歌：一对花烛喜连连，满堂宾客听我言……

一首唱罢，一首又起，这桌唱过，那桌接上，宾客们在玩击鼓传花的游戏——将新郎帽子上的插花取下一朵,插在一块豆腐上,用瓷盘托住,传到哪一桌,就由该桌推举一位代表出来唱贺郎歌。一人唱,全场和,有时候桌与桌之间还会打擂台,看看哪个桌上的贺郎歌多,哪个唱歌的人反应机敏,双方较劲,一决雌雄,高潮迭起,热闹非凡。一时间,欢歌笑语和锣鼓声、喇叭声、铙钹声一起在鄱阳湖上空久久回荡。

这些优美欢快的曲调都是劳动人民长期积累的智慧财富和知识结晶,是一种极具地方特色的民间传统音乐,也是一份极其宝贵的历史文化遗产,具有很高的传承保护价值。

挑起文化工作的担子

李寿印 1961 年 9 月出生于塘南镇一户普通农家,他对音乐有着天生的敏感与爱好,少年时就学会了吹笛子,唱地方采茶戏、民谣。1977 年,17 岁的李寿印抱着对文艺的热爱之情,怀揣一支竹笛,在家人的陪伴下考进了塘南公社业余剧团,随后跟着团队老师学习各种角色和戏目,这让李寿印感到十分充实有趣、乐在其中。

1978 年 12 月,李寿印响应国家号召,脱下戏服,穿上军装,开启了军旅生活。他所在的连队承担了团演唱组的任务,每天除了参加军事训练,还利用空余时间排练节目。为战友和地方演出,这给了他一个充分施展才华的舞台。1980 年部队整编,李寿印告别军营,回到家乡的业余剧团。为了掌握多种技艺,李寿印坚持每天早起练功,反复研究推敲,不厌其烦向老师、同事请教学习,常常废寝忘食。经过多年的努力和刻苦钻研,他不仅能独立表演,还熟练掌握了笛子、二胡、扬琴等多种乐器的演奏技巧,成为团里的业务骨干。[①]

1983 年,具有表演天赋的李寿印被借调至县采茶剧团工作,他十分珍惜这次学习机会,希望能学到更多技艺,为日后公社剧团的发展积蓄力量。凭借勤奋、努力和扎实功底,李寿印不仅学有所成,还被团里选派参加各级组织的文艺表演和比赛,在"全省农村业余剧团观摩演出"评比中,他获得江西省文化厅表扬,由他主演的南昌采茶戏《秧麦》代表南昌市参加了"江西省首届农民戏剧节",获得文化部领导和专家评委的一致好评,《戏剧世界》杂志封面还刊登了他的剧照。一切看起来都那么顺利。然而,此时老家的剧团却不时传来令人沮丧的消息——由于知识青年陆续返城,这个原本由知青和地方青年共 30 余人组建的塘南公社业余剧团面临解散。

"老家塘南的剧团培养了我,那里的乡亲们需要我。"李寿印鼓起勇气谢绝了县采茶剧团的挽留,毅然决然选择回到了塘南。

"我是本地人,要是我也离开的话,塘南令公庙的历史就没人讲下去,文化站就连一颗种子也没有了。"1986 年,26 岁的李寿印经过再三考虑,终于说服家人,毅然放弃县采茶剧团借调和"下海"经商的机会。为了保留剧团的火种,他付出了极大努力,当过文物保护员、义务讲解员、文艺辅导员、广播采编员、播音员,每月拿着 38 元的生

---

① 贾娇娇:初心不改四十载复活"贺郎"放异彩[EB/OL]. 中新网江西,2021-11-11,http://www.jx.chinanews.com.cn/news/2021/1111/56665.html。

活补贴，一个人挑起了塘南文化站工作的主要担子。

让非遗"活起来""传下去"

随着时代的发展，塘南贺郎歌这一古老的传统音乐艺术一度陷入发展困境，这让李寿印非常忧心。他立足塘南，深耕乡土，经过数年的民间采风和调查研究，归纳出了贺郎歌的七个特点和四个价值，创作编写出《塘南贺郎歌》。他将塘南贺郎歌搬上舞台并亲自主唱表演，首次亮相南昌县文化馆举办的乡村歌会演出时，演员与观众唱和呼应，台上与台下自发互动。现场掌声如雷，演出轰动全县。

只要有机会，李寿印总不忘宣传塘南贺郎歌，让更多人了解塘南特色婚庆文化。2012年，他参加"南昌县乡村歌会"比赛，获得一等奖；2013年，参加"南昌市首届农民工才艺大赛"，获得一等奖；同年，代表南昌市参加"江西省首届农民工才艺大赛"，再次获得一等奖。2015年，在全国乡村"亿万农民健身活动"特色项目展演中，李寿印表演的塘南贺郎歌一举夺得全国二等奖。2016年，他参加"中国梦·劳动美""我与祖国同精彩"南昌市职工文艺汇演比赛，获得一等奖。从那以后，在各大景区景点、城市宾馆酒店和乡村婚庆场合，都能看到李寿印和他的团队演唱贺郎歌、宣传民俗文化的身影，塘南贺郎歌也被评为南昌市非物质文化遗产保护项目，李寿印被认定为代表性传承人。从此，李寿印与他的塘南贺郎歌在"圈内"名声大噪，各类活动邀请、媒体采访络绎不绝，近十年来，演出达到900多场次。

2006年，李寿印被任命为塘南镇文化站站长。"身为站长，我要竭尽全力弘扬塘南文化，为大家提供优质的文化生活服务。"来到这个新的岗位上，他的热情更加高涨，把全部精力都投入镇文化工作，他一边狠抓文化队伍建设和业务骨干培训，一边走村入户听取群众意见，持续开展群众喜闻乐见的各种文化活动。2009年，他发起"塘南镇乡村歌会"比赛，至今已连续举办了9届，"塘南镇广场舞大赛"也举办了两届，为广大农村群众送上了一份文化大餐，带去无限欢乐。

为了保住塘南的文化阵地，丰富塘南人民的文化生活，他常年在县、乡两地奔走，先后三次争取到上级财政资金共360余万元，用于塘南令公庙、塘南影剧院等文化阵地的维修保护和基础设施建设，创办打造了全市首家"田万村农家文化大院"，被县文广新旅局作为示范典型在全县推广，得到了省文化厅、市文化局领导的高度肯定。在他的积极努力下，塘南镇的基层文化工作日益红火，老百姓的精神文化生活越来越精彩了。同时，喜讯也接踵而至，2012年，塘南令公庙被评为"南昌市十大最具开发潜力的乡村旅游景区（点）"，文化大院被评为"全国示范农家书屋"。此后，类似于田万村文化大院的文化中心如雨后春笋般在全县发展了数百家，成为全市各县区学习观摩的网红"打卡地"。

正因为李寿印心怀国家和人民，才开创了如今塘南文化的繁荣景象。2013年以来，塘南镇文化站先后荣获"南昌市第十五届文明单位""第五届全国服务农民、服务基层文化建设先进集体"等称号，受到中共中央宣传部、文化部、新闻出版广电总局的表彰和奖励。

 **案例点评**

中华文化源远流长、博大精深，没有高度的文化自信，没有文化的繁荣兴盛，就没有中华民族伟大复兴。习近平总书记强调：要做好文化遗产的保护、传承、整理工作，使之发扬光大。作为非遗传承人，李寿印热爱文化事业，秉持不断学习的初心，尽职尽责，默默奉献，开拓进取，让古老的非遗文化焕发生机。看似简单平常的坚守，都是在为基层文化建设进行着一点一滴的积累，并以一种生命激荡的方式，传承弘扬着优秀传统文化，感染着一方水土，书写着基层文化工作者平凡而又富有色彩的故事。

 **教学建议**

本案例可用于"传承非遗文化""坚定文化自信""乡村文化振兴""基层文化建设"等内容的教学。李寿印通过多种途径把塘南贺郎歌的唱法和技巧传授给老百姓，并通过多种现代传播途径，把塘南贺郎歌发扬传承下去。他把自己的青春和激情都奉献给了塘南镇的文化事业，将塘南的传统音乐和民俗文化推向世界。教学中，结合本案例，可引导学生思考在数字时代如何能更好地保护和传承非遗文化，如何利用数字化等科技手段赋能非遗文化，为非遗文化创新发展创造更多可能性，如何通过推进乡村非遗文化的创新发展推动乡村文化振兴。

学习思考题

1. 请你结合李寿印的主要事迹，谈谈李寿印身上具有的哪些精神品质值得我们学习。
2. 请你思考，在数字时代，怎样才能更好地保护和传承传统文化。

参 考 文 献

李素萍，王丹．江西塘南贺郎歌的田野调查与音乐文化研究［J］．心声歌刊，2023（5）：41—43．
熊明．塘南贺郎歌大放异彩［N］．江西日报，2021—6—4（9）．
中央党史和文献研究院．全面建成小康社会重要文献选编（上）［M］．北京：人民出版社，2022：591—592．

痴心追慕中国文化的"老外"

纪志耿 余梦洁

有一位著名的荷兰汉学家,对中国文化爱得刻骨铭心。他不是书法家,却每天坚持练字,一直坚持 37 年,留下的书法作品足以让书法界大家拍案叫绝。他不是小说家,却成功地创作了"狄仁杰系列大全",并被译成多种外文出版,在中外文化交流史上留下重重的一笔。这个人名叫罗伯特·汉斯·古利克,他给自己取的中文名叫高罗佩。

走上汉学研究之路

1910 年,高罗佩出生于荷兰聚特芬(Zutphen)的一个军医家庭,父亲是驻荷属东印度(今印度尼西亚)荷兰殖民军队的军医,母亲是音乐家。在高罗佩五岁时其父亲被调任荷属东印度殖民地,当时年幼的高罗佩也随父母来到了荷属东印度殖民地,此后高罗佩便在那里度过了他的童年时光。也正是在当时荷属东印度首府巴塔维亚的中国城,高罗佩首次接触到了汉字,中国的瓷器、香炉还有字画等都让年幼的高罗佩深深着迷。小学七年级时,他阅读了儒勒·凡尔纳的小说《一个中国人在中国的遭遇》,了解了中国人的生活和理想,萌发了想要进一步了解中国文化的愿望。1923 年,高罗佩跟随已经从荷兰陆军退役的父亲回到荷兰本土,开始就读中学。其间他对汉学的热情更是一发不可收拾,学习了汉语等东方语言,并为自己取名"高罗佩"。

1930 年,高罗佩进入莱顿大学,主修汉语、日语及法律,开始了对汉学的系统学习,在完成了莱顿大学的学习后,高罗佩又进入了乌德勒支大学继续进行汉学的研究,并在乌德勒支大学先后取得了东方研究的硕士和博士学位。1935 年,高罗佩进入荷兰外交部,正式开启了他的外交生涯。他的第一份工作在距离中国不远的日本,当时的高罗佩担任荷兰驻日使馆翻译官的职位,在这一时期,高罗佩结识了当时中国的驻日大使许世英以及当时担任中国公使馆秘书的孙湜,并开始更进一步地对中国文化进行研习。

1943 年,高罗佩奉调进入荷兰驻中国大使馆工作,在重庆生活了三年之久,与中国文化界名流多有往来,这为他的汉学研究带来了极大便利,郭沫若、于右任、章士钊、徐悲鸿、冯玉祥、田汉皆在这一时期与高罗佩有过交往。而也正是在重庆,高罗佩结识了他的另一半——时任荷兰驻中国使馆秘书水世芳。在与水世芳结婚后,高罗佩依然继续着他的汉学研究工作。即使以当今人们的眼光来看,高罗佩一生所从事的很多汉学研究依旧是颇为冷门的，不过，也正是因为这种冷门的关注点，让高罗佩的许多汉学研究即使被放到现今的学界也仍旧具有前瞻性和开创性。比如他著有一本《秘戏图考》，对中国古代的春宫图进行了研究。此外高罗佩还著有一本《中国古代房内考》，对上起西周下讫明代的中国古代性习俗和性文化进行了梳理，致力向西方普通读者介绍中国古代的性文化，一定程度上纠正了西方读者对于东方两性关系的许多错误认知。

醉心中国琴艺

高罗佩钟爱古琴文化，早在其进入荷兰外交部，作为助理翻译开始工作的那段时期他就接触到了中国的古琴。1936 年，他前往荷兰驻日本大使馆工作，并迷上了古琴，每日无琴不欢。

1943 年初，高罗佩到重庆，被神奇美妙的中国文化吸引，开始细心研究中国文化的精髓。他对中国琴艺产生了浓厚的兴趣。他师从著名琴家叶诗梦、关仲航等，请他们指导自己弹奏《高山流水》等乐曲，同年他与于右任、冯玉祥等社会名流组织"天风琴社"，还由浅入深，认真投入地开始了对琴铭、古董琴及中国琴文化的研究。他先后发表或出版了《琴铭研究》《论三种古琴》《嵇康及其〈琴赋〉》《中国文人音乐及其在日本的传播》等论著，并最终出版了花费大量心血写成的英文专著、中国古琴文化研究的集大成之作《琴道》。

《琴道》一书由日本上智大学出版，书中介绍了古琴音乐的特征、与文人的特殊关系，围绕《乐记》，讲述音乐与宇宙、自然，与政治、朝廷的关系，梳理了古往今来的琴学资料，分别从音乐学和哲学角度解释琴曲的含义，分析琴制、琴名、琴声和指法的象征意义以及琴与鹤、梅、松、剑等重要的中国传统元素的联系，是西方系统研究中国古琴文化的力作。1940 年该书以英文书名 *The Lore of the Chinese Lute: An Essay in Ch'in Ideology* 出版，被认为是古代琴学研究领域的权威之作。他还翻译了 3 世纪嵇康（223—262）关于古琴的长赋，同年以《嵇康及其〈琴赋〉》为题发表。

高罗佩的中国"琴"缘与其古琴"译"事相互成就，将中国古琴这一极具中国特色却又"曲高和寡"的小众文化带进西方受众的视野，也为当代中国传统音乐文化"走出去"提供了宝贵的经验。

塑造"中国的福尔摩斯"

第二次世界大战期间，高罗佩在日本机缘巧合读到了一本"奇书"，即清初的公案小说《武则天四大奇案》。读完这本书后，高罗佩对小说中的主人公狄仁杰屡破奇案大为折服，通过将西方侦探小说和中国公案传奇进行深入的研究和比较后，高罗佩认识到书中所描写的中国古代法官的刑事侦讯本领，无论在运用逻辑推理的方法、侦破奇案的能力方面，还是在犯罪心理学的素养方面，比起福尔摩斯、格雷警长等现代西洋大侦探，均有过之而无不及。他还发现中国公案小说在西方侦探小说问世前，就已在东方盛行了好几百年，而以探案为题材的短篇故事甚至在 1000 多年前就在中国广为流传，其中英雄人物的形象也早就出现在古代中国的舞台上，或被当时的说书人描述得栩栩如生。

他也惊奇地发现中国读者喜欢读西方的侦探小说，这些小说水平很低，而且当时翻译成中文后水平更低了，中国的公案传奇在西方却屡遭讹传和贬低，中国古代法官的形象在西方也常受到歪曲和损害，高罗佩对此深感不平。

20世纪40年代末，高罗佩先是将《武则天四大奇案》译为英文，又以狄仁杰为主角用英语创作了《铜钟案》。他原本准备在中国出版《铜钟案》的中文本，但由于中国出版商尚未意识到该作品的巨大价值，表现并不积极，高罗佩只好先出版英文本。

英文本的《铜钟案》出版后大获成功。经出版商的再三催促，高罗佩一鼓作气在20世纪五六十年代又陆续创作了《迷宫案》《黄金案》《铁钉案》《四漆屏》《湖中案》等十几部中短篇小说。这些作品最终构成了高罗佩的"狄仁杰系列大全"——《狄公断案大观》（Celebrated Cases of Judge Dee），也称《大唐狄公案》，包括15个中长篇和8个短篇，全书约130万字。这些各自独立的小说不依据成书日期排列，而是根据狄公一生中重要事件的发生时间进行排序。

狄公这一形象不仅风靡西方世界，也使中国读者看到中国古代犯罪小说中蕴含着大量可供发展为侦探小说和神秘故事的原始素材，认识到神探狄仁杰虽未有指纹摄影以及其他新学之技，其访案之细、破案之神，却不亚于福尔摩斯。在西方对中国总体评价趋于负面的20世纪50年代，狄公探案小说不仅满足了普通西方读者了解古代中国社会生活的愿望，也在一定程度上让西方世界重新认识了传统中国，扭转了西方人眼中古代中国"落后""野蛮"的印象。

案例点评

文化交流构成了文化发展的重要动力，文化交融推动文化的发展。作为一名学贯中西的文化巨匠，高罗佩把整个身心都投入中国文化，痴心追慕中国古典文化，并用一生学习和钻研中国文化，将中国文化传播到海外，助力中外交流互鉴。另外，高罗佩以顽强的意志克服语言、地域等因素的阻碍，致力成为一个中国传统文化意义上的士大夫，他对中国文化的热爱和锲而不舍的学习精神，也让我们感佩至深！

教学建议

本案例可用于"文化交流与文化交融"和"坚定文化自信"相关内容的教学。高罗佩不仅是精通多种欧亚语言的荷兰奇才，更是中外文化交流史上的传奇人物。他对中国传统文化情有独钟，并且进行了深入的学习和研究，推动了中国传统文化在西方的传播。可以通过本故事引导学生理解文化多样性的价值，明确文化交流互鉴的途径和意义，引导学生树立正确的文化价值观，增强文化自信与民族自豪感，积极做中国文化的传播者。

**学习思考题**

1. 从高罗佩痴心追慕中国传统文化的故事中,请你思考当代大学生应当如何传承和弘扬中国优秀传统文化。

2. 高罗佩的汉学研究成就对当今仍然有着很大的启迪作用,请你谈谈高罗佩在学术研究中有哪些精神品质值得我们学习。

参 考 文 献

宫宏宇. 荷兰高罗佩对中国古琴音乐的研究 [J]. 中国音乐,1997 (2):16-18,15.

施晔. 荷兰汉学家高罗佩在渝期间交游考 [J]. 上海师范大学学报(哲学社会科学版),2012,41 (3):117-129.

张莉. 荷兰大汉学家高罗佩的重庆故事——"巴渝旧事君应忆"展览的策划与解读 [J]. 中国博物馆,2015,32 (4):113-121.

诸天寅. 略论高罗佩与中国传统文化 [J]. 北京图书馆馆刊,1996 (1):63-70.

不忘教育初心,牢记树人使命

纪志耿 郭雨晴

"为人民服务",作为中国共产党的根本宗旨和初心使命,像一根红线贯穿党百余年的历史,激励一代又一代中国共产党人前赴后继、英勇奋斗。而具体到教育领域,"为学生服务"便是贯穿其中的一根红线。自 1982 年曲建武留校担任辅导员以来,30 多年的学生工作经历,使他对学生和学生工作产生了一种特殊的感情,从一名普通的辅导员到学校学生处处长,从学校党委副书记到辽宁省高校工委副书记、辽宁省教育厅副厅长、正厅级巡视员,在他眼中,无论身处哪一个位置,其工作的核心和根本都是为学生服务。出于对辅导员这一工作的深厚感情以及对学生工作的热爱,在 2013 年 3 月,他主动向省委提交辞呈,要求回到高校、回到教学第一线,做一名普普通通的大学辅导员……

不忘服务学生的初心

1982 年,曲建武在辽宁师范大学毕业后本打算去西藏做一名教师,分配时由于没有指标而未能如愿,于是他留校担任辅导员,开启了 30 多年的学生工作生涯,这也使他对学生工作有了一种特殊的情感。他和学生们同吃、同住、同乐,在他当年的工作手册上,详细记录了每一位同学的情况,包括家庭、学习、个人特长、喜好等。

1998 年,曲建武升任学校党委副书记,2004 年底调任辽宁省委高校工委副书记,后兼任辽宁省教育厅副厅长,但在他眼中,无论身处哪一个位置,其工作的核心和根本都是为学生服务。曲建武是这样认为的,也是这样做的。

2005 年初,曲建武头皮下长了个肿瘤,为了不影响工作,他没有及时去医院检查。直到肿瘤逐渐长大恶化,压迫神经,疼痛让曲建武无法入睡,在家人的坚持下,他才去医院接受治疗。因错过了最佳治疗时间,情况不容乐观,见医生神情凝重,曲建武脑海里唯一的念头就是"要把人生最后的时间留给学生"。于是曲建武在刀口还没有完全愈合的情况下就回到工作岗位,曲建武缠着绷带、戴着帽子参加辽宁省大学生纪念"12·9"运动大会时,语重心长地对到场的辅导员们说:一定要爱自己的学生,嘱咐他们要好好学习,报效祖国。此刻辞职回归学生工作的念头已经在曲建武的脑海中萌芽了。

2012 年,曲建武对全省孤儿大学生的学习、生活状况进行调研后,撰写了一篇 3.5 万字的调研报告,提出"免除孤儿大学生学费和住宿费"的建议。在他的推动下,经多方协商沟通,这个建议终于落地生根,切实减轻了全省孤儿大学生的经济负担。办成了这件大事之后,曲建武回归校园的念头再难动摇。

冲锋在学生工作的第一线

"学生们需要更多贴心的辅导员。青年代表着未来、代表着希望,我无论在什么位置上,想的都是能不能回到学生当中,在辅导员的岗位上画上职业生涯的句号。"2013年9月,曲建武辞去了辽宁省委高校工委副书记兼省教育厅副厅长的行政职务,回归校园,成为大连海事大学的一名普通的辅导员。

回到了心心念念的校园后,曲建武成了大连海事大学公共管理与人文学院2013级139名学生的辅导员。新生一入学,曲建武就为自己所带年级的每一名学生建立了电子档案,并让学生写下自己的大学梦想和最关心的问题;他把自己的手机、微信向学生公开,承诺24小时为学生开机;他随身带着一个小本子,上面记着每个学生的生日,无论身在何处,只要有学生过生日,他都会结合学生当时的情况送上一份祝福;每年的端午节,他还会给每位学生送上一份鸡蛋和粽子;中秋节,给每个学生送上一斤月饼;冬天,还会给每个学生送一箱苹果;他组织学生成立读书社,要求每个学生都加入其中,还多次到书店为学生选购人生励志书籍,并举办了多期读书报告会,帮助学生们养成好读书、读好书的习惯。

闫沛兴是曲建武众多学生中的一个,来自西北山区,因为家庭贫困等原因,进入大学后总是愁眉不展,大一下半年甚至产生了退学的念头。在了解他的困境后,曲建武不远千里赶到了闫沛兴家,拿出5万元为学生家翻修房子,帮他解决了后顾之忧。如今的闫沛兴在曲建武的影响下,立志要到西部、到祖国最需要的地方去工作。

"我会等你们,一直等到连一碗水也端不起来的时候,欢迎你们回来。"2017年,曲建武带的139名学生毕业,在与学生的毕业聚会上,曲建武深情地告别他的"小伙伴们"。很多学生和他们的家长都说,曲老师对他们来说,已经不只是老师,还是知心朋友,甚至是亲人。

2019年大连海事大学110周年校庆期间,曲建武以自己的稿费、报告费、公众号打赏费,以及筹集的资金为基础,设立了全国"时代楷模"曲建武励志基金,用以奖励表现优异的辅导员、思政课教师和大学生,其宗旨是"你为祖国服务,我为你服务"。曲建武还倡导建立了中队爱心基金,自己每年出资10 000元作为基金经费,解决困难学生回家的路费和生活上遇到的困难。

除了担任辅导员,曲建武还主动提出承担大连海事大学本科生的"思想道德修养与法律基础课"教学任务。还没有开课,他便找到所教年级学生的辅导员,详细了解学生的家庭情况和思想状况,并做了一份调查问卷,以便在授课过程中有的放矢,帮助学生树立正确的价值观。为了使自己的课堂更加有魅力,每堂课开始之前,曲建武总是认真备课,经常工作到深夜。

曲建武还走访了国内外上千所大学,他将这些大学中蕴藏着的中国优秀传统文化进行梳理,融入理论课教学,将课上与课下结合起来。曲建武称自己做的这些都是"平凡的小动作",而正是由于这些"平凡的小动作",为他备好每一堂课积累了宝贵的资料。

自 1982 年站上讲台，曲建武就始终在探索思想政治教学的最佳方法，并取得了丰硕的成果：建立高校大学生思想政治教育的长效机制；以学科为依托、从辅导员工作特点出发，解决了辅导员职称评聘这个制约辅导员发展的瓶颈；首创了对每个新生寝室派一名组织挑选出来的高年级学生党员与新生同住的"新老生同寝"管理办法；在辽宁首建了全国辅导员博士培养基地；创立了"八个百"工作模式，将理论和实践很好地统一起来；组织思想政治教育工作者到红色景区考察，开展"千名辅导员万家行"活动……

2016 年 11 月，曲建武创立了"仍然在路上"公众号，坚持每天都在公众号上发原创文章，目前已撰写文字 40 多万字，不断输送着他对高校思想政治教育的思考。2020 年初，曲建武以"关于新型肺炎的深思"为题，揭开一名理论工作者抗疫工作的序幕：《中国共产党是中国人民幸福的根本保证》《写给奋战在战"疫"中的"海大"志愿者的一封信》《再给大学生朋友写封信》……一个多月的时间里，曲建武就撰写了 10 余万字，在云端为大学生上了一堂堂生动鲜活的思政课。

疫情防控期间，曲建武通过励志基金给在防疫一线战斗的大连海事大学志愿者中的贫困生每人 1 000 元作为奖励，为他们在疫情防控工作中解决燃眉之急。他还给全校新疆少数民族学生和他授课年级家庭生活困难的学生发放 10 000 元，用自己设立的励志基金给 10 个家庭生活特别困难的学生设立了每人 1 000 元到 2 000 元不等的"勤工助学"岗位，给 30 多个学生写了信，嘱咐他们在家好好学习，听从学校和当地组织的安排。

曲建武说自己这 30 多年就干了一件事，就是帮助学生更好地成长。他说：一个青年学生，即便知识再多，如果没有情感，无论对民族、国家，还是对他的父母，甚至自己，都是不负责任的，所以对学生的价值引领是至关重要的，我要做的就是习近平总书记说的"帮助孩子扣好人生的第一粒扣子"。

案例点评

曲建武爱党爱教，淡泊名利，以别样的人生诠释热爱教育和服务学生的至诚情怀。自 1982 年毕业留校担任辅导员以来，无论从教从政、身处何地何职，始终心怀为党的事业奋斗的坚定信念和为学生服务的宗旨，倾心倾力投身他所钟爱的人民教育事业。他不忘初心，立德树人，以丰富的经验身体力行贯彻党的教育方针。在教学中主动承担本科生"思想道德修养与法律基础"课程的教学任务，将培育学生社会主义核心价值观贯穿教学全过程，将中华民族优秀传统文化融入教学活动，课上与课下、线上与线下相结合，使思想政治教育工作润物无声、入脑入心。他潜心钻研，敬业进取，以学研结合深入探求思想政治工作规律，开通微信公众号、博客坚持为公众答疑解惑，成为全国高校思想政治教育工作领军人物和权威专家。他爱生如子，无私奉献，以家庭般的温暖悉心呵护学生成长。他倡导并出资建立爱心基金，经常深入宿舍和学生家中，帮助解决学生学习生活和成长中遇到的各种困难，用长者的温情和师者的深情引领学生在爱国奋斗、服务人民中成长成才、建功立业。

曲建武是加强和改进高校思想政治工作、办好中国特色社会主义大学实践中涌现出的先进典型，是立德树人的教师楷模。他以对教育事业的热爱、对思政工作的坚守、对青年学生的关心，谱写了一曲新时代的园丁赞歌。曲建武不忘初心，牢记使命，30多年如一日，永葆奋斗底色，在平凡的岗位绽放耀眼的光芒。要学习曲建武的高尚品德和大爱情怀，在平凡的岗位上做出自己的贡献，承担起青年人应有的使命和担当。本故事可用作"不忘初心，牢记使命"的教学案例，讲解每一个中国共产党党员都要牢记全心全意为人民服务的根本宗旨，以坚定的理想信念坚守初心，时刻不忘我们党来自人民、根植人民，永远不能脱离群众、轻视群众、漠视群众疾苦。

1. 曲建武对高校学生思想政治教育的贡献有哪些？他的事迹体现了高校学生工作者哪些应有的优良精神？
2. 曲建武的事迹对于我们新时代青年永葆奋斗底色有哪些启示和帮助？

参 考 文 献

刘国强. 曲建武和他的学生们［J］. 人民文学，2020（8）：145—155.

吴琳. 辅导员曲建武和他的"小伙伴们"［N］. 光明日报，2018-7-5（8）.

吴琳. 曲建武：最幸福的事就是和学生在一起［N］. 光明日报，2019-10-10（4）.

塑造传承"女排精神",铁榔头的传奇人生

纪志耿　郭雨晴

世界杯排球赛、世界排球锦标赛和奥运会排球赛是代表世界最高水平的三个大型排球比赛。1979年11月26日,中国奥委会恢复国际奥委会席位。仅一个月之后,中国女排就夺得了亚锦赛冠军,使排球成为"三大球"中第一个冲出亚洲的项目。1986年,中国女排实现历史性的五连冠后,"女排精神"开始被人们口口相传。

"女排精神"曾是时代的主旋律,是中华民族精神的象征,影响了几代人积极投身改革开放和社会主义现代化建设的伟大事业。"女排精神"所蕴含的意义已经远远超越了体育的范畴,显示了强大的生命力和感召力,它将永远激励中国人民。

说起"女排精神","铁榔头"郎平便是不得不提的一位传奇人物了。做运动员期间,郎平凭借强劲而精确的扣杀赢得"铁榔头"的绰号,先后协助中国女排夺得4次世界冠军;做教练期间,她曾带领中国女排在里约奥运会赢得奥运会冠军以及女排世界杯冠军,成为世界上分别以球员和教练身份都获得奥运会女排金牌的第一人。她获得过党中央、国务院授予的"改革先锋"称号,国际排联颁发的"世界最佳教练"等荣誉。

铁榔头的夺冠人生

1960年12月,郎平出生在天津的一个工人之家。1976年,郎平被选入北京市排球队,16岁的她身高已经蹿到了184厘米,手长脚长,弹跳力惊人,几乎拥有了成为优秀排球运动员的所有潜质。1978年,郎平凭借刻苦的训练进入国家队,她的人生也正式翻开了新的篇章。

在和平年代,运动会上的奖牌数量成了另一种方式的国力较量。20世纪60年代,日本女排凭借革新打法迅速崛起,号称"东洋魔女",获得了女排世界杯的永久举办权,而彼时的中国被认为只会"玩小球"。

1977年,首次参加世界杯的中国女排在小组赛一鸣惊人,击败老牌强队日本队,虽然止步第四名,却打开了中国女排的新世界。1979年的亚锦赛,中国女排首次在决赛中战胜日本,获得亚洲冠军。而弹跳力和力量俱佳、技术令人惊艳的郎平,让全世界的镜头聚焦在她身上,被评为最有潜力成为世界级主攻手的中国女孩。

1981年11月16日傍晚,中国的大街小巷如凝滞一般,人们守着黑白电视机和收音机,等待着第三届女排世界杯的决赛结果。决赛中,21岁的郎平以一记重扣拿下最后一球,中国队赢了,胜利的电波传遍海内外,整个中国都沸腾了。这场胜利的意义,

对于 20 世纪 80 年代即将腾飞的中国而言，恰似甘露。"稳准狠"成了郎平的招牌，而一个跟随她一辈子的外号"铁榔头"从此威震世界排坛。

伴随第一枚奖牌入手，中国女排异军突起，填补了中国大球领域的空白。1982 年，郎平随队征战世锦赛获得冠军，实现了世锦赛的零突破，更被加冕为世界大赛最有价值球员。1984 年洛杉矶奥运会上，中国女排首度击败美国队，再夺桂冠，举国沸腾。1985 年的世界杯，遭遇了黑马古巴队，在比分严重落后的情况下，郎平一口气连追 4 分完成大逆转。从 1981 年到 1986 年，中国女排拿下五连冠，几乎将世界冠军拿了个遍，创造了中国女排黄金一代的神话。

可惜运动员的生涯总是短暂的，长期的超负荷训练给郎平带来了太多伤病。1985 年，郎平不得不宣布退役，告别了她一生挚爱的排球。退役之后，郎平本可以进入教体局，躺在功劳簿上安逸地度过余生，但她却选择了另一条艰苦的道路。

两度临危受命，打造中国女排的白银时代

1987 年，郎平前往美国留学，一切从零开始。那是一段艰辛的时光：语言障碍、生活拮据，为了赚学费，郎平四处辗转，去排球俱乐部当球员，就这样一路吃着止疼片，一路打球赚钱，郎平终于毕业，更凭借实力，在美国成为职业教练，与此同时，她的名声和人气也在国际上不断上涨。

1986 年后，黄金一代的老队员渐渐退役，中国女排陷入了青黄不接的困境。当年的黑马古巴队逐渐统治了整个 90 年代的世界排坛。在 1992 年巴塞罗那奥运会上，中国女排三连败，从世界冠军跌进了谷底。1994 年，大洋彼岸的郎平接到恩师的电话后，抛下了丈夫、女儿和年薪 20 万美元的工作毅然回国。

1995 年，郎平回到了国家队，住进了狭小的女教员宿舍，每月 300 块的薪资甚至不够给女儿打个越洋电话。但她却笑着说：执教中国女排我不后悔，国家需要我的时候，我不能无动于衷。1996 年的亚特兰大奥运会上，中国女排连克日、韩、美、俄，一头扎进了总决赛。短短两年，郎平就将在二流徘徊多年的中国女排重新送回了世界前三，亚特兰大奥运会还特地给郎平颁发了"世界最佳教练员"奖。次年，中国女排重夺亚锦赛冠军。郎平以一己之力，亲手打造了中国女排的白银时代。

1998 年，因旧伤复发，郎平无奈离职，前往国外治疗休息。为了赚取医疗费，郎平再次执教。六年间，郎平辗转在意大利各大排球俱乐部担任主教练，提升了意大利女排的整体水平。2005 年，郎平接受了担任美国队主教练的邀请，带领美国女排在三年后的北京奥运会上时隔 24 年再获银牌。

随着老队员相继伤病，第二代黄金女排们也渐渐退出了国家队。2008 年以后的三年，中国女排成绩每况愈下，伦敦奥运会上更是惨遭滑铁卢，队员魏秋月痛哭的一幕，代表着中国女排已经从世界一流滑向了亚洲二流的谷底。新上任的排管中心领导想到了郎平。

老队友的突然来电带来了最令她担心的坏消息——陈招娣走了。陈招娣是中国女排有名的拼命三郎。在陈招娣的告别仪式上，郎平看到很多自发赶来的送行人员，又一次

深深体会到全国人民对女排的深厚感情,她开始重新审视排管中心的邀约,她意识到这可能是将老女排的财富传承下去的最后机会了。

郎平接过帅印,她放弃了传统的魔鬼式体能训练,采用了更科学的方法,因人而异地指导队员;她提出"大国家队"的概念:亲自去各省挑选新人,促进队内良性竞争,为她们分别做了最详尽的个人规划;重点培养队员们的独立思考能力,强调学习也是很重要的一件事。重视体制改革的同时,郎平认为还需要提高运动员的文化素养,运动员的理解能力、感悟能力和赛场应变能力都和文化素养相关。

2014年,新老交替的中国女排以弱克强,一路杀进总决赛,获得了世锦赛亚军,创造了10年来的最佳战绩。2015年,郎平带领中国女排再夺亚锦赛冠军,重回亚洲第一。同年中国女排再创奇迹,时隔12年第四次重夺世界杯冠军。2016年里约奥运会上,虽然出师不利,但在遭遇小组赛全胜的卫冕冠军、东道主巴西队时,身高和力量都不占优势的中国队,发挥了扎实的技巧和灵活的战术,逆转巴西,向世界呈现了一场精彩绝伦的高水平竞赛。中国女排一鼓作气,半决赛击败荷兰,总决赛以3∶1强势压倒塞尔维亚拿下了桂冠。2019年9月,第13届排球世界杯的颁奖仪式上,中华人民共和国国歌再次奏响,女排以十一连胜再夺冠军,为祖国七十大寿献上了一份大礼。

从1981年到2019年,中国女排10次夺冠,郎平全程参与8次,50载为国争光,车里放着残疾证,脖子以下做了几百个手术,没有一处完好的地方,但赛场上的郎平依旧笑容灿烂,看着队员就像看着当年的自己。一次次跌倒,一次次爬起来,一次次创造奇迹,身体力行地诠释了真正的"女排精神"。

案例点评

郎平是塑造和传承"女排精神"的优秀代表。作为20世纪80年代中国女排主力队员,和其他队员一起实现"五连冠",塑造了顽强战斗、勇敢拼搏的"女排精神",激励了各行各业人们为中华民族腾飞不懈奋斗。20世纪90年代以后,她两次在中国女排最困难时期,主动担任主教练,传承"女排精神",大胆改革创新,大刀阔斧起用新人,搭建复合型教练团队,把中国女排重新带上巅峰,获得了奥运会、世锦赛等多项世界大赛冠军。"女排精神"已成为中国体育的一面旗帜,振奋了民族精神,激励和影响着一代又一代人投身改革开放和中国特色社会主义伟大事业。

郎平的身上不仅体现着她对祖国和对中国女排无限的热爱,更透露着国际化风范:一口流利的英语,潇洒自如的言谈举止,以及临场指挥时的睿智、淡定。凭借着在意大利联赛以及美国女子排球国家队的成功执教经历,郎平成为叱咤国际排坛的最亮眼的中国籍主帅,体现了国际社会对中国女排的认可。

教学建议

郎平的事迹深刻地体现了以"扎扎实实、勤学苦练、无所畏惧、顽强拼搏、同甘共苦、团结战斗、刻苦钻研、勇攀高峰"为具体表现的"女排精神"。新时代的长征路上,我们同样会遇到各种各样的风险挑战,跨越艰难险阻需要坚强的意志,需要拼搏的精神,需要团结的作风。历久弥新的"女排精神"给我们以深刻的启迪,鼓舞我们发扬好"女排精神",在新的征程中赢得新胜利。本故事可用作"中国共产党人的精神谱系"的教学案例,讲解中华民族和中国人民长期以来形成的伟大创造精神、伟大奋斗精神、伟大团结精神、伟大梦想精神,让同学们深刻体会一代又一代中国共产党人"为有牺牲多壮志,敢教日月换新天"的奋斗精神。

发扬"女排精神",就要心往一处想,劲往一处使,拧成一股绳,同圆中国梦。实现中华民族伟大复兴是全体中国人民共同的追求,我们要像中国女排一样,将国家荣誉和集体利益放在最高位置,团结一致,密切协作,同心同德,甘于奉献,把个人的理想追求融入实现民族复兴伟大梦想的实践,形成同心共筑中国梦的千钧合力。发扬"女排精神",就要在逆境中决不放弃,在低谷中坚持拼搏,在挫折后勇于奋起,始终保持昂扬向上的奋斗姿态。我们要从"女排精神"中汲取力量,坚定信心、勇毅笃行,不畏强手、敢打敢拼,以强大闯关实力奔向中国梦的光明未来。

1. 郎平及其塑造和传承的"女排精神"对于构建社会主义核心价值体系有何意义?
2. 作为新时代的大学生,郎平及其塑造和传承的"女排精神"对于我们现实的学习和生活有什么样的启示?

孔宁. "这8年非常精彩"[N]. 北京日报,2021-8-3(8).
郑轶. 敲响世界的"铁榔头"[N]. 人民日报海外版,2018-8-21(12).

择一事而终老，心归处是敦煌

纪志耿　赵珊珊

写一份作业要多久？有一份作业，已经写了60年，仍然未完待续。敦煌研究院名誉院长樊锦诗为了写好这份作业，从繁华都市到茫茫戈壁，从青丝到白发，孜孜不倦、久久为功，在她的影响和带领下，现在有越来越多的年轻人也参与到了这份作业中，这份作业就是一场拯救敦煌莫高窟的马拉松与接力赛。如今，86岁的樊锦诗仍在为敦煌石窟的研究殚精竭虑，她说：是命运给我这样一个机会，让我来到敦煌。现在，可以坦然地说，我为敦煌尽力了，就是最大的幸福。

结缘敦煌

樊锦诗和敦煌的缘分源于她年少时学到的一篇关于莫高窟的课文，课文中描述，莫高窟是祖国西北的一颗明珠，有几百个洞窟，洞窟里面不仅有精美绝伦的彩塑，还有几万多平方米的壁画，是一座辉煌灿烂的艺术殿堂……读过这篇课文后，樊锦诗的心中对敦煌产生了一种美丽的幻想，此后便总是留意和敦煌有关的信息。在上大学的时候，凡是和敦煌有关的展览，包括出版的画片和明信片，她都格外关注。樊锦诗说：敦煌是我少年时代的一个梦，我把她想得特别美妙。

与敦煌的正式结缘则要从樊锦诗的毕业实习说起。1962年，按照北京大学历史学系考古专业的惯例，樊锦诗要进行毕业实习。因为莫高窟一直都是樊锦诗向往的地方，所以在毕业实习时，她主动报名申请去敦煌。经北大历史学系的考核和选拔，系里最终决定派遣樊锦诗和另外三个同学去敦煌。在没有出发之前，樊锦诗对敦煌的想象依旧是书中所勾画的"世外桃源"，殊不知，考验才刚刚开始。

自1959年开始，我国经历了持续三年的困难时期，全国上下粮食和副食品短缺，甘肃当时是重灾区。虽然在1962年，全国范围最困难的时期已经过去，但是甘肃敦煌地区依然食物紧缺，很多人只能打草籽充饥。樊锦诗在回忆自己刚到敦煌的场景时说：我一下车就立刻傻眼了，这里完全不是自己想象中的样子。研究所当时的工作人员，一个个面黄肌瘦，穿的都是洗得发白的干部服，一个个都跟当地的老乡似的。艰苦的自然环境却抵挡不了敦煌艺术那令人震撼的吸引力，一到地方，樊锦诗和同学们就迫不及待地攀援着被积沙掩埋的崖壁，一个洞窟一个洞窟地看过去，从北凉、北魏，到隋唐的山水、人物、建筑，从伏羲、女娲到力士、飞天，他们仿佛置身于一个华美的圣殿，完全沉浸在了衣袂飘举、光影交错的壁画和塑像艺术中，忘却了疲惫、风沙和洞窟内的寒冷。

遗憾的是，因为敦煌昼夜温差大、气候干燥，加之樊锦诗本就体弱，实在无法适应敦煌的天气，造成了严重的水土不服，几乎每天晚上都失眠，白天也身体乏力，走不动路。所以，实习期还未满的樊锦诗只能带着实习考察资料返回。

相伴敦煌

樊锦诗自己也没有想到，在毕业分配的时候，系里将她分配到了敦煌。考虑到毕业实习时的水土不服，加之她也不想和男朋友分隔两地，所以那个时候的樊锦诗其实并不想去敦煌。系里领导找她谈话，称敦煌当前急需考古专业的优秀人才，系里深思熟虑、讨论良久才决定派她和马世长两人过去。系里希望他们能先过去救救急，过了三四年，北大还有其他毕业生，再把他们替换出来。虽然这个承诺在之后因为种种原因并没有兑现，但却让当时的樊锦诗看到了一点希望。她想，这或许就是天意，是命运要她以这种方式补偿上一次毕业实习的半途而废，既然要去，那就一定要利用这次机会取得"真经"再回来，决不能中途折返。

20世纪的敦煌和今天不可同日而语，当时，敦煌研究所绝大多数人员都是住在土坯平房里，晚上只能用蜡烛或手电照明，上趟厕所都要跑好远的路，周围也没有商店，拿着钱也买不到东西，吃得最多的菜是"老三片"，即土豆片、萝卜片、白菜片。幸好，精神生活的富足弥补了敦煌物质生活上的匮乏，樊锦诗每天追逐着第一缕照入洞窟的朝阳，沉浸在精妙绝伦的壁画中。那菩萨像表情温柔亲切，秀眉连鬓，微微颔首，姿态妩媚，面颊丰腴，仿佛就是有血有肉、有世俗感情的人。《反弹琵琶》中的伎乐天神态悠闲雍容、落落大方，让人感觉仿佛有音乐从墙体里流出来。为什么在被世人遗忘的沙漠里会产生如此辉煌的石窟艺术？为什么敦煌仿佛被遗弃在此长达几个世纪？在这个丝绸之路曾经的重镇，莫高窟担负着什么使命？种种疑问萦绕在樊锦诗心头，推动着她不断去探索研究。

守护敦煌

莫高窟地处戈壁沙漠边缘，稍有风吹，风沙流便会吹蚀洞窟围岩，磨蚀露天壁画。除此之外，莫高窟每年夏季的季节性降雨还会溶解岩体中的盐分，溶解后的盐随水分运移到洞窟岩体、壁画中，导致壁画出现空鼓、起甲、酥碱等病害。特别是随着西部大开发和旅游业的发展，前往莫高窟旅行的游客数量逐年递增，这都对莫高窟的保护和管理带来了极大的挑战。如何科学有效地保护敦煌文物，实现敦煌的"永生"，成了樊锦诗每天都在思考的问题。

20世纪80年代末，樊锦诗去北京出差，第一次看到电脑，她看到电脑上显示出来图片，好奇地问道：关机之后，刚才显示的图片就没了吗？别人回答她：不会，会转化成数字图像，可以永远保存下去。樊锦诗在听到数字图像可以永远保存下去后立即兴奋起来。她想：那是不是也可以让壁画变成数字图像，永远地保存下去？说干就干，回到兰州后，她立刻到甘肃省科委做了汇报，提出了利用计算机技术进行敦煌壁画、彩塑艺术永久保存的构想,这一构想后来得到国家科委与甘肃省科委的大力支持。经过几代人的共同努力,2016年,"数字敦煌"第一期平台正式上线,文物得以从敦煌石窟的洞窟中走出来、活起来,到不了敦煌的人也能切身感受祖国优秀传统文化的辉煌灿烂。彼时,洞窟数字化工程中最早的一批青年摄影师,已年过半百。

进入21世纪后,当地大规模的基础建设和旅游开发与文物保护不可避免地产生了突出的矛盾,樊锦诗意识到保护遗产必须依靠法律,制定一部专门保护莫高窟的法律已经刻不容缓了,她立即组织了起草工作。在起草过程中,樊锦诗就莫高窟保护范围的划定问题和地方政府开了若干次会议。2003年3月1日,《甘肃敦煌莫高窟保护条例》正式颁布施行,为莫高窟的保护、利用与管理提供了强有力的法律支撑和法律保障。

2019年9月17日,习近平主席签署主席令,授予樊锦诗"文物保护杰出贡献者"国家荣誉称号。

人生价值是社会价值和自我价值的统一,社会价值是实现自我价值的前提和基础,实现自我价值是社会价值的目标和归宿。因为祖国的需要,樊锦诗扎根敦煌,从西子湖畔到茫茫大漠,从锦瑟年华到耄耋之年,她用一生守护、研究、弘扬世界文化遗产——敦煌莫高窟,为敦煌莫高窟文物和大遗址保护传承与利用做出突出贡献,实现了自我价值与社会价值的高度融合,用行动谱写着"坚守大漠、甘于奉献、勇于担当、开拓进取"的"莫高精神",用一生的守望换来了世界文化遗产莫高窟壁画的永久性保存。

伟大时代呼唤伟大精神,崇高事业需要榜样引领。樊锦诗的故事可用作"人生观与世界观、价值观""社会价值""继承与保护传统文化""爱国主义"等相关内容的教学案例,我们可以从樊锦诗身上看到一名中国共产党员的信念坚定、服务于民、对党忠诚的政治品格,扎根一线、爱岗敬业、择一事终一生的家国情怀,求真务实、敢于作为、使命在肩的担当勇气,改革奋进、矢志不移、锐意进取的创新精神。同时,我们也可以看到,樊锦诗为了守护敦煌文化殚精竭虑,将自己的人生奉献给了敦煌莫高窟。我们可以借用樊锦诗的故事鼓舞学生树立远大理想,实现自我价值。

学习思考题

1. 樊锦诗"择一事、终一生"的故事反映了什么样的"莫高精神"?你认为新时代青年应如何践行"莫高精神"?

2. 樊锦诗在保护传承敦煌莫高窟时进行了哪些有益探索?这对当今保护传承优秀传统文化有哪些经验启示?

樊锦诗口述，顾春芳撰写. 我心归处是敦煌：樊锦诗自述［M］. 南京：译林出版社，2019.

任风. 樊锦诗："敦煌的女儿"［J］. 党建，2022（12）：68.

汪正一. 奋斗百年路　启航新征程　数风流人物——"敦煌的女儿"樊锦诗［J］. 敦煌研究，2021（4）：93.

守护故宫文化，传承精神血脉

纪志耿　赵珊珊

习近平总书记指出：历史文化遗产承载着中华民族的基因和血脉，不仅属于我们这一代人，也属于子孙万代。要敬畏历史、敬畏文化、敬畏生态，全面保护好历史文化遗产，统筹好旅游发展、特色经营、古城保护，筑牢文物安全底线，守护好前人留给我们的宝贵财富。故宫是承载中华传统文化的重要载体，也是世界上现存规模最大、保存最为完整的木质结构古建筑之一。保护好故宫，是事关坚定文化自信、保护传承文明的重要使命。

中国古代建筑艺术的巅峰巨作

故宫内的建筑主要分为外朝和内廷建筑，除此之外还有内廷外东路、内廷外西路两部分建筑。外朝的中心为太和殿、中和殿、保和殿，统称三大殿，三大殿东西两翼辅以文华殿、武英殿两组建筑。明清两代国家大事、庆典朝贺、群臣公务等活动都在这里进行。

太和殿，俗称"金銮殿"，位于故宫南北主轴线的显要位置。其装饰十分豪华，檐下施以密集的斗栱，室内外梁枋上饰以和玺彩画。门窗上部嵌成菱花格纹，下部浮雕云龙图案，接榫处安有镌刻龙纹的鎏金铜叶。太和殿是明清两代皇帝举行大典的场所。皇帝的登基、大婚、册立皇后、命将出征，以及每年万寿节、元旦、冬至等重大庆典活动都在太和殿举行。太和殿是故宫城内体量最大、等级最高的建筑物，建筑规制之高、装饰手法之精，堪列中国古代建筑之首。

中和殿，位于太和殿、保和殿之间。殿名取自《礼记·中庸》"中也者，天下之本也；和也者，天下之道也"。在太和殿举行各种大典前，皇帝一般先在中和殿小憩，并接受执事官员的朝拜。凡遇皇帝亲祭，如祭天坛、地坛，皇帝于前一日在中和殿阅视祝文。祭先农坛举行亲耕仪式前，皇帝还要在此查验种子和农具。

保和殿，位于中和殿后。保和殿于明清两代用途不同。在明代，保和殿主要承担大典前皇帝更衣室的职能。在清代，每年的除夕、正月十五，皇帝赐外藩、王公及一二品大臣宴，赐额驸之父、有官职家属宴及每科殿试等均于保和殿举行。

内廷属于故宫的生活区，主要包括后三宫、东西六宫、养心殿、斋宫和重华宫。后三宫位于内廷的中心，是皇帝和皇后居住的正宫，包括乾清宫、交泰殿、坤宁宫。乾清宫建筑规模为内廷之首，自明至清康熙时期，这里都是皇帝居住的正殿。清代雍正皇帝移居养心殿，乾清宫变为皇帝召见廷臣、批阅奏章、处理日常政务、接见外藩属国陪臣和岁时受贺、举行宴筵的重要场所。交泰殿位于乾清宫与坤宁宫之间，"交泰"取自《易经》中"天地交泰"，意为乾坤、阴阳、上下相交、万物通畅而得以生养。交泰殿是明清两代皇后在重大节庆时接受朝贺的地方。坤宁宫为明清两代皇后的正宫，第一位住进坤宁宫的是明成祖朱棣的皇后徐氏。其后，明代每位皇后都以坤宁宫为寝殿。清代虽然仍称坤宁宫为正宫，但皇后日常不住在这里，只将其作为大婚的洞房。坤宁宫在清代的另一主要功用是作为萨满教祭神的场所。

东西六宫主要为皇帝妃嫔们的住所。东六宫在故宫中轴线东侧的东一长街，是一组由六个相同形式的院落组成的建筑，分别为景仁宫、承乾宫、钟粹宫、景阳宫、永和宫、延禧宫。西六宫坐落于中轴线西侧，分别为永寿宫、翊坤宫、储秀宫、咸福宫、长春宫和启祥宫。

养心殿位于内廷后三宫的西侧、西六宫的南面。"养心"意为涵养心性。养心殿在宫中的位置比较便利，殿内空间布局丰富而功能集中，厅堂、书房、寝室以及分别用来批阅奏折、密谈、休憩、礼佛的小室等一应俱全，比大殿宇更宜于宵衣旰食的君主周旋其间。自从清朝雍正皇帝将这里作为主要居所和日常理政场所，养心殿便逐渐成为清代皇帝实际上的正寝。

故宫博物院的坎坷与坚守

故宫博物院于1925年正式成立，由于历史原因，在1925至1928年间历经四次改组，至1928年才正式走上发展轨道。1930年，时任院长易培基拟订《完整故宫保管计划》呈送国民政府，后获得批准实施。中华人民共和国成立后，中国共产党也一直按照"完整故宫"理念推动故宫的保护与建设。1949年1月31日，北平和平解放，故宫博物院被人民解放军接管。1949年2月，文化接管委员会文物部部长尹达和副部长王冶秋前往故宫博物院召集了各部门负责人及职工代表，举行座谈会。尹达指出：这些东西现在回到人民的手里，是真正找到了它的主人，我们应当对人民负责，切实加以保护。

故宫博物院在中国共产党接管后获得新生，博物院从此结束了半殖民地半封建社会颠沛流离的历史，开始在强大的社会主义共和国的怀抱中健康地成长。中华人民共和国成立初期，人民政府即大量拨款给故宫博物院，经费有了着落，各项工作得以顺利开展。在人民政府的领导下，马衡院长带领全院职工努力探索，认真工作，为将故宫博物院改造成新时代的为人民服务的博物馆，进行了最初的建设与尝试。全院职工共同努力，完成了对故宫25万立方米垃圾和石土的清理，设立了学术委员会、陈列、保管等新的业务部门，健全了管理工作制度。

1959年，根据中华人民共和国的特赦令，溥仪被释放，回到北京，他在参观故宫博物院后感慨地说：令我惊异的是，我临离开故宫时的那副陈旧、衰败的景象不见了。到处都油缮得焕然一新，连门帘、窗帘以及床幔、被垫、桌围等都是新的。打听了之后才知道，这都是故宫的自设工厂仿照原样重新织造的。故宫的玉器、瓷器、字画等古文物，历经北洋政府和国民党政府以及包括我在内的监守自盗，残剩下来的是很少了，但是，我在这里发现了不少解放后又经博物院买回来或是收藏家献出来的东西。1961年，国务院颁布《文物保护管理暂行条例》，同时将故宫列为第一批全国重点文物保护单位，体现了国家对故宫的保护和重视。

从六百年紫禁城到新时代活力故宫

随着信息技术的不断发展，数字技术在各个领域实施应用，"数字故宫""活力故宫"建设也被提上日程。从20世纪90年代开始，故宫博物院便紧紧抓住互联网、移动互联网、数字技术的发展机遇，结合社会需要，从信息化建设出发，在文物数字化采集、存贮和管理，以及网站等媒体平台建设和应用方面取得了丰硕成果。2001年，故宫博物院官网正式上线，随后故宫博物院又推出了应用程序和微博、微信、学习强国等多个新媒体官方账号，为不同的观众群体提供各具特色的优质服务，让故宫文物以数字化的形式被公众触碰。自2018年起，故宫又相继推出了《我在故宫修文物》《上新了，故宫》《国家宝藏》《故宫新事》等电视综艺节目和文博类节目，将故宫的历史沉淀与文化意蕴以生动的形式呈现在观众面前，宣传和推广故宫所承载的优秀传统文化。

2020年是紫禁城建成600周年、故宫博物院成立95周年。面对新冠肺炎疫情挑战，故宫博物院决定进行网络直播，邀请大家一起"云游"故宫，挖掘古建筑和文物蕴含的人文精神和多元价值，让观众足不出户就能感受故宫的魅力。与此同时，故宫博物院还大力推进文创产品的研发，借助文创产品，深入阐释故宫文物所蕴含的文化内涵和时代价值，传播故宫文化，截止到2019年12月，故宫文创产品研发超1.1万件，文创产品收入在2018年达到15亿元，实现了社会效益与经济效益的双丰收。

党和国家的高度重视、一代又一代故宫人的艰辛努力，终使得六百年紫禁城从危旧故宫转为平安故宫、数字故宫、学术故宫、活力故宫。

案例点评

文化兴国运兴，文化强民族强。文化自信是一个民族、一个国家、一个政党对自身文化理想、文化价值的高度信心，对自身文化生命力、创造力的高度信心。故宫既是中华民族的重要文化瑰宝，也是全人类珍贵的文化遗产，它浓缩了中国古代特别是明清时期的文化精髓，展示了色彩斑斓的艺术风格，是中国建筑史、艺术史、社会发展史上的一个重要坐标，体现了中国封建社会皇权政治的内涵与表象，凝结着家国天下的传统政治伦理诉求，以及多民族共同发展等丰富理念。

教学建议

本故事可用于"文化自信""优秀传统文化的创新发展"等相关内容的教学。故宫作为世界上规模最大、保存最完整的古代宫殿建筑群，是中华优秀传统文化最有代表性的象征物，是多元文化交流融合的汇聚地，是中华五千年文明的重要载体。了解故宫建筑、学习故宫文化，能使学生感受中华优秀传统文化的源远流长、博大精深，进而引导他们增强文物保护意识、树立文化自信、增进政治认同，做传承弘扬中华优秀传统文化的践行者。同时，故宫博物院结合现代技术迸发出巨大的时代活力，也为中华优秀传统文化的创新发展提供了借鉴与参照。

1. 创新是文化富有生机与活力的重要保障，请结合"数字故宫"谈一谈，新时代如何保持故宫文化的生命力，如何推进中华优秀传统文化的创新性发展。

2. 习近平总书记在七一讲话中提出，要坚持把马克思主义基本原理同中国具体实际相结合、同中华优秀传统文化相结合。请结合"故宫文化"，谈一谈如何进一步推动中华优秀传统文化与马克思主义基本原理相结合。

纪录片《故宫》节目组. 故宫［M］. 北京：中国工人出版社，2018：28－32.

王旭东. 使命与担当——故宫博物院 95 年的回顾与展望［J］. 故宫博物院院刊，2020（10）：5－16.

吴十洲. 紫禁涅槃　从皇宫到故宫博物院［M］. 北京：社会科学文献出版社，2018：755.

于倬云. 紫禁城宫殿［M］. 桂林：广西师范大学出版社，2021：18－34.

中共中央党史和文献研究院. 习近平关于社会主义精神文明建设论述摘编［M］. 北京：中央文献出版社，2022：235.

第四编

十八洞村的蝶变

独龙族的整体脱贫

悬崖村的整体搬迁

枫桥经验的金字招牌

酿造带领村民幸福的"人民小酒"

坚守职责，维护社会公平正义

推动"一带一路"卫生合作

扎根基层，为民燃烧青春

守护农民健康："新农合"的前世今生

红旗渠：太行山上的"人工天河"

青藏铁路：挑战极限筑天路

武汉长江大桥：天堑变通途

十八洞村的蝶变

黄姝瑞

坐落在湘西土家族苗族自治州的湖南省花垣县双龙镇（原排碧乡）十八洞村，十年间实现了关于精准扶贫、乡村振兴的伟大蝶变。从偏僻穷困的湘西山寨，到如今远近闻名的红色文旅基地；从十年前全村贫困发生率一度高达 57%，村民人均纯收入仅 1668 元，集体经济空白，到 2021 年全村人均收入 20 167 元，村集体经济收入 268 万元，十八洞村成功实现了从深度贫困苗乡到小康示范村寨的"华丽转身"，创造出了苗寨千年发展史上的奇迹。

2013 年 11 月 3 日，习近平总书记来到十八洞村考察，提出"实事求是、因地制宜、分类指导、精准扶贫"的重要论述。作为精准扶贫的首提地，十八洞村的蝶变历程处处体现出"精准扶贫"的指示精神，让"精准"二字在十八洞村落地生根。如今，摆脱千年贫困的苗家山寨十八洞村已经走上乡村振兴的大路，正朝着"产业兴旺、生态宜居、乡风文明、治理有效、生活富裕"的目标昂首阔步。十八洞村能在十年间完成如此蝶变，离不开三个"精准"。

精准识别扶贫对象

精准扶贫，排在第一位的是扶贫对象要精准。为了在全村 225 户中精准识别出真正的贫困户，扶贫工作队制定了《十八洞村精准扶贫贫困户识别工作做法》，让群众自己评议需要政府扶持的贫困对象。同时，为防止出现优亲厚友的现象，对识别工作实行全程民主评议与监督，明确了"贫困户识别九不评"的标准。严格实行"户主申请、群众评议、三级会审、公告公示、乡镇审核、县级审批、入户登记"的"七步法"，确保规则公平、程序规范。经过户主申请、群众票决等 7 道程序，十八洞村精准识别出 136 户贫困户、542 名贫困人口。

2014 年 1 月，花垣县委抽调了以龙秀林为队长的 5 名党员干部组成"十八洞村精准扶贫工作队"进驻十八洞村，探索精准扶贫新模式。"有村民看到工作队进村了，直接问'带了多少钱来'。"龙秀林说，十八洞村要脱贫，最缺的不是钱，而是要从根本上转变"等靠要"思想，激发脱贫的内生动力。要想找准病根对症下药，"精准扶贫"是指针。"在十八洞村的 3 年时间，我体会最深的是内力与外力共同作用的扶贫才是'精准扶贫'。"龙秀林说，为了转变村民"等靠要"的思想，扶贫工作队和村里制定了《十八洞村 2014—2016 年扶贫工作总体规划》；围绕村寨建设、公共道德、村风民俗、文明礼仪等内容，制定《十八洞村村规民约》，并以苗歌、三句半等群众喜闻乐见的艺术形式广泛宣传；开道德讲堂，树致富榜样，推行"思想道德建设星级化管理"模式，对村民进行潜移默化的思想教育。

精准选好脱贫产业

十八洞村把"精准扶贫"工作的重点放在了发展扶贫产业上。十八洞村的干部群众清晰地记得，习近平总书记在院坝里同大家座谈时说到，希望大家"把种什么、养什么、从哪里增收想明白，帮助乡亲们寻找脱贫致富的好路子"。按照习近平总书记的要求，十八洞村的干部群众着力在精准发展特色产业上下功夫。

驻村工作队提出，引进优良品种，以高标准建设猕猴桃基地；村民们用政策支持的扶贫资金入股，与企业合作运营。为了解决本村土地不足的问题，2014年，县委、县政府提出"飞地经济"的思路，决定在20公里外的湘西国家农业科技园区流转土地种植猕猴桃。当地干部群众按照"把种什么、养什么、从哪里增收想明白"的要求，因地制宜发展产业，形成了乡村游、黄桃、猕猴桃、苗绣、劳务输出、山泉水等产业体系。

"飞地经济"发展的千亩精品猕猴桃基地的猕猴桃直接销售到香港、澳门；村民组建的苗绣合作社，发展苗绣订单，让留守妇女在"家门口"就业；300多名劳动力通过东西扶贫协作到深圳、广州等地转移就业，直接增收600余万元；村里还引入企业投资山泉水厂，每年给村集体分红；十八洞村旅游公司正式营运，直接带动70余人实现"家门口"就业，农家乐、乡村民宿、特色产品销售等同步发展。2016年，村里贫困人口全部实现脱贫。2020年，全村人均纯收入18 369元，村集体经济收入突破200万元。

乡村发展步入"快车道"，十八洞村的人们开始回乡打工，农家乐老板、讲解员、民宿老板、短视频"网红"等层出不穷。杨秀富在2015年就开办了一家农家乐，现在生意蒸蒸日上，一年收入五六万。杨秀富在2018年将农家乐的规模扩大到了经营客栈。"脱贫了，我们的生活越来越好了。"杨秀富说道。

湖南大学设计研究所于2018年对十八洞村进行了一次旅游策划，把竹林与梨子寨结合起来，将其打造成了十八洞村的主要旅游景点，石远女和丈夫施照发开始到村里统一修建的"山货集"摆摊。在冬季和春季，他们会出售自家的熏制腊肉；而在夏季和秋季，他们会在村子里出售黄桃和猕猴桃。现在，他们一家人每年都能从猕猴桃基地得到一笔分红。

精准激发内生动力

习近平总书记在十八洞村考察时指出，脱贫致富贵在立志，只要有志气、有信心，就没有迈不过去的坎。加强扶贫同扶志、扶智相结合，激发贫困群众积极性和主动性，激励和引导他们靠自己的努力改变命运，使脱贫具有可持续的内生动力，这是十八洞村走好精准扶贫之路的又一重要着力点。

十八洞村推行互助"五兴"农村基层治理模式。全村组建了 41 个互助"五兴"组，每个互助组由 5 户村民组成，由党员担任组长，从学习互助兴思想、生产互助兴产业等 5 个方面建立互帮互助关系。同时创新推行"群众思想道德星级化管理"，对全村 16 周岁以上的村民，从支持公益事业、遵纪守法、家庭美德等 6 个方面进行公开投票，按得分多少评出不同星级，对星级高的村民给予表彰。如今，十八洞村村民个个干劲十足，人人信心满满……

特色种植、养殖初具规模，乡村旅游热火朝天，电商扶贫正在起步，在精准扶贫政策的带动下，十八洞村不仅激活了自我"造血"功能，顺利脱贫摘帽，2017 年的人均纯收入也达到了 10 180 元。随着村民生活水平的提高和村容村貌的改善，在苗寨相亲会的助力下，近几年，全村 38 个大龄青年已有 12 个顺利"脱单"。

十八洞村的蝶变是湘西土家族苗族自治州脱贫攻坚的一个缩影。2021 年 2 月 25 日，在全国脱贫攻坚总结表彰大会上，十八洞村获得"全国脱贫攻坚楷模"荣誉称号。脱贫攻坚的过程中，十八洞村的老百姓有了实实在在的获得感，收获了满满的幸福感。脱贫摘帽不是终点，而是新生活、新奋斗的起点。

十八洞村坚持把利用外力与激发内力结合起来、把短期脱贫与长期发展结合起来、把个人致富与共同致富结合起来、把民族文化与现代文明结合起来、把党支部建设与"互助五兴"实践结合起来，走出了一条少数民族深度贫困地区主要依靠自身力量脱贫致富的新路子，既为深刻认识发生在当代中国大地上的这一伟大历史性事件的内在逻辑提供了一个十分重要的窗口，也为继续推进乡村振兴战略和坚定不移走共同富裕道路提供了深刻的启示。

十八洞村的蝶变充分说明了精准扶贫思想对于指导我国打赢脱贫攻坚战、取得全面建成小康社会伟大胜利的重要性。该案例可以用于讲解"习近平新时代中国特色社会主义思想"中关于扶贫方面的内容，用以阐释新时代我国为什么要实行精准扶贫、如何实行精准扶贫、精准扶贫实践的伟大成效等，明白精准扶贫中"精准"思想对新时代脱贫攻坚的深远意义。

学习思考题

1. 十八洞村的蝶变如何体现"精准扶贫"，"精准"在哪？
2. 十八洞村的脱贫致富实践对我们有什么深刻启示？

冷志明，丁建军. 十八洞村摆脱贫困的实践与经验 [J]. China Economist，2022，17（4）：78-105.
吴兆飞，闫妍. 十八洞村：全国脱贫攻坚楷模 [N]. 经济日报，2021-4-12.
赵欣悦，杨光宇. 湖南湘西花垣县十八洞村——精准扶贫引领山村巨变（党的创新理论实践典型案例）[N]. 人民日报，2021-5-7（6）.

独龙族的整体脱贫

黄姝瑞

独龙族是我国人口较少的少数民族之一,主要聚居在云南省怒江傈僳族自治州贡山独龙族怒族自治县独龙江乡,新中国成立前,独龙族还处在原始社会状态,过着刀耕火种的生活。直到 2009 年年底,全乡农民人均收入不足 900 元。2014 年 10 月之前,独龙江乡每年有半年时间大雪封山,处于整体贫困状态。

如今,遥远的独龙江实现了历史性巨变。4000 多独龙族群众实现"两不愁三保障",2018 年独龙江乡率先于全县脱贫。独龙族"一步跨千年",整族脱贫阔步迈向小康。

2010 年,云南省级层面对独龙江乡独龙族启动了"整乡推进、整族帮扶"项目,共计投入资金约 13.04 亿元,实施了安居温饱、基础设施、产业发展、社会事业、素质提高、生态环境等"六大工程"。

分散在密林深处的 41 个小组,集中居住到 28 个安置点,1086 户群众住进新房;6 个行政村全部通柏油路,20 千伏电、4G 网络、广播电视、安全饮水、乡村卫生室覆盖全乡;大病保险、14 年免费教育全覆盖,适龄儿童入学率 100%;草果、重楼、独龙蜂、独龙牛、独龙鸡等特色种植养殖产业遍地开花,农民人均纯收入 6122 元,增速远高于全省平均水平。

短短几十年,独龙族同胞从原始社会末期直接过渡到整族迈向小康,创造了一个人口较少民族时代变迁的奇迹。跨入新时代的独龙江乡,生态芬芳、民生幸福。奇迹般巨变的背后,正是党和国家的无限关怀、社会各界的真情帮扶和独龙族干部群众的顽强奋斗。

摆脱贫困,一步跨千年

独龙族整族脱贫,标志着怒江州在决战深度贫困脱贫攻坚的路上啃下了"最艰难的一块硬骨头",独龙族实现了"一步跨千年"的历史性巨变。独龙江乡数十年来翻天覆地的发展变化,是一部记载着党和政府对独龙人民深切关怀的历史画卷。"独龙江乡整乡推进独龙族整族帮扶"模式为边疆民族地区精准扶贫、精准脱贫提供了可借鉴、可复制、可推广的样板。2016 年独龙族干部高德荣被授予"全国脱贫攻坚奖贡献奖",2018 年独龙江乡荣获"全国脱贫攻坚组织创新奖"。

摆脱贫困,是中国人民孜孜以求的梦想,也是实现中华民族伟大复兴中国梦的重要内容。在独龙族老县长高德荣看来,"路是梦的起始,梦是路的延伸",这个梦当然是独龙族千百年来的脱贫梦。几十年来,党中央和各级党委、政府对独龙族人和独龙江乡的高度关注和鼎力扶持,一代又一代共产党人的奋斗,以及独龙江乡持续推进党的建设,使党深深地扎根于独龙族社会,成为独龙族脱贫攻坚和经济社会发展的主心骨,也深深地扎根于每一个独龙族人的心中,特别是脱贫攻坚以来,独龙江乡一跃千年的质变带来的震撼,使独龙族人从内心深处爱党感恩。今天走在独龙江乡,听群众最常说的话就是对党的感恩,在独龙族居住的社区,最显眼的标语就是"感恩党中央,感谢总书记"。

独龙江乡巴坡村村民高礼生创作了主题歌曲《幸福不忘共产党》:"公路通到独龙江,公路弯弯绕雪山,汽车进来喜洋洋,独龙人民笑开颜。啊哟啦哟……哟哟哟……党的政策就是好,幸福不忘共产党……"这首通俗易懂、朗朗上口的歌曲已成为全乡自主传唱度最高的歌曲。歌曲不仅表达了对共产党的感恩,也传递出一份对故乡的热爱和对未来更加美好生活的期许。迪政当村 76 岁纹面女李文仕的新房里,墙上挂着习近平总书记亲切接见贡山县干部群众代表的大幅照片。一间年代久远的老木板房,被李文仕特意留了下来。她说:我想让后代子孙看一看我们曾经的贫困日子,让他们知道共产党是如何一点点把独龙人民从困苦中帮扶出来,让他们永远感谢共产党,永远跟着共产党走。

独龙族可以实现生产力与生产关系的"千年跨越",离不开党中央的坚强领导与多维度发力。对其中的反贫困经验进行总结,有利于丰富反贫困的理论与实践。

独龙江乡脱贫攻坚战的伟大胜利,是中国共产党领导中国人民向贫困宣战的一个重要缩影,是党带领全国各族人民建设全面小康、不落一个民族的庄严践行,集中展现了以习近平同志为核心的党中央坚持以人民为中心的执政理念。

习近平总书记一直惦念着独龙族群众的生产生活情况。2014 年,高黎贡山 6.68 公里独龙江隧道建成,结束了独龙江乡半年封山的历史。在给独龙江乡群众的回信中,习近平总书记向乡亲们表示祝贺,并希望他们加快脱贫致富步伐,早日实现与全国其他兄弟民族一道过上小康生活的美好梦想。2015 年,习近平总书记在昆明专门接见独龙族干部群众代表,强调在独龙族的发展过程中,党和政府、全国各族人民会一如既往关心、支持、帮助独龙族。"全面实现小康,一个民族都不能少!"2018 年底,独龙族实现整族脱贫。2019 年,习近平总书记再次给独龙族群众回信,对他们表示祝贺,希望乡亲们再接再厉、奋发图强,同心协力建设好家乡、守护好边疆,努力创造独龙族更加美好的明天!短短的 5 年时间,习近平总书记的两次回信、一次接见,为独龙族干部群众注入了强大的动力和信心。

为了贯彻落实习近平总书记回信中的重要精神,怒江州成立了专门的工作领导小组,由州委书记和州长任组长,下设综合协调组、独龙江工作组、宣传宣讲组、纪律保障组,其中独龙江工作组的主要职责是负责独龙江乡脱贫成果巩固以及乡村振兴规划,并由州委州政府出台了《关于独龙江乡全面脱贫与乡村振兴有效衔接的实施意见》《独龙江乡"巩固脱贫成效、实施乡村振兴"行动方案》两份专门文件,指导独龙江乡脱贫之后的发展工作。在组织体系方面,提出"五级书记抓扶贫"与"五级书记抓乡村振兴"有效衔接,将原独龙江乡率先脱贫全面小康工作协调领导小组更名为独龙江乡全面脱贫与乡村振兴有效衔接工作领导小组。

贫困是复杂的社会经济问题，绝非某个单一原因引起的，因此反贫困是一项系统性工程，需要多维度发力，才能使贫困群众摆脱困境。

扎实推进，创造更好的未来

独龙江乡的扶贫以系统性思维，夯实发展基础、创造发展机会、提升发展能力、应对发展风险，整乡整族推进。无论是"六大工程"还是"八大提升行动"，均强调多个维度的同时推进。独龙江乡的脱贫，从一开始就以搬迁为依托，将生活、生产、教育、卫生、产业发展等多种需求通盘考虑，协同推进，一步一个脚印扎实推进。在政策设计上，独龙江乡的扶贫具有综合性，将保障与发展相统筹，既保证了独龙族群众能够通过边民补助、公益林补助等转移性收入，以及护林员、巡边员等公益性岗位保障其基本收入，又通过产业带动、技能培训等手段提升群众的发展能力，拓展群众通过发展提高收入的空间。在组织体系上，大量的资源集中投入，需要资源配置与组织重构实现协调，而独龙江乡的扶贫从整乡推进时期便是高规格组织化推进。在社会保护上，完善乡村医疗设施，提升村医待遇与养老保险等，提高医疗卫生服务可及性。建成敬老院与幸福公寓，农村养老保险全覆盖。农村低保政策与村民互助结合，织牢社会"底网"。通过14年免费教育，阻断贫困代际传递的根源。按照不同标准，将卡户和非卡户全部纳入边民补助范围，增加公益林等生态转移支付，实现脱贫增收和守护边疆互促共赢。

为了实现习近平总书记"更好的日子还在后头"的期望和嘱托，独龙江乡还在进一步发挥脱贫攻坚精神，巩固拓展好脱贫攻坚成果，以乡村振兴为契机，将独龙江乡生物多样性与文化独特性深度融合，创建可持续减贫与发展的全球典范，创造独龙族人民更美好的未来。

独龙江乡的基层党建不断创新，亮点突出。党组织不仅是独龙江乡的政治引领力量，还是经济和社会的引领力量。现有的党建扶贫实践为独龙江乡未来的发展奠定了很好的基础。接下来，独龙江乡需要做好总结提炼和宣传推广，尤其是要面向乡村振兴的需求，做好基层党组织的衔接与拓展。在此过程中，更加激发独龙族人民的爱党爱国情怀，持续铸牢中华民族共同体意识。

习近平总书记指出，脱贫摘帽不是终点，而是新生活、新奋斗的起点。明天的独龙江乡和独龙族群众，在党的领导下，一定会以高质量的发展创造更加美好的生活，实现习近平总书记"更好的日子还在后头"的奋斗目标。

 案例点评

迈向新时代，独龙族迎来了全新的历史纪元。长期以来，以"贫穷落后"为代名词的独龙族同胞聚居区独龙江乡，2018年底，贫困发生率从2011年的71%下降至2.63%，实现脱贫摘帽。这标志着从原始社会末期直接过渡到社会主义社会的独龙族，实现了从整族贫困到整族脱贫、一步跨千年的历史"蝶变"。这是一个民族发展的奇迹，

也是党的民族政策和脱贫攻坚政策在边疆民族地区的生动写照,更是在习近平新时代中国特色社会主义思想指引下,边疆民族地区生产生活发生翻天覆地变化的一个成功案例。

本故事可用于"中国特色社会主义制度优越性"的教学。独龙族整族脱贫实践,充分体现了以人民为中心的发展思想和中国特色社会主义制度的优越性,为全世界其他贫困地区提供了可借鉴、复制、推广的脱贫样本,是我国加快人口较少民族跨越式发展的生动实践,其成功实践更离不开党中央的坚强领导与社会主义制度集中力量办大事的制度优势。

1. 独龙族为什么可以实现"一步跨千年"的伟大成就?
2. 独龙族整体脱贫,实现了生产力与生产关系的千年跨越,其中包含了怎样的理论创新?

参 考 文 献

邓博,韩斌,霍强,等. 中国贫困治理的制度优势、理论创新与世界贡献——独龙族整族脱贫、全面小康的例证[J]. 中共云南省委党校学报,2022,23(3):164—172.

王静. 整族脱贫 独龙江畔的千年一跃[J]. 半月谈,2021—5—21.

张帆,元锋,杨文明. 人民日报聚焦独龙族整族脱贫:"建设好家乡、守护好边疆"[N]. 云南日报,2019—4—15(2).

"悬崖村"的整体搬迁

黄姝瑞

四川大凉山深处的阿土列尔村位于海拔 1400 多米的悬崖之上，被叫作"悬崖村"，坐落于四川省凉山州昭觉县支尔莫乡，垂直于绝壁的 17 条藤梯曾是村民与外界相连的唯一的路。凉山彝族自治州是全国最大的彝族聚居区和四川民族类别、少数民族人口最多的地区，由于基础条件差、致贫原因复杂、自然条件极端恶劣、交通不便等因素，这里成为脱贫攻坚任务中最重的"硬骨头"，是"短板中的短板"。

"云端"脱贫路，步步艰辛

2016 年媒体报道，阿土列尔村的 15 名儿童为了往返于山底的小学和山顶的村庄，不得不在海拔高差近 1000 米的山间顺着藤梯攀爬。"悬崖村"的故事引起海内外的广泛关注。2017 年，通往"悬崖村"的藤梯被钢梯替代，村民上山下山的时间从以前的 8 小时缩短为不到 2 小时。2019 年 5 月，在易地扶贫搬迁政策支持下，"悬崖村"84 户建档立卡贫困户共 423 人全部搬入位于昭觉县城的集中安置点。短短 5 年间，从藤梯、钢梯到楼梯，这条"云端"脱贫路凝聚着无数人的心血。

这条路的修建是艰辛的。扶贫路上有一个特殊群体——第一书记，"悬崖村"的蜕变就离不开他们的第一书记帕查有格。2015 年"悬崖村"受到外界关注，那时村民进出村子需要攀爬 218 级藤梯，2017 年藤梯变成了钢梯，2019 年村民们搬进了县城的新家。央视记者白璐透露，在"悬崖村"办每一件事都很难，帕查有格曾是体育特长生，但这几年每天都要往返村子好几次，已经让他的膝盖受损。帕查有格在直播演讲中说了很多关于"路"的故事，但他提到最多的却是村民们微笑的脸庞，这一张张笑脸从他第一次爬到山顶时就看到过，一直到现在都未改变，早就成了他的精神支柱。2020 年，昭觉县实现脱贫摘帽，其中包含着每一个"帕查有格"对脱贫攻坚事业的推动，以及当地每一个百姓用双手改变命运的坚持。

这条路始终向前，没有退路。帕查有格说过，如果"悬崖村"不变样，贫困户不脱贫，他就坚决不撤离，给他如此勇气的，正是老乡们期盼的眼神。如今"悬崖村"已经脱贫，但这只是第一步，下一步是让所有村民的钱包都鼓起来。当发小在直播现场问他"乡村振兴你准备好了吗"时，帕查有格立刻给出了肯定的回答，对于从脱贫攻坚到乡村振兴的有效衔接，他早已有了清晰的思路，"悬崖村"未来的路始终向前。

这条路的未来，需要知识的"天梯"来成就。帕查有格坚信教育才是脱贫的根本出路，在他 5 年的扶贫工作中，有种脐橙、种草莓、乡村旅游等靠山吃山的特色产业，有修钢梯、搬新家等大动作，而翻新学校则是他最看重的。"悬崖村"开设了幼教点，从 2015 年开始实施学前教育，让孩子们受教育的年龄大大提前，也预示着他们将走向更远的道路。知识是改变命运的"天梯"，这些今天冲着镜头扮鬼脸的活泼可爱的孩子们，明天就能为大凉山插上腾飞的翅膀，并向世界宣告：脱贫只是第一步，我们更好的日子还在后头。

因地制宜，开启村民幸福生活新篇章

为了做好易地扶贫搬迁"后半篇文章"，有效提升搬迁群众的获得感、幸福感、安全感，安置点积极落实贫困户的"两不愁三保障"措施，确保搬迁群众持续稳定，政府加快对扶贫安置点的基础设施建设，同时加强社区治理，对贫困户开展免费的烹饪、电焊、彝绣等技能培训，帮助贫困户在家门口实现就业。吉克古者说：我的妻子参加了社区的刺绣培训班，平均每天可以绣 8 双袜子和一条围巾，每双袜子得 20 元，一条围巾则有 35 元收入。另外，她还从事社区公益性岗位，当清洁员每月能挣 500 元。我自己现在也在上厨师的培训课。

据了解，四川省政府出资 6.3 亿元人民币用于投资"悬崖村"的旅游项目，希望采用农旅结合的发展模式，带动当地村民致富增收。同时，在彝族"火把节"和其他节日，该地也会定期举办丰富多彩的彝族文化活动。随着大凉山旅游品牌知名度不断扩大，越来越多的游客慕名来到大凉山旅游度假，2019 年，前来观光的游客量有近 10 万人。2020 年春节期间，共有 5 万名游客前往"悬崖村"旅游，收入累计达 500 万元人民币。

近年来，"悬崖村"因地制宜发展种植、养殖、乡村旅游等特色优势产业，促进农民增收的同时确保扶贫开发的可持续性。除了注册"悬崖村"农产品系列品牌，利用该地区潮湿的气候和自然资源，当地政府还引导村民种植脐橙、油橄榄、三七等经济作物，创办农家乐、酿酒作坊，积极开发旅游景区项目。帕查有格说：我们还鼓励村民们通过土地流转、加入合作社参与村集体分红、务工等形式参与村子的发展，促进自身的脱贫致富。

村民们在悬崖上的旧村开民宿、做导游，在悬崖下的新家学刺绣、种果树，孩子们在宽敞明亮的教室里读书。在今天的"悬崖村"，奋斗和希望的种子已经生根发芽，幸福生活已经开启新的篇章。就像那 2556 级靠人力一道道搬上山的钢梯，每一道都是人们对幸福生活的追求，每一道都是国家扶贫的决心。"悬崖村"的脱贫之路再一次告诉我们，扶贫并不是简单地送东西，而是要充分调动起贫困地区人们的自主能动性，让他们从内心深处发出"我要脱贫"的渴望，如此得来的美好生活，才能踏踏实实地享受。

案例点评

坐落于四川凉山的昭觉县支尔莫乡阿土列尔村，是一座名副其实的"悬崖村"。村民们进出村庄需要顺着800米高的悬崖绝壁断续攀爬17条218级藤梯,其中接近村庄的几乎垂直的两条相连的藤梯长度约100米,而藤梯铺不到的地方,只能拽草和树木通过。"悬崖村"没有学校,村子里有15个6至15岁的孩子在山脚下的勒尔小学读书,孩子们的求学路和回家路布满了艰难和险情。因为路途不便,孩子们每隔半个月才回一趟家。

2016年5月,媒体报道了"悬崖村"孩子爬藤梯求学的故事。村民攀爬,特别是学生抓握藤梯的场景,让人感慨。从一定程度上讲,孩子攀爬藤梯的照片,犹如苏明娟那张睁大眼睛的照片,吸引了更多人关注贫困,参与扶贫事业。在政府资金支持下,2016年10月,通往山上的一条宽1.5米、总长度达2.8公里的钢梯建成。从令人望而生畏的藤梯到坚固安全的钢梯,村民出行的时间大大缩短。2020年5月12日到14日,"悬崖村"全村84户建档立卡贫困户陆续搬迁到昭觉县城周边"易地扶贫搬迁集中安置点"的新家,"悬崖村"终于告别悬崖。

本故事可以作为我们讲解"乡村振兴要坚持实事求是、因地制宜,从乡村各地实际情况出发制定乡村振兴的具体发展思路"的案例。贫有百种,困有千样。贫困村、贫困户,走什么样的脱贫路,必须因地制宜、因势利导。有专家认为,"悬崖村"的自然环境和地质条件等不利于脱贫,如果要就地扶贫的话,面临着巨大的困难。在一方水土无法让一方人安居乐业的情况下,易地搬迁安置就是一个科学合理的选择。一个月挣不到100块钱,娶亲比登天还难……对于"悬崖村"的村民而言,只有挪了"穷窝",才能斩掉"穷根",脱贫才能稳定而可持续。

1. 关于脱贫攻坚中的"易地搬迁"类型,"悬崖村"可以提供怎样的经验?
2. "悬崖村"的整体搬迁给我们什么启示?

参 考 文 献

王虔. 凉山州"悬崖村"巨变见闻:中国易地扶贫搬迁的缩影 [EB/OL]. http://f.china.com.cn/2020-08/31/content_76654766.htm,2020-8-31.

张博. "悬崖村"搬迁,决胜脱贫中的生动一笔 [N]. 河北日报,2020-5-19(1).

枫桥经验的金字招牌

黄姝瑞

"枫桥经验"是指 20 世纪 60 年代初浙江省诸暨县（现诸暨市）枫桥镇干部群众创造的"发动和依靠群众，坚持矛盾不上交，就地解决，实现捕人少，治安好"的经验。1963 年，毛泽东同志亲笔批示"要各地仿效，经过试点，推广去做"。"枫桥经验"由此成为全国政法战线的一面旗帜。之后，"枫桥经验"得到不断发展，形成了具有鲜明时代特色的"党政动手，依靠群众，预防纠纷，化解矛盾，维护稳定，促进发展"的枫桥新经验，成为新时期把党的群众路线坚持好、贯彻好的典范。

"枫桥经验"的形成与发展

"枫桥经验"形成于社会主义建设时期、发展于改革开放新时期、创新于中国特色社会主义新时代，经历了从社会管制到社会管理再到社会治理经验的两次历史性飞跃。实践充分证明，"枫桥经验"是党领导人民创造的一整套行之有效的社会治理方案，是新时代政法综治战线必须坚持、发扬的"金字招牌"。因此，如何使"枫桥经验"这一基层治理的"金字招牌"历久弥新、经久不衰并且越擦越亮，成了一件很有必要深入学习的事。

"枫桥经验"产生于社会主义建设时期。新中国成立后，随着社会主义改造的基本完成和社会主义制度的建立，我国进入探索社会主义建设时期。1963 年 5 月，浙江省委工作队进驻诸暨枫桥开展社会主义教育运动试点，创造了"发动和依靠群众，坚持矛盾不上交，就地解决，实现捕人少，治安好"的经验，被毛泽东同志称为"矛盾不上交，就地解决"，并被批示"要各地仿效，经过试点，推广去做"。"枫桥经验"的产生和推广，对巩固人民民主专政的国家政权、调动一切积极因素建设社会主义，做出了重大的历史性贡献。

"枫桥经验"发展于改革开放新时期。我国进入改革开放新时期，枫桥干部群众把"枫桥经验"运用到维护社会治安和社会稳定领域，创造了"组织建设走在工作前，预测工作走在预防前，预防工作走在调解前，调解工作走在激化前"的"四前"工作法和"预警在先，苗头问题早消化；教育在先，重点对象早转化；控制在先，敏感时期早防范；调解在先，矛盾纠纷早处理"的"四先四早"工作机制，发展和创造了"党政动手，各负其责，依靠群众，化解矛盾，维护稳定，促进发展，做到小事不出村，大事不出镇，矛盾不上交"的具有时代特色的新时期"枫桥经验"。新时期"枫桥经验"为推进社会治安综合治理,建设社会治安防控体系,有效预防控制犯罪,就地化解矛盾纠纷,最大限度地增加和谐因素,最大限度地减少不和谐因素,实现社会和谐稳定做出了重要贡献。

"枫桥经验"创新于中国特色社会主义新时代。2003年,时任浙江省委书记习近平在浙江纪念毛泽东同志批示"枫桥经验"40周年暨创新"枫桥经验"大会上提出"要充分珍惜'枫桥经验',大力推广'枫桥经验',不断创新'枫桥经验'"。"枫桥经验"适应新时代社会主要矛盾的深刻变化,坚持以习近平新时代中国特色社会主义思想为指引,坚持以创新发展"枫桥经验"为总抓手,坚持以平安建设为主线,不断加强和创新基层社会治理,形成了"坚持党建统领、坚持人民主体、坚持'三治融合'、坚持'四防并举'、坚持共建共享"的新时代"枫桥经验"。

党的十九大以来,新时代"枫桥经验"先后被写入《中国共产党农村基层组织工作条例》《中共中央关于坚持和完善中国特色社会主义制度、推进国家治理体系和治理能力现代化若干重大问题的决定》《中共中央关于制定国民经济和社会发展第十四个五年规划和二〇三五年远景目标的建议》《中共中央国务院关于支持浙江高质量发展建设共同富裕示范区的意见》等重要文件。新时代"枫桥经验"是党领导人民创立的一整套社会治理方案,是中国特色社会主义的重大创新成果,为推进国家治理体系和治理能力现代化,建设更高水平的法治中国、平安中国,决胜全面建成小康社会做出了重要贡献。

"枫桥经验"的精髓与灵魂

发动和依靠群众是"枫桥经验"的精髓所在、灵魂所在。诸暨充分发挥群众主体作用和首创精神,打造以"红枫义警""老杨工作室"为代表的品牌社会组织。目前共有各类社会组织4767家,其中仅平安、调解类社会组织就达1000余家,平均每4个常住人口中就有1人参加社会组织。

诸暨还建立了包括13个专业调解机构、742家调解组织、3536名人民调解员的大调解体系;形成了人民调解、行政调解、司法调解相衔接的"多层次、社会化、全覆盖"大调解格局,调解成功率达到97.7%。迄今,诸暨已连续15年被评为"平安县市",人民群众安全感、满意度始终保持在96%以上。

新时代"枫桥经验"的主要内容是在开展社会治理中实行"五个坚持",即坚持党建引领,坚持人民主体,坚持"三治融合",坚持"四防并举",坚持共建共享。人民主体是新时代"枫桥经验"的核心价值,实现人民的利益是新时代"枫桥经验"的价值导向。党建引领是新时代"枫桥经验"的政治灵魂,反映了新时代"枫桥经验"的本质特征。路径创新是新时代"枫桥经验"的实践特质。坚持自治、法治、德治"三治融合"是新时代"枫桥经验"的主要路径。人防、物防、技防、心防"四防并举"是新时代"枫桥经验"的重要手段。共建共享是新时代"枫桥经验"的工作格局。

实践告诉我们,不管什么时候,"一切为了群众"的价值观不能忘,"一切依靠群众"的方法论不能丢。"枫桥经验"的根扎在基层,"枫桥经验"的路通往群众。根深才能叶茂,路正才能致远。群众路线走得越实,"枫桥经验"的旗帜就越鲜艳,基层社会治理现代化的路子才能越走越宽。"枫桥经验"从乡村实践蜕变为国家蓝图中的重要元素，在新时代更见其价值。践行以人民为中心的发展理念，"枫桥经验"这一长盛不衰的"传家宝"一定能绽放新彩，再立新功。

1963年，浙江省诸暨市枫桥镇的干部群众创造了"在党的领导下，发动和依靠群众，坚持矛盾不上交，就地解决，实现捕人少，治安好"的经验，成为我国社会治安综合治理的一面旗帜，至今历久弥新，充满活力。今天的枫桥，已经成为名副其实的美丽乡村，在"枫桥经验"基础上探索形成了一系列新时代社会治理的新做法，为构建共建共治共享的社会治理格局提供了新经验，带给我们新的思考和启示。

本故事可用作"加强和创新社会治理"相关内容的教学案例。党的工作最坚实的力量支撑在基层，经济社会发展和民生最突出的矛盾和问题也在基层。"枫桥经验"集中体现了毛泽东关于群众观点和群众路线的思想精髓。新时代党和国家领导人高度重视"枫桥经验"，指明了坚持创新发展"枫桥经验"的根本保证、价值取向、目标任务、科学方法、正确路径、工作重心，为推进基层社会治理现代化提供了根本遵循。

1. 新时代"枫桥经验"的科学内涵是什么？
2. 从"枫桥经验"中可以获得关于社会治理的哪些启示？

参 考 文 献

卢俊宇. "枫桥经验"如何成为基层治理"金字招牌"[J]. 党员文摘, 2019（1）：14－15.
田媛. "枫桥经验"：基层社会治理的中国方案[N]. 光明日报, 2021－3－17（5）.
杨明伟. "枫桥经验"的历史来源和现实启示[J]. 毛泽东邓小平理论研究, 2018（8）：6－7.

酿造带领村民幸福的"人民小酒"

黄姝瑞

巍巍藏龙山中,滔滔淤泥河畔,有一个以发展经济、富裕百姓为己任,带领全村干部群众脚踏实地、艰苦创业、奋发进取,为推进经济发展、提高村民生活水平做出突出贡献的村党支部书记。她拥有全省优秀共产党员、全国三八红旗手、劳动模范、科技致富能手等荣誉,是党的十七大代表和省第十次党代会代表。在她的带领下,岩博村由一个典型贫困村,一跃成为远近闻名的先进村、文明村、示范村。

这位带领村民脱贫攻坚的优秀代表名叫余留芬,作为一名来自西部山区的全国政协委员,余留芬联系群众、听取群众声音,并且上会提案总是围绕农村的发展建言。

记得有一次她到村里调研,有个农户说,天天在家带娃,实在有些闷,要是能开个网店赚点钱就好了。余留芬详细了解了一番才知道,由于地处偏远山区,除了村委会的办公楼,村子里其他地方都没覆盖网络。

倾听群众声音,回应群众期盼

"农户反映的实际问题是民生难题,也是乡村振兴的短板。就拿乡村振兴来说,不愁吃、不愁穿仅仅是基础,村民还应尽可能多地了解外面的世界,拓展自己的眼界,充实精神生活;还应注意保持环境卫生,改掉过去不良的生活习惯,让村子变得更整洁更美丽。"2019年参加全国两会,余留芬结合自己的调研经历有重点地进行了反映,很快就听到了回响,道路、网络等短板挨个儿补上了。问题清单薄了,群众的笑容自然多了。她越来越觉得,为群众发声,回应他们的期盼,真是一件幸福的事情。

2020年,余留芬提交《对边远山区巩固脱贫攻坚成果衔接实施乡村振兴战略的几点建议》的提案。通过调研,余留芬认为,边远山区由于受诸多先天条件限制,2020年消除绝对贫困后,巩固广大农民的脱贫成果将成为衔接实施乡村振兴战略的一大新课题,预防返贫和新的贫困群体产生,是巩固脱贫攻坚成果、推进实施乡村振兴战略的根本保障。余留芬说:"只有巩固好脱贫成果,老百姓的日子才会越过越红火。"

2001年,不满31岁的她担任村支书后召开首次"院坝会"。"就是用手刨,也要刨出一条通村公路!"上任不到一周,通村公路就破土动工,通村公路修好后,她又着手贷款盘回村集体林场,淘到集体产业的第一桶金;伴随着煤矸石砖厂、特种养殖场的兴建和酒业公司的成立,2015年岩博村全村实现脱贫。

"这是我们当地的特产——刺梨汁,还有我们的'人民小酒'。我们穿戴的是彝族的服饰，看上去是不是特别地热情似火……"在村里一户村民家的院子里，几位穿戴着彝族服饰、容貌清秀的姑娘正在手机前直播带货，她们面前摆的是当地的刺梨、火腿、乌洋芋等特产。

在岩博村，除了制酒这个支柱产业，农业产业也没放松。在村委会附近的一片1300多亩的刺梨地里，粉红色的刺梨花儿开得正好，这是岩博村去年推进的新产业。除了刺梨，村里的火腿、红米、乌洋芋等产业也全面开花，多层面稳固村民收入。

在余留芬的带领下，岩博村经过近20年的艰辛探索，摸索出一条"利用优势、发展产业、摆脱贫苦"的发展路子，先后创办了矸石砖厂、火腿加工厂等6家村办企业。

聚焦发展难题，鼓足村民钱袋子

岩博村地处大山之中，交通不便。上任第七天，余留芬便组织召开群众大会，承诺自己要办的第一桩事就是结束岩博人祖祖辈辈人背马驮的历史，她说："就是用双手刨，也要刨出一条通村路。"抢修公路时，她每天天不亮就起床，把孩子和公爹的饭菜做好，蹬上胶鞋就带着村民顶着寒风奔向工地。她既是指挥员又是筑路工，扶钢钎、抢大锤、搬石头，干得和男人一样利索。没施工材料，就自己拿出2万元钱垫付。历经3个多月奋战，一条3千米长、4米多宽的进村公路就修好了。后来，她没向上级要过一分钱，硬是带着村民先后修通总长达28.5千米的通村路和通组路，告别了岩博人进出难行的岁月。

目前，全村通过大力实施社会主义新农村建设、"百村文明"工程、"凉都美好家园"工程等，硬化路面3200米，全面连通235户串户水泥路，改厕210个，改灶168个，建沼气池50口，全村修通5条进村、进组公路，完成4.5公里油路建设，彻底改变了过去柴草乱垛、粪土乱堆、垃圾乱倒、污水乱流和"晴天一身灰、雨天两脚泥"的脏乱现象。

随着全村基础设施问题的解决、村级活动阵地的建立，余留芬考虑得更多的是如何带领群众多渠道增加收入。她抓住国家实施各项惠农政策的大好时机，走乡进县拉项目，带领群众大搞以退耕还林为主要内容的生态建设，完成退耕还林500多亩，坡改梯生物护埂几千亩，改善了农业基础设施。筹资22万元，果断买下1500多亩藏龙山林场。如今，许多老板出价几百万元想买这片林子，都被她一一回绝："你出多少我都不会卖，它是我们的生态文化，更是子孙万代的绿色银行。"

同时，她着力调整产业结构，创办村集体企业。建成蔬菜基地200亩，脱毒洋芋基地2000余亩，养猪场4个，存栏生猪2000余头；采取银行贷款、村民集资、合作经营等方式，创办了砖厂、休闲山庄、特种养殖场和酒厂等村集体企业，常年转移剩余劳动力近百人。如今，一些富裕起来的村民开始到毗邻地区（云南省曲靖市城区）购买商品房，住进了城。

从党的十七大、十八大、十九大、二十大代表，到现在的全国劳模，在余留芬眼里，基层党员干部的本职工作就是密切联系群众，做党的政策的传播者和践行者。余留芬以发展经济、富裕百姓为己任，扎根基层、改革创新，坚持抓党建促脱贫和人才强村战略，狠抓产业脱贫和产业引领发展，组织动员群众修路通水、买林场、办酒场，大力发展集体经济产业，使岩博村成为远近闻名的"先进村、文明村、示范村、小康村"。

余留芬担任村党支部书记十几年时间，着力调整产业结构，创办村集体企业，建成蔬菜基地200亩，洋芋基地2000余亩，养猪场4个，存栏生猪2000余头。她带领群众退耕还林500多亩，坡改梯生物护埂几千亩，改善了农业基础设施。她注重基础建设，修通进村公路，建成通村油路。全村90%的农户住上了宽敞明亮的平房，适龄儿童入学率、计划生育率、电视覆盖率都达100%。

岩博村海拔较高，气温较低，土地贫瘠。余留芬自2001年担任岩博村党支部书记以来，以发展经济、富裕百姓为己任，以交通建设为突破口，以推进科技建村为先导，以产业结构调整为主线，采取银行贷款、村民集资、合作经营等方式，开办砖厂、修建休闲山庄，建成特种养殖场、小锅酒厂等产业，经过十多年的艰苦奋斗，先后修通了5条通村路和6条通组路；搞起了乡村旅游，使林场成为岩博村的"绿色银行"，蔬菜、杨梅、果林、脱毒洋芋等产业数千亩，羊、猪存栏上万头。在她的带领下，岩博村成为远近闻名的"先进村、文明村、示范村、小康村"。

本故事可用作"群众路线"相关内容的教学案例。总有一种力量，令人奋然前行；总有一种精神，令人感动传承。余留芬作为改革开放的杰出代表，在改革开放中起到了重要的先锋模范作用。当前，复兴中国梦的号角已经吹响，我们要以学习杰出人物为动力，在平凡岗位上，用实干和坚守铸就丰碑，书写出慷慨激昂的时代新篇章。

1. 从余留芬的事迹中，我们可以看到基层干部在脱贫攻坚中的什么精神与品质？
2. 杰出人物在中国社会主义现代化建设中起着什么样的作用？
3. 余留芬带领村民脱贫攻坚的事迹体现了产业扶贫在脱贫攻坚中的什么作用？

参 考 文 献

王宏泽. 余留芬委员：融入乡村振兴 巩固脱贫成果［N］. 光明日报，2020-5-25（7）.

坚守职责，维护社会公平正义

邵芹芹

社会的公平正义是衡量一个国家或社会文明发展的标准，是人类文明的标志之一。自古以来，我们都在为推动社会的公平正义、维护社会的和谐发展而奋斗不止。在这个过程中，也发生了许多令人动容、让人歌颂的故事。

2013年3月26日，在社会高度关注的张高平、张辉叔侄案件中，两人均被改判无罪，他们的冤案得以平反。在这桩案件的申冤过程中，有一个人起到了至关重要的作用。他用五年的时间去坚持、去推进，帮助张氏叔侄重获新生。在此之前，他几乎不为人所知。而在媒体争相报道张氏叔侄平反冤案的事件之后，他和他坚守社会公平正义的事迹才被更多人知晓。

五年坚守

张飚曾是新疆维吾尔自治区石河子市检察院监所检察科一名普通的检察官。他与张氏叔侄案件的渊源要追溯到2007年。那时，张飚还是石河子市检察院的驻监检察官。在进行监区巡视工作时，张飚接到狱警反映，有一个服刑人员让人很头疼，整天喊冤叫屈，不遵守监狱的纪律，不服从改造，希望张飚能去帮忙稳定一下情绪，帮助其改造。这个狱警口中让人头疼的人就是张高平。

2003年，张高平、张辉开车去上海运输货物途中，因顺路搭载了同县的一名女生而被卷入了"杀人强奸"案并"获罪入狱"。两年后，张高平被转送到新疆石河子监狱服刑。张飚去见了张高平，在他与张高平的会面过程中，张高平哭着对他说自己是冤枉的，没有强奸也没有杀人，并且委托张飚帮忙寄申诉材料。听到这件事之后，张飚曾专门跑到石河子监狱翻阅张高平的服刑卷宗，并将疑点挨个记了下来。张飚帮助张高平整理了申诉材料，并且以石河子检察院的名义寄到了案件原审地浙江省高院①。但是事后并没有收到任何回复。在之后的会面中，张高平每次遇到张飚时都会向其询问申诉的进度和结果，但是张飚只能让他继续等待。2008年年底，张高平通过检察长信箱给张飚写了一封长信以及一沓申诉材料。在看完申诉材料后，张飚对此案件更加重视，同时他也感受到了张高平对自己的信任。于是，他进一步对比案件材料以及向张高平本人询问

---

① 徐盈雁：全国模范检察官张飚：做一名坚定的法律信仰者［EB/OL］. 检查日报，2013-07-24，https://www.spp.gov.cn/spp/zdgz/201307/t20130724_60712.shtml.

案情，分析案件中存在的疑点。为此，石河子市检察院监所检察科还召开了案情分析会，对张高平叔侄案件的相关材料、证据做了全面的分析。

案件的突破口出现在2008年张飚与张高平的又一次会面中。在见面时，张高平告诉张飚他发现了一条重要线索。在翻阅杂志时，张高平无意中看到一篇关于河南马廷新冤案的报道。其中有一个关键证人袁连芳，在马廷新案件中做了伪证。而在张氏叔侄的判决书中，也有这个罪犯证人袁连芳。张飚立马就此展开调查。经过张飚的努力，最终确认这两个案件中出现的证人袁连芳实为同一人。之后张飚又将张高平的申诉材料以及之后的谈话材料加以整理，重新寄给了浙江的相关案件审理部门，但是没有收到回复。张飚虽然也很焦急，但他并没有就此放弃，甚至直到退休后，他都一直关注着这个案件并不断地寄送材料，期望有所推进。

终于，在几年的艰辛努力之下，2012年，浙江省委政法委责成浙江高院立案重审；2013年3月，浙江省高级人民法院再审撤销原审判决，宣告张高平、张辉无罪。2013年，张飚接到了张高平的电话："张检察官，我是张高平呀，我被无罪释放啦……"得知张高平被无罪释放之后，张飚思绪万千，最终只说了一句"好好好"。到这里，张飚五年的坚守终于画上了一个句号。

退而不休

为张高平、张辉叔侄平反冤案的事件让张飚名声大噪，各种鲜花、赞美和荣誉扑面而来。张飚反复提及这是他的职责所在，认为这件事不应该只归功于他一人。张飚说："有申诉，咱就得当回事，件件都有回应。"维护社会的公平正义是张飚一直以来践行的原则。在工作岗位上，张飚坚定地维护了社会的公平正义，维护了法律的权威。在工作岗位之外，张飚依旧身体力行，坚定法律信仰，维护社会公平正义。

2011年，张飚从驻监检察官的职位上退休。张高平叔侄案的依法纠正，让张飚成了"名人"。尽管张飚已经从工作岗位上退了下来，但是他似乎依旧处于工作的状态。因为媒体的报道，张飚接到来自全国各地的反映情况的材料。几乎每天都会有群众以各种形式来访，向张飚咨询各类法律问题。对于群众的合理诉求，张飚总是给予最大限度的回应。在退休之后，他一直耐心地解答群众的各种疑问，把群众的利益诉求放在首位。

公正是法治的生命线，是司法活动最高的价值追求。公正司法是维护社会公平正义的最后一道防线。张飚用自己的实际行动守住了这道防线，维护了法律的权威和尊严，让人民群众切实感受到社会的公平正义就在身边、在被解决的一个个司法案件中。

张飚始终把维护社会的公平正义作为自己的最高价值追求，恪尽职守，认真履行自己作为检察官的职责。在平反张高平、张辉叔侄冤案的过程中，他坚忍执着，针对案件疑点反复查证，勇于申诉、敢于担当，努力推动了案件的重审。为了一个冤案，他坚守了五年时间,在这五年里不曾说过放弃。张飚用自己的实际行动依法推动案件的重审,全力维护普通群众的合法权益。作为检察官,他敬业爱岗,为有需要的人无私奉献,尽职尽责,任劳任怨。退休之后,他依然耐心地解答百姓疑惑,以群众需求为导向,以自身对法律权威的坚守唤起了大家内心对于法律的敬重与信任。张飚用自己的坚守、专业和责任感,在平凡的岗位上努力耕耘,做出了不平凡的业绩。

本故事可用作"遵守道德规范""坚持走中国特色社会主义法治道路"的教学案例。张飚的事例,对于大学生有着极强的启示意义。在本案例中,张飚在工作过程中体现出了强烈的爱岗敬业、无私奉献的精神。他数十年如一日,始终坚守在岗位第一线,忠诚履职、敢于担当,始终牢记自己的工作职责,为维护社会公平正义、维护法律权威做出了突出贡献。在教学过程中,可以通过对张飚忠于职守、坚持为人民服务的精神的学习,引导大学生树立正确的职业理想和职业道德,坚定法律信仰,尊重和维护法律权威。

1. 结合案例思考,在为张高平、张辉叔侄平反冤案的背后,究竟是什么在支撑着张飚检察官五年坚守不曾动摇?

2. "张飚精神"代表着什么?我们应该怎样去学习"张飚精神"?

◆ 参 考 文 献 ◆

戴佳. "改革先锋""全国模范检察官"张飚:在人民群众心中树起法治权威 [N]. 检察日报,2019—8—2(4).

范志俊. 改革先锋张飚 [J]. 当代兵团,2019(1):37—38.

李北方. 张飚:我只是坚守了一下 [J]. 南风窗,2013(10):85—87.

斯穆芭提·萨提别克. 张飚:维护公平正义是我的职责所在 [J]. 当代兵团,2014(22):14.

推动"一带一路"卫生合作

邵芹芹

世界卫生组织（WHO，简称世卫组织）作为联合国下属的一个重要的专门机构，与中国有着长期和有效的合作。2006 年，一位来自中国香港的女性引起了国际社会的广泛关注。她是陈冯富珍，在 2006 年成功当选了世界卫生组织总干事，成为第一位在联合国专门机构中担任最高职位的中国人。

在世卫组织工作期间，陈冯富珍积极推动世卫组织改革。在她的领导下，世卫组织及其成员国成功应对了诸多突发公共卫生事件，为全球卫生安全与人类卫生事业做出了重要贡献。同时，陈冯富珍还积极推动中国与世卫组织的深入合作，助推中国传统医学进入全球市场。在庆祝改革开放 40 周年大会上，中共中央和国务院授予陈冯富珍"改革先锋"荣誉称号，以表彰陈冯富珍为推动"一带一路"卫生领域合作所做出的突出贡献。

进入世卫组织

2006 年 11 月，来自中国香港的陈冯富珍成功当选世卫组织总干事，成为世卫组织成立以来首位担任总干事的中国人，引起了国际社会广泛关注。在陈冯富珍之前，世卫组织最高决策层的核心领导人中还从未出现过中国人的身影，她是第一位在中国政府推荐下竞选联合国专门机构最高领导人的中国人。在此之前，陈冯富珍已经在公共卫生领域积累了丰富的工作经验。

陈冯富珍，1977 年获得加拿大西安大略大学医学博士学位，并于一年之后进入香港卫生署做医生。之后，她因工作优秀连续升迁，在 1994 年升任香港卫生署署长，成为香港第一位女性卫生署署长。陈冯富珍在担任香港卫生署署长期间，努力地推动香港卫生服务以及公共卫生的发展，取得了极大的工作成就。尤其是在 1997 年禽流感与 2003 年非典疫情的处理中，陈冯富珍给大家留下了深刻的印象。1997 年，在禽流感全面暴发之时，陈冯富珍十分果断地提出全城杀鸡的处理建议，从而有效地阻止了禽流感病毒更大范围的传播。在 2003 年非典时，陈冯富珍更是顶着强压，以公开透明的态度向市民们公布疫情相关信息，以科学的态度和方法为全球抗击非典疫情做出了突出贡献。在任期间，陈冯富珍的工作获得了社会的广泛认可。

在为香港卫生工作服务的同时，陈冯富珍也十分积极地参与国际公共卫生工作和世卫组织工作。在 2003 年 8 月，陈冯富珍接受了世界卫生组织的邀请，出任世界卫生组织保护人类环境总监。在世卫组织工作期间，陈冯富珍主要负责环境卫生方面的全球统筹工作。她积极推动各国制订防范流感的应对措施，将制订防范禽流感应变计划的国家数目增加了 100 多个；同时她还积极推动疫苗的开发，协助发展中国家提升应对全球流行性疾病的能力，为世界卫生组织在全球防控禽流感工作做出了突出贡献。与此同时，为了进一步推动全球公共卫生事业的发展，在中国政府推荐之下，陈冯富珍决定参加世卫组织总干事的竞选。2006 年 11 月，陈冯富珍成功当选并于 2007 年上任。

世卫组织是联合国系统最大的国际组织之一，而世卫组织总干事则是世卫组织的最高决策者。因此，陈冯富珍不仅需要处理世卫组织的日常工作，还需要处理与全球相关的卫生政策，协调成员国之间的关系。在上任之后，陈冯富珍曾经表示，她对这份工作抱有极大的热情并且也会对其负责、为其服务，作为世卫组织的一名成员，她的工作准则在过去和将来都是"公平、公正、不偏、不倚"。在担任世卫组织总干事期间，陈冯富珍秉承她一贯的果断与干练的行事风格，坚持公平公正，协调平衡各方的利益；积极地推动世卫组织的组织改革，促进世界各国建立友好的合作与伙伴关系。对于世卫组织的各成员国，陈冯富珍一律平等对待，在公平公正的管理原则之下最大限度地帮助各成员国发展。在陈冯富珍的领导下，世界卫生组织在应对世界性突发公共卫生事件、帮助各国各地区加强公共卫生能力建设以及推进发展中国家的公共卫生系统建设等方面做出了不可磨灭的贡献。

推动全球公共卫生发展

在陈冯富珍进入世卫组织工作以及担任世卫组织总干事期间，她一直将促进全球卫生事业的公平发展、保障各国人民的健康发展作为自己的奋斗目标，并为此做了很多实事，取得了不小的成就，为全球卫生安全与人类卫生事业做出了重要贡献。在推动全球公共卫生事业发展的过程中，陈冯富珍一直坚持人类命运共同体的观念，坚持全球合作与全球治理，尤其推动了中国与世卫组织的深入合作，促进了全球公共卫生的发展。

作为中国首位出任国际组织高官的中国人，陈冯富珍极大地提高了中国公共卫生建设在全球的影响力。她积极推动世界卫生组织与中国开展深入的国际合作，并支持我国两支应急医疗队成为最早一批通过世界卫生组织认证的国际应急医疗队。2017 年，陈冯富珍还积极促成了《中华人民共和国政府和世界卫生组织关于"一带一路"卫生领域合作的谅解备忘录》的签署。

在世卫组织总干事的任期结束之后，陈冯富珍依旧用自己积累的医疗卫生知识以及公共卫生管理经验不断地推进"一带一路"建设，推动沿线国家在公共卫生领域方面的合作。按陈冯富珍所言，中国传统医学是人类发展史上的宝贵财富，在人类的发展历史中做出了很大的贡献。同时，在应对当前因全球化、城市化等带来的健康问题，传统医学也可以为我们提供宝贵的经验和独特的价值。中国在 2013 年提出的"一带一路"倡议受到了国际社会的广泛响应，"一带一路"很好地推动了沿线国家经济、社会、文化等方面的合作与发展。而陈冯富珍提出的推进传统医学对接"一带一路"发展、推动沿线国家的卫生合作的倡议则极大地贴合民生，有利于沿线国家人民的健康发展。健康是人类亘古不变的追求目标,也是能让人民安心的最大要素。推动"一带一路"卫生领域的合作,促进中医中药进入全球市场,不仅能够加强"一带一路"的建设,而且在此基础上还很好地推动了全球公共卫生领域的发展和建设。

在为全球公共卫生事业服务的过程中,陈冯富珍一直坚持并深化人类命运共同体的理念,注重全球合作。在新冠疫情期间,陈冯富珍也坚持携手合作才是战胜疫情的唯一选择。在新冠疫情发生之后,中国坚持人民安全至上,以公开透明的态度及时公布疫情相关信息。在抗疫过程中,中国还主动向受疫情影响的其他国家施以援手,提供物资并分享抗疫经验。陈冯富珍认为,这些合作抗疫的实战经验都很好地展现了人类命运共同体的强大生命力。在这样的理念指导下,陈冯富珍以及世卫组织为促进全球人类的健康、推动全球公共卫生事业发展、推进各国建立友好的卫生合作伙伴关系起到了不可忽视的作用。

案例点评

陈冯富珍作为一名卫生工作者,无论是在香港卫生署,还是在世卫组织,都用自己超强的工作能力、完备的医疗工作知识、丰富的工作经验为社会做出了突出贡献。在为香港社区服务的过程中,她用自己出色的表现证明了自己,并受到社会和国际的赞誉。在进入更大的平台——世卫组织之后,陈冯富珍不忘初心,仍积极致力于国际公共卫生工作和世界卫生组织的工作。在任期间,她积极推动世卫组织改革,领导世卫组织及其成员国成功应对了埃博拉、禽流感等全球突发性公共卫生事件,推动转变全球公共卫生思想与战略,为人类健康和全球卫生事业做出了重要贡献。与此同时,作为第一位当选世界卫生组织总干事的中国人,陈冯富珍始终坚持人类命运共同体理念,积极地推动中国与世卫组织的深度合作,使得中国传统医学在世界市场有了立足之地。对于中国的公共卫生事业的建设而言,这是一个突破性的贡献。

教学建议

陈冯富珍的事例充分说明了全球合作的重要性,可以用于"讲好中国故事、构建人类命运共同体"等内容的教学。人类只有一个地球,各国共处于一个世界。当前经济全球化浪潮更加势不可挡,国际体系格局也在加速重建,人类面临的全球性问题也越发突出。在这样的现实情况下,我们只有坚持人类命运共同体理念,推进人类命运共同体建设,构建新型的国际关系,加强国际合作,才能充分应对和解决威胁人类生存的全球性难题。世界各国的前途和命运是紧密相连的。为此,我们必须坚持人类命运共同体,以和平的方式促进国际间经济、社会、文化等的深入交流,从而推动人类文明不断繁衍、向前发展。

1. 在 2018 年，陈冯富珍入选 100 名改革开放杰出贡献对象。结合案例思考，陈冯富珍为中国的改革开放做出了哪些突出的贡献。

2. 通过案例我们可以看到，陈冯富珍用她的专业知识讲好了中国故事，推动中国向世界舞台中央更进一步。那么作为普通人的我们，应该采用什么样的途径"讲好中国故事"？怎样"讲好中国故事"？

陈冯富珍委员：携手合作是战胜疫情的唯一选择［N］. 人民政协报，2020－5－25（22）.

陈晓晓. 陈冯富珍：掌管全球健康的中国女强人［J］. 决策，2016（7）：76－78.

促进传统医学与现代医学更好融合服务人类健康伟大事业——WHO 前总干事陈冯富珍在第四届中医科学大会上的主旨演讲［J］. 中国中西医结合杂志，2018，38（1）：5－6.

兰英. 陈冯富珍：中国人的骄傲［J］. 今日中国论坛，2006（12）：44－47.

吴志菲. 陈冯富珍——领军 WHO 的中国女人［J］. 党史纵横，2008（2）：24－28.

谢姣. "医界先锋"——陈冯富珍［J］. 中国医学人文，2019，5（1）：2.

扎根基层，为民燃烧青春

邵芹芹

百坭村是广西壮族自治区的一个深度贫困区，很多人从这里走出去就再也不想回来了。但也有人，从大山里走出去又回到大山之中，怀着对党和国家的感恩之心，以自己的满腔热血投身中国的脱贫攻坚事业。从大山里走出来，她带着自己对家乡的热爱又回到家乡，把自己的个人价值与党的事业、与国家和人民的事业对接。她扎根基层，在脱贫攻坚一线倾情奉献，将自己的青春和生命都献给了党和人民的事业。

她是黄文秀，曾任广西壮族自治区百色市乐业县新化镇百坭村第一书记，2019年因公殉职。她是时代楷模，是全国脱贫攻坚楷模。

不一样的选择

黄文秀1989年出生于百色市田阳县的一个偏远山村，从小家境贫寒，在党和国家的资助下才得以完成学业。黄文秀一直以来的梦想就是好好读书，能考多远考多远，能考多高考多高，靠知识改变命运。怀着对知识的渴望，黄文秀从小山村一路考到了北京，站到了她梦想的起点上。但是，本已经走出了大山的黄文秀，却义无反顾地选择再次回到大山。

2016年，黄文秀从北京师范大学毕业。她放弃了在北京的工作机会，选择考取广西的定向选调生回到家乡，作为选调生进入广西壮族自治区百色市委宣传部工作。从北京到广西，黄文秀牢记党的培养和家乡的资助，心怀感恩，毅然投身家乡的脱贫攻坚事业，为家乡的发展贡献自己的力量。黄文秀谈到回家乡的决定时曾说："从农村走出去，就不想再回去了。但总有人要回去的，我就是那个要回去的人。"黄文秀是一名中国共产党党员，她始终不忘党的初心，践行党的使命，把自己的个人理想融入党和国家的伟大事业。在如此崇高坚定的信仰指引之下，黄文秀放弃了北京的康庄大道，选择在广西崎岖的山路上奋斗终生。

2018年3月，黄文秀主动申请前往百色市乐业县新化镇百坭村担任第一书记，带着她对家乡和人民的热情，开始了在百坭村的脱贫攻坚工作。

务实的理想主义者

黄文秀在百坭村担任第一书记期间，她的愿望就是把百坭村建设成一个乐园，一个幼有所教、少有所学、壮有所为、老有所依、富裕文明、美丽和谐的乐园。百坭村是一个深度贫困村，要想实现彻底脱贫，打造这样一个理想乐园，是十分艰难的。

黄文秀初到百坭村上任时，村里的人对这个年轻的第一书记是不信任的，也不怎么配合。为了更好地开展扶贫工作，就要取得村民们的信任，因此黄文秀自制了贫困户信息地图，挨家挨户走访，以了解贫困户信息。黄文秀在她的学习笔记中说，要想让老百姓愿意接近我，就得让老百姓觉得我和他们是一样的；只有扎根泥土，才能懂得人民。于是，在走访过程中她会主动到村民家帮忙干活，学习方言，用本地话与村民交流，从而拉近与村民的距离。黄文秀始终心系群众、扎根基层，把人民群众的需求放在第一位，深刻诠释了以人民为中心的脱贫精神。在走访贫困户与村民的交谈过程中，她也了解到百坭村的村两委在之前的扶贫工作中的部分不作为导致村民不配合他们的扶贫工作。于是黄文秀开始探索新的工作形式，以身作则，改善村两委的精神文明形象，进行党支部建设。

对待脱贫攻坚工作，黄文秀敢想敢做。她既有大胆的前瞻性想法，又立足于当地的实际。百坭村一直有种植砂糖橘发展果园农业的传统，但是由于村民的种植技术不成熟，果园田间管理不善，砂糖橘的长势并不好。在此情形下，黄文秀主动联系农业种植专家技术员，请他们向村民传授种植技术，改善果园的管理。黄文秀还提出以合作社的形式开展果树的种植，吸引更多的村民种植果树，扩大种植面积，带领更多村民脱贫并防止返贫。另外，百坭村位置偏僻，山路难行，所以砂糖橘的市场销路并不好，果子经常会面临滞销的情况。为了解决这个问题，黄文秀主动创新工作方法，学习电商知识，利用直播等形式进行砂糖橘等土特产的销售。

关于扶贫方法，黄文秀因地制宜，结合百坭村的实际情况探索不同的扶贫方法，发展油茶、枇杷、杉木等特色产业，还向其他村学习成熟的蜜蜂养殖技术，发展致富带头人，进行产业脱贫、教育脱贫。同时大力推动交通基础设施的发展，进行道路硬化，还新建蓄水池。黄文秀担任百坭村第一书记为百坭村摆脱贫困而日夜奔忙，百坭村这个贫困的山村发生了巨大的变化。2018年，百坭村88户贫困户实现全部脱贫，贫困发生率也从22.88%降到了2.71%，百坭村的集体经济收入达到6.4万元。黄文秀带领百坭村取得的这些脱贫成就，源于黄文秀坚守初心和使命，坚定脱贫的信心和方向，务实为民，始终为百坭村的村民做实务、办实事。在父亲患病之时，黄文秀仍然心系百坭村的村民以及百坭村的脱贫事务，无私奉献。

2019年3月26日，是黄文秀到百坭村当驻村书记一周年的日子。这天，黄文秀的汽车行驶里程也刚好到2.5万公里。黄文秀在这天发了一条微信朋友圈："我心中的长征：驻村一周年愉快。"在脱贫攻坚这条长征路上，黄文秀一直是一个务实的理想主义者。

大山的女儿

2019年6月，黄文秀利用周末的时间回家探望术后的父亲，因为放心不下百坭村的防汛工作和村民的安危，她又冒着暴雨开车返回，在路上遭遇山洪，不幸遇难牺牲。

在返村途中，黄文秀未曾想过后退。在脱贫攻坚这条路上，黄文秀也从未想过后退，一直义无反顾地向前。

黄文秀的生命结束于青春正盛的 30 岁。在黄文秀短暂的一生中，她把自己的梦想融进了脱贫攻坚的伟大事业，为党和人民不懈奋斗。党培养了黄文秀，她也用自己的一生回报了党和国家。她忠于人民忠于党，始终奋战在基层，奋战在脱贫一线，用自己的美好青春诠释了共产党人的初心使命。

黄文秀这朵青春之花绽放在祖国最需要的地方，绽放在脱贫攻坚的主战场上，绽放在百色的大山之中。

案例点评

2019 年感动中国十大人物的颁奖词是这样形容黄文秀的：有些人从山里走了，就不再回来，你从城里回来，却再没有离开。来的时候惴惴，怕自己不够勇敢，走的时候匆匆，留下最美的韶华。百色的大山，你是最美的朝霞，脱贫的战场，你是醒目的黄花。这简短的几句话描绘出了黄文秀短暂却又不平凡的一生。纵观黄文秀的一生，作为一名中国共产党党员，她始终牢记党的初心，坚守党的使命，扎根基层，心系群众；作为一名驻村书记，她注重实际，创新工作方法，因地制宜开展扶贫特色产业，在脱贫攻坚的前线倾情投入，无私奉献，用自己的生命坚守着扶贫的初心。

黄文秀不忘初心、牢记使命的崇高精神，担当实干、无私奉献的高尚品质，是广大党员干部群众和新时代青年学习的榜样。精神的力量是无穷的，黄文秀的感人事迹和精神必将不断激励着战斗在脱贫攻坚战场的人奋勇前进，激励着广大青年努力奋斗、走好新时代长征之路。

教学建议

黄文秀的故事能带给当代大学生很多启示。她扎根基层，将自己的一生都奉献给了国家的扶贫事业，在脱贫攻坚第一线谱写了新时代青春之歌。在脱贫攻坚的战场上，她勇于奋斗，用自己的奋斗诠释了青年的使命和责任。黄文秀的事例，可以用于"树立崇高理想、担当复兴大任、勇做时代新人"的教学。在新的征程上，新时代青年要以黄文秀为榜样，坚定马克思主义信仰，坚持为人民服务、为社会服务的宗旨，争做推动中华民族伟大复兴的时代新人。

学习思考题

1. 回顾黄文秀的一生，她坚守的初心是什么？她的不变的初心从何而来？
2. 结合案例思考，怎样理解黄文秀曾说的"只有扎根泥土，才能懂得人民"？

黄文秀. 扶贫,从"新手"到"熟路"[N]. 光明日报,2019-6-24(3).

黎志海,张珂. 缅怀时代楷模——《黄文秀扶贫日记》[M]. 广西:广西科学技术出版社,2020.

任仲文. 时代楷模——黄文秀[M]. 北京:人民日报出版社,2019.

汤志华,吴晓云. 时代楷模黄文秀生动诠释了中国共产党的初心使命[J]. 中共桂林市委党校学报,2021,21(3):1-5.

守护农民健康:"新农合"的前世今生

何 欢 羊绍武

农民生存和发展的权益呼唤"合作医疗"

新中国成立初期,社会千疮百孔,百废待兴,民生困苦。农村地区医疗资源匮乏,百姓面临缺医少药的局面。"大病拖,小病扛,重病等着见阎王",成了农村地区农民对待疾病的真实写照,农村居民身体健康极难得到保障。人民政府也曾采取多种具体的措施去解决这个难题,可是当时新中国刚成立,经过正规培训的医生少之又少,难以满足农村地区巨大的医疗需求缺口。

在农业合作化时期,传统的合作医疗伴随着生产集体化而出现。1956年6月30日,第一届全国人民代表大会第三次会议通过的《高级合作社示范章程》提出,要建立面向乡村孤老残弱的"五保"制度,在县、乡及村普遍建立三级医疗保障网,其中合作社对于因公负伤或因公致病的社员要负责医疗,从而首次规定了集体介入农村社会成员疾病医疗的职责。

针对农村地区药物稀缺、医疗器械难以运输等问题,毛泽东结合传统中医不需要大型医疗器械且农民也抓得起草药的特点,在1958年做出"中国医药学是伟大的宝库,应当努力发掘,加以提高"的重要批示。不过,由于农村地区医疗所需的大批中医培养同样需要时间,而且学成的中医大部分也留在了城市医院工作,因此中央便转而探索另一种解决方案——派城市医生组成医疗队下乡为农民治病。这一方案在实践中出现的问题是,医疗队下乡时所派遣的人数有限,只能携带轻型器械,而且不可能配齐各专科人员,无法达到预期的医疗效果;同时,城市各级医院由于长期下乡,日常的工作安排被打乱,农村要为医疗队的食、宿、行抓耳挠腮。因此,许多地方组织的医疗队并未长期坚持下来,农民看病难的问题并未得到根本的解决。就此,1965年6月26日,毛泽东做出"把医疗卫生工作的重点放到农村去"的指示("六二六指示")。虽然在该指示中他并没有明确提出"赤脚医生"一词,不过他谈及一个关键点,就是"要有一大批农村养得起的医生在农村给农民看病"。毛泽东还划定了培养该类医生的两个条件:一是高小毕业,二是学三年医。这一基本构想,催生了"赤脚医生"的兴起,也促成了早期合作医疗制度的建立。

传统合作医疗转型催生"新农合"

20世纪60年代中期,随着"赤脚医生"队伍的形成,中国第一个农村合作医疗试点诞生。1966年初春,湖北省宜昌市长阳县乐园村暴发了罕见的麻疹和百日咳等传染性疾病疫情,因为缺少医生和药品,全公社有1000多人感染。杜家大队一天内就有4名麻疹患儿夭折。这些都被当时在乐园村行医的"赤脚医生"覃祥官看在眼里,疼在心里。他创造性地提出:金融上,信用社解决了私人高利贷的剥削;商业上,合作社解决了奸商的剥削;卫生上,能不能搞合作医疗?医生的报酬采用记工分的形式,而医疗资金来自大家"凑钱":村民每人每年交一元钱作为合作医疗费用的资金,每次看病只交五分钱的挂号费,吃药不用再交钱。但是,靠这种方式积累的合作医疗基金仍然存在很大的缺口,为此覃祥官等村医使用土医、土药、土药房来节约资金。药品自种、自采、自制、自用。合作医疗制度让无法就医的百姓享受到了实惠。为了不让合作医疗这件好事"夭折",当地老百姓纷纷积极种药、采药、献药。两年后,乐园村的合作医疗试点开始在全国推广,惠及了亿万农民,为随后农村合作医疗制度的完善积累了丰富经验。20世纪70年代,农村合作医疗制度在全国各个行政村(生产大队)的覆盖率达到90%。

20世纪80年代,随着家庭联产承包责任制的推行,农村合作社体制逐步解体,原有的以社队为基础的传统合作医疗也随之消失。传统的集体核算制度被彻底打破,农民成了独立自主的经营者,"赤脚医生"再也无法通过从事医疗活动换取工分进而获得粮食等生活资料,完全丧失了外出行医的生存条件。1985年1月25日,《人民日报》发表了《不再使用"赤脚医生"名称,巩固发展农村医生队伍》一文。从此,"赤脚医生"一词成为历史,与它共生共存的传统合作医疗制度解体了,农民又陷入没有医疗保障的境地。

20世纪80年代末至90年代初,政府试图重振农村合作医疗制度,然而,失去集体经济支撑的合作医疗制度没有政府财政的大力支持难以为继。整个90年代,卫生总费用占GDP的比重始终低于WHO规定的下限(5%),农村居民参加合作医疗的积极性始终无法被调动起来,参保比例始终没有超过10%。

21世纪初期,"因病致贫返贫"已成为农村突出的社会问题。2003年,《关于建立新型农村合作医疗制度意见的通知》提出建立新型农村合作医疗(简称"新农合"),并开始试点工作。

新时代全面小康要求"全民健康"

党的十八大以来,在乡村振兴背景下,党中央高度重视农村医疗保险工作,将其放在了党和国家事业全局的重要位置。2013年,各级财政对"新农合"补助标准从每人每年240元提高到每人每年280元,其中政策范围内住院费用报销比例提升到75%左右,此后逐年增加。2017年,各级财政对"新农合"人均补助标准在2016年(380元)

的基础上提高30元,达到450元。与"旧农合"的最大区别在于,"新农合"将政府补助和家庭缴费相结合,不再是传统意义上的合作医疗,而是真正意义上的社会保险。

没有全民健康,就没有全面小康。新时代以来,在脱贫攻坚过程中,"新农合"不仅为农民看病兜底,也为农民的心愿托底。"因为担心筹不齐医疗费,我曾一度放弃治疗,没想到'新农合'救了我,给了我第二次生命。"这是家住江西省宜春市奉新县黄城村的血友病患者魏芝淮的自述。魏芝淮自小患有血友病这个罕见的遗传性疾病,每隔20天左右,身体就会莫名出现手脚肿胀、关节和肌肉出血的症状。"每次发作的时候,我都痛得在地上翻来滚去、号啕大哭,整晚睡不着觉。"回忆过往,魏芝淮如鲠在喉。受当时医疗水平和家庭条件影响,魏芝淮无法得到系统治疗。随着病情的发展,关节、肌肉频繁出血,反复受伤,最终导致他肢体三级伤残,是"新农合"为"玻璃人"的他撑起了"生命绿荫"。魏芝淮激动地说:"为了减轻痛苦,不对关节造成更大损伤,我现在每周注射两瓶600IU的冻干人凝血因子Ⅷ,虽然每次花费2000余元,但除掉报销的90%,个人承担的费用并不多。"还有很多像魏芝淮一样被医药费用难住的患者,在"新农合"政策的保障下,愿意去看病了,也敢去看病了。①

建设新型农村合作医疗制度,是新中国成立70多年来,中国政府对守护农民健康的制度安排不懈探索的结果。我国农村合作医疗制度伴随着新中国的成立而萌发,并随着时代的发展而发展,具有鲜明的时代特征。在农业集体化时期,为保护农民生存和发展权益,迫切需要建立合作医疗来解决农民看病难的问题。家庭联产承包责任制实施后,家庭成为最小的生产单位,传统合作医疗由于缺少集体经济的基础,逐渐解体。进入新世纪特别是十八大以来,在乡村振兴背景下构建的新型农村医疗合作制度,是一个符合中国国情的守护农民健康的新型医疗合作制度。

建设新型农村合作医疗制度,符合新时代农村发展中农民对医疗卫生事业的现实需求。这一制度缓解了农村居民看病难、看病贵,因病致贫、因病返贫的困境,也使农民的自我保健意识和卫生健康意识开始增强,对我国脱贫攻坚和乡村振兴的推进发挥了重要作用。

建设新型农村合作医疗制度的历程,体现了中国共产党人民至上、生命至上的民生密码。"新农合"制度对保障农民的生存和发展权益,保障我国民生健康、社会和谐和经济发展发挥了重要的作用。

教学建议

本案例可用于"健全社会保障体系"相关内容的教学。作为使命型政党,中国共产党没有自己特殊的利益。保障农民的生存和健康权益,是党和政府工作的本质要求。农

---

① 雷英屏,孙雯,金星:江西奉新:新农合制度让生活充满阳光[EB/OL]. 新华网,2022-04-11,http://www.jx.xinhuanet.com/2022-04/11/c_1128549163.htm。

村合作医疗制度的建设历程，集中体现了中国共产党在中华人民共和国成立后，特别是新时代对农民这一群体的特殊关注与重视。党在新型农村合作医疗制度的建设过程中，始终坚持马克思主义的群众观，坚持人民群众是历史的主体和历史的创造者，坚定不负人民的使命要求。

1. 公共卫生关系国计民生，传统的中国农村合作医疗制度的经验和不足有哪些？
2. 新型农村合作医疗制度与传统的农村合作医疗相比有什么突出转变？

仇雨临. 中国医疗保障 70 年：回顾与解析［J］. 社会保障评论，2019（1）：89－101

高君. 中国农民发展的权益保障研究［M］. 北京：中国社会科学出版社，2019.

马广荣. 毛泽东的"三农"理论与实践［M］. 北京：中央文献出版社，2010.

翁凝，孙梦洁. 中国农村基本医疗保障制度变迁［J］. 管理现代化，2020（1）：53－55.

红旗渠：太行山上的"人工天河"

张铭峡　康　鑫

红旗渠，一个人工修建的灌溉渠，位于河南安阳林州市，总干渠全长70.6千米，干渠支渠分布于全市乡镇。周恩来曾经十分自豪地向国际友人介绍说：新中国有两大奇迹，一个是南京长江大桥，一个是林县的红旗渠。① 红旗渠以浊漳河为源，在山西省境内的平顺县石城镇侯壁断下设坝截流，将浊漳河水引入河南林县（今河南林州市）。1960年开工建设，历时10年完成。以红旗渠为主体的灌区有效灌溉面积达到54万亩，历史性地解决了林州市常年干旱缺水的问题。在红旗渠修建过程中孕育形成的"自力更生、艰苦创业、团结协作、无私奉献"的红旗渠精神，成为中华民族精神的一座丰碑。

缺水的苦难

林县（1994年升级为林州市）具有独特的地形地貌，所辖面积80%是大山和丘陵，石厚土薄，多山少水，县内的几条河流也多属于山地型，径流短，集水面小，这导致林县最大的气象灾害就是干旱。在历史上，林县是一个自然灾害频发的地方，从1435年到1949年的514年间，有记载的自然灾害就发生过104次。能喝上水，让自己的庄稼地变成水浇地，是林县人千百年来的梦想。

1954年，26岁的杨贵来到林县任县委书记。从1955年开始，林县大规模的水利建设开展得风风火火。打旱井、挖山泉、砌水池，男女老少都被动员起来，仅两年时间全县就打出旱井5000多口，砌蓄水池上百座。1956年冬天，在中共林县第二届二次会议上，杨贵代表县委发出了"苦战五年，重新安排林县河山"的号召。在县委和县政府的领导下，全县水利建设高潮迭起，社社队队劈山凿洞，家家户户打井修渠，到处都是与大自然抗争的战场。

1959年，全国性大旱席卷而来，严酷的现实使林县县委认识到必须尽快解决林县缺水的问题。1959年6月经过县委调查组勘测，决定将浊漳河水引入林县。引漳入林是一个庞大的系统工程，除了技术上的难题，还面临着巨大的经济压力。当时林县的全部家当只有290多万元和3000万斤储备粮，仅凭这点钱和粮食要想办那么大的事，简直就是杯水车薪，但这并没有动摇林县人民解决缺水问题的决心。1960年正月初七，县委得到山西省委关于同意林县引漳入林工程的批复。二月初十晚上，县委、县政府向

---

① 转引自王全书：《红旗渠精神的时代价值》，载《求是》2003年第20期。

全县人民发布了引漳入林动员令。

自力更生，敢想敢干

在红旗渠建设开工之后，各种物资消耗越来越多，为了早日把浊漳河水引到家门口，林县人民勤俭节约、自力更生。为了解决稀缺物资石灰的供应问题，有一个叫范景库的壮年男子提出"明窑堆石烧灰"的想法。"明窑堆石烧灰"就是在平地上起炉灶，把燃料和碳酸钙石一层层码好，这样一次点火就可以烧出石灰200万公斤。买不起水泥，林县人就自己建水泥厂，整个工程使用的6705吨水泥中有5170吨是林县人自己生产的。没有炸药，林县人就自己造，从1960年2月到1966年4月，红旗渠建设总共消耗了炸药2740吨，其中自制的土炸药就有1215吨。红旗渠总干渠的建设过程中"共节约款12 939 200元。其中，自造炸药节约款1 458 000元，自烧石灰节约款2 320 000元，废物利用节约款1 133 600元，卖大粪款57 600元"[①]。

无私无畏，不怕牺牲

人民群众是真正的英雄。红旗渠的成功修建，是林县群众无私无畏、不怕牺牲的结果。在红旗渠的修建过程中，涌现出了一大批舍己为人的英雄模范，他们都是红旗渠精神的人格化身。

路银（1910—1982），河南省林县合涧镇人，红旗渠建设特等模范。路银是合涧公社分指挥部施工员，这位石匠出身的指挥员带领人们靠着土造的水平仪"水鸭子"再加上两台制式经纬仪和一台水平仪完成了总干渠的全部测量。多年以后，当水利部对红旗渠工程进行验收的时候，他们惊讶地发现70.6千米的总干渠竟与设计标准不差毫厘。1982年，路银病逝前曾特别嘱咐儿女们，一定要把他埋在红旗渠畔。

张运仁（1922—1960），河南省林县小店人，南山村民兵排长，红旗渠建设特等模范。一天傍晚，开山炮声响过以后，细心的张运仁发现还有一炮没有响，这时许多人已经走出掩蔽洞准备收工了，张运仁急忙大喊："隐蔽！快隐蔽！还有一炮！"话音未落，他被一块飞石击中，牺牲时年仅38岁。张运仁牺牲的第二年，他的妻子赵翠英把儿子张买江送到了修渠工地，那一年张买江只有13岁，临走前母亲嘱托买江："不把水带回来，就不要回家。"

任羊成（1927—2003），河南省任村镇人，红旗渠除险队队长，红旗渠建设特等模范。33岁的任羊成带领队员飞崖下崭、凌空除险。在除险的日子中，由于长期身绑粗绳在崖间凌空作业，腰间被磨起了硬邦邦的老茧。有一次除险时，滚落的石块正好砸到任羊成嘴上，牙齿断了三颗，任羊成拿出钳子把牙连根拔起后仍坚持除险作业。

李改云（1936—），河南省林县姚村人，姚村人民公社妇女营营长，红旗渠建设特

---

① 转引自林县红旗渠总指挥部：《红旗渠几项基本数字（一九六六年四月二十六日）》，林州市档案馆红旗渠工程专题档案。

等模范。红旗渠开工后,李改云带领公社的妇女营和男人一样抡锤打钎、劈山开渠。1960年2月18日,李改云在工地检查安全时发现山上有碎石滚落,随时可能发生危险。她立刻组织民工疏散。这时,一个女青年被突如其来的险情吓呆了,就在巨石坍塌的一瞬间,李改云冲上前去奋力把女青年推开,自己却留下了终身残疾。

据红旗渠志记载,为了林县子孙从此不再受干旱煎熬,先后共有81人牺牲,其中许多人连一张照片都没有留下,但他们的精神不朽,在每一根钢钎、每一把大锤和滚滚的渠水中,到处都有他们的身影,他们用血肉之躯和大无畏的献身精神为红旗渠奠基。

"自力更生、艰苦创业、团结协作、无私奉献"的红旗渠精神,植根于红旗渠的建设历程。"自力更生"是红旗渠精神的根本立足点。在红旗渠修建过程中,林县人民通过就地取材,自己烧石灰、制水泥、造炸药,克服了资金和物资稀缺的重重困难。"艰苦创业"是红旗渠精神的核心要义。在修渠的工地上,不论是干部还是群众,都同吃、同住,日夜坚守在修渠工地,找不到合适的住所,就睡在山崖下、石缝中,即使风餐露宿,林县人民也依旧为自己的梦想努力奋斗。"团结协作"是红旗渠精神的独特优势。红旗渠作为一个大型水利工程,它的成功建设是充分调动各方人力、物力支持的综合结果。为了通水这一共同的目标,全县一盘棋,党群一条心。红旗渠的修建从工程技术到物资等都离不开党和国家在政策上的支持,离不开山西省委和平顺县的援助。"无私奉献"是红旗渠精神的动力支持。修建红旗渠,林县人民付出的不仅是汗水,还有鲜血和生命。10年建设过程中,共有81名干部和民工牺牲在了红旗渠工地上,正是这种百折不挠、敢于牺牲的意志品格,为红旗渠精神染上了鲜红的印迹。

人民是历史的创造者,是真正的英雄,是决定党和国家前途命运的根本力量。10年的时间,10万名民工,1500千米长的水渠,这些简单的数字告诉我们一个深刻的道理,那就是只要中国共产党的主张和人民群众的意愿和谐地统一起来,就能够释放出巨大的创造力。在这种创造力面前,任何艰难险阻都无法阻挡人民坚实的脚步。

教学建议

本故事可用作"社会主义建设初步探索意义"的教学案例。红旗渠的成功修建是林州人民在中国共产党的领导下埋头苦干的伟大成果。红旗渠修建过程中形成的红旗渠精神,构成了中华民族精神的重要内容,这充分体现了人民是历史的创造者,人民是真正的英雄。当代大学生要充分内化"自力更生、艰苦创业、团结协作、无私奉献"的红旗渠精神,为实现中华民族伟大复兴中国梦贡献力量。红旗渠精神是讲好中国故事、传播好中国声音的鲜活范例,为我们提供了弥足珍贵的精神沃土。通过对红旗渠精神的传承和弘扬,教师可以引导大学生树立正确的国家观、民族观和历史观,正确认识和处理国家、集体和个人三者之间的关系,培养大学生的集体意识和大局观念。

1. 红旗渠的成功修建是哪几方面原因的综合结果?
2. 在新时代如何发挥红旗渠精神的育人功能?

郝建生,杨增和,李永生. 杨贵与红旗渠[M]. 北京:中央编译出版社,2004.

河南省林州市红旗渠志编纂委员会. 红旗渠志[M]. 北京:三联书店,1995.

青藏铁路：挑战极限筑天路

江文宣　羊绍武

青藏铁路是通往西藏的第一条铁路，也是世界上海拔最高、线路里程最长的高原铁路。青藏铁路全长1956千米，修建工程分为西宁至格尔木段和格尔木至拉萨段两期：西宁至格尔木段全长814千米，始建于1958年，1984年正式交付使用；格尔木至拉萨段全长1142千米，2001年6月29日开工，2006年7月1日全线通车。

曲折半世纪，规划变现实

早在1919年前后，孙中山先生就在《建国方略》一书的"实业计划"中规划了八条进藏的铁路线路。不过，进藏铁路真正纳入建设规划并实施，是在中华人民共和国成立之后。1955年3月9日，周恩来在国务院第七次全体会议上指出：西藏是个宝库，以后可大大开发，仅有公路还不够，还需修铁路。1965年在"三五"计划背景下，"增加青藏铁路等八条对战备有重要意义的铁路干线"在全国工作会议上被提出，但受"文化大革命"的冲击，"三五"计划在实施过程中遇到了较大的困难，其建设并未得到完全展开，青藏铁路的建设计划也被搁置，直至1969年青藏铁路（西宁至格尔木段）的修建项目才被重新提上议程。

1973年，关于青藏铁路项目的研究主要围绕西格段的复工问题展开。同年12月9日，毛泽东在会见尼泊尔国王比兰德拉时表示：青藏铁路修不通，我睡不着觉。青藏铁路要修，要修到拉萨去，要修到中尼边境去。1974年青藏铁路西格段正式复工，同时针对格拉段的科学勘探工作也在如火如荼地进行。但是1977年11月，铁道兵党委和铁道部党组联合向国务院、中央军委提交了《关于缓建青藏铁路格尔木至拉萨段、修建昆明至拉萨铁路的请示报告》，报告详尽地分析了青藏铁路格拉段修建的难度，同时说明了建议修建昆明至拉萨铁路的缘由，并于同年12月请求对滇藏铁路进行考察。1978年2月，成都军区和四川省委也请求考察川藏路线。在详细考察研究后，铁道部建议先行修建滇藏铁路，青藏铁路格拉段的修建工作再一次全面暂停。但后期由于技术和资金方面的问题，滇藏铁路项目被搁置。

1979年，青藏铁路一期工程西格段在停停建建中历经20年，终于顺利铺轨至格尔木，并于1984年5月1日正式交付国家监管运营。一期工程顺利完工，二期工程却仍处待定状态。1994年中央第三次西藏工作座谈会召开前夕，西藏自治区负责人向中央领导汇报工作时提出，希望将青藏铁路修建工作列入2000年前的工作计划。在这次座谈会上，江泽民做出"进藏铁路的论证和勘探工作要继续进行"的重要指示。此后，经过各方专家学者对多条进藏路线的反复研究比较，最终确定青藏线为进藏路线的最佳方案。在实施西部大开发战略的背景下，2001年6月29日，青藏铁路格拉段正式开工。在世界屋脊上修建铁路是铁路建设史上前所未有的壮举，修建过程中也面临着前所未有的困难。经过十三万筑路大军五年的艰苦奋斗，青藏铁路格尔木至拉萨段于2006年7月1日正式建成通车。

生命写在大地上，天梯变通途

历经半个世纪，青藏铁路在"三上两下"的曲折中从无到有。面对严寒风雪和高反缺氧，青藏铁路人不畏艰险，挑战极限环境，建造一流铁路，在人类铁路建设史上留下了浓墨重彩的一笔。"挑战极限，勇创一流"的青藏铁路精神在每一个青藏铁路人的身上闪耀，同时照亮着当代的奋斗者。

"天上没有鸟，地上没有草，白天兵看兵，晚上看星星"，这是在铁道兵内流传的一句顺口溜。青藏铁路的修建不仅面临着严寒的天气和缺氧的高原反应，还面临着频发的塌方灾害的威胁。关角隧道工程就是铁道兵冒着生命危险、付出巨大牺牲建成的。

1975年4月5日，正在修建中的关角隧道里，突然传来一声巨响，47团一营100多名战士困于其中。面对如此大规模的塌方，铁道兵10师师长姜培敏和47团政委王成林第一时间赶到现场了解详细情况并组织洞外人员展开救援工作。现场情况并不明朗：首先，洞内外无法取得联系，洞外救援人员对洞内的情况一无所知，甚至具体被困人数也无法确定，最终还是通过清点洞外人数才确定有127名战士被困；其次，关角隧道含氧量极低，塌方致使隧道内成为封闭空间，缺氧情况必然更加严重；最后，救援行动刻不容缓却不能过于急躁，以避免因操作不当造成二次塌方。经过讨论，最终确定在隧道顶拱的左下角打一个一米高的小洞，一米一米地向前推进。方案确定后，救援人员迅速组织在一起，面对随时可能再次塌方的危险，依然义无反顾地向隧道深处前进。

洞内铁道兵意识到自己被困后，第一时间摸黑将本就缺少的施工器械都保护起来。冗长的黑暗压迫着洞内每一个人的神经，随着氧气一点点流失，洞内的空气变得闷热，许多新兵逐渐产生了焦虑不安的情绪。洞内的8名党员紧急商讨后做出了两个决定：一是做好思想政治教育工作，缓解大家焦躁的情绪，坚定获救的信念；二是发挥党员的先锋模范作用，带领大家进行突围自救。

洞外救援工作正在争分夺秒地进行，但由于工具短缺、场地狭小，洞外救援人员只能用短锹或手将石块敲碎挖出，再通过接力将碎石运走。一段时间后，救援人员从掘进作业转向了一项更为迫切的任务——向洞内输送新鲜空气。救援人员找到一根长长的钢管，从塌方的最薄处通过连续击打向洞内推进，将洞内洞外连接起来。钢管的联通既为洞内被困人员输送了氧气，为身处黑暗的他们带去了希望的光亮，也让救援人员士气大振，14个小时没有休息，拼命地向前掘进。通过洞外的救援和洞内的突围，一条两米多长，直径仅有脸盆大小的通道终于被打通。通过这个狭小的通道，被困人员一个个被救出洞外。由于长时间被困，许多人一出洞口便昏倒在地，昏睡了三天三夜才休整过来。

在打通关角隧道的过程中，几乎每个月都有战士牺牲。青海省天峻县烈士陵园内长眠着 55 位天路守护者，他们最大的 23 岁，最小的才 19 岁。"我当兵后第一个工程就是关角隧道。我希望自己最后一班岗也在关角隧道。"参与了关角隧道建设的铁道兵张生林在本应退休的时候提出希望回到关角隧道做一名养路工的请求，而后在此坚守了 11 年。铁道兵用青春和生命打通了"登天梯"，他们没坐过火车，却修通了连接西藏和内地的天路并用一生守护。

美国火车旅行家保罗·泰鲁曾在《游历中国》中写道：有昆仑山在，铁路就永远到不了拉萨。但在中国共产党的领导下，全国各族人民众志成城，在勤劳的中国人民的不懈奋斗下，青藏铁路全线于 2006 年建成通车。从此，跨越了昆仑山的钢铁巨龙在雪域高原驰骋。青藏铁路通车后，西藏工业和旅游业等得到快速发展，西藏产业结构不断优化。这对改善群众生活、促进西藏经济社会的发展具有重要作用。同时，青藏铁路使得其他地区与西藏的联系更为紧密，促进了藏族与其他各民族的文化交流，有助于增进民族团结，进一步加强和巩固我国的国家安全。

中国共产党的领导以及我国集中力量办大事的社会主义制度优势，是青藏铁路得以建成通车的重要保障。青藏铁路工程巨大，工期漫长，建设过程中面临着许多未知因素。青藏铁路工程虽然历经曲折，但最终建成通车，这充分展现了中国共产党科学的战略规划以及超强的组织调配能力，同时也彰显了我国集中力量办大事的社会主义制度优势。

在修建青藏铁路的过程中，铁道兵攻克了高寒缺氧、多年冻土、生态脆弱三大难题，铸就了"挑战极限，勇创一流"的青藏铁路精神。青藏铁路精神既是铁道兵顽强意志的充分展示，也是他们在面对风险挑战时的强大精神动力。"挑战极限，勇创一流"的精神，支撑着铁道兵迎风雪、顶严寒、战缺氧，挑战"生命禁区"的生存极限；面对复杂的地质构造，挑战未知塌方的建设极限；克服生态脆弱，挑战高原环境保护极限。我们看到，在打通关角隧道的过程中，铁道兵清楚地知道随时面临着塌方的危险，但他们仍然保持"越是艰险越向前"的勇气，以一流的标准建设一流的铁路。

青藏铁路精神是中华民族宝贵的精神财富，它支撑着铁道兵在"生命禁区"完成一流铁路的建设，创造了中国铁路建设的辉煌。在新的历史起点上，青藏铁路精神也必然激励着每一个新时代劳动者为全面建设社会主义现代化强国、实现中华民族伟大复兴的中国梦做出更大贡献。

教学建议

本案例可以用于"实现中华民族伟大复兴的中国梦"和"民生建设"的教学。

习近平总书记指出："同困难斗争,是物质的角力,也是精神的对垒。"青藏铁路建设的过程体现了铁道兵不惧艰险、敢于挑战极限,自强不息、勇于创造一流的精神品质。实现中华民族伟大复兴的道路不是一帆风顺的,途中必然充满各种风险挑战。新时代的中国青年生逢其时,肩负重任。教师可通过本案例引导学生感受青藏铁路精神,从青藏铁路精神中汲取力量,使学生成为有理想有信念的时代新人,在社会主义建设的过程中敢于挑战极限,勇于再创一流,助力中华民族伟大复兴的中国梦的实现。青藏铁路从规划到建成的过程,是中华民族在铁路建设史上圆梦的过程,也是伴随中国经济实力的增强,在发展中建设重大民生工程的体现。

1. 青藏铁路精神如何凝聚成"挑战极限,勇创一流"?
2. 青藏铁路的开通对于西部地区的发展有何意义?

本报评论员. 发扬青藏铁路精神,创造更多中国奇迹 [N]. 人民日报,2021-11-30(6).

刁成林. 和平解放以来西藏陆路交通建设的光辉历程、伟大成就与经验启示 [J]. 西藏研究,2021(3)141-148.

刘静. 青藏铁路精神:挑战极限,勇创一流 [N]. 工人日报,2021-12-5(1).

马建辉,蒲韬. 朝"圣"青藏线 [J]. 红旗文稿,2019(12):18-20.

齐慧. 发扬青藏铁路精神 挑战极限勇创一流 [N]. 经济日报,2021-12-7(12).

王蒲. 青藏铁路建设的历史考察 [J]. 当代中国史研究,2008(4):22-29,125.

武汉长江大桥：天堑变通途

张乃文　羊绍武

"江水东流去，飞虹如梦呓。"在长江两岸一直流传着"黄河水，长江桥，治不好，修不了"的歌谣，歌谣里蕴藏着人民面对汹涌的长江水的无奈与失望。[①] 中华人民共和国的成立，为建设这样一座大桥提供了可能性。1950年初，中央人民政府指令铁道部在武汉组织筹划修建万里长江第一桥，即武汉长江大桥。经过长时间的准备和试验，1955年武汉长江大桥修建工程正式启动，1957年建成通车。武汉长江大桥也成为中华人民共和国成立后我国在长江上建设的第一座大桥。

艰苦奋斗，大桥建设工程稳步推进

在长江上建造大桥，需要克服的困难之一就是恶劣的自然条件，尤其是暴风雨天气的袭击。如何保证工程不因恶劣的自然条件破坏而中断，是建造者面临的挑战。1955年，武汉长江大桥主桥的修建工程正式开工。1956年10月，各个桥墩基础工程基本完成。正当人们惊叹于大桥的建设速度、憧憬着1957年大桥建成通车之时，一场巨大的风暴袭来，给所有人迎头一击。巨大的风暴切断了江上的交通，不断提升的风力在长江上掀起了一波又一波翻滚的巨浪，不断击打着桥墩工地，吊船漂浮在江面上，随时都有撞上桥墩的风险，大桥的建设工程正在经受着大自然的不断考验。在大桥局工程局领导以及中苏技术专家沉着冷静的指挥下，工人们在暴风雨中保护着正在建设中的大桥工程，以石景仁、张克杰等为代表的建造者们毅然奔向狂风暴雨，克服恶劣条件带来的身体不适，通过用其他船将不断晃动的吊船拴住以及拖住大吊船船锚等方式，守护着大桥工程。在大家的共同努力下，桥墩在长江中屹立不动，大桥建设工程也得以稳步向前推进。

精益求精，奠定大桥工程坚实基础

自1950年中央人民政府决定修建武汉长江大桥以来，根据建设工程的需要，中央组建了包括武汉大桥工程局在内的多个组织机构，为工程建设提供充足的人力和物力保障，同时还多次派出勘探队前往武汉进行实地勘测，力求掌握尽可能多的信息，为大桥

[①] 王泽坤：《龟锁长江：武汉长江大桥施工建设》，吉林：吉林出版集团有限责任公司，2011年。

选址和建设方案的制订做好充足的准备。

1954年，武汉大桥工程局从各相关部门抽调了一大批拥有实践经验的地质钻探人员和行政管理人员，组成了武汉长江大桥地质勘探队，旨在彻底弄清长江武汉段的地质情况，为大桥的正式动工提供可靠的地质资料。在勘探过程中，勘探队员们不断与恶劣的自然条件做斗争，取得了大量的地质样本，圆满完成了武昌黄鹤楼和汉阳龟山之间的地质资料搜集工作，[①]为长江大桥的设计与施工提供了丰富的材料支撑，为后续工作提供了极大的便利。

开拓创新，大胆使用新技术

由于长江复杂的水文条件，大桥的基础施工是该工程建设中遇到的最大难关。为了克服这一难关，中苏两国技术专家共同研究和使用了"大型管柱钻孔法"这一从未在世界上实践过的方法。正是建造者们开拓创新的精神，使得大桥建设工期大大缩短，提高了工程效率，控制了工程建设成本。在原本的设计方案中，桥墩修筑准备采用气压沉箱法，即工人在沉入水底的气压沉箱中施工，这也是当时世界上比较可靠且有实践经验的方法。长江的水深一般为40米，在这个水位下施工，要承受超过四个大气压，超过了使用"气压沉箱法"的安全限制[②]，使用这种方法将对工人的生命安全造成直接威胁。即使能够安全施工，工人每次也只能连续工作半小时，不利于提高大桥建设的效率，会拖长工程的施工期。同时，长江施工水位不清晰，采用该种方案需要购买大量的进口设备并对工人进行培训，这无疑将产生巨大的人力和物力成本。如何解决这个难题成为所有修建者急需跨过的难关。这时，苏联的年轻专家西林提出了一种新的方法，即"大型管柱钻孔法"，这种方法能够克服传统方法对工人安全的威胁，使工人能够在水面上施工，如果能够顺利实施，对于加快工程进度、提高修建效率具有重要作用。但是这个方法在世界上还没有真正付诸实践过，具有极大的风险和挑战。能不能采用这个方法？敢不敢采用这个方法？这成为所有建造者在做出决定前必须慎重思考的问题。

在做出决策的过程中，作为武汉大桥工程局局长的彭敏起到了重要作用。在西林将方案分享给彭敏时，基于新方法的独有优点以及对西林专业水平的信任，彭敏当即表示"尽我的一切力量支持和实现这个理想"[③]，对新方法表示了支持和赞赏。为了推进新方法的实施，彭敏组织召开了由技术人员参加的讨论会，对新旧方法进行了比较，就采用"大型管柱钻孔法"在武汉大桥工程局内部达成了一致，之后他组织进行了小规模的试验，并在试验的基础上对大桥结构的设计方案进行了调整。最后，彭敏将新方案带到了铁道部和中央领导人的面前，经过慎重讨论后该方案得到了支持，随即正式投入实践。

事实证明，正是由于采用了新的方法，武汉长江大桥的修建效率得到了极大的提

---

① 王泽坤：《龟锁长江：武汉长江大桥施工建设》，吉林：吉林出版集团有限责任公司，2011年。
② 彭倍勤，于平生：《彭敏的路桥情缘》，北京：中共党史出版社，2017年。
③ 彭倍勤，于平生：《彭敏的路桥情缘》，北京：中共党史出版社，2017年。

高，最终大桥提前建成通车，成为轰动国内外的大事件。可以说，武汉长江大桥的建造在世界范围内第一次将"大型管柱钻孔法"付诸实践并获得了成功，是一项极具先进性的工程，引起了国内外的巨大反响。

案例点评

武汉长江大桥是中华人民共和国成立后在长江上修建的第一座大桥，实现了长期以来使长江"天堑变通途"的愿望，将武汉三镇连为一体、将国家南北彻底连通，尤其是将京广铁路线连接起来，使得长江南北的铁路运输线顺利接通，极大地扩大了人们的活动范围，激发了人民的生活热情，同时也在促进国民经济发展的过程中发挥了无可替代的重要作用。武汉长江大桥在修建过程中使用了当时世界上最新的先进技术，尤其是在桥梁基础建设中使用的"大型管柱钻孔法"，更是从未在任何实际修建过程中实践过。武汉长江大桥的修建工程开世界之先河，为国内外其他大型工程的修建积累了经验和技术基础。同时，武汉长江大桥的修建充分体现了我国社会主义制度集中力量办大事的优势。在整个工程的修建过程中，全国众多的物质、技术以及人力等资源都集中到武汉以支持工程的修建，形成了巨大的合力，最终促成了大桥的顺利建成通车。

在武汉长江大桥的修建过程中，中国人民艰苦奋斗、精益求精和开拓创新的精神得到充分展现：坚持艰苦奋斗，克服了武汉长江大桥建设中的各种困难；坚持精益求精，降低了武汉长江大桥建设过程中走弯路的风险；坚持开拓创新，提高了武汉长江大桥的建造效率。这样的精神在推动中国特色社会主义事业不断发展的过程中仍然发挥着重要作用。

武汉长江大桥的建造过程深刻体现了马克思主义群众史观在实践中的运用。武汉长江大桥的顺利建成是在党的正确指导下，全体建设者不断努力的结果，是建设者们不断克服困难、艰苦奋斗、敢于创新的结果。尽管距离大桥竣工已经过去了几十年，但是武汉长江大桥建设者们克服困难的雄魂不散、奋发图强的精神永存，激励着后来者为建设中国特色社会主义事业不断前进。

教学建议

本故事可用作"人民群众是历史创造者"和创新问题的教学案例。武汉长江大桥得以顺利建成，是建设者们艰苦奋斗、精益求精、开拓创新的结果。教师在教学过程中可以通过介绍大桥修建过程中的故事，引导学生进一步理解群众史观的深刻内涵，意识到人民群众在社会历史创造过程中的重大作用。武汉长江大桥也是一项充分体现先进性和创新性的工程，使用的"大型管柱钻孔法"开世界之先河，大大推动了中国桥梁建设事业向前发展。教师在介绍相关故事的同时，可以启发学生理解创新在国家发展过程中的重要作用，引导学生勇于打破常规，树立创新思维，不断为国家发展注入新鲜血液。

 **学习思考题**

1. 结合群众史观,谈一谈武汉长江大桥的建造者们在大桥修建过程中所起的作用。
2. 结合武汉长江大桥的修建过程,谈谈创新在国家发展中的作用。

参 考 文 献

彭倍勤,于平生. 彭敏的路桥情缘[M]. 北京:中共党史出版社,2017.

王泽坤. 龟锁长江:武汉长江大桥施工建设[M]. 吉林:吉林出版集团有限责任公司,2011.

余启新. 武汉长江大桥故事[M]. 武汉:长江出版社,2017.

郑明武. 天堑通途:武汉长江大桥与南京长江大桥建成通车[M]. 吉林:吉林出版集团有限责任公司,2011.

第五编

与沙漠战斗到底
用信念担当，用生命坚守
八步沙造林，三代人接续
牢记领袖嘱托，大力学习弘扬右玉精神
绿水青山就是金山银山
——浙江余村践行"两山论"
人不负青山，青山定不负人
——陕西省坚决打好秦岭保卫战
像对待生命一样对待生态环境
——大理洱海生态治理实践
保护生态环境就是保护生产力
——海南省建设国际旅游岛
塞罕坝的华美转变
共抓大保护，不搞大开发
——长江经济带走出生态优先、绿色发展之路
退耕还林还草第一市
"象"往云南生物多样性之美
——云南亚洲象群北移南归

与沙漠战斗到底

李 娴 李 俊

2019年9月29日,中华人民共和国国家勋章和国家荣誉称号颁授仪式在北京人民大会堂金色大厅隆重举行。领奖台上,习近平总书记为来自宁夏回族自治区的王有德颁授"人民楷模"国家荣誉称号奖章。"这一刻,太兴奋、太激动了,这份至高无上的荣誉属于每一个治沙人!虽然我已经退休了,但是我的心还在这里,只要生命不息,我防沙治沙的脚步就不会停歇,"这位将毕生精力投入治沙事业的人民楷模如是说。

治沙先治穷

王有德的家乡在灵武市的马家滩镇,位于毛乌素沙漠的东南边缘,那里常年干旱少雨,年降雨量不到200毫米。当地有一首传唱度很高的民谣:"一年一场风,从春刮到冬,天上无飞鸟,地上无寸草。"在王有德童年生活的记忆里,黄沙常常能在一夜间埋没大半个窑洞,院子里总有扫不完的沙土,眼睛边上总有擦不完的沙粒。"冬天我们在窑洞里吃饭,沙子通过窑洞缝隙直接往嘴里钻,一顿饭吃下来,满嘴都是沙。我们头一天几十个村民修的路,第二天一大早起来全部被黄沙盖住了,大家一个个抱头痛哭。村里的很多村民都跟我说,这沙漠没法治了,只能搬迁。"从那时起,王有德心里就跟沙漠较量上了,决心夺回沙漠所侵吞的土地。①

1976年,王有德进入林业系统工作。1985年,他奉命调任白芨滩林场副场长,然而迎接他的却是一个"满目疮痍"的开场——白芨滩林场生产已多年萎靡不振,固定资产不足40万元,全场159名职工依靠每年10万元的财政拨款度日②,职工人均年收入只有几百元,吃饭、买菜、看病、就医无一不难,三分之二的人要求调走。

"人要是留不住,拿什么去与风沙斗?"为了留住林场职工,王有德挨家挨户进行调研,了解、掌握职工的家庭情况和思想状况。159份沉甸甸的反馈意见指向了同样一句话:场里没钱,分配不均。深思熟虑后,王有德大刀阔斧地做了几件事:其一,精简后勤,将原来后勤机关的30余人调整为10多人,将其他人调整到生产一线岗位;其二,取消工资级别,实现同工同酬、按劳取酬,职工工资根据造林效益进行分配;其三,推

---

① 王建宏:《每一抹绿色都浸透赤子情深》,载《光明日报》2019年10月8日。
② 王宁:向沙漠宣战 访"人民楷模"国家荣誉称号获得者王有德[EB/OL]. 光明网,2022-06-20, https://m.gmw.cn/baijia/2022-06/20/1303005311.html。

行家庭、联组或个人划片招标承包,号召全体职工平均一人一年扎设一万个草方格、栽植一万株树苗、治理沙漠一百亩、从治沙中实现收入一万元。改革当年,林场造林5093亩,创收17万元,林场职工看到了希望,人心开始凝聚起来。"人心齐,泰山移",随着林场"自我造血"功能的增强,治沙造林事业揭开了新篇章。

坚持科学治沙

资金方面的问题初步解决了,但在"养个娃娃容易,种棵树难"的毛乌素沙漠,造林问题应该怎么解决?王有德的答案是,凡事带头上。

上任第二年,北沙窝580亩的沙丘被划给白芨滩林场,王有德负责带职工在这片长年旱荒的流动沙丘地带开辟出500亩果园。虽然工地离家仅3公里,但是王有德把大半精力投入了治沙,很多时间都待在工地,驻扎在"白天热得像蒸笼,晚上冷得像冰窖"的帐篷里。① 为了提高树木的存活率,王有德立了个铁规矩:运回来的树苗不过夜,就是天上下冰雹,也得当天栽下去。挖树坑时,别人挖一个,他挖两个;三伏天,职工们需要背水泥板进沙漠修建水渠,25公斤重的水泥板,职工背一块,他就背两块,脊背被磨得血肉模糊;冬天,水渠中有块水泥板被水流冲开一半,在连锁反应即将导致整个水渠崩垮、毁坏时,他跳进冰冷的水中,用身体死死抵住水泥板……"宁可掉下10斤肉,不让生态落了后"是王有德精神的真实写照,他的坚忍鼓舞了一代白芨滩人。

除了凡事带头上,王有德还始终坚持科学治沙、综合治沙,这样"才能实现治沙事业的可持续发展"②。王有德是这样说的,也是这样做的。为了运输树苗和各种物资进沙漠,修路是造林的必要选择。之前的做法是在两座沙丘中间修路,但往往路刚修好,就被风吹来的黄沙覆盖了。王有德另辟蹊径,把路修到沙丘顶上,在两边种上沙生植物,顺利解决了修路难题。他还带领大家利用小麦秸秆扎"草方格",围在苗木周围防风固沙,并引进30多种外来苗木在毛乌素沙漠安家落户。经过几十年的艰苦努力,白芨滩的治沙造林技术自成一套体系,成功探索出了"五位一体"综合治沙模式,即在沙漠外围大面积营造以灌木为主的防风固沙林,形成第一道生态防线;围绕干渠、公路、果园等建设多树种、高密度、宽林带、乔灌结合、针阔混交的大型骨干林带,构成第二道生态屏障;在两道生态防线的保护下,内部引水拉沙造田,培育经济果树林和苗圃,果园成为职工的"摇钱树",苗圃成为职工的"绿色银行";在田间空地,种植畜草,发展养殖业,形成了牲畜粪便肥田、林草养殖牲畜两项循环产业。这套行之有效的治沙方案不仅运用于宁夏,还被每年到访的考察团队传往全国乃至全世界。

---

① 王迎霞:王有德:治沙,拿得起放不下[EB/OL]. 新华网,2019-10-08, https://baijiahao.baidu.com/s?id=1647693090258502550&wfr=spider&for=pc.

② 刘海:王有德:生命不息 治沙不止[EB/OL]. 中国青年网,2018-12-22, https://baijiahao.baidu.com/s?id=1620589129710433144&wfr=spider&for=pc.

与沙漠战斗到底

2014年,王有德从林场退休,可他割舍不下从事了近40年的防沙治沙事业。在白芨滩国家级自然保护区马鞍山管理站靠近银川河东国际机场一侧,有一片近乎寸草不生的荒滩,王有德决定把这里作为自己新的"战场"。每天,王有德夫妇早出晚归,先从外面运来泥土,铺在沙上面,然后再种植草方格,最后在上面种果木。到了种树苗的关键时节,他们的吃、住都在帐篷里。5年时间过去,机场旁边崛起一片5000多亩的绿洲,新增林木100多万株,丰收时节,枣树、苹果挂满了枝头。站在自己的果园内,王有德继续畅想着自己的"治沙大计"。他准备在这里建起中国最大的沙漠公园:除了有2000多亩公益林,还有20 000多亩防护林,200多亩水上乐园,400多亩生态康养林,以及红色书院,治沙宣教中心和攀岩、垂钓等设施,往生态旅游方向发展、延伸。

生命不息,治沙不止,这是王有德给自己定下的人生信条。"白芨滩还有60多万亩荒漠没有治理,我这辈子都将与沙漠战斗到底。我这个人闲不住,总是想着有生之年能多种一棵树,为子孙后代多添一片绿。"① 王有德说自己年纪大了,单打独斗治沙难度很大,他决定把自己的技术和经验一代代地传下去。最近几年,先后有100多名林场职工的后代经过培训、学习后投身林业建设,成为林场建设的骨干力量。这些年,王有德获得的各类荣誉数不胜数,但他却轻描淡写地说:"我们林场的广大职工才是英雄。"

四十多年来,王有德带领林场职工,以每年造林2万亩的速度种下防风固沙林60多万亩,控制流沙面积上百万亩,不但构建起阻挡毛乌素沙漠侵蚀的绿色屏障,更是让沙漠从黄河东侧后退了20公里,走出了一条绿色、生态发展之路,创造了世界治沙史上的奇迹。

案例点评

"有两种工作不能推脱:一种是必须做的,一种是自己喜欢做的。防沙治沙,既是我喜欢做的,又是我必须做的。"这是王有德对自己四十多年抗争沙漠经历的提炼。王有德是一名无畏的奋斗在治理风沙一线的生态"战士"。幼年生活深受风沙困扰的他有着坚定的治沙信念,把生命奉献给林场、奉献给治沙事业。他讲求治沙方法,在林场生产滞后的境况下意识到要治沙先治穷;他坚持科学治沙、综合治沙,摸索出"五位一体"综合治沙模式;他退休不退治沙线,坚信生命不息、治沙不止。一件平凡的事,王有德坚持了40多年,成就了不平凡的伟业。

教学建议

王有德"生命不息,治沙不止"的事迹展现了王有德和他的治沙队伍对自然生态的

---

① 肖欢欢:《宁可掉下10斤肉,不让生态落了后》,载《广州日报》2021年1月6日。

保护，他们坚持治理风沙、保护家园，走出了一条绿色、生态发展之路。王有德在治理风沙过程中，科学治沙、综合治沙，总结正确科学的治沙方法，设计行之有效的治沙方案，显著提高了治沙效率。教师可引导学生通过学习王有德的事迹，明白保护自然的重要性，认识到良好的生态对人民生活有着积极正向的影响，明白在保护自然的过程中要讲求方式方法，通过探索事物发展规律科学有效地提高成功率和行动效率。本故事可用作"坚持习近平生态文明思想"的教学案例，讲解为何要"加快水土流失和荒漠化石漠化综合治理"，以及如何"实现从'沙进人退'向'绿进沙退'的根本转变"，如何以统筹山水林田湖草沙系统治理，提升生态系统的稳定性和可持续性。

1. 王有德在治沙过程中，主要运用了哪些方法？这些方法的运用给了你哪些启示？
2. "宁可掉下10斤肉，不让生态落了后"是王有德精神的真实写照。对此你有哪些感想和感悟？

刘海，谢建雯. 王有德：在治沙播绿中实现人生价值［N］. 经济日报，2019-10-5（2）.

尚陵彬，王鼎. 王有德：科学治沙探路人的坚守与创新［J］. 宁夏画报（时政版），2018（Z1）：26-29.

王建宏. 每一抹绿色都浸透赤子情深［N］. 光明日报，2019-10-8（4）.

肖欢欢. 宁可掉下10斤肉，不让生态落了后［N］. 广州日报，2021-1-6（3）.

周誉东. 王有德：让沙漠绿起来［J］. 中国人大，2020（17）：54-55.

用信念担当，用生命坚守

李　娴　李　俊

青海省玉树藏族自治州治多县西部是公认的"人类禁区"，也是充满生命力的"人间净土"，是珍稀野生动物的天堂，有着一个美丽的名字——可可西里。矫健敏捷的藏羚羊，是这片原野上的精灵。20世纪80年代末，用藏羚羊的绒毛制成的"沙图什"披肩在中亚、欧美市场能卖到上万美元，以致不法分子纷纷涌入可可西里，藏羚羊盗猎行为一度增多。为守护这片高原净土，杰桑·索南达杰勇敢无畏地斗争，甚至奉献出了自己宝贵的生命。

初心紧系可可西里

"只要有一口气，就要为人民的事业奋斗不息！"[1] 这是可可西里和三江源生态环境保护先驱杰桑·索南达杰立下的永恒誓言。

杰桑·索南达杰，1954年出生于青海省玉树藏族自治州治多县索加乡，是地地道道的牧民之子。1974年，20岁的索南达杰从青海民族学院毕业，放弃留校和赴京从事翻译工作的机会，回到了抚育他、生养他的治多草原。初出校园的索南达杰能力突出，很快就成为索加乡的党委书记。担任索加乡党委书记期间，索南达杰十分重视生态文明建设。1988年，索南达杰在工作汇报手稿中写道："保护和利用好自然资源，我们有着不可推卸的责任。"[2]

可可西里平均海拔超过4600米，自然环境十分严酷，属于地球第三系地质平台，被称为人类生存的"禁区"。20世纪80年代末开始，不法分子受利益驱使，对可可西里藏羚羊进行了前所未有的大规模盗猎，藏羚羊数量从20万只锐减到不足2万只，被列为国际濒危物种。20世纪90年代初，面对可可西里严重的生态危机，索南达杰多次向当地政府建议保护国家资源，合理开发可可西里，制止非法偷猎盗采活动，并提交了《关于管理和开发可可西里的报告》。[3]

一桩桩野蛮猎杀藏羚羊事件的发生，引起了当地政府的高度重视和关切。1991年，

---

[1] 张大川：杰桑·索南达杰：用生命守护可可西里[EB/OL]. 新华网，2019-01-03, https://baijiahao.baidu.com/s?id=1621622485724211346&wfr=spider&for=pc.
[2] 万玛加：《守护净土的先行者——追记"最美奋斗者"杰桑·索南达杰》，载《光明日报》2019年11月11日。
[3] 武淳，杰桑·索南达杰：《用生命守护可可西里》，载《党建》2022年第4期。

治多县政府请示玉树藏族自治州人民政府成立可可西里生态环境保护机构，1992年7月，治多县西部工委成立，其职责为管理和开发可可西里、保护可可西里的野生动物和自然环境，索南达杰兼任西部工委书记。

用生命守护可可西里

治多县西部工委成立后，当地很快批准成立了可可西里林业派出所和野生动物保护办公室，后来又成立了高山草场保护办公室。紧接着，依托西部工委，索南达杰组建了我国第一支武装反盗猎队伍。"迎接我们的是号称'生命禁区'的可可西里以及横行在这片土地上的各种邪恶势力，我们肩上的担子很重，需要我们具备的是吃苦耐劳、开拓创新、敢于奉献的精神，有可能要以我们的生命作抵偿。"[1] 索南达杰非常清醒地说。

1994年1月8日，索南达杰一行7人从格尔木出发，沿南线前往可可西里，进行县界勘界和资源调查。16日，索南达杰一行抵达青海、西藏、新疆三地交界处的泉水河，基本完成了地界勘察任务。正准备回返时，他们发现并截获了一个12人盗猎团伙，查获1支火枪、1支改装的半自动步枪、9支小口径步枪、3000发子弹、现金万余元。18日傍晚，索南达杰一行人押解盗猎分子行至太阳湖南岸时，盗猎者在夜幕中趁索南达杰和其他工作人员不注意，割破汽车轮胎，将索南达杰与其他工作人员分开。索南达杰将车轮胎换好、追赶前面的押送盗猎分子车辆时，不幸被埋伏的盗猎分子用枪击中……5天后，当增援人员找到他的遗体时，他还保持着右手持枪、左手拉枪栓、怒目圆睁的姿态。他一动不动，被可可西里零下40摄氏度的风雪塑成了一座冰雕。

40岁的索南达杰就这样匆匆地离开了，留给人们的是一串闪光的足迹、一份沉重的思念和一座不朽的丰碑。

索南达杰未曾离开

在索南达杰担任西部工委书记至牺牲的540余天时间里，他先后12次进入可可西里腹地进行实地勘察和巡查，共有354天在可可西里度过，对可可西里的自然资源进行了全面详细的考察，搜集掌握了大量的一手文字和图片资料，行程总计6万多公里。索南达杰带领工委同志们先后查获非法持枪盗猎团伙8个，收缴各类枪支25支、子弹万余发、各种车辆12台、藏羚羊皮1416张、沙狐皮200余张，没收非法采金费4万元，为遏制破坏生态环境的违法行为和保护可可西里生态环境做出了十分突出的贡献。

作为可可西里和三江源生态环境保护的先行者，索南达杰的牺牲震惊了社会各界，他的英勇事迹得到宣传，唤醒了人们保护藏羚羊和保护生态环境的意识。1995年10月，青海省人民政府批准成立了"可可西里省级自然保护区"。1996年5月，可可西里第一个自然保护站奠基，并于次年9月建成使用，为了纪念索南达杰，这个

---

[1] 张多钧：《守护净土的先驱》，载《青海日报》，2022年2月16日。

站以他的名字命名。"索南达杰保护站"是可可西里地区建站最早的保护站,主要任务是接待游客、救治藏羚羊。1997年12月,经国务院批准,可可西里升格为"可可西里国家级自然保护区",成为我国第一个为保护珍稀濒危野生动物藏羚羊设置的国家级自然保护区。

此外,2003年,青藏铁路在建设过程中专门为藏羚羊迁徙留下通道;2008年,藏羚羊成为北京奥运会吉祥物"迎迎"的原型,世界也因此再次关注到这群生活在可可西里的高原精灵;2016年4月,可可西里所在的三江源地区被确定为我国首个国家公园体制改革试点地区,可可西里和三江源生态环境状况明显好转;2016年9月,世界自然保护联盟宣布将藏羚羊的受威胁程度由濒危降为易危;2017年,可可西里申遗成功,成为中国第51处世界自然遗产。申遗的成功对可可西里的保护是一个新开端,也对保护提出了更高要求,给保护带来了更大责任。

如今,在一代代守护者前赴后继的努力下,可可西里再无枪声,藏羚羊栖息的家园重新出现了宁静与祥和的景象。

杰桑·索南达杰是可可西里和三江源生态环境保护的先驱。作为改革开放早期中国共产党培养出来的优秀党员、优秀少数民族领导干部,他是高原儿女献身生态环境保护的杰出代表。杰桑·索南达杰的事迹可歌可泣,感人而突出。他既是中国环保事业的英勇卫士,又是中国共产党的优秀领导干部,也是少数民族干部的优秀代表。在他身上,集中体现了共产党人的高尚情操和优良作风,体现了无私奉献的宝贵品质,体现了中华民族的传统美德,体现了开拓进取的时代精神。在他英勇事迹的影响下,可可西里国家级自然保护区成立,可可西里列入《世界遗产名录》,自他开始形成的"生态保护坚守精神"代代相传。

教学建议

本故事可用作"'三个代表'重要思想的核心观点和主要内容"的教学案例,展现中国共产党和中共党员的责任担当,同时也可用作"建设美丽中国"的教学案例,讲解"坚持人与自然和谐共生"的理念。教师可引导学生学习杰桑·索南达杰坚定的共产主义信念和坚强的无产阶级党性,更加自觉地学习建设有中国特色的社会主义理论,坚定不移地贯彻执行党的基本路线,学习杰桑·索南达杰全心全意为人民服务的公仆意识,始终保持与人民群众的血肉联系,倾听群众的呼声,关心群众的疾苦,尽力为人民群众排忧解难;学习杰桑·索南达杰对工作负责的态度,勇于吃苦,忘我工作,扎根青海,无私奉献;学习杰桑·索南达杰自觉维护社会稳定的大局意识,不畏强暴,敢于同各种违法乱纪的行为坚决斗争,维护社会稳定、加强民族团结;学习杰桑·索南达杰爱护自然、爱护环境,敢于对破坏生态的行为说"不",做保护环境的模范。

学习思考题

1. 杰桑·索南达杰担任治多县西部工委书记期间做了哪些工作？这反映了他的哪些品质？

2. 杰桑·索南达杰牺牲后，可可西里和三江源地区得到了哪些保护？达到了什么样的效果？

参考文献

姜峰. 杰桑·索南达杰：用生命守护可可西里 [J]. 共产党员（河北），2021（Z1）：120-121.

刘茜. 杰桑·索南达杰 [J]. 世界环境，2013（2）：90.

万玛加. 守护净土的先行者——追记"最美奋斗者"杰桑·索南达杰 [N]. 光明日报，2019-11-11（4）.

武淳. 杰桑·索南达杰：用生命守护可可西里 [J]. 党建，2022（4）：68.

学习索南达杰业绩 弘扬时代精神——青海省委常委、宣传部部长田源同志在追授杰桑·索南达杰"环保卫士"称号一周年纪念大会上的讲话 [J]. 青海环境，1997（3）：97-98.

张多钧. 守护净土的先驱 [N]. 青海日报，2022-2-16（7）.

八步沙造林，三代人接续

李　娴　李　俊

古浪县八步沙曾大漠连绵，风沙肆虐，荒漠化、沙漠化极其严重，水资源极度短缺。在这里植树造林、征服风沙，难度无异于传说中的"愚公移山""精卫填海""夸父逐日"。可有这样一群人，他们坚持不懈、拼搏奉献，科学治沙、绿色发展，锲而不舍地推进治沙造林事业，将寸草不生、黄沙满地的沙害之地变为花繁草茂的林场，书写了从"沙逼人退"到"人进沙退"的绿色篇章，他们就是八步沙"六老汉"三代人。

"六老汉"按下红手印

八步沙是甘肃省武威市古浪县的一个大风口，位于古浪县东北、腾格里沙漠南缘，距离县城约 30 公里。"八步沙，出门八步就见沙。"八步沙的名称有很多说法，这是部分当地人认可的说法。20 世纪 70 年代，八步沙周边植被稀少，狂风肆虐，沙子以每年 7.5 米的速度向南侵袭，直接威胁着当地的村庄和数十万亩耕地。"一夜北风沙骑墙，早上起来驴上房"是当时的八步沙的真实写照。

面对日益严峻的生存危机，1981 年，作为三北防护林前沿阵地，古浪县着手治理荒漠，在八步沙试行"政府补贴、个人承包，谁治理、谁拥有"政策，郭朝明、贺发林、石满、罗元奎、程海、张润元 6 位老人郑重地在沙漠承包合同书上按下了"红手印"，以联户承包的形式开始治理 7.5 万亩流沙，就此组建了八步沙集体林场。当时，这 6 位老人年纪最大的是郭朝明，61 岁，最小的张润元也已近 50 岁。村民亲切地称他们为"六老汉"。郭朝明的儿子郭万刚介绍说，"六老汉"当时都是村里的干部、党员，20 世纪 60 年代就开始在八步沙种树治沙了，只是那时候吃饱肚子都成问题，大家心有余而力不足，加之各村分散造林，责权不清，未能形成规模。

重新回到沙丘里后，"六老汉"经过仔细观察，意外地发现草墩子旁边种植的树成活率更高。此后，他们摸索出"一棵树一把草，压住沙子防风掏"的治沙措施，八步沙林场树木的成活率一年比一年高。十多年过去了，老汉们的头发在时间的流逝中变得花白，换来的是昔日寸草不生的八步沙已经能看到绿色了。但他们承包的 7.5 万亩沙漠仅治理了一半，而且他们的另一份"治沙合同"才刚刚开始执行。

两代愚公守承诺

"六老汉"的另一份"治沙合同"，其实是他们之间的一项约定。6 位老人约定，如果谁由于身体等原因不能坚持了，就让谁家的孩子接替，继续履行治沙合同。为了父辈的嘱托，郭朝明的儿子郭万刚、贺发林的儿子贺中强、石满的儿子石银山、罗元奎的儿子罗兴全、程海的儿子程生学、张润元的女婿王志鹏相继接过了父辈治沙的接力棒，以"愚公移山"般的信念，成了八步沙第二代治沙人。① 其中，最早"接班"的郭万刚当年在供销社有着一份待遇不错又稳定的工作，空闲时经常到八步沙林场帮父辈们干活，但没有想过在八步沙一直干下去，直到经历了1993年的"五五"沙尘暴。据了解，那是新中国成立以来遭遇的最大的一次风沙灾害，13级的狂风夹杂着黄沙飞石，如洪水猛兽一般，那场持续了近半个小时的沙尘暴，给古浪县造成巨大损失，从那以后，郭万刚体会到了父辈治沙的一片苦心，坚定地投入了治沙的事业。

1999年，甘肃省绿化委员会、甘肃省林业厅、中共古浪县委员会、古浪县人民政府联合在八步沙林场竖起了"八步沙林场纪功碑"，不久又建起了"八步沙六老汉治沙纪念馆"。八步沙"六老汉"的故事在当地广为流传。2000年，郭万刚接替张润元成为八步沙林场新一任场长。2003年，"六老汉"承包的7.5万亩沙地终于在第二代治沙人的手里完成了治理。此时，"六老汉"中的贺发林老人、石满老人、郭朝明老人和罗元奎老人已先后去世。八步沙的第二代治沙人来到父亲们坟前，把成功的喜悦分享给长眠在八步沙的父辈。

三代治沙传佳话

在完成了7.5万亩沙地的治理后，八步沙第二代治沙人的脚步并没有停下来，他们主动请缨，向腾格里沙漠风沙最为严重的黑岗沙、大槽沙、漠迷沙三大风沙口进发。到2015年，八步沙林场第二代治沙人累计在黑岗沙造林6.4万亩，种植各类苗木1300万株，封育11.4万亩，撒播各类草籽3万多公斤、稻草数千万吨。② 在基本完成黑岗沙治理任务之后，八步沙林场又签下新的合同——到80公里外的腾格里沙漠腹地治理15.7万亩荒漠戈壁。

2016年5月，郭万刚的侄子、郭朝明老人的孙子郭玺也接过了父辈手里的接力棒，到林场正式上班，成为八步沙第三代治沙人。近年来，先后有多名大学生来到林场工作，给八步沙带来了新的活力。八步沙林场每年完成治沙造林近3万亩，其中约2万亩是通过年轻人主导的"蚂蚁森林"项目完成的。

与此同时，八步沙林场也取得了长足和持续的发展。2018年春天，八步沙林场成立了古浪县漠缘林业产业发展有限责任公司，依托"公司＋基地＋农户"模式，在古浪县黄花滩生态移民区的两个移民点流转土地5300亩，集中连片完成梭梭接种肉苁蓉。③ 据估算，梭梭接种肉苁蓉进入稳产期后，亩产年收入可达2300元以上，还可提供近

---

① 李将辉：总书记称他为当代愚公，他辞去"铁饭碗"治沙，一干就是38年［EB/OL］. 人民政协网，https://baijiahao.baidu.com/s?id=1642917065953363692&wfr=spider&for=pc.
② 柳青：治沙的钱从哪里来？八步沙的重生和"二次创业"｜70年70人·生态③［EB/OL］. 封面新闻，2019-07-31, https://baijiahao.baidu.com/s?id=1640505599430793081&wfr=spider&for=pc.
③ 李慧、宋喜群：《八步沙林场人的新愿望》，载《光明日报》2019年8月27日。

300个就业岗位，务工者人均年收入15 000元。同年，八步沙林场成立了古浪县八步沙林下经济养殖专业合作社，投资70万元，投放鸡苗5000只，在发展林下经济的同时，助力周边10余户贫困户脱贫致富。

2019年3月29日，中宣部授予古浪县八步沙林场"六老汉"三代人治沙造林先进群体"时代楷模"称号。一夜之间，"六老汉"三代人的治沙故事通过电视和网络传遍了全国。2019年8月21日，习近平总书记来到八步沙林场考察调研，听取当地防沙治沙整体情况汇报和八步沙林场"六老汉"三代人治沙造林的感人事迹，总书记对大家说：八步沙林场"六老汉"的英雄事迹早已家喻户晓，新时代需要更多像"六老汉"这样的当代愚公、时代楷模。要弘扬"六老汉"困难面前不低头、敢把沙漠变绿洲的奋斗精神，激励人们投身生态文明建设，持续用力，久久为功，为建设美丽中国而奋斗。①

从黄沙弥漫到培育绿意，再到向沙漠要"效益"，六老汉和他们的后人们凭借"让荒漠变绿洲"的信念，创造了一个又一个治沙奇迹。②

案例点评

以"六老汉"为代表的八步沙林场三代人"困难面前不低头，敢把沙漠变绿洲"的英雄事迹已经家喻户晓。20世纪七八十年代，郭朝明、贺发林、石满、罗元奎、程海、张润元六位老人，在承包沙漠的合同书上按下手印，誓用白发换绿洲，开始了艰难的治沙之旅。在六位老人的影响和叮嘱下，老人们的儿子或女婿先后接过铁锹，成为八步沙第二代治沙人，并致力将绿色带向腾格里沙漠更深处。在"子承父志、世代相传"观念的影响下，八步沙第三代治沙人接过接力棒，以更活跃的头脑、先进的技术，为八步沙林场带来了新的发展机遇，也开启了治沙的新篇章。四十多年来，"六老汉"的故事变为六个家庭的奋斗并发展成三代人的梦想，三代人接续扎根沙漠，持之以恒、不言放弃，创造了沙漠治理的绿色奇迹，书写了小人物的大情怀。他们是"绿水青山就是金山银山"理念的忠实践行者，是新时代坚持走生态优先、绿色发展之路的生动典范。

教学建议

本故事可用作"建设美丽中国"的教学案例，对"坚持习近平生态文明思想"和"推动绿色发展，促进人与自然和谐共生"两部分内容进行案例展示。八步沙"六老汉"三代人，四十多年如一日扎根沙漠，艰苦奋斗、始终如一，在实践中不断地创新，治沙的过程、取得的成绩、形成的模式，都是对习近平生态文明思想的生动诠释。教师可引导学生理解八步沙"六老汉"三代人治沙过程中展现的党员干部敢为人先、勇于担当、护卫家园的初心和使命，他们的治沙模式蕴含着不惧艰难、苦干实干、群策群力、人人

---

① 《习近平在甘肃考察时强调——坚定信心开拓创新真抓实干团结 一心开创富民兴陇新局面》，载《人民日报》2019年8月23日。
② 李琛奇，陈发明：六老汉封沙造林 三代人接力守绿［EB/OL］. 中国经济网，2019-03-28，http://www.ce.cn/xwzx/gnsz/gdxw/201903/28/t20190328_31757889.shtml。

参与、创新思变的精神力量,他们的治沙结果传递着矢志不渝、始终坚守、接续奋斗的意志和为民造福的情怀,体现了人与自然和谐共生的价值观念,诠释了"绿水青山就是金山银山"的科学论述。

1. 八步沙第一代治沙人在治沙过程中遇到了哪些困难?他们是如何克服的?
2. 在八步沙治沙三代人中,每代人的故事有哪些相同和不同的特点?你认为三代人实现治沙传承的关键是什么?

武威市委宣传部. "六老汉"八步沙[J]. 西北民族大学学报(自然科学版),2020,41(2):2,95.

杜尚儒. 八步沙与"六老汉"的不完全故事[J]. 新西部,2022(5):27—31.

李慧,宋喜群. 八步沙林场人的新愿望[N]. 光明日报,2019-8-27(16).

吕倩. 八步沙"六老汉"三代人治沙造林事迹对习近平生态文明思想学术研究的贡献[J]. 甘肃理论学刊,2022(1):20—26.

牢记领袖嘱托，大力学习弘扬右玉精神

吕志辉

山西省右玉县地处晋蒙交界、毛乌素沙漠边缘，是一个只有11万人的小县城。历史上因为长期饱受战乱之苦，破坏多、建设少，生态环境极为恶劣。在中华人民共和国成立时，右玉县面积虽有1964平方公里，但近90%是山地丘陵，超过70%为沙地，森林覆盖率只有0.3%。当地年平均气温3.6℃，年均降水量不足400毫米，全年无霜期仅有90天，最短时80天，冬季异常寒冷，夏季又干旱少雨，风沙特别大。风沙、洪涝、冰冻、干旱、虫害"五灾俱全"①。曾有环境专家将右玉列入"最不适宜人类生存的地区"，建议全县搬迁。

1950年春，右玉首任县委书记张荣怀上任。几经讨论，全县达成共识：右玉要想富，就得风沙住；要想风沙住，就得多种树。从此，一场跨越70多年的绿色"接力赛"在历任县委书记带领下起跑。70多年来，右玉历届县委、县政府团结带领当地干部群众，坚持植树造林，改善生态环境，一任接着一任干，创造了"不毛之地"变"塞外绿洲"、贫困山区步入全面小康的人间奇迹，同时也铸就了"右玉精神"的丰碑。

2020年，右玉所有的宜林荒山全部绿化，林木绿化率达到56%。这一年，右玉县经济总量、城乡居民收入增幅、人均GDP和一般公共预算收入等都创了历史新高，其中人均GDP超过10 000美元，贫困人口人均可支配收入1.1万多元。② 如今的右玉县已被确立为国家可持续发展实验区、全县域国家4A级旅游景区、国家生态文明建设示范县和乡村振兴先行区。目前，该县农民养羊超过75万只，种植小杂粮35万亩，同时拥有30万亩中药材种植基地、4.2万亩多样化种植基地和20多家绿色农业龙头企业，并建有晋西北"云计算"数据中心、杀虎口和右卫古城等文旅开发新兴产业园区，县委"巩固绿、提升绿、依靠绿、展示绿、享受绿、打造绿"的思路，正在使"利在长远"由目标成为现实。③ 2021年2月25日，在全国脱贫攻坚总结表彰大会上，中共右玉县委员会被授予"全国脱贫攻坚先进集体"的称号。

右玉县创造的人间奇迹得到了习近平总书记的高度关注。自2011年以来，习近平总书记先后6次对"右玉精神"做出批示。他指出：右玉的可贵之处，就在于始终发扬

---

① 高建生：右玉精神的科学内涵与价值意蕴［EB/OL］. 光明日报网，2021-03-30，https://baijiahao.baidu.com/s?id=1695649409527569862&wfr=spider&for=pc.
② 李建斌：右玉：从"绿起来"到"富起来"［EB/OL］. 中国经济网，2021-01-19，https://baijiahao.baidu.com/s?id=1689364204536479180&wfr=spider&for=pc.
③ 李建斌：右玉：从"绿起来"到"富起来"［EB/OL］. 中国经济网，2021-01-19，https://baijiahao.baidu.com/s?id=1689364204536479180&wfr=spider&for=pc.

自力更生、艰苦创业、功在长远的实干精神，在于始终坚持为人民谋利益的政绩观；①右玉精神体现的是全心全意为人民服务，是迎难而上、艰苦奋斗，是久久为功、利在长远。②他强调：右玉精神是宝贵财富，一定要大力学习和弘扬。③

新时代为什么要大力弘扬右玉精神呢？通过详细了解右玉县70多年来的奋斗历程，我们深刻认识到，右玉精神的可贵之处主要体现在以下几个方面。

一是迎难而上、艰苦奋斗的作风得到了传承发扬。在右玉精神的铸造过程中，迎难而上、艰苦奋斗的作风得到了充分发扬。70多年来，右玉县的党员干部带领群众为了彻底改变当地恶劣的自然环境和最终摆脱当地人民忍饥挨饿的悲苦命运，以"迎难而上"的气概和"苦干加实干"的劲头，种下一片片绿色，终将日月换新天。

二是以人民为中心的政治立场得到了充分体现。70多年来，在这场旷日持久的治沙绿化奋战中，无论是最初的求生存，还是后来的谋发展、奔小康，右玉县历任党政班子开展工作的出发点都是为了改善右玉人民的生活，增加右玉人民的福祉，是对人民根本利益的坚决维护，是对为人民服务宗旨的执着坚守。

三是"功成不必在我"的精神境界得以不断升华。右玉县的治沙造林绿化历程犹如一场只有起点、没有终点的接力赛。70多年来，历任党政班子以"换届不换方向，换人不换精神，一任接着一任干，一张蓝图绘到底"的意志，率领全县干部群众用心血和汗水建成了"塞上绿洲"。70余载艰苦卓绝的绿化之路，体现的是利在长远、"功成不必在我"、"功成必定有我"的价值追求和高尚境界。这种久久为功、利在长远的宝贵基因，为新时代我国干部队伍建设树立起一座不朽的丰碑。2020年5月，在山西考察的习近平总书记特别强调，要弘扬"右玉精神"。他指出：各级领导干部要有功成不必在我、功成必定有我的境界，不要搞急功近利的政绩工程，多做一些功在当代、利在长远、惠及子孙的事情。④

四是科学决策的绿色发展理念得以充分彰显。70多年来，右玉县历任党政领导班子一步一个脚印，科学决策、有序推进，走出了一条不以牺牲环境为代价的环境污染少、科技含量高、经济效益好的绿色发展之路，不但给当地带来显著的生态效益，也带来了直接的经济利益。20世纪50年代，他们采取的办法是"哪里能栽哪里栽，先让局部绿起来"，60年代是"哪里有风哪里栽，先把风沙锁起来"，70年代是"哪里有空哪里栽，再把窟窿补起来"，80年代是"适地适树合理栽，又把三松引进来"，90年代是"退耕还林连片栽，绿色屏障建起来"；跨入21世纪以后，他们进一步提出"乔灌混交立体栽，山川遍地绿起来"的响亮口号；党的十八大以来，新任党政领导班子又把"绿水青山秀塞外，金山银山富起来"作为新的奋斗目标。

---

① 山西新闻网传媒发展有限公司：右玉精神是宝贵财富，一定要大力学习和弘扬[EB/OL]. 山西新闻网，2021－11－08，https://baijiahao.baidu.com/s?id=17157879252629649777&wfr=spider&for=pc。
② 山西新闻网传媒发展有限公司：右玉精神是宝贵财富，一定要大力学习和弘扬[EB/OL]. 山西新闻网，2021－11－08，https://baijiahao.baidu.com/s?id=17157879252629649777&wfr=spider&for=pc。
③ 山西新闻网传媒发展有限公司：右玉精神是宝贵财富，一定要大力学习和弘扬[EB/OL]. 山西新闻网，2021－11－08，https://baijiahao.baidu.com/s?id=17157879252629649777&wfr=spider&for=pc。
④ 张晓松，朱基钗，杜尚泽：蹚出新路子，书写新篇章——习近平总书记山西考察纪实[EB/OL]. 国际在线，2020－05－14，https://baijiahao.baidu.com/s?id=1666638483181655583&wfr=spider&for=pc。

 **案例点评**

一场跨越70多年的绿色"接力赛"在右玉县党政班子的带领下起跑，将过去的"不毛之地"变成了如今的"塞外绿洲"，让贫困山区步入全面小康，堪称人间奇迹。而创造这一人间奇迹的密码是什么呢？那就是70多年来右玉人民铸就的"右玉精神"。在右玉精神的铸造过程中，党的艰苦奋斗作风得到了充分发扬，以人民为中心的政治立场得到了充分体现，"功成不必在我"的精神境界得以不断升华，科学决策的绿色发展理念得以充分彰显。

教学建议

曾被环境专家列入"最不适宜人类生存的地区"，建议全县搬迁的右玉县能蹚出一条从"不毛之地"到"塞外绿洲"，从贫困山区到全面小康的新路，再一次印证了我国走绿色发展之路、大力推进生态文明建设是可行的、必要的。党的十八大以来，被纳入中国特色社会主义五位一体总体布局的生态文明建设在我国受到前所未有的高度重视。在习近平生态文明思想的指引下，我国在建设美丽中国方面取得了重大进展和突破。右玉县70多年的发展历程和右玉县人民铸造的"右玉精神"可以作为生态文明建设和中国精神的典型案例进行深入挖掘和探究。在"毛泽东思想和中国特色社会主义理论体系概论"这门课中，可以把此案例用于第九章第一节中"实现中国梦必须弘扬中国精神"这一知识点和第十章第五节"坚持习近平生态文明思想"这一知识点的教学。教师可通过向学生讲述这个故事，让他们明白两个问题：第一，70多年来，右玉县人民在历任党政班子带领下走的是一条绿色发展之路，这条绿色发展之路不仅给当地带来显著的生态效益，也带来了直接的经济利益；第二，支撑右玉县人民创造人间奇迹的精神密码是他们在70多年接续奋斗中铸就的右玉精神。右玉精神体现的是以人民为中心的政治立场，充分发扬的是迎难而上、艰苦奋斗的作风，不断升华的是"功成不必在我"、久久为功、利在长远的精神境界，充分彰显的是科学决策的绿色发展理念。

 **学习思考题**

1. 今昔对比，右玉县发生了怎样的变化？
2. 右玉精神的丰富内涵体现在哪些方面？
3. 作为新时代的大学生，我们应从右玉县70多年的发展历程中获得哪些启示？

 **参考文献**

习近平. 绿水青山也是金山银山［M］//之江新语. 杭州：浙江人民出版社，2007.

绿水青山就是金山银山
——浙江余村践行"两山论"

张晓磊

改革开放初期,浙江安吉余村靠着开山采石成为远近闻名的"首富村",老百姓腰包鼓起来了,生态环境却恶化了,烟尘笼罩、污水横流成为困扰群众的大问题。要"钱袋子"还是要"绿叶子"?在抉择的十字路口,2005年8月,时任浙江省委书记习近平同志来到余村考察,以充满前瞻性的战略眼光,首次提出"绿水青山就是金山银山"。余村在这一重要理念的引领下,努力修复生态,用绿水青山敲开了经济发展的新大门,走出了一条生态美、百姓富的绿色发展之路。如今,这一新的发展理念已经从小山村走向了全中国,成为推进现代化建设的重大原则,成为全党全社会的共识和行动准则。

理念先行,坚定走生态兴村发展之路

余村因天目山余脉余岭而得名。当地人靠山吃山,村里的矿山曾是大家眼中的"金山"。从1977年村里开办第一家矿石开采场起,一直到20世纪末,全村200多户人家有一半以上捧着"石头碗"吃饭,每人每月能领到1000多元工资。20世纪末,余村已经是安吉县有名的工业村,村民们也靠开山采矿鼓了腰包。

可是,问题随之出现。山体遭到破坏,水和空气受到污染,灰尘常年漫天,矿山事故时有发生,余村人感到这碗"石头饭"到了难以为继的地步。在生计和生态的两难选择中,余村人举步维艰、犹豫徘徊。

2003年7月,浙江省委提出"八八战略",打造"绿色浙江"的内容包含其中。当年年底,余村运行了18年的水泥厂正式熄炉。随后的两年时间里,又关停了3个采矿场。余村人向"吃祖宗饭、断子孙路"的发展方式挥手告别。

矿山关停后,村集体年收入从300多万元骤降到不足30万元,村民的生计成为余村亟待解决的问题。2005年4月,村"两委"决定发展休闲经济,可在当时,这样的决定并不被看好。

2005年8月15日,习近平在余村考察时,得知村里关闭矿区、走绿色发展之路的做法后高度评价说:"下决心关停矿山是高明之举。"在那次考察中,习近平首次提出"绿水青山就是金山银山",强调不以环境为代价去推动经济增长。从此,余村人的心中有了底气，坚定了走生态兴村发展之路的决心。①

行动为基，找到绿色发展新机遇

十多年来，余村人对矿山复垦复绿，因地制宜发展白茶、椅业等优势产业，发展休闲旅游、生态旅游等绿色产业，走出了绿色发展的新路子。时至今日，沿着村里道路行走可以看到，矿山遗址公园取代了被炸得坑坑洼洼的冷水洞矿山，"两山绿道"替换了被运矿车压得坑坑洼洼的村路，水泥厂旧址改建成田园观光区，全国首个以"两山"实践为主题的4A级生态旅游、乡村度假景区建成并接待游客……

在发展中保护，在保护中发展。山水保护得好，发展就有了得天独厚的优势。余村人将生态资源优势转化为经济发展优势，实实在在地从中获益。2019年，余村实现农村经济总收入2.796亿元，接待游客90万人次，村集体经济收入从2005年的91万元增长至521万元，村民人均年收入从2005年的8732元增加到49 598元。余村人形容自己是"被幸福累弯了腰"，余村也获得全国文明村、全国美丽宜居示范村等多项荣誉。

实践创新，统筹生态保护和民生改善

2003年6月，浙江省启动"千村示范、万村整治"工程，开启以改善农村生态环境、提高农民生活质量为核心的村庄整治建设大行动。该工程目标是从全省4万个村庄中选择约1万个行政村进行全面整治，把其中约1000个中心村建成全面小康示范村。

2005年8月24日，习近平在《浙江日报》"之江新语"专栏发表文章，进一步阐释"绿水青山就是金山银山"的内涵："我们追求人与自然的和谐，经济与社会的和谐，通俗地讲，就是既要绿水青山，又要金山银山。"②

在"千村示范、万村整治"工程的实施下，2003年至2007年，1万多个建制村推进道路硬化、卫生改厕、河沟清淤等；2008年至2012年，畜禽粪便、化肥农药等面源污染得到整治，农房得到改造；2013年以来，攻坚生活污水治理、垃圾分类、历史文化村落保护利用。一路走来，浙江农村发展思路发生了转变，村居面貌发生了质变，村民们的习惯发生了巨变。

"将昔日污染严重的黑臭河流改造得潺潺流水、清可见底，赢得了激励与行动类别奖项。这一极度成功的生态恢复项目表明，让环境保护与经济发展同行，将产生变革性力量。"2018年9月，联合国环境规划署将年度"地球卫士奖"中的"激励与行动奖"颁给浙江"千村示范、万村整治"工程。③

---

① 付筱菁，颜新文：人与自然和谐共生：从余村样本到中国方案［EB/OL］. 中央纪委国家监委网站，2020-4-2, https://mp.weixin.qq.com/s/TWO4Qe8KrqoiwsjuE8dsPw.
② 习近平：《绿水青山也是金山银山》，浙江：浙江人民出版社，2007年，第153页。
③ 付筱菁，颜新文：人与自然和谐共生：从余村样本到中国方案［EB/OL］. 中央纪委国家监委网站，2020-4-2, https://mp.weixin.qq.com/s/TWO4Qe8KrqoiwsjuE8dsPw.

示范效应,从余村样本到中国方案

余村的蝶变之路,正是我国部分地方美丽乡村剧变的缩影,更是浙江群众生态发展理念升维的生动演绎。

余村富了,也在带动周边地区走上共同富裕的道路。为了更好地建设美丽乡村,安吉县已将余村、天荒坪镇镇区及周边四村纳入余村"两山"示范区建设规划范围,构建"1+1+4"整体规划格局。目前已完成"1+1+4"范围的战略发展研究、产业发展规划研究以及五村国土空间规划布局方案,形成余村村规民约编制及系列文本。

2019年浙江省未来社区创建工作启动,余村未来社区的申报方案于2020年6月顺利通过,成为第二批唯一一个乡村版试点,其定位为"美丽余村·未来原乡"。

绿水青山和金山银山,是对生态环境保护和经济发展的形象化表达,这两者绝不是对立的,而是辩证统一的。习近平总书记强调:我们既要绿水青山,也要金山银山。宁要绿水青山,不要金山银山,而且绿水青山就是金山银山。这深刻揭示了保护生态环境就是保护生产力、改善生态环境就是发展生产力的道理,清晰指明了实现发展和保护环境协同共生的新路径。浙江余村绿色发展的故事深刻阐明,绿水青山既是自然财富、生态财富,又是社会财富、经济财富。绿水青山还是更加基础性和本源性的财富,离开了绿水青山,人类社会的一切财富都将成为无源之水、无本之木。

在高校思想政治理论课的教学中,本故事可用作"新发展理念""建设美丽中国""习近平生态文明思想"的教学案例,用以阐明"绿水青山就是金山银山"的重要理念。浙江余村发展的几个阶段,正好对应了"绿水青山既是自然财富、生态财富,又是社会财富、经济财富"的观点。

1. 结合余村绿色转型发展的故事,谈谈你对"绿水青山就是金山银山"的理解。
2. 为什么说"绿水青山既是自然财富、生态财富,又是社会财富、经济财富"?

参考文献

习近平. 绿水青山也是金山银山[M]//之江新语. 杭州:浙江人民出版社,2007:153.
尹怀斌. 从"余村现象"看"两山"重要思想及其实践[J]. 自然辩证法研究,2017(7):65—69.

人不负青山，青山定不负人
——陕西省坚决打好秦岭保卫战

张晓磊

横亘于我国中部的秦岭山脉，西起昆仑山、东至大别山，逶迤磅礴三千里；左牵黄河，右挽长江，不仅是我国南北地理分界线，更是中华文明的摇篮和重要地标。从生态角度看，秦岭山脉有"国家中央公园"和"国之绿肺"之称，是我国重要的生态安全屏障，关系着我国南水北调、生物多样性保护、应对气候变化等多个重要战略的实施。

秦岭被称为我国的"中央水塔"。这里拥有丰富的水资源，是长江、黄河的重要来水区，也是西安市的水源地，古时"八水绕长安"盛景中的"七水"都源自秦岭，同时还是支撑我国南水北调中线工程的"主力军"。这里被视为"世界生物基因库"。2000多种野生植物和4000多种动物生活其间，不仅是大熊猫、金丝猴、朱鹮、羚牛"秦岭四宝"的栖息地，还是研究东亚植物起源的关键地区。2021年，工作人员在秦岭主峰太白山发现我国特有的国家一级重点保护野生植物独叶草就是最好的佐证。这里还是全球气候变化的敏感区域之一。在应对全球气候变化的战略上，秦岭地区是一个重要区域。秦岭气候变化对整个亚洲乃至全球气候变化影响较大。[1]

习近平总书记在陕西考察时强调，保护好秦岭生态环境，对确保中华民族长盛不衰、实现"两个一百年"奋斗目标、实现可持续发展具有十分重大而深远的意义。

顶层推动，整治"秦岭之殇"

夏入秦岭，绿意盎然。苍翠的秦岭脚下，处处都是风景。然而，20世纪90年代以来，一些开发商盯上了秦岭这个"风水宝地"，侵占大量耕地、林地修建别墅。党的十八大以来，习近平总书记先后六次就查处秦岭北麓西安境内违建别墅问题、加强秦岭生态保护做出重要批示。

2014年5月13日，习近平做出第一次批示，要求陕西省委、省政府主要负责同志关注秦岭北麓西安段圈地建别墅问题。2014年7月，调查小组向西安市反馈：违建别墅底数已彻底查清，共计202栋。随后，202栋这个数字就从市里报省里、省里报中央。事实上，秦岭违建别墅远不止202栋，陕西省和西安市严重的形式主义和官僚主

---

[1] 冯瑛冰，陈钢，李华：《当好秦岭生态卫士》，载《瞭望》2021年第28期。

义，导致上千栋违建别墅在当时被漏报。2014年10月13日，习近平又做出第二次重要批示，但陕西省和西安市还是没有真正重视。从2015年2月到2018年4月，习近平针对秦岭违建别墅又作过三次重要批示。但陕西省和西安市仍然没有做到总书记要求的"不彻底解决、绝不放手"。2018年7月，习近平对秦岭违建别墅做出第六次批示：首先从政治纪律查起，彻底查处整而未治、阳奉阴违、禁而不绝的问题。直接将之提到了"政治纪律"的高度。

2018年7月下旬，中央专门派出中纪委领衔的专项整治工作组入驻陕西，展开针对秦岭违建别墅的整治行动。在党中央的直接推动下，一场雷厉风行的专项整治在这里展开，共清查出1194栋违建别墅，其中依法拆除1185栋，依法没收9栋，改造后用于公共事业。①

巩固成效，密织秦岭"保护网"

2018年，在中央派驻工作组的指导下，秦岭北麓西安境内违建别墅专项整治基本实现了政治上查清、整治上彻底、长远上规范的预期目标。陕西省对秦岭违建问题坚持紧盯不放，持续巩固拓展专项整治成效。秦岭迎来"史上最严"保护。

2018年7月，陕西省委印发《关于全面加强秦岭生态环境保护的决定》。2019年9月陕西省人大修订通过了《陕西省秦岭生态环境保护条例》，陕西省政府印发了《秦岭生态环境保护的行动方案》，修编了《陕西省秦岭生态环境保护总体规划》和8个省级专项规划，涉秦岭市、县印发实施了保护规划，基本形成全省秦岭保护"1+N"规划体系，并出台《秦岭重点保护区、一般保护区产业准入清单》，严把项目准入关口。

移民搬迁、退耕还林、天然林保护、生态修复等一系列生态工程，在秦岭区域不断实施。在陆续建设秦岭国家植物园、大熊猫国家公园之后，2021年10月，秦岭国家公园创建获正式批复。秦岭保护"重磅加码"，秦岭核心资源将得到原真性和完整性保护。

陕西积极推进矿权退出，涉及秦岭重点保护区以上的169个矿权完成退出；稳步推进小水电站整治，已累计拆除298座、退出81座、整改56座。在加大常态化执法检查力度的同时，组织开展联合执法检查、交叉检查、明察暗访。

作为秦岭主体所在地的陕西省，还探索出一套"人力保护"与"科技保护"相结合的"智慧"模式，取得了良好成效。陕西连续3年对涉秦岭6市和省级有关部门进行年度目标责任考核，落实自然资源资产离任审计和生态环境损害责任终身追究制度。建立起秦岭生态环境保护信息化网格化监管平台，配备网格员6404名。同时，创新保护手段，依托生态大数据，筹建"数字秦岭"，充分运用物联网、大数据、云计算等先进技术手段，建立起天地空人网一体、上下协同、跨部门信息共享的"智慧大脑"，在生态环境立体监测、防火防汛应急管理指挥分析、病虫害防治、生物多样性保护以及日常巡护管理等方面发挥了重要作用。

---

① 冯瑛冰，陈钢，李华：《当好秦岭生态卫士》，载《瞭望》2021年第28期。

统筹兼顾，生态与发展相得益彰

"绿水青山就是金山银山"的发展理念在秦岭大地上徐徐铺展，秦岭绿色发展的实践证明，经济发展与生态保护并不是鱼和熊掌不可兼得的两难选择，"人不负青山，青山定不负人"在秦岭成为不争的事实。秦岭地区逐步蹚出了一条兼顾生态与发展的新路，真正实现了"绿了村庄、富了百姓"。生态与发展相得益彰，正是秦岭这片绿水青山里所蕴藏的金山银山。

"生态+扶贫"探索脱贫致富新路径。"十三五"期间，秦岭全域贫困县实现全部出列。过去的贫困县成为发展新标杆，从柞水的小木耳变大产业，到洋县的千羽朱鹮展翅飞，生态价值对脱贫的作用日益显现。

"生态+产业"引领绿色发展新格局。生态放养、有机种植等"秦岭牌"农业快速发展。"绿色牌"旅游成为增收"聚宝盆"，以眉县、洋县、柞水、佛坪等为代表的特色旅游区县于山水间走出了致富新路，生态旅游成为秦岭发展热词。

"生态+科技"形成创新发展新动力。电商进山，助力农产品走出秦巴大山，2020年，秦岭区域岐山县、潼关县、凤县、汉滨区、眉县 5 县入选国家级电子商务进农村示范县，从火爆的柞水木耳，到闻名全国的山核桃、高山土豆、猕猴桃等秦岭农产品，电子商务为特色农产品插上"翅膀"。

"生态+民生"构筑共享发展新生活。强化农村人居环境整治，实现生态宜居，秦岭地区有多个国家级美丽宜居示范小镇和国家级美丽宜居示范村庄。

 案例点评

要保护好秦岭生态环境，必须牢固树立生态文明理念。党的十八大以来，习近平总书记反复强调生态文明建设的重要性，生态文明建设理念深入人心。习近平生态文明思想是习近平新时代中国特色社会主义思想的重要组成部分，为破解经济发展和生态保护之间的矛盾提供了理念启迪和现实遵循。只有牢固树立生态文明理念，学懂弄通做实习近平生态文明思想，才能精准把握习近平总书记关于秦岭生态保护系列重要讲话的精神，当好秦岭生态卫士，不在历史上留下骂名。要保护好秦岭生态环境，必须着力加强地方官员考核。地方领导干部不仅是各项地方政策措施的规划者、制订者，更是中央和地方各项政策措施的践行者、实施者，其生态保护意识及行动尤为重要。要保护好秦岭生态环境，必须重视协调不同主体之间的利益。秦岭覆盖范围广，涉及 4 个省级行政区、几十个市级和县级行政区，存在发展不平衡、不充分的问题。建议由中央政府组织专门机构，做好统一规划，协调各行政主体之间的关系，明确各方责任，协同推进保护行动。秦岭生态保护虽然关键在陕西，但受益者不仅仅是陕西，应在财政上和资源分配上给予陕西一定的生态补偿，共同守护好秦岭的生态环境。[①]

---

① 王社教：《秦岭生态保护的历史意义与责任担当》，载《光明日报》2020 年 4 月 27 日。

党的十八大以来,以习近平同志为核心的党中央站在坚持和发展中国特色社会主义、实现中华民族伟大复兴的中国梦的战略高度,将生态文明建设纳入中国特色社会主义"五位一体"总体布局和"四个全面"战略布局,提出了一系列新理念新思想新战略,形成了习近平生态文明思想。

习近平生态文明思想内涵丰富、逻辑严密。本故事可以作为教学案例,用于讲解"坚持人与自然和谐共生""绿水青山就是金山银山""良好生态环境是最普惠的民生福祉""用最严格制度、最严密法治保护生态环境"等习近平生态文明思想的重要内容。

1. 结合陕西省坚决打好秦岭保卫战的故事,谈谈为什么要用最严格制度、最严密法治保护生态环境。

2. 结合秦岭绿色发展的实践,谈谈你对"绿水青山就是金山银山"的理解。

参 考 文 献

孙波,陈晨,张斌. 高质量发展动能澎湃——沿着总书记的足迹之陕西篇[N]. 光明日报,2022-6-23(1).

王社教. 秦岭生态保护的历史意义与责任担当[N]. 光明日报,2020-4-27(16).

像对待生命一样对待生态环境

——大理洱海生态治理实践

张晓磊

高原明珠洱海，湖泊面积 252 平方公里，是云南第二大高原淡水湖，是大理人的"母亲湖"。20 世纪 80 年代起，洱海水质急速下降，从贫营养状态转向富营养状态，曾两次暴发蓝藻。近年来大理一年上千万人次的旅游流动人口，也远远超出了洱海的环境承载能力。

2015 年 1 月 20 日，习近平总书记来到大理市湾桥镇古生村考察，了解洱海湿地生态保护情况，和当地干部一起"立此存照"，"希望水更干净清澈"。他嘱咐当地干部群众一定要把洱海保护好，让"苍山不墨千秋画，洱海无弦万古琴"的自然美景永驻人间。

习近平总书记对洱海治理做出的重要指示，推动洱海保护治理进入了一个全新的历史阶段。云南省牢记习近平总书记的殷殷嘱托，以习近平生态文明思想为引领，做出"采取断然措施，开启抢救模式，保护好洱海流域水环境"的工作部署。大理白族自治州（简称大理州）坚持系统治湖、科学治湖、依法治湖、全民治湖，全面打响环湖截污、生态搬迁、矿山整治、农业面源污染治理、河道治理、环湖生态修复、水质改善提升、过度开发建设治理八大攻坚战。

坚持系统治湖，推进全域联动治理

2015 年，大理州把洱海保护治理范围从 252 平方公里的湖区扩大到 2565 平方公里的整个流域，推进苍山洱海一体化保护，实施全系统生态保护、全流域生态建设；统筹对水环境、水资源、水生态问题开展生态治理；保水质防蓝藻和流域转型发展"两手抓"，统筹推进综合治理、系统治湖。

第一，拆违控流，压减开发空间。大理州重新编制大理州、大理市洱海流域国土空间规划，把大理市城乡开发边界面积从 188 平方千米调减到 148 平方千米；规划人口总数从 105 万调减到 86 万。停止开发洱海东部片区，把规划开发面积从 140 平方公里压减到 9.6 平方公里。第二，环湖治污，筑起绿色防线。大理州构建起全新的环湖截污体系，形成"户保洁、村收集、镇清运"的垃圾收集清运长效机制；实施村落污水收集管网扩面建设，实现到户收集全覆盖，集中收集处理庭院污水。第三，生态搬迁重建网红打卡点。2018年，大理州启动洱海沿岸15米范围内1806户7270人生态搬迁，腾退土地用于建设环湖生态廊道和湖滨缓冲带，实现"人退湖进"。目前，129公里洱海生态廊道已全线贯通。

云南省委强调，要改善湖泊水生态，必须坚持山水林田湖草沙系统治理，修复山体、植树造林、治理河道、清理调蓄带、恢复水生态、量力而行引水补水，推动流域水环境、水资源、水生态、水安全得到整体改善。①

坚持科学依法治湖，实现可持续治理

在洱海治理过程中，科学治湖理念深入实践。为全方位监管洱海水质，大理州组建起由中国科学院、中国工程院、中国环科院等国内科研单位组成的专家团队，健全科研统筹和专家会商工作机制。目前已建成"天空地水"一体化感知的数字洱海监管服务平台，汇聚26家单位、超20亿条信息，基本实现监测数据、专家意见与行政决策、工作措施深度融合。大理州开发建设了洱海监控预警系统，构建了覆盖洱海全流域的"天空地"一体化智能监测网，初步实现了系统的数据共享、分析预警和决策监管的功能定位。同时，大理州还新建了包括污水处理厂、洱海湖湾等在内的155座24小时自动化监测站，每4个小时监测站会自动取样并分析上传相关数据。通过洱海监控预警平台，实时监控洱海的水质、水位、气象、雨量等信息，并且对污水和垃圾处理的全过程实施在线的全程监管，为科学治理提供依据。

在洱海治理过程中，依法治湖全面推进。大理州颁布施行《大理白族自治州湿地保护条例》《大理白族自治州水资源保护管理条例》等14个单行条例，构建了富有大理特色、系统较为完备的洱海保护法规体系。重新修订《大理白族自治州洱海保护管理条例》及实施办法，把流域划分为一、二、三级保护区，逐级明确保护管理的边界、原则和要求。编印《洱海流域常见违法违规行为及查处法律法规依据》，出台《洱海流域一二级保护区相对集中行政处罚权的方案》，加大对流域内重点企业、餐饮客栈、农村违建、取水用水、渔政管理等的监管执法力度，确保洱海保护治理有法必依、执法必严、违法必究。

坚持全民治湖，处理好"多方共赢"的关系

云南省委、省政府高位推动洱海保护治理，省委书记担任洱海省级湖长，省政府专门成立洱海保护治理工作领导小组，省级从2017年起每年给予洱海保护治理6亿元资金支持。成立由州委、州政府主要领导任双组长的洱海保护治理及流域转型发展工作领导小组，组建州和流域2县（市）一线指挥部，向流域2县（市）18个乡镇（街道）派驻一线工作队。把每月第一个星期六设为"洱海保护日"，广泛动员社会各界参与保护"母亲湖"。

---

① 王长山，丁怡全：《一定要把洱海保护好》，载《瞭望》2022年第29期。

充分发挥人民群众在洱海保护治理工作中的主体作用,"洱海保护日"系列活动有序开展,"开学第一课"、"小手拉大手"、条例宣传宣讲、科普宣教基地挂牌等工作有力推进,全民参与洱海保护治理的激励、约束机制不断健全,群众监督举报渠道持续畅通,"保护优先、绿色发展"和"洱海清、大理兴"的生态文明理念更加深入人心。

在确保湖泊治理各主体全面持续参与湖泊保护的同时,构建民众、政府、企业、科研机构等多元主体共建共享共赢的机制,让生态移民安心,让农民持续增收,让人民群众从洱海保护和绿色发展中长久受益,带动乡村全面振兴。

坚持绿色转型,处理好生态保护与经济发展的关系

"洱源净,洱海清,大理兴!"这是多年前洱海流域常见的标语,美好的愿望背后,现实却很残酷。2019年和2020年,大理州连续两年GDP增速全省倒数第一。在保护好洱海、守住"绿水青山"的前提下,如何把绿水青山转化为金山银山,实现产业绿色转型升级发展?破解洱海保护与经济发展矛盾的核心就是实现经济社会发展的绿色转型。大理以洱海保护引领全州绿色转型,坚决取缔和禁止流域内的污染产业,创建绿色园区、引进环保项目,推动第一、二、三产业的绿色转型升级。一是农业从污染种养业向绿色生态农业转变,二是工业从"围湖开发"向"跳出洱海"高质量发展转变,三是旅游业从景区旅游向全域旅游转变。

目前,洱海保护治理及流域转型发展成效不断巩固。"十三五"期间,洱海全湖水质累计32个月为Ⅱ类,圆满完成规划的水质目标。2021年,洱海全湖透明度均值为1.78米,水质评价结果为优。2022年1至5月,洱海全湖透明度均值为2.83米,环境质量持续改善。回望洱海保护之路,关键在于牢固树立"绿水青山就是金山银山"理念,坚持以绿色发展引领工程性治理和生态性修复,扎实推进依法治湖、科学治湖、全民治湖、系统治湖,闯出一条人与自然和谐共生的绿色发展之路。

习近平总书记考察洱海时强调:要把生态环境保护放在更加突出的位置,像保护眼睛一样保护生态环境,像对待生命一样对待生态环境。①"眼睛"和"生命"的比喻,形象地说明了生态环境的极端重要性。保护生态环境就是保护人类,建设生态文明就是造福人类。保护生态环境、建设生态文明既是关系民生的重大问题,更是关系党的使命宗旨的重大政治问题。②云南举全省之力推进洱海保护治理工作,是习近平生态文明思想在地方的生动实践。大理坚持系统治湖、科学治湖、依法治湖、全民治湖,坚持绿色转型,是践行"绿水青山就是金山银山"理念的典型案例。

---

① 中共中央文献研究室:《习近平关于社会主义生态文明建设论述摘编》,北京:中央文献出版社,2017年,第8页。
② 中共中央宣传部:《习近平新时代中国特色社会主义思想学习问答》,北京:学习出版社,2021年,第350页。

大理洱海生态治理，是习近平生态文明思想的生动实践。此案例可以融入思想政治理论课教学，其核心和重点是学习领会习近平新时代中国特色社会主义思想的立场、观点和方法。第一，通过大理坚持系统治湖的实践，充分学习用系统观点看待问题、解决问题；第二，通过大理坚持全民治湖的实践，领会"以人民为中心"的根本立场；第三，通过了解大理经济社会发展的绿色转型实践，深刻理解"绿水青山就是金山银山"的重要论述。

1. 大理州在洱海治理过程中有哪些具体实践？这些实践在哪些层面体现了习近平生态文明思想？

2. 结合大理州经济社会发展的绿色转型，谈谈你对"绿水青山就是金山银山"的理解。

参考文献

光明日报调研组. 从"一湖之治"向"生态之治"的转变——"绿水青山就是金山银山"的大理洱海实践[N]. 光明日报，2022-6-10（5）.

李银，吉哲鹏，林碧锋. 彩云之南描绘新画卷——沿着总书记的足迹之云南篇[N]. 光明日报，2022-6-21（1）.

保护生态环境就是保护生产力

——海南省建设国际旅游岛

李　娴　李　俊

当大半个中国即将进入凛冽的寒冬时,坐落在祖国南端的美丽海岛海南一如既往地鲜花盛开、花团锦簇。每年冬季,从全国各地蜂拥而来的游客贪恋地感受着南海之滨的热带风情和清新优质的空气。这般盛景,得益于党的十八大以来习近平总书记先后3次考察海南,以更高的站位、更宽的视野、更大的力度为海南发展擘画了宏伟蓝图;得益于海南省在建设国际旅游岛的过程中持之以恒地践行"绿水青山就是金山银山"的理念,一以贯之地坚持保护生态环境就是保护生产力,始终如一地坚持在发展中保护生态环境。

生态理念贯穿建设过程

作为中国最大的经济特区,我国唯一的热带岛屿省份海南省,自然资源得天独厚,经济发展备受关注。自1988年建省、设立经济特区以来,海南的经济发展在较短时间内取得了较为显著的成绩,但由于起步晚、基础差,其经济社会发展的整体水平仍然较低,保护生态环境、调整经济结构、推动科学发展的任务十分艰巨。基于此,充分发挥海南的区位和资源优势,建设海南国际旅游岛,是海南实现经济社会又好又快发展的重大举措。

2001年,中国(海南)改革发展研究院院长迟福林带领他的团队以"根据自身资源禀赋,以产业开放带动海南的全面开放,走出一条全新的路子来"为理念,提出建设国际旅游岛,希望通过国际旅游岛的建设,推动海南更大程度的开放。2010年1月4日,经历了长达八年的相关理论的研究和工作部署,国务院正式颁布了《国务院关于推进海南国际旅游岛建设发展的若干意见》,指出要走生产发展、生活富裕、生态良好的科学发展之路,要逐步将海南建设成为生态环境优美、文化魅力独特、社会文明祥和的开放之岛、绿色之岛、文明之岛、和谐之岛。从此,海南国际旅游岛的建设紧扣"生态"与"绿色"发展理念,在万众瞩目之下正式步入正轨。

党的十八大以来,习近平总书记关心和重视海南发展,先后三次前往海南考察,足迹遍及琼州大地的港口码头、育种基地、美丽乡村,为新时代海南发展做出重要指示,为海南国际旅游岛的建设铺垫了生态发展的底色。2013年,习近平总书记在视察时指出：青山绿水、碧海蓝天是建设国际旅游岛的最大本钱，必须倍加珍爱、精心呵护，"保护生态环境就是保护生产力，改善生态环境就是发展生产力"①。2018年，在海南建省、设立经济特区30周年之际，习近平总书记再次来到海南，将海南生态建设的重要性推向新的高度，提出要把保护生态环境作为海南发展的根本立足点，牢固树立"绿水青山就是金山银山"的理念，像对待生命一样对待这一片海上绿洲和这一汪湛蓝海水，努力在建设社会主义生态文明方面做出更大成绩②。2022年4月，习近平总书记在琼州的土地上再次明确提出：要坚持生态立省不动摇，把生态文明建设作为重中之重，对热带雨林实行严格保护，实现生态保护、绿色发展、民生改善相统一③。

从中央文件到重要讲话，海南国际旅游岛的建设因其重要的位置和意义，受到了全国乃至世界范围的广泛关注，而甫一开始，党和国家就高屋建瓴、高瞻远瞩，将生态理念贯穿国际旅游岛建设全过程，为海南发展打上了生态和绿色的烙印，指引了正确的发展航向。

优质环境筑牢发展保障

在"绿水青山就是金山银山""保护生态环境就是保护生产力"等理念的影响下，海南深刻认识到优良的生态环境是一笔既买不来也借不到的宝贵财富，没有好的生态环境就没有海南国际旅游岛。那应该如何守住自然生态这笔宝贵财富呢？海南开始了不间断的探索，发现遵循规律的科学意识和保护生态的务实行动都不能少。

"以最严格的制度和措施确保生态环境只能更好、不能变差""协调处理好生态环境高水平保护和经济高质量发展的关系"……近年来，在海南的重要会议和重要文件中，与生态有关的关键词汇频频出现，提振生态保护意识，把方向、管全局。

而在保护生态的行动方面，海南持续推进热带雨林国家公园、清洁能源岛和清洁能源汽车推广、"禁塑"、装配式建筑应用和推广等几项标志性工程，以标志性项目打造海南生态新优势。仅以海南热带雨林国家公园为例，近年来，公园持续迈出建设新步伐，公园内的热带雨林面积占比达73.89%、森林覆盖率增长至95.85%，整合连通原20余个保护地、涵盖了海南岛95%以上的原始林和55%以上的天然林，推进核心保护区生态搬迁，矿产项目已退出或不再开采，小水电有序退出，海南长臂猿种群数量恢复到5群35只。

经过数年发展，翻看近年来海南生态环境保护和生态文明建设的"成绩单"，生态家底日益丰厚：2021年，海南省细颗粒物（PM2.5）浓度13微克/立方米，臭氧浓度处于近几年的低值，海南热带雨林国家公园成为首批正式设立的5个国家公园之一，围填海等生态环保问题的整改取得明显突破……生态建设非一日之功，每一分绿色都来之不易，如此优质的生态环境为海南国际旅游岛的发展筑牢了坚实可靠的基础和保障。

---

① 习近平：《在庆祝海南建省办经济特区30周年大会上的讲话》，北京：人民出版社，2018年，第17页。
② 习近平：《论坚持人与自然和谐共生》，北京：中央文献出版社，2022年，第89页。
③ 《守护生态，为绿色发展铺就最亮丽的底色》，载《海南日报》，2022年4月18日。

"山水经"转化为"致富经"

人不负青山，青山定不负人。在国际旅游岛的建设过程中，海南省久久为功，绿水青山和碧海蓝天成就了海南面貌，也成了海南的金字招牌，帮助海南解开了发展的"绿色密码"，即生态保护和经济发展可以实现双赢，"山水经"是"致富经"，亦是"幸福经"。

在良好、优质的生态环境的加持下，海南不断提升全省旅游产业发展的后劲和活力，致力形成全域旅游的格局；积极推动旅游与健康医疗、高端养生养老融合发展，逐步形成医美旅游新业态，发展康养旅游；打造了一批自然环境优美、接待设施配套、旅游休闲设施完善的乡村旅游点，积极发展乡村共享农庄旅游等。海南旅游综合实力不断提升，成为国内最热的旅游目的地之一。在疫情防控常态化背景下，2021年海南省旅游业稳步复苏，全省接待游客总人数为8100.43万人次，同比增长25.5%，恢复至2019年的97.5%，实现旅游总收入1384.34亿元，同比增长58.6%[①]，海南以旅游业、现代服务业、高新技术产业为主导的绿色产业体系正在逐步形成，国际旅游岛建设取得亮眼成绩，生态"高颜值"成功转化为发展"高质量"，用事实对"保护生态环境就是保护生产力"做出了最好的诠释。

案例点评

海南是我国最大的经济特区和唯一的热带岛屿省份，自然资源和地理位置十分优渥。为提振经济，党和国家进行了建设海南国际旅游岛的发展部署。党的十八大以来，习近平总书记先后3次前往海南考察，为海南发展指引航向，强调要把保护生态环境作为海南发展的根本立足点，指出保护生态环境就是保护生产力，改善生态环境就是发展生产力，为海南国际旅游岛建设铺设了生态和绿色的发展底色。在这些科学理念的指导下，海南兼顾遵循规律的科学意识和投身保护生态的务实行动，持续推进热带雨林国家公园、清洁能源岛和清洁能源汽车推广、"禁塑"、装配式建筑应用和推广等几项标志性工程，以优质的环境夯实经济发展的基础。最终，海南解开了发展的"绿色密码"，旅游综合实力不断提升，旅游收益较为可观，逐步形成了以旅游业、现代服务业、高新技术产业为主导的绿色产业体系，国际旅游岛建设取得可喜成果，实现了生态保护和经济发展的"双赢"。

教学建议

海南建设国际旅游岛可以作为"推动绿色发展，促进人与自然和谐共生"的教学案例，是对"建设人与自然和谐共生的现代化"的事实诠释。文明产生于人与自然的矛盾

---

① 王伟，潘世鹏：2021年海南省旅游业总收入1384亿元：椰岛木棉红 欢乐全域游[EB/OL].中华工商网，2022-02-26，https://baijiahao.baidu.com/s?id=1726083821458909372&wfr=spider&for=pc。

运动中,一部人类社会的发展史,就是一部人与自然的关系史。生态文明旨在重构人与自然的和谐关系,不断提高人类生活质量,引导人类走上科学发展、和谐发展、可持续发展的文明道路。马克思主义认为,人类社会的发展不只是经济上富裕、精神上文明、政治上民主,更重要的是生态上和谐。海南省建设国际旅游岛,将生态文明理念贯穿发展全过程,用优质生态环境筑牢发展基础,实现了生态保护和经济发展的双赢。教师可引导学生认识环境如水、发展似舟、水能载舟、亦能覆舟,认识"保护生态环境就是保护生产力",认识生态保护和经济发展可以得到平衡与兼顾等理念。

1. 海南省建设国际旅游岛的过程中是通过哪些方式贯彻生态和绿色发展理念的?取得了什么样的效果?

2. 海南的"山水经"是如何转化为"致富经"的?即海南如何实现了生态保护和经济发展的双赢?

坚持生态立省不动摇　把生态文明建设作为重中之重[N]. 海南日报,2022-4-14(A9).

周晓梦,王靓婷. 碧海蓝天绘海南[N]. 海南日报,2017-9-22(A3).

周晓梦. 绿满山川守初心[N]. 海南日报,2022-4-11(A2).

塞罕坝的华美转变

吕志辉

说到生态文明建设和绿色发展范例,就不得不提到位于河北省承德市围场满族自治县的被誉为"绿色明珠"的塞罕坝林场。这里曾经是"黄沙遮天日,飞鸟无栖树"的荒漠,经过三代人五十余年的艰苦奋斗和努力建设,目前,此地已有世界上面积最大的人工林海,森林覆盖率达到82%,创造了中国造林史上的奇迹,生动诠释了"绿水青山就是金山银山"的绿色发展理念。

塞罕坝意为"美丽的高岭",地处河北最北端,与内蒙古交界,是浑善达克沙地的最前沿,曾是清代皇家猎苑"木兰围场"的重要组成部分,后因乱砍滥伐,这里逐步退化成风沙肆虐的荒漠。这里气候恶劣,极端最低气温可达零下43℃,每年年均积雪时间超过7个月。从20世纪60年代初开始,我国为改变"风沙紧逼北京城"的严峻形势,决定建一座大型国有林场,恢复植被,阻断风沙。1962年,来自全国的127名大中专毕业生奔赴塞罕坝,他们与当地林场242名干部职工一起,开启了为首都北京阻断沙源、为京津地区涵养水源的拓荒之路。当时,他们的平均年龄不足24岁,是塞罕坝林场的第一代建设者。

一路走来,塞罕坝林场的三代建设者们所经受的考验从未中断,他们克服了重重困难。特别是在塞罕坝林场建场早期,当地的生产生活条件非常艰苦,林场的职工们喝雪水,啃窝头,斗严寒,睡窝棚,战风沙,经历了许多今天难以想象的困难和危险。在以塞罕坝林场为原型拍摄的电视剧《最美的青春》里面就有很多这样的镜头和情节。当年,以王尚海、刘文仕、张启恩为首的几位总场领导班子成员带头把家从北京、承德等城市搬到了塞罕坝,以此来稳定军心。他们最终攻克了在高寒地区引种、育苗、造林等一系列技术难题。当然,他们也为此做出了巨大的牺牲。让人尤为感叹的是这样一组数据:由于当年这里的生活条件非常艰苦,医疗水平相当落后,再加上职工们长年累月的繁重体力劳动,第一批塞罕坝林场的建设者们去世时平均年龄才52岁。另外,由于地处偏远的荒漠地带,塞罕坝林场的孩子们缺少良好的教育条件,当年最先上坝的127名大中专毕业生的子女们后来没有一个人考上大学。塞罕坝林场的建设者们正是靠着这样的牺牲和奉献精神,实现了一个又一个新的突破。

塞罕坝林场的发展历程大致经历了以下三个阶段。一是造林阶段(1962—1982)。当时提出的方针是先治坡后治窝、先生产后生活。塞罕坝林场在育苗和造林方法、幼林管理、造林工具等方面均取得大的突破。二是营林、抚育、科研并重阶段(1983—2012)。当时,由于第一代人工林已经培育起来,塞罕坝林场采取"育、护、造、改相结合，多种经营，综合利用"的方针，林场在规模和效益方面得到很大的提升。三是绿色转型升级发展阶段（2012年至今）。党的十八大以来，塞罕坝林场提出"生态立场、营林强场、产业富场"的方针，开始进入以生态建设为主的新阶段。60多年来，塞罕坝林场一代又一代的建设者们伏冰卧雪、接续努力，创造了沙漠变绿洲、荒原变林海的绿色奇迹，铸就了感人至深的塞罕坝精神，塞罕坝林场由此也成为我国生态文明建设和绿色发展的典型范例。

目前，塞罕坝林场已是我国北方最大的人工林场。林场林地面积由建场初期的24万亩增加到了112万亩，林木蓄积量由33万立方米增加到1012万立方米，超过600种野生植物得以恢复，形成了森林、草甸、湿地相结合的生态系统。据中国林科院评估，塞罕坝的森林生态系统每年防止土壤流失513.55万吨，可涵养水源、净化水质1.37亿立方米，相当于10个杭州西湖的蓄水量，每年释放的氧气可供200万人呼吸一年。① 可以这样说，正是因为有了塞罕坝林场职工筑起的这一道牢固的绿色屏障，浑善达克沙地向南蔓延才得到了有效阻滞，京津冀地区的高质量发展才有了良好的生态基础。

另外，塞罕坝森林、湿地生态系统还具有巨大的生态服务价值。如今，林场每年吸引游客超过50万人次，门票收入达4400万元；建成苗木基地8万亩，年均苗木收入近千万元。② 过去，塞罕坝林场超过90%的收入均来自木材产业，而如今，该地的森林旅游、苗木等绿色产业收入已占林场总收入的50%以上。同时，塞罕坝林场的百万亩林海不仅产生了巨大的生态效益，也不断影响和改变着周边群众的生产生活，彰显出强大的社会效益。一方面，塞罕坝林场每年直接为当地4000多名群众提供就业机会。另一方面，在塞罕坝林场的辐射带动下，周边区域大力发展乡村旅游，每年实现社会总收入6亿多元，超过4万名群众从中受益，2.2万贫困人口实现脱贫。③ 现在，以塞罕坝林场为引领和标志，绿色发展理念正加快催生更多绿色产品和绿色产业，如蜜蜂养殖、藏香猪养殖、有机种植等。塞罕坝林场正是通过做好生产经营的加减法，走出了一条转型升级、绿色发展的新路，深刻诠释了"绿水青山就是金山银山"的发展理念。

2017年8月14日，习近平总书记对塞罕坝林场建设者的感人事迹做出重要指示：全党全社会要坚持绿色发展理念，弘扬塞罕坝精神，持之以恒推进生态文明建设，一代接着一代干，驰而不息，久久为功，努力形成人与自然和谐发展新格局，把我们伟大的祖国建设得更加美丽，为子孙后代留下天更蓝、山更绿、水更清的优美环境。④

2017年，中国塞罕坝林场建设者获得联合国环保最高荣誉"地球卫士奖"。2021年，在脱贫攻坚总结表彰大会上，全国有20个单位被评为全国脱贫攻坚楷模，塞罕坝林场荣列其中，成为河北省唯一获此殊荣的集体。

---

① 刘毅：《弘扬塞罕坝精神 推进生态文明建设》，载《人民日报》2021年11月16日。
② 付丽，汪泽方：塞罕坝：为全球环保树标杆［EB/OL］．中国江苏网，2017-12-26，https://baijiahao.baidu.com/s?id=1587811130148420874&wfr=spider&for=pc。
③ 付丽，汪泽方：塞罕坝：为全球环保树标杆［EB/OL］．中国江苏网，2017-12-26，https://baijiahao.baidu.com/s?id=1587811130148420874&wfr=spider&for=pc。
④ 习近平对河北塞罕坝林场建设者感人事迹作出重要指示［EB/OL］．新华网，2017-08-28，http://www.xinhuanet.com/politics/2017-08/28/c_1121557749.htm。

2021年8月23日,习近平总书记来到塞罕坝林场考察,同林场三代职工代表亲切交流。看着守林护林人的队伍越来越壮大,习近平总书记倍感欣慰。他对塞罕坝林场的干部职工们说道:2017年,我对你们的感人事迹作了一个批示,提出了塞罕坝精神,这已经成为我们中国共产党精神谱系的组成部分。塞罕坝精神,不仅你们需要继续发扬,全党全国人民也要学习弘扬,共同把我们的国家建设好,把绿色经济发展好,把生态文明建设好![1]

根据最新规划,塞罕坝林场将全面开展二次创业,预计到2030年,林场林地面积将达到120万亩,森林覆盖率进一步提高到86%,森林生态系统将更加稳定、健康、优质、高效,生态服务功能将显著增强。塞罕坝林场场长陈智卿在接受采访时说:一代人有一代人的使命,一代人有一代人的担当。如今,我们这任领导班子已经是林场的第13任班子,守住、守好这片林子,让它绿得更有质量,是我们肩负的重大政治责任!我们将走好新时代塞罕坝新的长征路,苦干实干,把塞罕坝建设成为人与自然和谐共生的生态文明示范基地,再谱绿色发展新篇章。[2]

案例点评

作为我国生态文明建设和绿色发展的典型范例,作为人与自然和谐共生的生态文明示范基地,塞罕坝林场60多年的发展和建设历程让世人惊叹,这是中国造林史上的一大奇迹,也是我国致力推进生态文明建设取得的一大丰硕成果,生动诠释了"绿水青山就是金山银山""改善环境就是发展生产力、保护环境就是保护生产力"等发展理念。2017年,塞罕坝林场建设者获得联合国环保最高荣誉"地球卫士奖"。2021年,塞罕坝林场荣列20个全国脱贫攻坚楷模。这些荣誉称号的获得均是当之无愧的。塞罕坝林场建设者的感人事迹同时也得到了习近平总书记的高度关注,他为此做出重要指示,要求全党全社会坚持绿色发展理念,弘扬塞罕坝精神,持之以恒推进生态文明建设。2021年,习近平总书记专门去塞罕坝林场考察,同林场三代职工代表亲切交流。这充分表明,新时代我国坚持走绿色发展之路,大力推进生态文明建设是我党肩负的重大政治责任。塞罕坝林场将走好新时代的长征路,再谱绿色发展新篇章。

教学建议

塞罕坝林场作为我国生态文明建设和绿色发展的典型范例、人与自然和谐共生的生态文明示范基地,教师可把它运用到课堂教学中,以"案例教学"模式引导学生认真研读这一中国故事。在"毛泽东思想和中国特色社会主义理论体系概论"这门课的教学中,可以把此案例用在第十章第五节"坚持习近平生态文明思想"、"推动绿色发展,促

---

[1] 陈发明:弘扬塞罕坝精神,共建美丽中国[EB/OL]. 海外网,2021-11-20,https://baijiahao.baidu.com/s?id=1716922305415278921&wfr=spider&for=pc。

[2] 李凤双,曹国厂,高博:塞罕坝:赓续红色精神 谱写绿色新篇[EB/OL]. 新华网,2022-04-19,https://baijiahao.baidu.com/s?id=1730543082041936640&wfr=spider&for=pc。

进人与自然和谐生"和第九章第一节"实现中国梦必须弘扬中国精神"等知识点的讲授中。教师通过引导学生研读这一中国故事，让他们认识以下三个问题：第一，塞罕坝林场从1962年建场到如今60多年的发展历程，特别是建场初期，塞罕坝第一批建设者们克服了怎样的困难、付出了多大的代价，才创造了在我国高寒沙地生态建设的奇迹；第二，三代塞罕坝人接续努力创造的绿色奇迹在今天产生了巨大效益，造福当地，恩及后世，这里的效益既包括巨大的生态效益，也包括巨大的经济效益和社会效益；第三，感人至深的"塞罕坝精神"具有丰富的时代内涵，新时代大学生应认真领会，把贯穿始终的"艰苦创业、科学求实、无私奉献、开拓创新、爱岗敬业"等精神特质发扬光大。另外，教师也可推荐学生观看以塞罕坝林场为原型创作的电视剧《最美的青春》，并组织学生在课堂上讨论。

1. 三代塞罕坝人接续努力创造的绿色奇迹给新时代大学生哪些启示？
2. 如何深度挖掘"塞罕坝精神"蕴含的丰富内涵？

本报评论员．弘扬塞罕坝精神　推进生态文明建设［N］人民日报，2021-11-16（6）．
习近平关于社会主义生态文明建设论述摘编［M］．北京：中央文献出版社，2017：21．

共抓大保护，不搞大开发
——长江经济带走出生态优先、绿色发展之路

李 俊 李 娴

长江是中华民族的母亲河。推动长江经济带发展是党中央做出的重大决策，是关系国家发展全局的重大战略。习近平总书记对此高度重视，多次调研指导，要求努力把长江经济带建设成为生态更优美、交通更顺畅、经济更协调、市场更统一、机制更科学的黄金经济带，探索出一条生态优先、绿色发展新路子，"共抓大保护，不搞大开发"①，为推动长江流域生态保护和经济发展指明了方向和路径。近年来，长江经济带11个省市全面贯彻习近平总书记指示，一幅生态优美、产业兴旺、文化昌盛的画卷正沿着长江徐徐展开。

树立上游意识

位于长江上游地区的四川、重庆、云南、贵州四省市，在习近平总书记的指示下，树立上游意识、筑牢责任担当，把建设长江上游生态屏障、保护长江生态环境摆在了显要位置。

四川省成立省推动长江经济带发展领导小组，推动长江经济带发展战略落地、落实和见效，着重在污染防治方面做"减法"，先后启动了污染防治几大"战役"，深入实施生态环境污染治理"4+1"工程、长江"十年禁渔"等专项行动；注重在生态修复方面做"加法"，全面启动了大规模绿化全川行动，陆续实施了长江、嘉陵江等重要江河生态廊道建设和森林草原湿地生态屏障重点县建设。②重庆市聚焦突出环境问题和短板，念好"山"字经、做好"水"文章，开展环境综合整治，实施"一区一策"精细管控，重点控制交通、工业、扬尘和生活污染，开展污水处理专项行动，推动污染物接收、转运、处置等基础设施建设。云南省制定实施了《长江经济带发展云南实施规划》等政策文件，扎实推进全面禁渔、两污治理、面源污染防治、生态修复、绿色产业发展、美丽乡村建设"六大行动"，开展截污、治水、固土、增绿、减人、转型、共生、协同八项重点工作，全力推动保护治理工作。贵州省坚持山水林田湖草系统治理，注重保护生物多样性，强化林长制，率先出台生态扶贫专项制度，实施单株碳汇精准扶贫试点等生态

---

① 习近平：《在深入推动长江经济带发展座谈会上的讲话》，北京：人民出版社，2018年，第3页。
② 王代强，王成栋：《绘就绿色低碳高质量新底色》，载《四川日报》2022年1月5日。

扶贫十大工程，推动"大生态"与"大扶贫"互促共进。

同时，长江上游四省市还积极探索流域内横向生态保护补偿机制和跨省河湖保护治理联动机制等，川滇黔三省签署了《赤水河流域横向生态补偿协议》《三省交界区域环境联合执法协议》等，创新生态保护机制体制，为加强长江上游生态保护提供制度保障。

落实中游责任

在长江中游的湖北、湖南、江西三省牢固树立大局观、长远观、整体观，将长江生态治理向纵深推进，决心坚定，步伐坚实。

近年来，湖北省聚焦长江保护修复，先后打响沿江化工企业关改搬转、城乡垃圾无害化处理、推进农业面源污染整治等长江大保护十大标志性战役，统筹推进加快绿色产业发展、推进绿色宜居城镇建设、实施园区循环发展引领行动等长江大保护十大战略性举措。地处长江腹地的湖南省以"蓝天、碧水、净土"三大保卫战为主线，以"一湖一江四水"系统治理为重点，持续发起污染防治攻坚战，开展长江保护修复、湘江保护和治理、洞庭湖生态环境整治、长株潭及传输通道城市大气污染联防联控、农业农村污染治理、受污染耕地安全利用等重大治污行动，推动全省生态环境质量持续改善。江西省进行了省级国土空间生态修复规划的编制，制定生态保护红线管控办法；深入实施国土绿化、森林质量提升、生物多样性保护等工程，完成50万亩造林绿化、20万亩森林"四化"、110万亩低产低效林改造任务；加快九江长江经济带绿色发展示范区、"绿水青山就是金山银山"实践创新基地、生态文明建设示范市县的建设，推广"两山银行""湿地银行"等建设经验。

强化下游担当

在下游，长三角安徽、浙江、江苏三省和上海一市牢牢把握"共抓大保护，不搞大开发"战略导向，坚决把修复长江生态环境摆在压倒性位置，生态环境发生了转折性的变化。

作为长江经济带承东启西的重要节点省份，安徽省以大修复促进大保护，近年来把全面打造水清、岸绿、产业优的美丽长江（安徽）经济带列为生态文明建设"一号工程"，纵深推进"三大一强"专项攻坚行动，突出抓好长江治污、治岸、治渔三件大事，强化依法治江，强力开展长江禁捕退捕攻坚战等，严守污染物入江防线。[1]浙江省聚焦长江经济带生态环境警示片涉及浙江问题的整改，制定系列政策文件，形成问题发现、督办、整改全链条式闭环管理模式，打出太湖流域水环境综合治理、新安江水生态保护修复、蓝色海湾整治等组合拳，实施城镇污水垃圾、化工污染、农业面源污染、船舶污

---

[1] 夏胜为：安徽：聚力优环境逐梦"绿富美"［EB/OL］．中安在线，2022－02－25，https://baijiahao.baidu.com/s?id=1725689227334585297&wfr=spider&for=pc．

染和尾矿库污染等生态环境污染治理"4+1"工程。江苏省按照"山水林田湖草是一个生命共同体"的治理要求,增强生态环境保护修复的系统性和整体性,实施长江"十年禁渔",高质量完成全省长江流域禁捕退捕;在推进入河排污口排查整治工作方面,率先完成长江入河排污口溯源工作;加强长江江豚保护,开展生物多样性本底调查;率先出台自然资源生态保护修复行为负面清单,严格规范自然生态保护修复行为;先后发布多项地方环境标准,多层次、多形式开展普法宣传工作。位于长江入海口的上海市坚持修复生态环境、打造绿色产业,把崇明世界级生态岛建设放在长江经济带发展战略中深入推进;持续推进"一江一河"治理,抓实抓细河湖长制;依靠法治护航美丽长江,通过地方立法、长三角联合执法检查,把全过程人民民主贯穿始终,让上海高质量发展绿色成色更足、生态底色更实。

一江碧水东流去,两岸宏图次第开。经过上、中、下游11个省市坚持不懈的努力,如今的长江两岸,水间清波荡漾,晨起鸟鸣悠扬,绿水青山的美好愿景正在逐渐成为现实。但推进长江经济带高质量发展不可"毕其功于一役",长江经济带的生态建设仍然任重而道远。继续推进长江经济带的发展,要目标明确,路径清晰,要完整、准确、全面贯彻新发展理念,坚持"共抓大保护,不搞大开发"的理念,坚定走好生态优先、绿色发展之路,以滴水穿石的功夫,获得标本兼治的效果,在长江两岸绘画出更亮眼的景色。

案例点评

保护好长江流域生态环境,是推动长江经济带高质量发展的前提,也是守护好中华文明摇篮的必然要求。习近平总书记高度重视长江经济带的生态建设,指出要"共抓大保护,不搞大开发",要求努力探索出一条生态优先、绿色发展新路子。长江经济带11个省市全面贯彻习近平总书记的指示,树立上游意识、落实中游责任、强化下游担当,牢固树立大局观、长远观、整体观,建设长江上游生态屏障,坚决把修复长江生态环境摆在压倒性位置,同时各省市还积极探索治理联动机制,创新生态保护机制体制,推动长江两岸的生态环境发生了转折性的变化,一幅生态优美、产业兴旺、文化昌盛的画卷沿着长江两岸徐徐铺展开来。

教学建议

通过坚定贯彻落实"共抓大保护,不搞大开发"发展方针,长江经济带走出了一条生态优先、绿色发展之路。教师可引导学生认识到,要走好生态优先、绿色发展新路子,一方面,要转变发展理念,不能走先污染后治理、先破坏后修复的老路,以牺牲环境为代价换取一时的粗放增长,必须坚持以习近平生态文明思想为指导,牢固树立生态优先理念,把保护和修复长江生态环境摆在压倒性位置;另一方面,要处理好生态保护与经济发展的辩证关系,不搞大开发,不是不要发展,而是要高质量发展,共抓大保护和生态优先讲的是生态环境保护问题是前提,不搞大开发和绿色发展讲的是经济发展问题是结果,共抓大保护、不搞大开发侧重当前和策略方法,生态优先、绿色发展强调未来和方向路径,彼此是辩证统一的,不能把生态保护与经济发展割裂甚至对立起来,要坚持在发展中保护、在保护中发展,努力实现生态美与产业绿深度融合、好生态与好生活相辅相成、生态理念与治理效能有机统一。

1. 经过长江经济带11个省市的共同努力,长江经济带的生态建设取得了怎样的成效?

2. 长江经济带11个省市的治理措施给我们提供了哪些经验和启示?

王代强,王成栋. 绘就绿色低碳高质量新底色[N]. 四川日报,2022-1-5(1).

袁羽钧. 长江这十年:绿色高质量是推动长江经济带发展的主旋律[N]. 经济日报,2022-7-28(8).

退耕还林还草第一市

张乃文　羊绍武

从地理位置上看，陕西省位于中国的心脏地带，陕北是黄土高原的心脏，延安又位于黄土高原的中部。在很长一段时间里，一提到延安，浮现在人们脑海里的画面就是漫天黄土。重建延安良好的生态环境，守住延安的生态红线，治理好这片黄土地，不仅是一个区域内的事，更是关系和影响到全国生态环境建设的大事。为了"让赤地变青山，让黄河流碧水"，从1999年起，延安率先开展退耕还林还草，成为我国退耕还林还草的第一市，创造了"生态修复"的延安样本。

科学规划，一张蓝图绘到底

为保证退耕还林还草的顺利实施，延安市以及各县区都成立了治沟造地项目建设领导小组，由政府主要领导牵头，国土、水利、财政、农业、林业以及扶贫等专业部门的负责人为主要成员，为保障整个生态治理过程沿着正确的方向稳步推进奠定了良好的组织基础。

在进行规划设计时，延安始终坚持统筹考虑地域地形、面积、降水、土壤侵蚀以及植被等自然因素，以小流域为单元合理布局灌溉排水、农田防护以及生态环境保持等工程，做到田、坝、路、林、渠、排水、退耕、产业八配套，坚持集生物、工程、农业、技术以及管护于一体的综合整治体系。同时，延安还通过建立和完善相关制度来对各个环节和重大行动做出明确规定，以保证生态治理的实践始终规范、高效地运行。

自退耕还林还草实施以来，延安每一任领导班子都始终咬紧生态建设不放松，坚持一张蓝图绘到底。政府有组织、有方向的领导以及各方面制度的完善，为延安生态治理工程的高效率推进提供了重要保障。

因地制宜，山上山下统一治理

延安在进行生态治理的过程中，非常重视针对不同环境的特殊情况，采取因地制宜的措施，其中比较具有代表性的是在山上和山下依据其各自的特点和问题，制定和实施了不同的治理方案。

在山上开展退耕还林还草。为达到既定目标，就牧业而言，延安在全市范围内严格实施封山禁牧，全面推行舍饲养畜。就林业而言，遵循"三先退"原则，即25度以上的坡耕地先退、人均达到 2.5 亩永久基本农田的地方先退、致富产业形成规模效应的地方先退，坚决保证退耕还林还草的落实。这些措施对于促进生态的自然修复、解决以往山坡地水土流失严重的问题以及结束"越垦越穷，越穷越垦，越牧越荒，越荒越牧"的恶性循环等具有重要意义。

在山下以泥不出沟为目标，开展治沟造地工程，统筹推进坝系建设、盐碱地改造、荒沟闲置土地开发利用以及生态整体修复等项目。延安在推进该项工程的过程中坚持"综合配套、先渗后溢、保持水土、防洪防涝防盐碱"的工作思路，配合"以坝控制，节节设防，留足水道，畅通行洪，适度开挖，分级削坡，造林种草，恢复植被"等措施，同时重视科技开发和利用，形成了有利于黄土高原地区水土资源高效利用的治沟造地技术体系，为工程的高效、高质量推进奠定了扎实的技术基础。

实践证明，延安采取的这一系列因地制宜的生态治理措施是行之有效的。延安以退耕还林还草为主导的生态建设走在了全国前列，有效遏制了生态环境的恶化，在区域内初步实现了由黄转绿的历史性巨变，区域生态环境明显好转。同时延安的生态治理实践也实现了地减粮增的目标，大大增加了农民的收成，提高了人民的生活水平。

特色产业，助推延安新跨越

延安在采取有力措施改善这片黄土地生态环境的同时，也注意统筹发展当地经济，贯彻"绿水青山就是金山银山"的理念，以发展特色产业为依托，力求建设生态良好、生产发展、生活富裕的延安。

一方面，发展旅游业带动延安经济的持续发展。作为革命圣地，延安拥有深厚的历史底蕴和一批可供挖掘的红色资源，具备发展红色旅游产业的天然优势。以梁家河红色旅游业的发展为例，曾经的梁家河是"贫穷"和"落后"的代名词，如今通过建设全国红色旅游风情文化基地，梁家河已经成为全国闻名的样板村。除此之外，通过退耕还林还草，延安的生态环境得到了极大的改善，为发展生态旅游产业提供了便利条件。延安市吴起县南沟村就凭借着青山、绿水、窑洞等优美的自然景观发展起了旅游业，为村民带来了切实的收益，真正实现了"绿水青山就是金山银山"。在保障良好生态环境的同时也促进了当地经济的发展，增强了当地民众的获得感、幸福感和安全感。

另一方面，发展特色种植业促进延安经济的持续发展。通过建设优质苹果生产基地、干果基地以及蔬菜生产基地等特色基地，延安的农业经济结构在调整中得到了优化，不断向高效农业和现代化农业转变。以苹果产业为例，延川县位于延安市东北部，这里四季分明、光热充足、昼夜温差大，具有发展苹果种植产业的优越自然条件，是苹果的最佳优生区。延川县抓住这一优势将苹果树建设成群众的致富树，围绕苹果产业延伸产业链，精细化管理果园，保障苹果的质量。同时，在销售方面充分利用当今发达的物流网进行线上线下同步销售，拓宽苹果销路，增加果农收入。现在，延川苹果已经在苹果市场占有一席之地。

案例点评

延安退耕还林还草的生态实践,为新世纪中国退耕还林还草工程的开展提供了经验借鉴。延安在我国历史上具有重要地位,但是在发展的过程中,它的生态环境遭到了极大的破坏。为了改善生态环境,自1999年起,延安开始推行退耕还林还草工程,注重根据不同区域的特点因地制宜地推行个性化措施。在一代又一代延安人的共同努力下,延安终于实现了由黄向绿的转变,生态环境得到了根本改善。延安也成为我国退耕还林还草第一市。在此基础上,从2000年开始,我国在水土流失严重的水蚀区和风蚀区全面推进退耕还林还草工程,走出了一条有中国特色的生态治理之路。

延安退耕还林还草取得的重大成效,也是"绿水青山就是金山银山"这一重要理念的生动实践。延安生态环境的变化,为延安旅游业的发展插上了翅膀,为延安农业的发展提供了助力。曾经贫穷落后的延安,在退耕还林还草之后,生态环境持续改善、特色旅游业和特色农业得到发展、人民生活得到改善、人与自然的关系也在和谐共生中基本实现了良性发展。

总的来说,延安治理生态环境的生动实践为全国生态建设积累了有益的经验,为世界提供了生态治理的"延安样本",具有重要的理论和实践意义。

教学建议

延安生态治理实践是"绿水青山就是金山银山"理念在现实中的体现,本故事可以作为讲授"毛泽东思想和中国特色社会主义理论体系概论"课程中科学发展观部分关于"推进生态文明建设"以及"习近平新时代中国特色社会主义思想概论"课程中关于"习近平生态文明思想"的教学案例,引导学生更好地理解相关生态理念。

同时,延安生态治理的过程蕴藏着丰富的科学世界观和方法论,值得在教学中进行深入的挖掘,对启发学生自觉运用科学的世界观和方法论分析现实问题具有重要的现实意义。一方面,延安在生态治理的过程中,在充分了解每一个区域特点的基础上,坚持山上和山下采用不同措施的因地制宜原则,体现了矛盾特殊性这一科学的哲学原理。教师可以通过对这个案例故事的深入分析,引导学生养成具体问题具体分析的良好习惯以及一切以时间、地点和条件为转移的思维方式。另一方面,延安生态治理的过程又是一个曲折并充满困难的过程,但是延安人在"自力更生、艰苦奋斗"的延安精神的鼓舞下坚持不懈,久久为功,改善了生态环境。教师可以通过分析延安精神在生态治理过程中产生的指导作用,帮助学生培养始终坚持用积极向上的乐观态度来应对各种挑战的能力。本故事也可以作为"马克思主义基本原理"课程中"矛盾的普遍性和特殊性"的教学案例。

学习思考题

1. 延安在退耕还林还草过程中是如何做到因地制宜的?
2. 结合延安退耕还林还草后的社会经济发展成效,谈谈你对习近平"绿水青山也是金山银山"这一论断的认识。

"象"往云南生物多样性之美
——云南亚洲象群北移南归

张晓磊

2020年3月开始,被称为"断鼻家族"的15头野生亚洲象离开西双版纳国家级自然保护区,开始向北迁移。象群一路北上迁移110多天,迂回行进1300多公里,途径普洱、红河、玉溪、昆明等8个县(市、区)。进入昆明后曾一度在离主城不足50公里的地域活动。

这次象群北移,不但让云南野生亚洲象成为"动物明星",还生动地讲述了云南生态保护故事,真实、立体、全面地展示了中国生物多样性保护的举措和成效,塑造了良好的国家形象。

象群从哪儿来?

象群原本生活在云南西双版纳傣族自治州勐养保护区。这场一路向北的"旅行"开始于2020年,象群从西双版纳州进入普洱市并一直北迁,迁徙近500公里,几乎跨越了半个云南省。

2021年4月16日,17头野象进入玉溪市元江哈尼族彝族傣族自治县。4月24日,2头大象返回普洱市墨江哈尼族自治县,象群变成15头。5月16日,象群到达红河哈尼族彝族自治州石屏县。5月24日,象群进入玉溪市峨山彝族自治县的村庄后,一头幼年小象狂吃约200斤酒糟而"醉倒"在大维堵村小寨组,因睡过头而掉队落单。5月25日,落单的小象跟上队伍,15头象在峨山县逗留多日。6月2日晚,象群沿玉溪市红塔区春和街道老光箐村北侧前进,进入昆明市晋宁区双河乡。[①] 8月8日,在各种科技和防范引导技术的集成应用的引导下,北移亚洲象群正式开始"回家"之旅。最终,北移的15头亚洲象全部安全南返,象群总体情况平稳。

大象为什么要出走?

野象一路"流浪",原因究竟是什么?对此,专家们见解不一。

---

① 李云舒,管筱璞:出走的野象[EB/OL].中央纪委国家监委网站,2021-06-05,https://www.ccdi.gov.cn/toutiao/202106/t20210605_243313.html。

一些专家指出，近年来越来越多的野象走出保护区，部分原因在于野象老家自然保护区森林覆盖率升高，野象的可食食物反而减少。根据云南省林草局的统计，由于保护力度不断加大，西双版纳国家级自然保护区森林覆盖率由1983年的88.90％增至2016年的97.02％，亚洲象主要食物野芭蕉、棕叶芦等林下植物逐步演替为不可食用的木本植物。由于缺少食物，象群被迫活动到保护区外取食，在保护区外吃惯了成片粮食等作物后，野象的食性也发生一定变化。

也有专家提出了不同的看法。他们推测，这些亚洲象一路向北，可能与太阳活动激发了其迁徙本能有关。他们认为，云南的亚洲象群开始北迁的时间，与太阳风暴、地磁暴发生的时间吻合。一种可能是，太阳风暴诱发了地磁暴，而地磁暴以某种方式激活了这群亚洲象的迁徙本能。

有专家表示，亚洲象北移是一个非常复杂的科学问题，是一个涉及生物学、生态学、动物行为学，乃至社会学和管理学的跨学科和多学科问题。关于亚洲象北移动因的现有观点需要更加深入的科学研究来进行验证，但从目前的情况看，基本可以肯定的是，北移的因素是多方面的、综合的。①

象群出走会给我们带来什么？

亚洲象体型巨大，野外缺少天敌，食性较杂，对环境的适应能力较好。国内监测发现，亚洲象趋于生活在坡度小于10°、向阳、海拔低于1000米的平坦谷沟和山脚处，也倾向于生活在距离水源较近的地区。这些平坦、向阳、低矮、便于灌溉的地区，往往也是人们建设村寨、开垦农田、种植庄稼及砂仁、橡胶、水果等经济作物的理想地。

相较于保护区里的天然植被，人类种植的芭蕉、甘蔗和玉米更易采食，营养也更丰富，野象因而频频出现在农田附近活动，人象之争长期存在。

据西双版纳州原林业局统计，1991年至2010年，全州共发生野生动物肇事15.3万余起，绝大部分由野象引发，造成人员伤亡198人，其中33人死亡。2017年以来，西双版纳已有23人受到亚洲象攻击而死亡。除人员伤亡外，亚洲象平均每年给云南造成直接财产损失约3000万元。②

我们怎么办？

云南省委、省政府高度重视亚洲象群北移的"护航"、应急处置工作，多次召开专题会议研究，千方百计确保人象安全。截至2021年8月，全省共出动警力和工作人员2.5万多人次，无人机973架次，布控应急车辆1.5万多台次，疏散转移群众15万多人次，投放象食近180吨。野生动物公众责任险承保公司受理亚洲象肇事损失申报案件

---

① 李云舒，管筱璞：出走的野象［EB/OL］．中央纪委国家监委网站，2021-06-05，https：//www.ccdi.gov.cn/toutiao/202106/t20210605_243313.html．
② 李云舒，管筱璞：出走的野象［EB/OL］．中央纪委国家监委网站，2021-06-05，https：//www.ccdi.gov.cn/toutiao/202106/t20210605_243313.html．

1501 件，评估定损 512.52 万元。目前，已经完成理赔 939 件，兑付保险金 216.48 万元，相关赔付工作正有序推进。

另外，为了确保人象皆平安，云南边工作、边研究、边应用，创造性地实践了大量的科学研究、监测预警、应急处置等，为今后科学有序地开展亚洲象保护管理积累了丰富经验。

在监测预警技术方面，北移亚洲象群的监测工作是在移动中进行的，过程中成功克服了无人机、红外相机等监测设备快速转移安装，各种复杂环境下的电力和通信保障，以及即时的监测和预警防控信息的多点、双向传导等技术难题，为完善动物监测设施设备和技术手段提供了参考。在防控技术方面，云南总结出了"盯象、管人、助迁、理赔"的防范工作八字方针，还创新性运用了亚洲象迁移线路预判、布控与投食相结合的柔性干预技术。①

未来应该怎么做？

有专家建议，在连接西双版纳破碎化野生动物生境的生态廊道上，通过栖息地改造、适当的林火管理（如开展计划烧灼），改善生态廊道的栖息地质量，从而为象群在保护区间迁移创造条件。

此外，也有专家建议建设生态走廊，把碎片化的林地连接起来，一些处于保护区内的矿场也应该清退还林，以往穿行在保护区内部的道路也应该继续加设动物走廊；保护区内和周边的村落可以适当替代种植一些象不太喜欢吃的经济作物，或者发展土地使用面积小、经济价值更高的禽畜养殖业；受到象群危害比较严重的村落，还可以建设小功率太阳能防护电网、防护栅栏等，推广动物肇事保险机制，给象群佩戴 GPS 信标，监测其活动轨迹等。②

案例点评

对待动物的态度被认为是社会文明程度的标志之一。云南象群所受到的优待，就是一种文明水准的体现，折射了全社会的动物保护意识，也是向全世界传递一种态度：保护野生动物，中国社会是愿意付出巨大成本的。一次大象北行的偶然事件，却在相当程度上推广了中国形象，并收获了许许多多的正向反馈，这可以说是"中国故事"一次非常生动、成功的讲述。大象是一个世界网民都可以认知、理解的"意象"，中国通过对它们的悉心呵护，以一种柔性讲述的方式，展现了生态保护、生态理念等宏大议题，由小见大、人人可感，也让国际社会刷新了对中国的认知。讲好中国故事，这群大象足以给我们很多启示。

---

① 刘宇：跨过元江，云南北移亚洲象群安全南返，云岭先锋网［EB/OL］. 2021 - 08 - 10，http://ylxf.1237125.cn/Html/News/2021/8/10/364627.html.

② 李云舒，管筱璞：出走的野象，中央纪委国家监委网站［EB/OL］. 2021 - 06 - 05，https://www.ccdi.gov.cn/toutiao/202106/t20210605_243313.html.

教学建议

"云南亚洲象群北移南归"的故事,可以多维度嵌入高校思想政治理论课教学。第一,这是受到网民高度关注的热点事件,能够有效激起学生的学习兴趣和学习热情。在教学中可以作为课堂导入,引导学生思考大象出走的原因以及我们的人性化应对,引出生态文明建设的教学主题。第二,这是典型的"坚持人与自然和谐共生"的案例,可以用于讲解习近平生态文明思想的重要内容。

学习思考题

1. 结合"云南亚洲象群北移南归"的故事,谈谈如何理解人与自然是生命共同体。
2. 为了既保护人的生命财产又不伤害象群,我们将来还要做哪些工作?

第六编

传承焦裕禄精神，做焦裕禄式的县委书记

尘封功绩彰显出的初心与本色

一辈子跟党走，一辈子为人民

用"火眼金睛"书写矢志报国

一辈子当个好工人

"燃灯校长"为教育扶贫坚守初心使命

把根扎在青藏高原

赤诚报国，奉献航天

用热血和青春筑起巍峨界碑

新时代革命军人的无手军礼赞歌

沙洲村"半条被子"映初心

支部领路，共同致富

传承焦裕禄精神，做焦裕禄式的县委书记

陈乐香

在我们党的组织结构和国家政权结构中，县一级组织机构处在国家治理承上启下的关键环节，是发展经济、保障民生、维护稳定的重要基础。由党的全面领导的根本制度决定，县委是我们党执政兴国的"一线指挥部"，县委书记是"一线总指挥"，是我们党在县域治理的重要骨干力量。① 2015年1月12日，习近平总书记在中央党校县委书记研修班学员座谈会上的讲话中强调：做县委书记，就要做焦裕禄式的县委书记。② 做焦裕禄式的县委书记，要大力学习弘扬亲民爱民、艰苦奋斗、科学求实、迎难而上、无私奉献的焦裕禄精神。焦裕禄精神是建党精神谱系的重要组成部分。

传承焦裕禄科学求实、迎难而上的实干精神

焦裕禄到兰考任职时，正是兰考县遭受内涝、风沙、盐碱三害最严重的时刻。面对重重困难，他组织大家学习《为人民服务》《纪念白求恩》《愚公移山》等毛泽东著作，活学活用"没有调查就没有发言权"等毛泽东思想，通过调查研究掌握灾害的详情，制定正确的政策与措施。他坚信，只要加强党的领导，依靠人民，就一定能战胜困难，找到一条治理"三害"的路。

为了开展调查研究，到兰考的第二天，焦裕禄就下乡了。他决心在全县展开大规模的追洪水、查风口、探流沙的调查研究工作，把兰考县1800平方千米土地上的自然情况摸清、摸透。风沙最大的时候，他就带头下去查风口、探流沙；雨最大的时候，他就带头冒雨涉水，观察洪水流势和变化。有一次，兰考县下了七天七夜大雨，全县变成了一片汪洋。焦裕禄从兰考固阳公社回到县城，一刻也没停留，带着办公室的三个同志就出发查看水情了。但眼前只有水，根本没有路。于是他们就一人一根棍，探着路向前走。在路上，焦裕禄因为一阵阵肝痛，不时弯下身子用左手按着肝部。三个同志见状恳求他回去休息，并保证按照他的要求完成任务。但他没有同意，仍然坚持站在洪水激流中，让其他人为他撑着伞，画了一张又一张水的流向图。就这样，一月又一月，他亲自带领调查队在风里、雨里、沙窝里、激流里涉足，走遍方圆5000公里，终于掌握了兰

---

① 习近平：《在会见全国优秀县委书记时的讲话》，载《思想政治工作研究》2015年第10期。
② 习近平：做焦裕禄式的县委书记［EB/OL］. 共产党员网，2015-01-12，https://fuwu.12371.cn/2016/11/02/ARTI1478071673924314.shtml。

考"三害"的第一手资料，使全县抗灾斗争有了一个更加科学扎实的基础。

为治理兰考"三害"，焦裕禄通过转变干部思想，在思想上形成领导核心。在一个风雪交加的严寒冬夜，焦裕禄召集县委委员开会。等人们到齐后，他并没有宣布议事日程，而是领着大家到了兰考火车站。看到国家运送兰考灾民前往丰收地区的专车，看到灾民穿着国家救济的棉衣，蜷曲在货车上，拥挤在候车室里，焦裕禄沉重地说：是灾荒逼迫他们背井离乡的，不能责怪他们，我们有责任。党把这个县三十六万群众交给我们，我们不能领导他们战胜灾荒，应该感到羞耻和痛心。经过一连串的阶级教育和思想斗争，县委领导核心在严重的自然灾害面前站起来了，从上到下坚定了自力更生消灭"三害"的决心。在焦裕禄的倡议和领导下，短短一年多的时间，兰考的自然面貌和农业条件发生了巨大变化，人民生活显著改善。

传承焦裕禄亲民爱民的百姓情怀

焦裕禄被称为"兰考人民的贴心人""人民的好公仆"。他把老百姓当亲人，始终与老百姓心相连、情相依、同呼吸、共命运，依靠人民，和人民群众一起吃苦、一起实干，把自己的一生奉献给了人民。他以真心为民的实际行动，在人民群众心目中树立了永恒的丰碑。

焦裕禄把老百姓当成自己的亲人，关心群众疾苦。"去民之患，如除腹心之疾。"在一个风雪交加的严寒冬夜，焦裕禄屋里的灯亮了一宿。他忧心在这大风大雪里，贫下中农住得咋样，牲口咋样？天刚一亮，他就冒着风雪前往九个村子，访问了几十家生活困难的农户。在梁孙庄，他去看望无依无靠的一户五保老人。老大爷生病躺在床上不能动，老大娘是盲人。焦裕禄到他们家看了一圈后，就坐到老大爷床头问寒问暖。这时候，老大娘摸索着走了进来，拉住焦裕禄的手问："你是谁啊，大雪天，你来干啥？"焦裕禄拉着大娘的手说："娘啊，我是您的儿子，毛主席派我来看望您老人家。"两位老人极为感动。焦裕禄去世后，一位老农民趴在墓前，泣不成声地说出了兰考人民共同的心声："俺们的好书记，您是为俺兰考人民活活累死的呀！"

焦裕禄和人民群众一块吃苦，一块实干。风沙漫天时，他与调查队员一起去探风口；大雨如注时，他与调查队员一起去察水流。在治理"三害"的工地上，他经常敞着衣襟，挽着裤管，和群众一起拉笨重的架子车、吃收来的"百家饭"。开挖贺李河时，他跟群众一起背沙袋，累得被压趴在地上试了几次都起不来，是一同劳动的潘子春跑过去将他扶起来，搀到工棚里躺下。

焦裕禄自觉践行党的群众路线，依靠群众，发动群众。看到韩村在严重的困难面前不向国家伸手，自己割草卖草养活自己；看到赵垛楼的贫下中农在七季基本绝收以后，冒着倾盆大雨，挖河渠，挖排水沟，取得了好收成；看到双杨树的贫下中农在农作物基本绝收的情况下，坚持走集体经济自力更生的道路，焦裕禄请他们登上全县大小队干部盛大集会的主席台，拉他们到万人之前，大张旗鼓地表扬他们的革命精神，号召全县人民向他们学习，向"三害"展开英勇的斗争！他把毛泽东思想中"把领导和群众相结合，从群众中集中起来又到群众中坚持下去"的工作方法运用于实际，有力地推动了全县抗灾斗争的发展。

传承焦裕禄艰苦奋斗、无私奉献的清廉作风

焦裕禄一生艰苦朴素、廉洁奉公,"任何时候都不搞特殊化"。三年困难时期,春节快到了,县委厨房给焦裕禄送来了几斤猪肉。焦裕禄立刻就问:"是每个人都有一份吗?"送肉的人说:"这是照顾你的。"焦裕禄说:"谢谢同志们。请你把这份肉照顾别人吧!"乡亲们为感谢他帮助城关镇在一个大废坑养了鱼,待鱼长大时,特地打捞几条让他尝鲜。可焦裕禄严肃地说:"鱼塘是集体的,怎能让我一个人尝鲜?如果大家都不遵守制度,乱尝鲜,集体财产不就变成私有财产了吗?"① 县委福利会的干部看到焦裕禄的被子破了,打算救济他几斤棉花。焦裕禄知道后对这位干部说:"这棉花是专门救济灾区群众的,不能救济我;我需要,灾区群众更需要。"② 他还曾说:"兰考是个灾区,群众的生活很困难,吃这么贵重的药,我咽不下去!"那些想给他送东西的人,总是兴冲冲地提着东西来,心里暖乎乎地带着东西回去。

焦裕禄不仅严格要求自己,也绝不给自己的亲友"优待券"。当他的长女焦守凤初中毕业找工作时,她母亲想让她去县委当打字员,焦裕禄不同意。县里有很多单位,也都给焦裕禄家送招工表,可焦裕禄却说:"你到哪都不合适,出了校门,就进机关门,你缺了劳动这一课。"后来焦守凤去了食品加工坊当了工人,每天切萝卜、白菜、辣椒,干体力活。当他得知11岁的儿子没买票看了"白戏"后,狠狠地批评了他,并拿出两角钱交给儿子说:"明天你把这两角钱送给售票员叔叔,补上今晚的戏票钱。"这之后,焦裕禄的几个子女再也不去看"白戏"了。焦裕禄临终时对妻子交代:"我走了以后你会很难,你还要记住,再苦再难,也不能向组织伸手要钱、要东西、要救济。"

焦裕禄用自己的实际行动感染和带动整个班子,当好"班长",保持干部队伍廉洁自律。当一位从丰收地区调来的领导干部提出要装潢县委和县人委领导干部办公室,把桌子、椅子、茶具都要换一套新的时,焦裕禄问:"坐在破椅子上不能革命吗?"他语重心长地说:"灾区面貌没有改变,还大量吃着国家的统销粮,群众生活很困难。富丽堂皇的事,不但不能做,就是连想也很危险。"后来焦裕禄又找这位干部多次谈话,帮助他认识错误,并劝他到贫下中农家里去住一住,到贫下中农中间去看一看。不久以后,这位干部认识到了错误,自己收回了那个"建设计划"。焦裕禄的战友说:"焦裕禄是我们县委的好班长、好榜样。"反对过他的人这样说,犯过错误的人也这样说。③

焦裕禄在工作中、生活中以实际行动践行党的初心与使命,履行为人民服务的根本宗旨,塑造了一个优秀共产党员和优秀县委书记的光辉形象,铸就了亲民爱民、

---

① 中共兰考县委宣传部:《焦裕禄在兰考的日日夜夜》,郑州:河南人民出版社,1993年,第103页。
② 中共兰考县委宣传部:《焦裕禄在兰考的日日夜夜》,郑州:河南人民出版社,1993年,第128—129页。
③ 穆青,冯健,周原:《县委书记的榜样——焦裕禄》,载《党史文汇》1997年第1期。

艰苦奋斗、科学求实、迎难而上、无私奉献的焦裕禄精神，构成我们党建党精神的组成部分，值得我们永远传承和发扬。推进伟大事业，进行伟大革命，保持党的先进性，每一个党员干部都应该学习他的实干精神，把"三严三实"作为检验党性的标尺；学习他的公仆情怀，树立一切为了人民的崇高信仰；学习他的奋斗精神，担当起我们这一代共产党人的历史责任；学习他的道德情操，永远保持共产党人的本色。习近平总书记重视党的队伍建设，向来认为县委书记是一个重要岗位。他在中央党校县委书记研修班学员座谈会上号召大家："做县委书记，就要做焦裕禄式的县委书记。"他回忆说："我当知青、上大学、参军入伍、当干部，我心中一直有焦裕禄同志的形象，见贤思齐，总是把他当作榜样对照自己。焦裕禄同志始终是我的榜样。"①

本案例可用于"建党精神""如何坚持和完善党的领导"等内容的教学。焦裕禄作为县委书记，为人民、为工作鞠躬尽瘁、死而后已，充分彰显了他作为共产党员、领导干部的先进性。他的事例也生动诠释了"中国共产党为什么能"的深刻道理。焦裕禄精神的实质是坚持马列主义、毛泽东思想的指导地位，坚持为人民服务的根本宗旨，践行群众路线，推进党的组织建设和作风建设，坚持党的自我革命等。

1. 焦裕禄活学活用毛泽东思想的事例，对我们如何坚持党的指导思想带来什么样的启示？
2. 新时代，党员干部应如何传承焦裕禄精神？

参 考 文 献

毕京津. 焦裕禄：县委书记的好榜样 [J]. 共产党员（河北），2021（Z1）：102.
曹应旺. 习近平心中的焦裕禄 [J]. 当代贵州，2019（12）：78.
欧灿，毛俊，张良，等. 想想焦裕禄，我们应该怎么做 [N]. 解放军报，2014-3-24（5）.
叶介甫. 焦裕禄：县委书记的好榜样 [J]. 工会信息，2019（8）：4—9.
张宏斌，黄金旺. 以焦裕禄为榜样争做"四人"县委书记 [J]. 中共太原市委党校学报，2015（6）：21—24.
张文良. 把泪焦桐成雨 [N]. 中国纪检监察报，2021-4-20（6）.

---

① 习近平：《做焦裕禄式的县委书记》，北京：人民出版社，2015年，第32—33页。

尘封功绩彰显出的初心与本色

陈乐香

在革命战争年代,无数英雄战士为了取得革命胜利,浴血奋战,用生命和奋斗谱写出新的篇章。在和平建设时期,无数建设者奋战在各行各业,开拓进取、奋发创业,为社会不断创造财富。他们始终坚守信仰,艰苦奋斗,奋勇前行,争做革命时期的战斗者、新时代的奋斗者,争做民族复兴的筑梦人。张富清老英雄就是其中一员。他用一生践行共产党人的理想信念,对党无限忠诚,对人民无私奉献,他的先进事迹是坚守共产党员的初心、不改英雄本色的典范。

保家卫国、屡立战功的英雄本色

1948年,张富清成为西北野战军第2纵队359旅718团2营6连一名战士。每次战斗他总是主动要求担任突击队员。张富清说:"突击队员就是'敢死队',是冲入敌阵、消灭敌军火力点的先头部队,伤亡最大。我是一名共产党员,在党需要的时候,越是艰险,越要向前!"

壶梯山一役,让张富清成了英雄。1948年7月,胡宗南三大主力之一整编第36师向北攻击,到陕西澄城以北冯原镇、壶梯山地区后,发现我军设伏,立即就地构筑工事,转入防御。敌军在壶梯山构筑了一个个暗堡,每个高约1米,地面以下挖得深,敌人从射击孔疯狂扫射,死死封锁住我军进攻线路,企图成为"啃不烂"的骨头。张富清所在的第2纵队啃的正是这块骨头。壶梯山暗堡前,战友们一个个倒下。"我去炸掉它!"张富清报名参加突击组。在火力掩护下,伴着"嗖嗖"的子弹声,他时而匍匐,时而跃进,迂回往前冲。靠近后,他拉开手榴弹引线,朝喷着火舌的暗堡射击孔塞进去。"轰"的一声,机枪顿时哑了,战友们起身冲上来。当天,我军向壶梯山发起总攻,全歼敌军第28旅第82团,致使整编第36师防御支撑点坍塌,全师动摇。我军乘胜追击,一举收复韩城、澄城、合阳。张富清荣立一等功。他把获得的军功章仔细包好,装进背包。他的右手臂和胸部被燃烧弹烧伤,留下一片片褐色疤痕。入伍后仅4个月,作战勇猛的张富清光荣加入中国共产党。[①]

在张富清的记忆中,考验最大的是永丰镇之战。1948年11月,敌第76军南撤至

---

① 杜献洲,邵薇,安普忠,等:《英雄底色——湖北省来凤县离休干部张富清纪事之一》,载《解放军报》2019年5月25日。

永丰镇以西的石羊地区。在我军追击下,该部主力逃回永丰镇,想凭借高厚坚固的寨墙,负隅顽抗。西北野战军迅速决定,集中第2、第3纵队主力,围攻永丰镇。张富清所在6连担任突击连。张富清任突击组长,带着两名战士,子夜出击。他身材清瘦,携带了1支步枪、1支冲锋枪、2个炸药包和16枚手榴弹,这差不多是他的负重极限。3名突击组员跃出坑道,快速抵近,趁着夜色,爬上三四米高的寨墙。张富清浑身是胆,第一个跳了下去。听到动静,敌人围了上来,他端起冲锋枪,一排子弹飞过去,敌人猝不及防,一下倒下七八个。就在这时,他感觉头被砸了一下,"不觉得疼,只觉得闷"。等打退敌人后,他伸手一摸,发现满头满脸是血。原来,子弹把头皮犁开了。他来不及多想,敌人又涌上来,他再次将敌人打退,并接近碉堡。他用刺刀挖开泥土,先放置几颗手榴弹,把引线连在一起,上面压炸药包,再盖上一层土。然后,他用手一拉,侧身一滚,"轰"的一声,碉堡被炸毁。趁着烟雾,他迅速逼近第2座碉堡,如法炮制,又成功了。他以无限的勇气,炸毁2座碉堡,缴获2挺机枪、数箱弹药。在这场战斗中,他满口牙被穿云破石般的爆破震松,满口鲜血,3颗大牙当场脱落。但他坚持用满是鲜血的双手紧握钢枪,打退敌人的数次反扑,坚持到主力部队发起冲锋并攻入永丰镇。永丰镇战役,我军全歼敌第76军军部,俘获军长李日基。张富清荣立一等功,被授予"战斗英雄"称号,晋升为副排长。表彰大会上,王震亲自为他佩戴奖章,也喜欢上这位小个子英雄。彭德怀因此认识了张富清,行军途中遇见他,总是亲切地说:"你在永丰立了大功,我把你认准了,你是个好同志!"①

回忆自己的作战生涯,张富清说:"打了多少仗,我也说不清了。不分白天黑夜,几乎每天都有战斗,只是大与小的区别。"随着岁月的流逝,那些惊心动魄的战斗场景在记忆中逐渐模糊,但为什么而战斗,张富清却始终牢记在心:"我每次都积极报名参加突击队,为什么?因为我是共产党员,在党需要的时候,越是艰险,越要向前!为了党和人民,就是牺牲了,也是无比光荣!"②

为民造福、默默奉献的党员初心

新中国成立后,张富清将军功勋章藏于箱底,但始终保持突击队员的军人本色。1955年,张富清面临复员转业,他有3个转业去向可以选择:一是留在城市,生活条件好,发展空间大;二是回陕西老家;三是响应党的号召,到祖国最需要的地方去。"谁不想到好一点的地方?从内心讲,我想回陕西老家,但我没有说。因为我是党的干部,就应该听从组织召唤,到艰苦地方去。"③张富清的想法简单而朴实。当他知道湖北恩施偏僻艰苦,最需要干部,就要求去恩施。而恩施最偏远的地方是来凤,他二话没说,便把工作地选在了来凤。从此,他就在这片土地上默默奉献了一辈子。

---

① 杜献洲,邵薇,安普忠,等:《英雄底色——湖北省来凤县离休干部张富清纪事之一》,载《解放军报》2019年5月25日。
② 甘娜:《老英雄张富清的初心故事》,载《中国纪检监察》2019年第15期。
③ 杜献洲,邵薇,安普忠,等:《公仆情怀——湖北省来凤县离休干部张富清纪事之二》,载《解放军报》2019年5月26日。

张富清到来凤的第一个职务是城关镇粮油所主任。粮油所是保障城镇非农业人口的粮油供应。在粮食短缺的年代，这个岗位"权力很大"。当时，所里仅有一台碾米机，难以保障供应，只能供应一部分细米、一部分未完全脱皮的粗米。许多群众拿着粮票买不到细米，意见很大，经常与粮店工作人员发生口角。一天，一家单位的管理员来买米，要求多供应一些细米。张富清解释说，"现在没有多余的细米，只有粗米。"管理员语气很硬地说，"我只要细米！"张富清很有耐心地解释说："你们要吃饭，群众也要吃饭，我只能按规定供应，等有了细米再通知你。"这位管理员对他的答复不满。后来，这个单位找到县里一位分管领导"提醒"张富清："该照顾的单位，还是要照顾。"但他却毫不松口："供应上我一视同仁，要不就违反了党的政策。"同时，为减少矛盾，他先发动社员帮忙加工，又辗转买来几台碾米机，基本解决了供应难题。后来，那个跟他争吵过的管理员，主动向他道歉，还跟别人说这个部队下来的干部是个好干部。1955年9月，来凤县粮食局党支部对张富清进行考察，对他的评价是"能够带头干""群众反映极好"①。

1959年，张富清又一次被派往三胡区任副区长，这是来凤县出了名的穷乡僻壤。到三胡后，张富清才知道什么叫真穷：很多群众几乎顿顿以菜代饭，有的群众没衣穿，"用线把烂布片连起来遮丑"……见此情形，张富清下定决心："一定要把生产搞上去。过去打仗死都不怕，现在还怕困难吗！"为了提高粮食产量，他开始上山驻村。他走进最偏远的村，住进最穷的社员家。在社员家里，无论吃玉米、土豆、红薯，还是野菜，他都按规定交伙食费和粮票。虽然他交的伙食费远比吃到嘴里的多，可刚开始，社员并不欢迎他。他们认为张富清是"区里来的干部"，干不了农活，是来添乱的。他组织生产，有人说："我们连饭都吃不饱，没力气干活。"张富清就琢磨，要打消社员的疑虑，只能靠实际行动。为尽快让社员相信他是帮忙而不是添乱，他和大家天天一起上山干农活，并留心观察，虚心学习各种劳动技能，"手上的血泡从没断过"。他知道，同大伙儿一样出力，社员才会相信他是真心的。他住在柴屋，铺上稻草当床，被蚊子、跳蚤咬得浑身是包。社员吃不饱，他更吃不饱。可当着社员的面，他不能表现出来。有时饿得难受，他就一个人跑到水井旁，舀点水喝，然后接着干。晚上，他组织干部研究村生产计划，向社员宣传党的政策；空暇时间，他帮社员打扫院子、挑水……一天晚上，张富清回区里开会。由于干了一天农活，吃得又少，加上走了几十里山路，当路过一座桥时，又累又饿的他一头栽进河里。同行的人赶紧把他救了上来，这才躲过一劫。每个月，张富清至少驻村20天，只有回区里开会才能回趟家。孩子们想念爸爸了，就翻过一座座山，跑到村里去找他。"说实话，下乡驻村的时候，比带突击组打仗都难。"回忆起当时的艰辛，张富清十分感慨。有两位驻村干部吃不了这些苦，宁愿放弃干部身份，悄悄去抓黄鳝挣钱。可张富清从没想过放弃，他只认一个理儿：解决群众的吃饭问题，共产党员不干，谁干？困难面前，共产党员不冲，谁冲？令他欣慰的是，所驻的村生产抓上去了。就这样，一个村的农业生产和群众生活带起来，他又要到另一个困难村去。少则一

---

① 杜献洲，邵薇，安普忠，等：《公仆情怀——湖北省来凤县离休干部张富清纪事之二》，载《解放军报》2019年5月26日。

年，多则两年，他就要转移一次"阵地"。20多年间，他总是从一座山搬到另一座山。20多年间，他和大山里的老百姓如土地和庄稼，紧紧地连在一起。

作为基层干部，张富清一心为民，对自己和家人却毫无私心，处处以大局为重。张富清转业初期，按照国家政策，妻子孙玉兰被招录为公职人员。1961年，时逢三年自然灾害，为了共度时艰，国家开始精简人员。此时，张富清任三胡区副区长，孙玉兰也调到三胡区供销社上班，供销社归他分管。为了顺利推动人员精简工作，他率先动员妻子放弃"铁饭碗"。可妻子却说："我又没出问题，没犯错误，为什么拿我开刀？"张富清就劝妻子说："执行党的政策，不从自己做起，怎么落实？""你下去了，我才好做别人的工作。"妻子"下岗"了，人员精简工作顺利完成。但家里少了一个人的收入，生活就更加捉襟见肘。曾喜欢抽点烟、喝点酒的张富清，全都戒了。小儿子张健全对童年最深的记忆，就是饥饿。张富清劝说大儿子放弃国企招工机会，动员他到卯洞公社万亩林场去当知青。他对孩子不打不骂、不说重话，但他的以身作则，就是威严。

2019年6月，张富清被授予"时代楷模"称号；9月17日，国家主席习近平签署主席令，授予张富清"共和国勋章"。2022年12月20日，张富清去世。

案例点评

90多年的岁月，70多年的党龄，60多年的深藏功名，张富清从部队到地方，从人民子弟兵到人民公仆，安心为党和人民工作，始终不变的是他的初心和本色。为中国人民谋幸福，为中华民族谋复兴就是他的初心；党需要我到哪里去，我就到哪里去就是他的本色。作为一名英雄老兵，他当前锋打头阵，负伤不下火线，以无比坚定的革命意志和不怕牺牲的大无畏精神，彰显了革命军人一往无前的战斗精神；作为一名党员干部，他在国家和人民最需要的地方主动作为，不务虚功、矢志奉献。张富清用一生践行共产党人的理想信念，对党无限忠诚，对人民无私奉献，体现了甘于奉献、淡泊名利的崇高品德，不愧为全社会学习的榜样，不愧为时代的楷模。党员干部要学习他对党忠诚、坚守初心、不改本色的革命本色，学习他不畏艰险、不怕牺牲的战斗精神，学习他淡泊名利、矢志奉献的高尚情操，为中华民族的伟大复兴而努力奋斗。

教学建议

张富清之所以成为一名战场上舍生忘死、冲锋陷阵的英雄战士，成为一名在山区吃苦在前、默默奉献的基层干部，成为一名淡泊名利、坚持学习的老干部，根本就在于他始终在践行党的初心和使命。这也让我们深刻体会到，党的初心和使命不是抽象的、不是拿来喊口号的，每一个党员干部都可以在自己具体的工作和职位中细化、体现。本案例可以用于"党的初心使命""党的领导是历史的选择、人民的选择"等相关内容的教学。

1. 结合张富清的先进事迹,谈一谈如何理解"党的领导是历史的选择、人民的选择"。
2. 向张富清学习,我们在工作和学习中应如何践行初心和使命?

丁俊. 破解张富清平凡本色的"密码"[J]. 学习月刊,2019(11):32.

韩笑. 张富清——我们身边的共产党员[J]. 机关党建研究,2019(12):64.

谭元斌. 本色英雄张富清[J]. 青海党的生活,2020(7):58.

吴君. 张富清:深藏功名 初心不改[J]. 共产党员(河北),2021(Z1):132.

闫笑岩. 张富清:深藏功名 坚守初心[J]. 党建,2022(5):70.

一辈子跟党走,一辈子为人民

王小鹏

布力开村地处新疆伊宁县温亚尔镇,有6000多名村民,哈萨克族、汉族、维吾尔族、回族等多个民族的群众居住在这里。买买提江·吾买尔生于斯长于斯,深爱着这片土地,1974年入党的他先后担任了30多年的村党支部书记。

坚定不移维护社会稳定和民族团结

"各族村民就是一家人"

1981年,买买提江·吾买尔被乡亲们推选为村党支部书记,成为这个多民族大家庭的主心骨。从那时起,他处理村里大小事务时都会一碗水端平,以理服人。他常说:"布力开村各族村民就是一家人,家里和睦了,日子才能过好。"在他的带动下,布力开村各族村民和睦相处。村里的大人们合伙搞养殖、种林果,孩子们结伴上学、一起玩耍,逢年过节,村民们会聚在一起共同欢庆。在他的提议下,村里出资于2012年办起了幼儿园。在这里,来自6个不同民族的200多个孩子一起学习、一起成长。幼儿园园长雷娜说:"我们的孩子从小就手拉手,长大了也会心连心。"

始终坚定维护社会稳定

作为一个多民族村的党支部书记,买买提江·吾买尔自打上任那天起,就坚定不移地维护社会稳定。他深知这是各族群众幸福生活的基石。平日里,他积极配合公安机关打击违法犯罪活动,并通过宣讲加强村民思想教育,提升村民法治观念,引导和教育村民自觉遵纪守法。在他担任村党支部书记的30多年中,村里从未发生一起暴力恐怖事件。"布力开村是各族村民共同的家,谁想破坏这个家,伤害我们的家人,我们是不会答应的,"买买提江·吾买尔说。

想尽办法带领村民致富

蹚出多条致富路,大家夸他好支书

"不让一个人受穷,不让一个人掉队"是买买提江·吾买尔初任村党支部书记时许下的诺言。为此,他想尽办法带领村民发展生产、改善生活,只要是能让大家致富的路,他都会下功夫去走一走。

他把自家当成"试验田",孵鸡蛋、养鸡苗,把摸索出的门道悉数分享给乡亲们,带动了一批养殖户。村民马玉林本就有个养鸡场，想要扩大规模、提高效益，又苦于缺技术、缺资金。买买提江·吾买尔得知后，带他去现代化养鸡场学习，又协调解决场地和用水、用电等问题，帮他把养鸡场越办越红火。这家养鸡场已成为村里吸纳就业的大户，在这里工作的 30 多位村民平均月薪能达到 3500 元。马玉林说："是村党支部和村支书帮助我发展起来的，我也要回报村里，跟乡亲们一起把日子过好。"

请农业技术专家讲课，发展特色林果；帮大家申请贷款，扩大牛羊养殖规模；对接企业用工岗位，动员年轻人外出务工……在买买提江·吾买尔的带领下，村里人"钱袋子"渐渐鼓了起来。大家都夸他是闲不住的好支书。

发展村集体经济，集中力量办实事

在他的带领下，布力开村通过对外承包集体土地、投资兴建门面房、利用项目资金盖砖厂等方式不断发展、壮大村集体经济。"集体经济有实力，就能集中力量为群众办实事，"买买提江·吾买尔说。

2009 年 6 月，有群众反映村里新建的居民点不通自来水，村民们只能从河里打水吃。买买提江·吾买尔向上级打报告争取了一部分资金，并建议村党支部从集体收入中拿出 15 万元，在新居民点打了一口井，让 120 户村民喝上了干净的自来水。

修桥、铺路、通渠、筑堤……喜事一件接一件，村民们的幸福感也日益提升，布力开村成了远近闻名的富裕村。村里的劳务经纪人、村民塔力甫江·伊力亚斯说："住在附近村子的亲戚都羡慕我们，还有不少邻村的姑娘想嫁到我们村来。"

凝心聚力夯实基层堡垒

抓支部建设和党员队伍建设，树立党组织威信

2006 年，布力开村出现个别干部违规操作，将集体土地低价承包给关系户的情况。因身体原因休假的买买提江·吾买尔重新担任村党支部书记后，带领村党支部依法处理了涉事干部，并将集体土地重新公开竞标承包出去。他说："村党支部是党最基层的组织，代表着党的形象，一碗水端平了，群众才会更信任党、追随党。"

布力开村党支部还建立了严格的财务管理制度，把村集体收入、支出的每一分钱都写在公告栏，供大家监督。村里的大事小情，他都号召党员发挥模范带头作用，尤其注重调动年轻党员的积极性，让他们在实践中受教育、获成长。

村民们对村党支部越发信任，主动申请入党的人也越来越多。目前，全村已有共产党员 82 名，他们既是维护社会稳定、民族团结的中坚力量，也是发展经济、勤劳致富的领头羊。

退休不退岗，继续传递党的声音

买买提江·吾买尔儿时的日子过得苦，要靠村里人的帮衬度日，上学的文具、过冬的棉鞋都靠政府资助。他常说："我是个穷孩子，没有党和布力开村的村民，就没有我的今天。"他在入党时就下定决心，"一辈子跟党走，为党工作，为人民服务"。

买买提江·吾买尔退休后，仍积极参与村里各项事务，为集体建言献策，为群众跑腿，帮助大家解决困难。与此同时，他还结合自己工作生活的经历和布力开村的变化，给村里的年轻人讲党史、上党课，"希望他们能明白今天的好生活是怎么来的"。

"七一勋章"颁奖仪式后，买买提江·吾买尔一回到村里，就迫不及待地跟乡亲们分享获奖的喜悦。他说："这是党中央对我们布力开村工作的肯定，也是对全村人的关怀，我们一定要记着我们的好生活是在党领导下得来的，要听党话、跟党走。"

案例点评

"一辈子跟党走，为党工作，为人民服务"，买买提江·吾买尔在入党时就下定决心。"他是最称职的村支书！"一提起伊宁县温亚尔乡布力开村党支部书记买买提江·吾买尔，村民们都会这样告诉你。买买提江·吾买尔，是旗帜鲜明同"三股势力"（即暴力恐怖势力、民族分裂势力、宗教极端势力）做坚决斗争的先进模范，面对宗教极端势力的死亡威胁，毫不畏惧，挺身而出。他坚持强基固本，大抓党支部建设和党员队伍建设，任村支书30多年，村里从未发生一起暴恐事件；深入开展"民族团结一家亲"和民族团结联谊活动，开办国语幼儿园推广国家通用语言文字，为推动民族团结进步做出突出贡献；在担任村党支部书记的30多年里，带领村子发展经济，布力开村由一个人均年收入不足3000元的落后村子，变成了人均年收入超过19500元，家家有产业、人人有事干的富裕村、文明村。2021年11月23日，布力开村成为"全国村级议事协商创新实验试点单位"。

教学建议

本案例可用于"完善社会治理体系""坚持总体国家安全观"等内容的教学。基层治理是整个国家治理的基石，基层强则国家强，基层安则国家安。习近平总书记指出，"基层党组织是党执政大厦的地基，地基固则大厦坚，地基松则大厦倾"①。我国的社会治理是在党领导下的社会治理，在村一级治理中，村党组织全面领导村的各类组织和各项工作。农村基层党组织战斗堡垒作用的发挥，直接关系村级发展和村级治理的效果，直接关系人民群众的切实利益，直接关系党的执政基础。买买提江·吾买尔坚定不移维护社会稳定和民族团结、想尽办法带领村民致富、凝心聚力夯实基层堡垒，真正当好了村党支部班长、守住了阵地、做到了为民服务，这深刻体现了基层党组织尤其支部书记在村级发展和村级治理的关键作用。在实施乡村振兴战略的大背景下，农村基层党组织要不断提升组织力，增强政治功能，成为宣传党的主张、贯彻党的决定、领导基层治理、团结动员群众、推动改革发展的坚强战斗堡垒。

---

① 习近平：《在全国组织工作会议上的讲话》，北京：人民出版社，2018年，第13页。

1. 在买买提江·吾买尔担任布力开村党支部书记的 30 多年中，村里从未发生一起暴力恐怖事件，谈谈他是如何做到的。
2. 通过买买提江·吾买尔抓党的基层组织建设的事例，谈谈你对村党支部书记在党的基层组织建设中重要作用的认识。

多民族村老支书买买提江·吾买尔：一辈子跟党走 一辈子为人民［N］. 新华每日电讯，2021－7－12（5）.

新疆伊宁县布力开党支部原书记买买提江·吾买尔——"只要乡亲们需要，我一直都在"［N］. 人民日报，2021－7－13（6）.

用"火眼金睛"书写矢志报国

王小鹏

从旧中国衣食无着的农家子弟成长为新中国首席痕迹检验专家,90岁高龄的崔道植对党和人民深怀感恩之心:"只要我的眼能看、腿能动,我就要为党的刑侦事业工作到最后一刻!"他是一个传奇,屡破惊天大案,检验痕迹物证7000余件,无一差错;他是一个标杆,把对党的忠诚浸润到每一起案件的侦破,从不计较个人的得失。

重大案件的"定海神针"

一枚弹壳,侦破震惊全国"白宝山案"

"我这60多年办理枪弹案子,在办案中,随时收集各种枪弹痕迹特征。这些经验会派上大用场,"崔道植说。凭借超群的技术、多年的实战经验和严谨的作风,崔道植练就了一双"火眼金睛",被公认为中国警界重大疑难刑事案件痕迹鉴定的"定海神针"。

袭击军警、持枪抢劫杀人……"白宝山案"曾经震惊全国。1996年和1997年,北京、新疆两地相继发生枪案,除了现场残留的几枚弹头和弹壳,别无线索。案件迷雾重重,社会上惶恐不安。公安部急调崔道植赶赴乌鲁木齐。作为中国最早研究枪弹痕迹的专家之一,崔道植在弹壳与弹头中辨别纤如发丝的弹道痕迹,练就了独门"绝招"。对着案发现场遗留的弹壳和弹头,崔道植反复调试灯光角度,研究了一天一夜,终于,他在弹壳抛壳挺右下角发现了细小的横线。这是"八一式"步枪发射子弹留下的痕迹。这个发现让案件的侦破峰回路转。崔道植和同事最终得出结论:北京、新疆的弹壳为同一支步枪发射,可将两地案件并案侦查,疑犯很可能是曾在北京犯罪后被送往新疆的服刑人员。犯罪嫌疑人白宝山的情况与刑侦专家的判断完全相符,案件最终告破。

"崔道植"三个字,成为一线刑警"定心丸"

"他能让疑难物证拨云见日,让悬案、积案起死回生!"崔道植的同事们这样评价他。有大案或棘手问题难突破时,一句"请崔道植来",成为一线刑警的"定心丸"。2002年,黑龙江省一县城母子两人在家中遇害,现场只遗留下半枚带血的指纹,多家权威鉴定机关均得出"指印特征少,不具备认定条件"的结论,当地警方无奈向崔道植求助。对这半枚血指纹,崔道植用自己研究的痕迹图像处理系统进行了修复处理。经反复观察检验,认定当时的嫌疑对象作案证据不足。经排查,当地警方又向他提供了几十名嫌疑人的指纹。崔道植最终在一个嫌疑人的左拇指印中,发现数处特征点与现场物证符合。在证据面前,犯罪嫌疑人只能招供。张君特大系列抢劫杀人案、甘肃白银连环杀人案、沈阳运钞车抢劫案……在崔道植的参与下，一个个大案的谜团被解开，一张张罪恶的"画皮"被撕下。

忘我工作的"神探"

将"精致"做到"极致"

1951年，崔道植参加中国人民志愿军，指导员把《钢铁是怎样炼成的》推荐给他。书中以保尔·柯察金为代表的英雄人物的光辉形象影响了他的一生。1955年，崔道植被从部队选调到黑龙江省公安厅。凭借忘我的工作精神，他从普通的刑事技术人员逐步成长为刑事技术处处长、公安部首批特邀刑侦专家。"刑事科学技术工作，来不得半点疏忽和草率。对待每个案件、每个痕迹、每个线索，我一定做到一丝不苟、小心谨慎、求真务实。"崔道植看过的子弹、指纹数以万计，出过的现场不计其数，"看痕知枪""观弹知人"的眼力和经验的背后，是超出常人的付出。

1991年发生的"贾文革特大杀人案"是黑龙江迄今最大的杀人案，41人遇害。崔道植带领同事，在艰苦恶劣的环境下连续工作20多天。他们将犯罪现场屋里的炕灰、院内的垃圾堆都仔细筛了个遍，不漏掉任何一个罪证，为搞清楚案发经过、查明受害者的数量和身份提供了重要依据。

退而不休，老刑警身上的忘我奉献精神

退休后，崔道植被返聘到省公安厅刑侦总队。2017年初，哈尔滨市公安局刑事技术支队副支队长李新明带着一份刑事案件的指纹样本登门求助。崔道植那时刚刚做过白内障手术，他没有任何迟疑便接过任务。由于术后眼睛还没恢复，他一手拿着纸巾擦眼泪，一手扶着显微镜，花费大半天时间才看完所有指纹。事后才得知此事的李新明非常过意不去。崔道植安慰他："没关系，不要多想……"

有一年，崔道植接到公安部任务，去鉴定深圳发生的一起疑难案件。接受任务当天，崔道植笔记本电脑背包的带子断裂，金属配件弹射到左眼，将白眼球打出一道伤口。但时间紧迫，崔道植没有停止工作。儿子崔英滨来看望父亲时，崔道植已工作了三天，左眼严重充血。崔英滨强行带他去医院缝了四针。

"他是中国的刑警之魂，"多位公安人员在谈到崔道植时这样说，他们从这位老刑警身上看到了忘我奉献的精神。凭着这种精神，在五大连池银行抢劫案中，他拿着放大镜贴着墙面一寸一寸地寻找蛛丝马迹，几个钟头后，从三根麻纤维中寻到线索，为案件成功侦破提供了重要证据。凭着这种精神，70多岁时他三天跑了三个现场，行程超过2000公里，现场勘查结束，他因血压升高被直接送进医院……"没有中国共产党就没有我的今天。我始终心怀感恩、不忘初心，对党只有无尽的忠诚。"这是崔道植一辈子的告白。退休后，崔道植始终工作在刑侦一线。每年公安部、黑龙江省公安厅都多次抽调他参与疑难案件侦破工作。崔道植和同事研究出的"弹头膛线痕迹自动识别系统"通过了部级专家鉴定。该系统中的"制模片"和"弹痕展平装置"已被全国近40家单位采用，破获了一批涉枪案件。

他对刑事技术领域的新进展充满好奇，总是第一时间学习、了解；现在，他的电脑

操作水平不输年轻人,甚至能制作简单的动画。他每天都在整理资料,将多年的案例做成 PPT,留给年轻一代参考,还全力以赴推进非制式枪支建档课题的攻关。

"我从来没有退休的概念,工作是我的乐趣,我觉得每破一个案子就年轻了一次,每攻下一个难题就年轻了一回,"崔道植说。

案例点评

"永远听党话,坚决跟党走",这是崔道植一生的信念。崔道植用实际行动践行对党绝对忠诚的无悔誓言,用持之以恒的坚韧信念书写出一名中国刑事技术警察的传奇人生。他是我国第一代刑事技术警察、中国首席枪弹痕迹鉴定专家,为我国治安事业的稳定发展做出杰出贡献。多年的工作历练和潜心钻研,使他成为警界的传奇,屡破惊天大案,检验痕迹物证 7000 余件,参与办理 1200 余起重特大案件疑难痕迹检验鉴定,无一差错。在他看来,每一次大案的破获不仅是公平正义的彰显,更是对受害者及其家人心灵的抚慰。在枪弹痕迹检采方面,他开创"指甲同一认定""牙痕同一认定"的先河,研发现场痕迹物证图像处理、枪弹痕迹自动识别系统,填补国内多项技术空白。他被誉为"痕检'神探'""中国'刑警之魂'"。退休后的他仍忘我工作,参与破获久侦未破的系列案件,整理枪弹检验教材课件,为全国同行提供参考借鉴。

教学建议

本案例可用于"全面依法治国""党的思想建设"等内容的教学。崔道植始终怀揣着对共产主义的坚定信仰以及对工作的赤诚热爱,为我国治安事业的稳定发展做出杰出贡献。崔道植用他的一生阐释了共产党人的信仰与使命,彰显了刑事技术警察的忘我与专业。习近平总书记指出,"政法队伍是和平年代奉献最多、牺牲最大的队伍"[①]。一方面,引入此案例可以让学生对我国的政法队伍有基本了解,明白国家安全、社会安定、人民安心的背后有勇当使命、坚守职责的政法队伍在负重前行。另一方面,引入此案例可以让学生明确专业与立场的关系,任何学习专业知识的人,只有将自己所学所知用于服务社会、服务人民,才会实现人生的价值。

学习思考题

1. 崔道植在侦破案件中检验痕迹物证 7000 余件,无一差错,这给我们带来什么样的启示?

2. 退休后的崔道植依然投身工作,这种忘我奉献的精神体现了一个共产党员怎样的情怀?

---

① 习近平:《习近平谈治国理政(第三卷)》,北京:外文出版社,2020 年,第 355 页。

冯锐，宋晨. 崔道植：忠诚党的政法事业的先锋模范 [J]. 党建，2021（12）：52-54.

冯锐. 70年衷心向党，他的信仰与共和国同龄——探寻86岁刑侦专家崔道植的"心"之道 [J]. 警学研究，2020（4）：5-13.

郝迎灿，张艺开. 黑龙江省公安厅刑事技术处原正处级侦查员崔道植——"信念不动摇，干劲就能始终如一"[N]. 人民日报，2021-7-29（5）.

梁书斌. 痕检"神探"崔道植："火眼金睛"写传奇 [N]. 新华每日电讯，2021-7-27（6）.

宋晨. 崔道植：以实际行动践行对党绝对忠诚的无悔誓言 [N]. 人民公安报，2022-6-30（2）.

一辈子当个好工人

王小鹏

一位老人，终日奋战在高温火花中，只为给我国焊接事业贡献力量。

说到他的坚持不懈，他的亲人会心疼无奈；谈起他的无私培养，他的徒弟们会红了眼眶；了解他的淡泊名利，人们都不由被他的平凡而伟大深深折服。

1985年，艾爱国入党。秉持"做事情要做到极致、做工人要做到最好"的信念，他在焊工岗位奉献50多年，多次参与我国重大项目焊接技术攻关，攻克数百个焊接技术难关。作为我国焊接领域"领军人"，他倾心传艺，在全国培养焊接技术人才600多名。

"钢铁裁缝"几十年练就"钢铁"本领

外面鹅毛大雪，他的工作服却拧出了汗水

1969年，19岁的艾爱国扛着行李从湖南的罗霄山脉来到湘江边的湘潭钢铁厂，由知青变为焊工。1983年，原冶金工业部组织全国多家钢铁企业联合研制新型贯流式高炉风口。如何将风口的锻造紫铜与铸造紫铜牢固地焊接在一起，成为项目的最大难关。还是普通焊工的艾爱国主动请求一试，他提出采用尚未普及的氩弧焊工艺，当时国内还没有先例。艾爱国用湿棉被挡住身体，用石棉绳缠包住焊枪，在高于700℃的高温材料旁持续奋战。寒冬腊月，外面鹅毛大雪，而他的一身工作服却拧出了汗水。整整5个月的奋斗后，经X射线检查，他焊的21个风口全部符合国家技术标准。因在这次攻关中表现突出，艾爱国荣获国家科技进步二等奖。艾爱国在技术突破上从不满足。全国职工自学成才奖、中华技能大奖、全国五一劳动奖章……他凭借高超技能为我国冶金、矿山、机械、电力等行业攻克技术难关400多个，获得数不清的奖项。

"钢铁裁缝"练就"钢铁"本领

作为钢铁厂的焊工，艾爱国自称为"钢铁裁缝"。几十年如一日的理论钻研与实践操作，使他练就了"钢铁"般的硬本领。湘钢人都知道，艾爱国没有什么业余爱好。每天下班回家，上了楼就不再下楼，一头钻进焊接理论书籍中，常常研读到深夜。在同事们看来，艾爱国在焊接过程中分毫不差，觉得这个人简直是"特殊材料做的"。艾爱国最擅长的是焊紫铜，这是让很多焊工都望而却步的领域。为焊接一个地方要把整个铜件加热到七八百摄氏度，人很难接近。"焊紫铜的时候头发紧贴头皮、皮肤绷紧，手会不自觉地颤抖。不知道自己能坚持到第几秒,手也会因为高温出现一片片的红色水泡,可以说对心理和肉体都是一种煎熬,"全国五一劳动奖章获得者、艾爱国的徒弟欧勇说,"面对这样的身体极限,人的本能是逃避,而师父是勇于面对。"

"如师如父"精心培养焊接人才

汗臭、卷尺和专业书

50多年来,艾爱国手把手培养的600多个徒弟都已在祖国各地发光发热。他们当中,不少人获得了全国五一劳动奖章、湖南省劳动模范等荣誉。"师父给我印象最深刻的就是'汗臭味',"欧勇告诉记者。天热的时候,艾爱国安全帽上放草帽,肩膀上搭一条毛巾,就外出干活了。焊工出汗多,有时候加完班回来,浑身一股汗臭味。人家说"哎,劳模,赶紧去洗澡啦,下班休息了",他说"等会儿",就喊上徒弟来练习,抓住他们的手,一个一个地教。

艾爱国对工具的爱惜出了名。卷尺是焊接的常用小工具。一次,艾爱国的徒弟吴涛刚领了一把新的卷尺,气割的时候有火花,把卷尺烧坏了。艾爱国非常心疼,说:"我这么多年从来没有烧坏过一把卷尺,随身用的工具就是你吃饭的家伙,你不能吃着饭就把碗筷扔掉了。""焊工是易学难精。没有爱好,就不会动脑子,就是机械式地干活,"艾爱国常说。他利用业余时间编著《最新锅炉压力容器焊工培训教材》《焊接技术及自动化》等书,随身带着各类专业书籍送给徒弟,指导他们学习。

无偿培养下岗工人和农村青年

近年来,艾爱国着力无偿培养下岗工人和农村青年,先后向200多人传授焊接技术。他常说:"做好传帮带,实现高技能人才的传承,是我的责任。""如师如父"是徒弟们对他的定位。来做学徒的农村青年没有地方住,他就想办法腾出办公室让他们住下。每次徒弟们去他家里,他都坚决要求不要带任何礼物,却默默为他们准备一桌子的零食。他连续多年坚持免费给个体户、民办企业的焊工培训上课,每次都是"满座"。他还开启了"在线答疑"模式,所有工人都有他的微信,有事找他,他总是有问必答。农村孩子刘四青父亲早逝,15岁开始跟随艾爱国学习焊工,一学就是六年。艾爱国像父亲一样照顾他的生活,指导他的学习。"培训完后我去新疆工作了三年,后来回湘潭工作,他去我们公司做技术指导,一眼就看到了我,"刘四青说,"他一直在关心着我们的成长。"

"当工人就要当一个好工人"

年过七旬,仍战斗在生产科研第一线

艾爱国在湘钢工作一辈子,最高职务就是焊接班的班长。他的老同事、退休职工李宁记得,20世纪80年代,领导想从职务的角度提拔他,但艾爱国婉言谢绝领导的好意,"我还是安心从事自己的岗位"。

艾爱国的女儿在广东生活,前几年想接退休的老父亲过去享清福,却因此和艾爱国

争吵起来。"你如果想让我多活几年,就让我继续工作,工作对我来说才是休息,"艾爱国说。如今他已70多岁,却仍然战斗在湘钢生产科研第一线。早上7点半前上班,下午6点半后下班,艾爱国的作息如时钟一般规律。他一个人生活,早饭和午饭在厂里吃,晚饭就自己做清粥、面条。

在湘钢,一线生产工人都是开着小轿车上下班,可艾爱国还是几十年不变地骑着他那辆破旧自行车。同事们劝他:"你那么出名了,也该买辆汽车享受享受。"他总摇摇头说:"骑自行车挺好,省事。"

干到老学到老,永葆工人本色

有记者发现,艾爱国在人民大会堂领受"七一勋章"时穿的还是工作皮鞋,惊讶地问他原因。"天天都穿工作皮鞋,脚已经习惯了,其他鞋一穿就打脚,"艾爱国乐呵呵地说。领奖当天的西服也是好多年前买的,一直舍不得穿。因为缺一条西裤,他就带着西服去商店挨个配颜色,舍不得买一套新的。"一定要保持工人本色,当工人就要当一个好工人,"艾爱国说。

干到老、学到老,艾爱国坚信,实践中遇到的问题,都可以在理论中找答案。在高难度的焊接任务中,有很多罕见的金属材料。通过反复研究、累积实验,艾爱国对材料的优缺点都了然于胸。组建焊接研究室后,他的工艺研究对焊接技术的提高起到了很大的作用。令全厂职工惊奇的是,为了更好地从事科研,艾爱国58岁时自学了五笔打字和工程制图软件。多年来,艾爱国以"拼命三郎"的劲头引领着我国焊接事业不断发展。"我对自己的技术要求是达到极致。只有做到极致,才能发挥党员的先锋模范作用,"他说。

案例点评

人们常说,"三百六十行,行行出状元"。一个人只要在自己所在的行业不断学习、不断钻研、不断进步,一定会做出卓越成绩。艾爱国秉持"做事情要做到极致、做工人要做到最好"的信念,在焊工岗位贡献50多年,凭借高超技能为我国冶金、矿山、机械、电力等行业攻克技术难关400多个,改进工艺100多项,倾心传艺,在全国培养焊接技术人才600多名,是我国焊接领域的领军人物和工匠精神的杰出代表。作为党员,艾爱国真正发挥了先锋模范作用。习近平总书记指出,"在长期实践中,我们培育形成了爱岗敬业、争创一流、艰苦奋斗、勇于创新、淡泊名利、甘于奉献的劳模精神,崇尚劳动、热爱劳动、辛勤劳动、诚实劳动的劳动精神,执着专注、精益求精、一丝不苟、追求卓越的工匠精神"①。空谈误国,实干兴邦,社会主义是干出来的,中国特色社会主义发展的伟大成就离不开千千万万劳动者的付出。新时代新征程,习近平总书记号召全党全军全国各族人民,撸起袖子加油干,这更加需要发挥工匠精神。

---

① 习近平:《在全国劳动模范和先进工作者表彰大会上的讲话》,北京:人民出版社,2020年,第4页。

本案例可用于"中国精神"等内容的教学。艾爱国是工匠精神的杰出代表,用其一生为我国焊接事业做出贡献,永葆工人本色,看似平凡,实则伟大。工匠精神是以爱国主义为核心的民族精神和以改革创新为核心的时代精神的生动体现,是鼓舞党和人民风雨无阻、勇敢前进的强大精神动力。实现中华民族伟大复兴,就要弘扬包括实干精神在内的中国精神,让全党全国各族人民保持强大的精气神和实干劲头。劳动是一切幸福的源泉,平凡岗位可以创造出非凡业绩。通过此案例,教师可以引导学生树立"以辛勤劳动为荣、以好逸恶劳为耻"的劳动观,培养一代又一代热爱劳动、勤于劳动、善于劳动的高素质劳动者。

1. 艾爱国成为焊接领域领军人物的故事对我们以后参加工作具有什么样的启示?

2. 艾爱国最高职务就是焊接班的班长,曾经有领导想从职务的角度提拔他,但他婉言谢绝领导的好意。俗语说"人往高处走",他这一行为可能会被人认为是傻。你是如何看待这一行为的?

参 考 文 献

艾爱国:"作为一名党员,我就要做得更多"[N]. 新华每日电讯,2022-7-4(3).
方大丰. "好焊工"的不老传说[N]. 工人日报,2022-3-4(1).
俞慧友. 四个数字"数"出这名焊工独特贡献——记新时代知识型工匠艾爱国[N]. 科技日报,2021-7-13(3).
张天宇. 艾爱国"焊花"不熄[J]. 中国工人,2022(3):40.
张晓丽. "钢铁裁缝"艾爱国[J]. 共产党员,2021(19):40—41.

"燃灯校长"为教育扶贫坚守初心使命

陈乐香

云南丽江华坪女子高级中学（简称"华坪女高"）校长张桂梅将自己的青春和心血奉献给大山深处的女孩们，用自己的光芒去点燃更多女孩的命运，被大家亲切地称为"燃灯校长"。"燃灯校长"忠诚践行习近平总书记关于教育工作的重要论述，用全部生命教书育人、决心"战斗到我最后那一口气"的精神宛如一座灯塔，激励着更多教育工作者在筑梦之路上坚守初心、点亮他人。[①] 从扎根大山的"燃灯者"张桂梅，到"一生只为一事来"的支月英；从用一根扁担挑起山乡希望的张玉滚，到多年在悬崖天梯上接送学生的李桂林、陆建芬夫妇……正是许许多多像他们一样的乡村教师，用坚韧和奉献托举起大山孩子的梦想，为一个个贫困家庭带去希望，为打赢脱贫攻坚战贡献了力量，为践行党的初心使命贡献了力量。

艰辛筹建免费高中，托起山区女孩的大学梦

1996年8月，张桂梅到华坪县中心学校教书，她发现学校"女生比例很低"，"很多女孩读着读着不见了"。通过多次家访，她得知在家务农、外出打工或早早嫁人，是大多数山里女孩的共同命运。2001年，她被捐款的慈善机构指定担任华坪县儿童福利院（华坪儿童之家）院长后，发现不少女孩并非孤儿，而是被父母遗弃的。一次家访途中，她遇到一位被父母逼迫辍学嫁人而坐在路边痛哭的女孩，但她最终无力帮助女孩重回学校，这个经历让她不断思考怎样才能救救这样的女孩。面对山区教育的"锥心之痛"，张桂梅认为："女孩的教育问题解决不好，就会陷入贫困女孩—贫困母亲—贫困下一代的恶性循环，所以救一个就是救三代！"从此，她心中就渐渐萌生了一个梦想：办一所免费高中，让大山里的女孩都能读书。她说："我要把那些姑娘一个个往回捞，哪怕我自己出钱，也一定让她们读书！"

21世纪初，要在西部贫困山区创办一所免费的女子高中谈何容易！她的这个梦想很快遭到身边人的反对。《国家西部地区"两基"攻坚计划（2004—2007年）》显示，截至2002年，西部地区仍有410个县级行政单位尚未实现"两基"（基本实施九年义务教育和基本扫除青壮年文盲）；西部地区人均受教育年限仅为6.7年，比全国平均水平

[①] 何娟：《用全部的生命教书育人（暖闻热评·致敬脱贫攻坚楷模）》，载《人民日报》2021年3月31日。

低 1.3 年。①

张桂梅没有轻言放弃。她开始四处奔走筹款。从 2002 年到 2007 年,张桂梅每个寒暑假都拿上自己曾经获得的各种荣誉证书到昆明街头募捐。可让她没想到的是,自己放下尊严募捐,换回的却是不理解和白眼,她从人人尊敬的"好老师"变成了饱受质疑的"骗子""疯子"。她就这样风吹雨淋、被冷落、被唾骂,却只筹得一两万元。几年下来,张桂梅几乎要放弃了。直到 2007 年,张桂梅当选党的十七大代表后,赴京参会期间,一名女记者发现她穿了一条有两个破洞的牛仔裤,就对她进行了采访,并发表了一篇题为《我有一个梦想》的报道,从而让更多人理解了张桂梅的女高梦。2008 年,在中央和各级政府以及社会爱心人士的支持下,全国第一所全免费的华坪女子高级中学正式挂牌成立。

到 2023 年,华坪女高已送走 13 届毕业生,2000 多名学生从这里考入大学。她们中有曾因厌学、贫困、偏远而造成的辍学生和落榜生;有人只因为是女孩,从出生到长大,爷爷奶奶从没与她说过一句话;有人可能从未被报以期望。但如今,她们考入了重庆大学、四川大学、武汉大学、厦门大学、浙江大学等知名学府,她们读研、读博,在各自的工作岗位上闪闪发光。张桂梅每年都鼓励女孩们考上更好的学校,她对这些女孩有更高的期待:我希望她们变得更强,有能力去帮助那些需要帮助的人。②

全身心办好山区教育,担当教育脱贫攻坚的使命

华坪县地处金沙江腹地,山区面积占 97%,2/3 以上的大山在海拔 1500 米以上。走出大山、改变命运、过上好日子,是山里人世世代代的梦想、心心念念的追求。③ 山里人穷,穷在意识落后、文化落后。孩子是山里人的希望,教育也是一种希望。张桂梅说,这种希望让"教育扶贫比经济扶贫更彻底"。与教育和贫困打了半辈子交道,张桂梅最懂山里孩子的渴望,最懂这片山。在那片贫瘠的土地上,张桂梅孜孜不倦地播种教育脱贫、创造美好新生活的希望,并将这一希望撒向云岭山乡。

山里孩子学习基础差,为了出成绩,张桂梅制定了一整套严格的工作制度。在张桂梅看来,她的"狠"能帮助孩子们突破成长的坚冰,培养吃苦耐劳精神,让她们经得起风吹雨打。她注重因材施教,探索民族山区学生教育规律,总结出"三点三路教学法":钻研教材时抛开细枝末节,舍弃贪多求全,突出解决好授课的重点、难点和特点;编写教案、开展教学时,弄清作者的思路,设计自己的"教"路,指引学生的学路。张桂梅是校长,是老师,也是母亲;不仅管学习,还要管生活、管心理。张桂梅宿舍里有 4 张床铺,1 张自己睡,3 张留给"不听话"和生病的学生。她把"家"安在学生宿舍,每

---

① 邢星,魏倩,程路:《她倾尽所有给了山里女孩一个大世界——记云南省丽江市华坪女子高级中学党支部书记、校长张桂梅》,载《人民教育》2020 年第 17 期。

② 邢星,魏倩,程路:《她倾尽所有给了山里女孩一个大世界——记云南省丽江市华坪女子高级中学党支部书记、校长张桂梅》,载《人民教育》2020 年第 17 期。

③ 中共云南省委:《"我没倒下,有种精神支撑着我"——记"燃灯校长"张桂梅》,载《求是》2021 年第 5 期。

天5点多起床、晚上12点后才休息，拿着小喇叭催促学生起床、吃饭、做操，陪伴学生晨读、上课、自习。张桂梅说："女高的许多学生家庭贫困、变故多，她们的心要好好去悟。""我一刻也不能离开学校，老师、学生我都得盯着。"

张桂梅忘我工作的同时，还忍受着常人无法承受的病痛，23种疾病缠身，药成把地吃，数次病危入院抢救。但她不愿意花时间、花钱去看病，而是想方设法把钱"用在孩子身上"。2003年，张桂梅把昆明市总工会捐给她用于治病的两万元钱用到了学生身上。2006年，张桂梅把获得云南省首届"兴滇人才"奖的30万元奖金一次性全部捐给了华坪县丁王民族小学建教学楼；2007年，张桂梅用华坪县委给她的7000元钱给学校买了一台电脑。2019年初，张桂梅病危醒来后，拉着来医院看望她的县长说："我情况不太好，能不能让民政部门把丧葬费提前给我，我想看着这笔钱用在孩子们身上。"工作数十年，张桂梅的名下几乎没有任何财产，工资、奖金和社会各界捐助她治病的100多万元全部投入了教育事业。

为了"留得住"进校的孩子，张桂梅提出用"家访"代替家长会，既可减轻贫困家庭的家长从山区往来学校的负担，又可以深入学生家庭了解情况，解决实际困难。张桂梅和同事的这条家访路一走就是12年，行程累计11万多千米，覆盖1500多名学生。在家访中，张桂梅给学生家里捐过钱、送过衣，帮忙修路、建水窖、调解纠纷、发展产业。她也因此迷过路、发过高烧、摔断过肋骨、旧病复发晕倒在路上，几乎每次家访完都要病一场。曾经有一个百分制下只考了5分的女生，张桂梅恨铁不成钢，生着气去家访。后来，这个"5分女孩"最终考上了本科。这样的家访打通了一个个教育扶贫的"最后一公里"，华坪县贫困发生率从2014年的15.11%降至2019年的1.03%，贫困乡、贫困村全部出列，傈僳族整族脱贫。

牢记教育使命，实施红色教育铸魂育人

1998年，张桂梅加入中国共产党。她始终牢记并践行教书育人、立德树人的教育使命。多年来，她把培养合格的社会主义建设者和接班人作为自己的初心和使命，用红色基因为女高师生注入精神力量。

一走进华坪女高的操场，远远地就会被"共产党人顶天立地代代相传"的12个巨幅红字锁住目光，这是张桂梅办教育的"魂"和"锚"。她提出"以党建统领教学"，开创"五个一"党性常规活动（全体党员一律佩戴党徽上班，每周重温一次入党誓词，每周唱一支革命歌曲，每周观看一部具有教育意义的影片并写观后感交流，每周组织一次理论学习），并一直坚持下来。全校通过"感党恩、听党话、跟党走"红色教育，有效凝聚和壮大了教师队伍力量。华坪女子高级中学现有教职工42名，其中党员18名。党员教师韦堂芸左脚骨折，想到还有140天就要高考的学生，她不顾医生要求静养的建议，挂着双拐给学生上课。党员教师勾学华婚礼当天早上还在学校上课，中午匆匆赶到婚礼现场，晚上又赶回学校。资助学生、义务补课，这样的事在女高屡见不鲜，这些年来教师们的义务加班时间累计达5760多小时。

张桂梅也是塑造学生品格、品行、品味的"大先生"。她把育德放在第一位，引导

学生从小树立远大志向，塑造女孩自尊、自信、自立、自强的气质和品格，提出"革命传统立校，红色文化育人"的教育理念。华坪女高在紧张的学习中，花大力气开展党性教育。入学第一课是抄党章。张桂梅说：通过抄党章，我们用共产主义理论把她们引到正确的信仰道路上，要让她们明白"你是谁""你为了谁""你应该有什么样的追求"。信仰、方向"定"在那儿，她们心胸宽阔了，学习起来不怕苦、不怕累，就连跑步速度也快起来了。① 除了抄写党章，学校还紧紧依托马克思主义哲学、中共党史等改进课堂教学，将红色文化教育融入学校教育各个环节，广泛开展读原著、听专题报告、谈心得体会、看影像资料等活动，学唱《没有共产党就没有新中国》《歌唱祖国》《红梅赞》等革命歌曲，听江姐、刘胡兰、雷锋的英雄故事，定期举办"重温入党誓词缅怀伟人功绩""演绎红色经典"课间操等主题教育活动，使红色文化教育内化为一种文化自觉。

在张桂梅看来，华坪女高不是普通高中，是连接党委政府和山区贫困群众的桥梁。在一次家访中，学生的母亲拉着她的手，哭着说："女子高中不收钱，让娃娃有书读，你是恩人，我们都感谢你。"她却说："不要谢我，我没有那么大的能力。女子高中是各级党委政府出资修建的，你的梦，是党和政府、是社会帮你圆的。"作为党的二十大代表，她在接受记者采访时说："'燃灯校长'不是我一个人，是我们的党，是我们的政府，是我们全体的乡村教师，还有支持我们的社会各界力量，我才能'燃'得起来。"她把自己的贡献看得很轻，她说："这些年，我只是按照习近平总书记的要求，力所能及地为山区女孩教育做了一点事情，我只是尽了一个人民教师的应尽之责，这些荣誉不属于我一个人，应该属于党和人民。"

案例点评

"燃灯校长"张桂梅以坚忍执着的拼搏和无私奉献的大爱，诠释了教师党员"为国育人、为党育才"的初心使命。习近平总书记强调："教师是立教之本、兴教之源，承担着让每个孩子健康成长、办好人民满意教育的重任。"② 人民教师为了谁，怎样当一名好教师，怎样培养好学生，张桂梅成为榜样。她把自己最好的青春年华献给了山区的教育事业，将全部心血倾注在孩子身上，更将自立自强的种子播撒在她们心中③。她坚持用红色文化引领教育，培养学生不畏艰辛、吃苦耐劳的品格，引导学生铭记党恩、回报社会。她坚持每周开展一次理论学习、重温一次入党誓词的组织生活，发挥党员在学校各项工作中的先锋模范作用。张桂梅忠诚践行习近平总书记关于教育工作的重要论述，矢志不渝跟党走、痴心执着办教育、无私无我育新人，扎根边疆教育一线，当好教育改革的奋进者、教育扶贫的先行者、学生成长的引导者，用爱心和智慧点亮万千乡村女孩的人生梦想，展现了当代人民教师的高尚师德和责任担当。

---

① 邢星，魏倩，程路：《她倾尽所有给了山里女孩一个大世界——记云南省丽江市华坪女子高级中学党支部书记、校长张桂梅》，载《人民教育》2020年第17期。
② 党史和文献研究院：《习近平书信选集（第一卷）》，北京：中央文献出版社，2022年，第10页。
③ 何娟：《用全部的生命教书育人（暖闻热评·致敬脱贫攻坚楷模）》，载《人民日报》2021年3月31日。

 **教学建议**

本案例可用于"党的初心与使命""如何保持党的先进性""如何推进党的建设"等内容的教学。张桂梅作为一名把自己无私奉献给贫穷山区的教师党员和教育管理者,牢记共产党员的初心使命,不仅以崇高的党性要求自己,也用共产主义理想和信仰教育学生、管理学校,培育党和国家寄予希望的社会主义事业接班人。从她的先进事迹中,我们体会到要保持党的先进性、加强党的建设,需要一个组织、一个单位的领头人、管理者发挥先进带头作用、深化和细化基层党的建设实践。

 **学习思考题**

1. 向张桂梅学习,作为党员干部,我们该如何在工作、学习中为践行党的初心使命贡献力量?

2. 张桂梅的感人事迹给我们哪些启示?

参 考 文 献

"时代楷模"张桂梅——立德树人 倾情投入 [N]. 人民日报,2021-1-3(2).

李银,庞明广. 张桂梅:让学生远方有灯,脚下有路,眼前有光 [J]. 党员文摘,2021(9):34-35.

邢星,魏倩,程路. 她倾尽所有给了山里女孩一个大世界——记云南省丽江市华坪女子高级中学党支部书记、校长张桂梅 [J]. 人民教育,2020(17):12-22.

徐元锋. 张桂梅:点燃大山女孩希望 [J]. 共产党员(河北),2021(Z1):139-140.

云南丽江华坪女子高中党支部书记、校长张桂梅:爱让梦想飞越大山 [N]. 人民日报,2020-12-11(4).

朱丹. 张桂梅:用信仰托举梦想的引路人 [J]. 中国共青团,2022(2):30-31.

把根扎在青藏高原

王小鹏

世界屋脊上，一位老人带领医学团队，常年跋涉在离蓝天、白云最近的天路上。多年来，他推动我国高原医学从无到有、由弱变强，在漫长艰辛的奋斗历程中，践行着共产党员的初心和使命。他的名字，深深烙在青藏高原各族群众心中。他是中国工程院院士吴天一，是我国高原医学事业的开拓者、低氧生理学与高原医学的专家。

高原的守望者

一个愿望

20世纪30年代，吴天一出生在新疆伊犁一个塔吉克族知识分子家庭。他9岁随父母去南京读书。1950年10月，中国人民志愿军跨过鸭绿江，抗美援朝战争正式打响。在南京，吴天一顺利通过征兵体检，成为一名中国人民解放军战士。"别看我个子小，但体质好。我当时只有一个愿望，参军报国，"吴天一说。由于文化功底良好，一入伍他便被分配至中国医科大学培养。6年的理论培训结束后，抗美援朝已经签订停战协议。"但当时部队还没撤回，我就强烈要求去前线。"1957年，吴天一与夫人一起，换上志愿军的服装，来到位于平壤的中国人民志愿军第512医院。在那里，因为防治疫情得力，他获得第一个三等功。1958年随部队回撤到青海后，为响应当时"大练兵"的号召，吴天一被分配至某骑兵连。"我要当一名普通兵，"吴天一说，在骑兵连他获得了"五好战士"荣誉，为他之后常年在高原"骑马问诊"打下了基础。

一个决定

20世纪50年代末，大批青年怀着梦想来到青海建设高原。意想不到的是，许多初到青海的内地建设者很快出现了不同程度的高原反应，心慌、胸闷、头痛欲裂……由于缺乏高原病基本知识，很多高原病被当作普通肺炎、肺充血症治疗，许多建设者相继病倒。吴天一说，当时高原病在我国医学研究领域尚属空白，国内对它认识不清，国际高原医学领域只有外国人说话。"攻克高原病"的决定让他接下来一辈子只做一件事——高原医学研究。"青藏高原缺氧、低压的恶劣环境，阻碍了人们开发高原的步伐，也威胁着这里居民和官兵的健康和安全，必须找出高原病的致病原因并不断研究下去。"吴天一开始用所学的医学知识保障高原人民的生命和健康。

"马背上的好曼巴"

一个标准

1978年，吴天一与同事共同创建了全国第一家高原医学研究所。为尽快全面掌握各种急、慢性高原病，1979年至1992年，吴天一主持了历时10余年、覆盖10万多人的高原病大调查。"每到一个地方，我都问哪里海拔最高，"吴天一说。进行高原医学研究必须要去高、偏、远的地方，不落下一户一人，才能准确掌握疾病分布和患病因素。"到牧区下乡，帐房一支，仪器一架，发动机一响，牧民们以为是电影放映队来了。"吴天一克服头痛、胸闷、失眠、腹泻和呕吐等高原反应，骑着马，赶着驮满仪器的牦牛，深入牧区的帐篷做高原病普查。饿了吃点牧民的青稞糌粑或自带的干粮，晚上同牧民一起睡在帐篷里，深夜点着酥油灯整理数据资料……

为研究青藏高原藏族人群的"高原低氧适应生理特征"这一主攻课题，精通汉语、塔吉克语、英语、俄语的吴天一，又学会了藏语。几十年的科研工作中，他走遍了青藏高原大部分高海拔地区，诊治过数万名牧民群众，整理了大量的临床资料，藏族牧民亲切地称他为"马背上的好曼巴（医生）"。吴天一对发生在青藏高原的各型急、慢性高原病，从流行病学、病理生理学和临床医学方面做了系统研究。他提出慢性高山病量化诊断标准，被国际高山医学协会作为国际标准并命名为"青海标准"，于2005年在国际上统一应用，为高原病的防治做出了突出贡献。

一条铁路

高寒缺氧对铁路建设者的身体健康是一个严峻考验，这是建设高原铁路的一大世界性难题，也对高原医学提出了新挑战。在青藏铁路建设的5年中，作为原铁道部高原医学专家组组长，吴天一带头制定出一系列劳动保护和高原病防治措施，建立了全面科学的卫生保障措施和急救方案，将高原病的自我判断方法写入科普手册，送到每个筑路工人手中。"青藏铁路沿线80%的地方海拔都在4500米以上。在这里吸进来的氧气只有海平面地区吸氧量的一半，"吴天一说。他亲自带领科研医疗队上山指导工作，研究开发以藏药为主的红景天等致适应剂，提出"三高三低"急救措施，使急性高原病发病率由青藏公路建设初期的9.8%降至1%以下。吴天一的研究不但保障了青藏铁路的顺利建设，而且创造了14万劳动大军在海拔4000米以上地区工作4年、无一例因急性高原病死亡的世界医学奇迹。

生命的保护神

一场地震

"我既是医生又是党员，还是最懂高原病的人，我必须去！"2010年4月14日，青海省玉树藏族自治州发生7.1级地震，年逾古稀的吴天一彻夜未眠，主动请缨，不顾同事和家人的劝阻，连夜带领医疗队奔赴灾区。到达灾区后，他日夜奋战在救灾一线。白天，他往返奔波于各大救援点，指导并参与高原肺水肿病人的抢救；夜间，他辗转各医疗队讲解高原病防治救援知识,尽全力拯救群众生命、保障人民健康。他还发挥懂藏语的优势,为受灾群众讲解知识、疏导心理。"这是世界最高海拔地区的地震,我们要以共产党人的精神战胜高原地震灾害,"吴天一说。震后,他主持召开了多个会议,进一步总结玉树地震救援经验,并面向国际社会介绍了中国抢救急性高原病的成功经验。

一生追求

全身14处骨折,双眼白内障,耳朵鼓膜被击穿……吴天一的身体饱受病痛折磨,但他仍深深眷恋着这片土地,扎根高原从医50多年,默默守护着青藏高原的万千生命。

吴天一在下乡途中曾经历过多次车祸。最严重的一次他多处肋骨骨折、髌骨粉碎性骨折、胫腓骨骨折。至今,他腿部还有一根十几厘米长的钢板。高原长期的紫外线辐射让吴天一的双眼患上严重的白内障。术后,他没有休息片刻,立即投入实验。左眼工作,右眼就戴着眼罩休息;累了,再把眼罩换到左眼上。在进行高低压实验氧舱模拟实验时,吴天一主动承担第一次实验的风险,毫不犹豫地进入了舱体。由于缺乏经验,舱内气压迅速下降,他的鼓膜被击穿,听力严重受损,但他摸清了舱体运转的安全系数。

吴天一在卫生健康领域奋战一辈子,获得无数荣誉。"青藏高原是我科学研究的根,是我生命的根,高原医学研究是我一生的追求。'七一勋章'是党内最高荣誉,是荣誉也是考验。未来我要带好团队、培养好接班人,为保障高原人民和官兵的健康做出更大贡献,"他说。

案例点评

扎根高原守护万千生命,闪耀着共产党人的初心;白衣之下的赤诚,体现着医者仁心的大爱。"攻克高原病"的决定让吴天一一辈子只做一件事——高原医学研究。吴天一与同事共同创建了全国第一家高原医学研究所,他走遍青藏高原大部分高海拔地区,诊治过数万名牧民群众,整理了大量的临床资料,提出慢性高山病量化诊断标准,被国际高山医学协会作为国际标准并命名为"青海标准";他破解了青藏铁路建设者高寒缺氧的现实难题,创造了14万劳动大军在海拔4000米以上地区工作4年、无一例因急性高原病死亡的世界医学奇迹;他亲赴世界最高海拔地区的地震区,开展救援工作,尽全力拯救群众生命、保障人民健康。扎根高原从医50多年,吴天一默默守护着青藏高原的万千生命。吴天一被称为"马背院士"、青藏高原"生命的保护神",他用生命践行着一个共产党人的初心使命,用行动展现出医务工作者的仁心厚德。

教学建议

本案例可用于"社会建设""全面建成小康社会"等内容的教学。没有全民健康,就没有全面小康。没有医务工作者的付出,就没有人民群众的生命健康。中国共产党坚持人民至上,极大地改善了人民的生活水平,中国人均预期寿命从1949年的不足35岁到2023年的78.6岁,这背后离不开生活环境、医疗水平的进步,更离不开广大医务工作者的付出。习近平总书记强调：长期以来，我国广大卫生与健康工作者弘扬"敬佑生命、救死扶伤、甘于奉献、大爱无疆"的精神，全心全意为人民服务，特别是在面对重大传染病威胁、抗击重大自然灾害时，广大卫生与健康工作者临危不惧、义无反顾、勇往直前、舍己救人，赢得了全社会赞誉①。引入此案例可以帮助学生理解我国医疗卫生事业的发展对于民生工程的重要性，理解我国医务工作群体的职业要求和艰辛付出。

1. 吴天一扎根高原从医守护万千生命，体现出怎样的医德、医风、医道？
2. 吴天一攻克高原病体现了什么样的科学家精神？

马应珊. "青藏高原是我不竭的'江河源'"——记十六大代表、中国工程院塔吉克族院士吴天一［N］. 人民日报，2002-9-18（1）.

马玉宏，张龙飞. 奋战在救灾一线的古稀老人——记中国工程院院士、高原医学专家吴天一［N］. 经济日报，2010-5-21（4）.

王瑨，万玛加，刘宇航. 吴天一：缺氧气，但不能缺志气！［N］光明日报，2021-11-15（1）.

萧疏. 吴天一：高原生命的保护神［J］. 共产党员，2022（9）：38-39.

央秀达珍，卢东方. "马背院士"吴天一：把根扎在青藏高原［N］. 新华每日电讯，2021-7-14（5）.

---

① 习近平：《习近平谈治国理政（第二卷）》，北京：外文出版社，2017年，第370-371页。

赤诚报国，奉献航天

王小鹏

在炮火下求学、在荆棘中拓荒，他用汗水、青春为祖国实现火箭升空、卫星环绕、九天揽月、踏足火星的壮丽梦想贡献了力量；至情至性，他是学生们眼中的"大先生"，更是我国自动化科学技术的开拓者之一……他的足迹诉说着一代中国知识分子求索报国的曲折多艰，他的经历诠释着中国共产党人的拳拳初心。

生于1920年的他，是29位"七一勋章"获得者中最年长的一位。他就是中国航天科技集团有限公司科技委顾问、中国科学院院士、中国工程院院士陆元九。

世界上第一个惯性导航博士

在抗战炮火下艰难求学

1920年1月9日，陆元九出生在安徽一个书香人家，家庭给了他良好的熏陶。20世纪30年代，在抗战的炮火下，陆元九和同学们艰难求学，经武汉、宜昌到达重庆接受大学教育，是中国本土第一批系统学习航空技术的大学生。40年代中期，陆元九获得了赴美公费留学生的名额，最终进入美国麻省理工学院航空工程系学习深造。当时，多数留学生根据国内的学习基础通常选择理论方面的专业。但陆元九觉得既然到了美国，就要学习一些新东西。第二次世界大战后，自动控制技术得到迅速发展，惯性技术已在航空上开始应用，但作为导航尚处于萌芽阶段。喜欢尝试挑战的陆元九选择了仪器学，成为著名自动控制专家查尔斯·德雷珀教授的首位博士生。

世界上第一个惯性导航博士学位

仪器学专业学的是惯性导航，难度极大。聪明刻苦加上扎实的功底，让陆元九取得了十分突出的成绩，他的导师也对这位来自中国的学生刮目相看。1949年，陆元九迎来两大喜事：一是获得博士学位，二是与留美硕士、安徽同乡王焕葆喜结良缘。获得博士学位后，29岁的他被麻省理工学院聘为副研究员、研究工程师，在导师的科研小组中继续从事研究工作。直到20世纪80年代，那些在出国潮中到麻省理工学院留学的年轻人还在口口相传：曾有一位中国人在这里获得了世界上第一个惯性导航博士学位，他就是陆元九。

提出"回收卫星"概念、主持第一台大型精密离心机研制

首次提出"回收卫星"概念

新生的中华人民共和国,让久居海外的陆元九无比向往。几经周折,陆元九一家终于踏上了回国的轮船。

当时,中国科学院正在筹建自动化所,国家分配在这方面有专长的陆元九到自动化所任研究员,后任研究室主任、副所长,参加研究所的筹建和惯性导航技术的研发。"要进行人造卫星自动控制的研究,而且要用控制手段回收它。"研究中,陆元九首次提出"回收卫星"的概念。与此同时,我国首个探空火箭仪器舱模型在陆元九和同事们的手中组装出来。"完善一代、研制一代、探索一代。"工作中,陆元九一直倡导要跟踪世界尖端技术。在他的带领下,中国航天先后开展了一批预先研究课题以及各种测试设备的研制工作,为我国惯性仪表研制奠定了坚实基础。

我国第一台大型精密离心机在他的主持下诞生

20 世纪 60 年代初,陆元九在中科院、中国科技大学同时负责多项工作,每天都要工作十几个小时。这段时间,他还坚持撰写专著,把自己在陀螺、惯性导航方面的所学所用编撰成书。1964 年,他的著作《陀螺及惯性导航原理(上册)》出版,这是我国惯性技术方面最早的专著之一,对我国惯性技术的发展起到了重要的推动作用。此后,陆元九主持组建了中科院液浮惯性技术研究室并兼任研究室主任,主持开展了我国一系列重要科技项目的研发。在长春,我国第一台大型精密离心机也在他的主持研制下诞生。

推动我国惯性导航事业跨越发展

陆元九经常受邀参加各类评审、论文答辩等会议,由于他个性耿直,大家一听陆元九要参会,往往格外紧张。大家明白:"陆老要求严"。这种严格来自对航天产品的负责。他常说:"我们的产品是要上天的,一定要保证质量。要求严格,可以进步快一点。"

注重人才培养在航天专家里出了名

让年轻人"进步快一点",一代接一代擎起航天事业的旗帜,是陆元九的夙愿。在陆元九的关心下,航天系统自培高学历人才已成风尚。

2000 年以后,耄耋之年的陆元九依旧活跃在航天一线,经过几年调研和思考,航天人才科学作风培养系统工程的构想逐渐清晰起来。2005 年,陆元九发表文章《航天人才科学作风培养》。一代又一代航天青年才俊,在陆元九的指导下,成长为作风优良的航天工作者。陆元九一生简朴,却捐出自己的大笔积蓄,资助科学研究。陆元九的一生推动了我国惯性导航事业的跨越发展,也培养了一大批领军人才。

把创新当作一场没有终点的长跑

"我国航天事业,从无到有,从弱到强,每一步前行都离不开党的领导和支持。在中国共产党成立 100 周年之际,我很荣幸获得了'七一勋章',这不仅是我个人的荣誉,

更是全体航天工作者的荣誉,"陆元九说。在陆元九曾经工作过的中国运载火箭技术研究院,"感动我们"颁奖典礼在北京东高地隆重举行,以表彰那些在平凡岗位上做出不凡贡献的航天人。他们中,有改变半个多世纪的火箭弹性载荷设计方法的青年设计师曾耀祥,还有和陆元九一样留学归国后攻克世界难题的复合材料专家李军平。作为新一代航天人,他们用实际行动接过以陆元九院士为代表的老一辈航天专家的接力棒,越过艰难险阻,勇攀科技高峰。"希望新一代的科技工作者们,把创新当作一场没有终点的长跑,不忘初心、牢记使命,砥砺前行、科技报国,把人生最宝贵的年华奉献给我们伟大的国家和民族,"陆元九动情地说。

案例点评

科学没有国界,但科学家有祖国。陆元九作为早期出国留学的博士,在新中国成立初期,突破重重阻力毅然回到祖国,以科技报国。陆元九首次提出"回收卫星"概念,创造性运用自动控制观点和方法对陀螺及惯性导航原理进行论述,为"两弹一星"工程及航天重大工程建设做出卓越贡献,成为我国自动化科学技术的开拓者之一。他将毕生精力奉献给祖国航天事业,深刻展现了一个科技工作者对祖国的炽热之心,书写了一个共产党人的初心使命。中国科技的飞速发展,离不开一代又一代科技工作者的忘我付出,从李四光、钱学森、钱三强、邓稼先等一大批老一辈科学家,到陈景润、黄大年、南仁东等一大批新中国成立后成长起来的杰出科学家,他们都是爱国科学家的典范。习近平总书记提出,人才资源作为经济社会发展第一资源的特征和作用更加明显,人才竞争已经成为综合国力竞争的核心①。建设社会主义科技强国,广大科技工作者要弘扬科学家精神,将自己的奋斗融入国家富强、民族复兴的伟大事业。

教学建议

本案例可用于"中国精神""加快建设科技强国"等内容的教学。科技是一个国家走向强大的关键性支撑,科技发展根本上依靠人才。全球化背景下,各国都在积极吸引人才,出现了人才的跨国流动现象,人才外流会给国家带来巨大损失。这一现象引出了一个现实问题:科技人才是否需要爱国?有人认为,科学无国界,科学家可以自由选择在某一国家从事科研,不必在意科学家的国籍问题。这一说法似乎有些道理,但却为一些投机者提供了借口。实际上,科学家刻着国家的烙印,科学家的成果应当首先服务于其所在国。科技工作者如果为了私利背叛祖国,必然会遭到本国人民的唾弃。"为谁服务"是科技工作者必须面对的真问题,也是衡量一个科技工作者人格的重要标准。中国作为世界上最大的发展中国家、最大的社会主义国家,国家独立性离不开科技的强大,科技的强大自然离不开具有爱国主义情怀的科技工作者的付出。也正是因为广大科技工作者秉持家国情怀,坚持科技报国,前赴后继地努力付出,我国才改变了科技落后的局

---

① 中共中央文献研究室:《习近平关于科技创新论述摘编》,北京:中央文献出版社,2016年,第112页。

面，进入创新型国家行列。实现科技强国，科技工作者要大力弘扬胸怀祖国、服务人民的爱国精神，勇攀高峰、敢为人先的创新精神，追求真理、严谨治学的求实精神，淡泊名利、潜心研究的奉献精神，集智攻关、团结协作的协同精神，甘为人梯、奖掖后学的育人精神。

1. 陆元九说要把创新当作一场没有终点的长跑，你是如何理解这句话的？
2. 谈谈你对"两弹一星"工程意义的认识。新时代如何弘扬"两弹一星"精神？

李臻，周建国. 一片丹心赤诚报国　精益求精奉献航天——访中国科学院院士、中国工程院院士陆元九 [J]. 中国航天，2021（5）：8—11.

罗旭. 两院院士、"七一勋章"获得者陆元九：让星辰大海的征程没有迷途 [N]. 光明日报，2022—7—7（4）.

一腔赤诚为祖国航天——记"七一勋章"获得者陆元九 [J]. 国防科技工业，2021（7）：45—47.

张盖伦. 陆元九院士：一生奉献航天　矢志不渝报国 [N]. 科技日报，2022—6—30（3）.

用热血和青春筑起巍峨界碑

王小鹏

加勒万河谷,这条位于西部边境喀喇昆仑山脉褶皱深处的细长峡谷,激流滔滔,乱石嶙峋。这里是祖国的西部边陲,也是守卫和平的一线。来自天南海北的一茬茬官兵,扎进茫茫群山,挺立冰峰雪谷,用热血和青春筑起巍峨界碑。

在那场有关外军严重违反两国协定协议、蓄意挑起事端的斗争中,我国边防官兵在忍无可忍的情况下,对暴力行径予以坚决回击,取得重大胜利,有效捍卫了国家主权和领土完整。33岁的营长陈红军,奉命带队前往一线紧急支援,在同外军战斗中,英勇作战、誓死不屈,为捍卫我国领土主权、维护国家核心利益壮烈牺牲。

敢于斗争、敢于胜利。"卫国戍边英雄"陈红军和他的战友们展现出来的誓死捍卫祖国领土的赤胆忠诚和一不怕苦、二不怕死的战斗精神,彰显了新时代卫国戍边英雄官兵的昂扬风貌。

把背影留给战友的"冲锋者"

营长带我们上前线时,就穿着这一身

恢复了平静的加勒万河谷,河水缓缓流淌,群山沉静肃穆。然而,每当望见"大好河山,寸土不让"8个大字时,中士何生盼还是忍不住会想起营长陈红军,想起那个冲锋在前的背影。"很长一段时间,战友们聚在一起聊天时,总会不自觉地翻出他的照片来看,"何生盼红着眼眶说。照片里的陈红军脸膛黑黑的,近一米八的个子穿上单兵防护装具,英气十足,他的鼻梁上架着一副无框眼镜,笑意盈盈中透着几分儒雅。"营长带我们上前线时,就穿着这一身。"何生盼记得,那天傍晚,陈红军从指挥所匆匆跑回来,边跑边喊:"所有人备勤,准备登车!"

说好了要一个不少地回来,结果他自己却没兑现承诺

"那段路,感觉车都快飞起来了!"中士何俊发现,营长从来没有这么着急过。"后来,道路不通,他就带头蹚河,不顾近5000米的海拔跑着往前冲。""保护团长!"中士陈伟听见一声高喊,只见陈红军带着两名盾牌手,迎着"石头雨""棍棒阵"冲上前去,用身体和盾牌隔开外军,掩护战友将团长救出。陈红军指挥部队向有利地形有序转移时,看到几名战士被对方围攻,毫不犹豫地转身,带领官兵再次冲锋,只留下一个高大的背影。在很多官兵的记忆里,那个背影是营长留给他们的最后印象。

我方增援队伍及时赶到后,一举将来犯者击溃驱离,取得重大胜利。排长曲元钧清

楚记得，出发时陈红军打着手电，站在风雪中郑重承诺："我要把你们安全地带上去，也要把你们一个不少地带下来！""说好了要一个不少地回来，结果他自己却没兑现承诺……"

祖国山河终无恙，守边护边志更坚。那场战斗之后，"宁将鲜血流尽，不失国土一寸"被很多官兵自发写在了头盔里、衣服上，刻印在青春的胸膛里。捍卫着英雄誓死捍卫的国土，肩负着英雄用生命践行的使命，一股"学英雄、当英雄"的热潮涌动在喀喇昆仑高原。

没什么爱好的"拼命三郎"

有一天，我一定要穿上这身军装

2009年，陈红军从地方大学毕业，本已通过公安特警招录考试，可一听说征兵的消息就临时"变卦"，最终走进火热军营。走上高原是因为理想，留在高原考验的则是信念。无法摆脱的高寒缺氧，满目的荒漠冰川，漫长的冬季封山……胸怀"党叫干啥就干啥"的赤胆忠诚，肩负"边关有我在，祖国请放心"的勇敢担当，陈红军坚守着无数边防军人用生命筑起的精神高地，扎根、奉献、奋战在边防斗争一线。

2020年，他成为全团最年轻的营长，在祖国的西部边境线上洒尽热血，将自己的军旅生涯永远定格在了第11年。11年的军旅生涯，赤胆忠诚皆为祖国。团政委王利军说，这些年来，陈红军先后任排长、参谋、连长、协理员、股长、营长，岗位多次变换，在每个岗位上都拼尽全力、表现出色。"红军本是学心理学的，军事方面可谓零基础。可担任二连连长后，他很快就掌握了装甲专业知识。"曾任二连指导员的王伟说起老搭档的钻劲儿，慨叹不已。"当作训股股长时，他的办公室在三楼，宿舍在一楼，遇到重大任务，干脆在办公室支了张行军床……"聊到老股长，连长陈鸿宇直言："他干起工作来，就是个拼命三郎！"母亲丁念毕回忆，陈红军从小就崇拜军人保家卫国，经常"偷"他三叔的军帽戴。后来，有高中同学参军，他又借来军装拍照，并告诉母亲："有一天，我一定要穿上这身军装。"

党把自己放在什么岗位上，就要在什么岗位上建功立业

在陈红军宿舍书柜里的一本书中，一段画线重点标注的话折射出他对职责使命的理解：党把自己放在什么岗位上，就要在什么岗位上建功立业。机步营是边情紧急时支援一线的力量。陈红军任营长时，正好赶上全营从装甲步兵营向机械化步兵营转型。使命感促使他不断激励自我，奋发进取。

整理陈红军遗物时，何生盼看到，营长没有个人日记，有的只是厚厚的几本工作笔记，其中，单就一个站哨就列出了好几点问题。陈红军牺牲后，机步营官兵发现，大家谁也说不出营长有什么业余爱好，"印象中，他最喜欢的似乎除了工作还是工作"。

在陈红军的带领下，机步营改制不到2年便形成作战能力，先后被表彰为军事训练一级单位、装备管理先进单位、后勤管理先进单位。

有情有爱的"普通人"

那是最幸福的一段时光，是一个家庭该有的样子

"红军是一个让人感觉很温暖的人。"肖嵌文聊起和丈夫相识相恋以来的日子，几度哽咽："平时虽然相隔几千公里，可每逢节日，我都会收到他寄的礼物。"结婚4年，夫妻俩聚少离多，一直没有孩子。陈红军最后一次休假是2020年春节，只有短短17天。回忆起匆匆相聚的日子，肖嵌文说："每天早上我还在睡觉的时候，他会提前去超市买好菜，然后我再给他做一日三餐。那是最幸福的一段时光，是一个家庭该有的样子。"令人欣慰的是，这次相聚留下了爱情的结晶；令人痛心的是，孩子还没出生便永远失去了父亲。肖嵌文清楚记得，自己最后一次和陈红军联系是2020年6月5日，那时怀孕已有5个多月，"他特别喜欢丫头"，肖嵌文曾开玩笑问陈红军："如果是个男孩，你还不爱了吗？""爱呢，爱呢，爱呢！"电话那头，陈红军忙不迭地回答——这也成了肖嵌文对陈红军最后的记忆。

党员干部跟我顶在最前面，义务兵往后靠

边境一线，陈红军始终是官兵眼中的标杆。"构筑工事，几十斤重的大石头，我们抱一块，他肯定也抱一块，"下士王钰说，"战士衣服脏了，营长身上也绝不会干净。"在战斗最激烈的时刻，上等兵杨旭东亲眼看到，面对外军人多势众、咄咄逼人的态势，陈红军一边冲锋一边大声喊："党员干部跟我顶在最前面，义务兵往后靠。"平时甘苦与共，战时生死与共。那场战斗中，团长顶在最前面阻挡外军，营长救团长、战士救营长、班长救战士……我官兵上下同欲、生死相依，是以少胜多的关键所在。战斗结束清理战场时，王钰在陈红军等人牺牲现场看到，一名战士紧紧趴在营长身上，保持着护住营长的姿势。这名战士是陈祥榕——陈红军平时关爱最多的"娃娃兵"之一。

案例点评

"这世上哪有什么岁月静好，只是有人为你负重前行。"大好河山，寸土不让！我们不是生活在一个和平的时代，只是生活在一个和平的国家。和平不是天上掉下来的，而是革命先烈拿命换来的；和平不是一劳永逸的，需要我们坚定捍卫。时代在变，但军人的初心、军人的使命、军人的职责从未改变，人民子弟兵始终是守护和平的坚固长城。戍边将士们的身后就是祖国，当国家受到侵犯时，他们会第一时间义无反顾地冲锋在前。巍巍雪山见证了陈红军的赤胆忠诚，英雄的铮铮铁骨将永远镌刻在喀喇昆仑高原。习近平总书记强调：永远做红军的传人，着力培养有灵魂、有本事、有血性、有品德的新一代革命军人，努力锻造具有铁一般信仰、铁一般信念、铁一般纪律、铁一般担当的过硬部队。① 陈红军继承"一不怕苦，二不怕死"的革命英雄主义精神，是"四有"新时代革命军人的杰出代表，是对党绝对忠诚、矢志强军报国的时代先锋。

---

① 习近平：《习近平谈治国理政（第二卷）》，北京：外文出版社，2017年，第55页。

本案例可用于"加快推进国防和军队现代化"等内容的教学。教师通过此案例可以让学生明白新时代中国军人的情怀与担当，我国国家安全、和平环境的来之不易。以祁发宝、陈红军、陈祥榕、肖思远、王焯冉等先进典型为代表的新时代卫国戍边英雄官兵，捍卫国家主权和领土完整，寸土不让，展示了新时代中国军人的可敬形象。此案例让学生走进英雄、牢记英雄、崇尚英雄、敬仰英雄，传承革命精神，努力成为有血性、有骨气的青年。陈红军牺牲时33岁，此时妻子已怀孕5个多月了，还有几个月的时间，陈红军就可以看到他们的孩子了，可这一切都不会成为现实了。陈祥榕牺牲时年仅19岁，"清澈的爱，只为祖国!"他曾在自己的日记中，写下这沉甸甸的八个大字表白祖国。肖思远牺牲时年仅24岁，"我们就是祖国的界碑，脚下的每一寸土地，都是祖国的领土"，这是他写在战地日记里的一句话。2年后，戍边烈士肖思远的弟弟肖荣基奔赴军营，成为"杨根思部队"的新兵，愿"成为祖国的界碑"，母亲含泪叮嘱小儿子："好好锻炼，不怕吃苦!"王焯冉牺牲时年仅24岁，请战书上，他写下"如果能上战场杀敌，我愿站在排头"。王焯冉写给父母的战前家书中，有这样一句话："爸妈，儿子不孝，可能没法给你们养老送终了。如果有来生，我一定还给你们当儿子，好好报答你们。"他们是一个个"有血有肉""有情有爱"的普通人，他们也有自己的父母、亲人，但在面对危难时，他们毅然决然选择誓死捍卫祖国领土，展示出新时代革命军人的好样子。

1. 战斗激烈时刻，陈红军一边冲锋一边大声喊："党员干部跟我顶在最前面，义务兵往后靠。"这体现了人民军队中怎样的官兵关系？

2. 陈祥榕写的战斗口号："清澈的爱，只为祖国!"作为新时代的青年，你对祖国怀有怎样的情感？

参 考 文 献

琚振华，王天益. 陈红军：把背影留给战友的冲锋者[J]. 党员文摘，2021（9）：38－39.

新时代革命军人的无手军礼赞歌

陈乐香

"风烟滚滚唱英雄,四面青山侧耳听,侧耳听;晴天响雷敲金鼓,大海扬波作和声,人民战士驱虎豹,舍生忘死保和平……"这首《英雄赞歌》深情讴歌了远赴朝鲜的共产主义战士保家卫国、浴血战场的英雄事迹。在当今和平安宁的祖国大地,依然有很多这样的英雄战士,他们为了保卫祖国的疆土,保护老百姓的生命财产,坚守共产主义战士的理想信念与初心使命,冒着血与火的考验踏上"战场",成为新时代的英雄儿女。扫雷战士杜富国就用无手军礼谱写了一曲新时代的"英雄战歌"。

扫雷场上,舍己救人的赞歌

2018年10月11日下午,南部战区陆军云南扫雷大队四队在云南省麻栗坡老山西侧坝子执行扫雷任务,这是一个爆炸物密集的雷场。作业组长杜富国带着战士艾岩手持探雷器,弯着身子小心翼翼地进行搜索。14时39分,探雷器发出异响,仔细搜查后,他们发现一个少部分露于地表的弹体。他们初步判断这是一颗弹量大、危险性高的加重手榴弹,而且下面可能埋着一个雷窝。杜富国马上把情况向分队长报告。接到"查明有无诡计设置"的指令后,杜富国对艾岩说:"你退后,再退后一点,让我来。"当杜富国按照作业规程,小心翼翼地清除弹体周围的浮土时,突然"轰"的一声巨响,手榴弹发生爆炸,他下意识地倒向艾岩一侧,阻挡了扑向艾岩的冲击波和弹片。由于杜富国这舍生忘死的刹那一挡,两三米之外的艾岩仅受了皮外伤。而飞来的弹片伴随着强烈的冲击波,把杜富国的头盔护镜炸裂,胸前的扫雷服被炸成了棉絮状,他被炸成了一个血人。[①]

爆炸发生后,杜富国当场昏迷休克,伤情十分严重。战士们心急如焚地用担架抬着杜富国下山,他们生怕颠簸会加重杜富国的伤情。一名抬担架的战士回忆:"我们大喊着'慢一点!慢一点',但腿不自觉地狂奔,根本慢不下来。"当晚,杜富国被连夜转送至解放军第926医院。当时的杜富国双眼蒙住纱布,浑身上下缠满了绷带,全身都黑黢黢的。紧急赶来的杜富国的父亲杜俊虽然对儿子的伤情早有心理准备,可得知杜富国双眼毁损和双手截肢后,他蹲在医院的走廊上蜷曲着身体,用力让双腿紧紧压着胸口,

---

① 王仁锋,杜富国:《用生命担当使命的新时代英雄战士》,载《党建》2022年第5期。

"他似乎是想用尽全力抑制悲伤"①。经过三天三夜连续 5 次大手术后,杜富国终于被从死亡线上救了回来,但却永远失去了双手和双眼。② 在 2018 年的一等功授勋仪式上,杜富国抬起残臂庄严敬礼的一幕,刹那间让无数人泪奔,被称为"最美的军礼"③。

面对选择,无畏前行的赞歌

在杜富国的 8 年军旅生涯中,他有三次重要选择:第一次是他刚参军来到美丽的西双版纳某边防团,他原本可以成为一名边防战士,却主动选择了参加扫雷;第二次是来到扫雷部队后,领导发现他会做一手好菜,烹饪技术不错,决定安排他当炊事员,而他又选择了扫雷;第三次是在扫雷行动中,"你退后,让我来",在爆炸中用身体掩护了战友。他的每一次选择都是为了实现更大的人生价值。

在得知组建扫雷大队的消息后,杜富国第一时间递交申请,主动请缨参加排雷。雷场就是战场,排雷兵是离死亡最近的一群人,"注意安全"是他们嘴上时常挂着的一句话。有人说,扫雷部队用的是"绣花针",走的是"阴阳道",跳的是"刀尖舞",拔的是"虎口牙"。杜富国很清楚:扫雷是一项艰辛、艰苦、艰难且十分危险的任务,但他选择了义无反顾。他在参加扫雷行动申请书中写道:"当我了解到生活在雷区的村民十年间被炸三次的惨痛事件时,我的心难以平静。我感到冥冥中这就是我的使命,一个声音告诉我:我要去扫雷!"有人告诉他扫雷非常危险,他说:"怕死就不来当兵了,现在人民有需要、国家有号召,我们决不能后退半步。"他在申请书中写道:"我思索着怎样的人生才是真正有意义有价值的,衡量的唯一标准是真正为国家做了些什么,为百姓做了些什么……我感到这就是我的使命……"④

2015 年 6 月,杜富国如愿成为扫雷大队的队员,和从不同单位抽调的 400 余名战友一道,义无反顾地奔赴西南边疆雷场。因从小父母打工在外,杜富国烧得一手好菜,大队打算安排他去炊事班。他却说:"既然申请来这里,我就要到一线去排雷!"一次搜排 4 号洞雷场一片不足 3 平方米的区域时,战士们向下清理了近半米的生活垃圾。路过的村民说,这里踩踏过多次,肯定没雷。杜富国却执意要搜排,他说:"如果我们遗漏一个角落、遗留一枚地雷,老百姓踩到可能就没命了。"最终,他们在周边搜排出爆炸物 10 余枚、火箭弹 2 枚。

"你退后,让我来!"生死关头,杜富国毫不犹豫地喊出的这句话,使他从普通士兵成长和转变为扫雷英雄,这是他人生最重要的一次选择,这也正是杜富国无数次出入雷场,无数次面对危险,无数次选择向前,一点一滴积聚起的勇气和担当。杜富国后来回忆受伤

---

① 章文:《排雷英雄——记陆军某扫雷排爆大队战士杜富国》,载《光明日报》2019 年 5 月 20 日。
② 李清华,杨庆民,张永进:从士兵到英雄——记陆军某扫雷排爆大队英雄战士杜富国[EB/OL]. 新华网,2019-05-20,http://www.xinhuanet.com/2019/05/20/c_1210138746.htm.
③ 李清华,杨庆民:新时代最可爱的人——记陆军某扫雷排爆大队英雄战士杜富国[EB/OL]. 新华网,2019-05-19,http://www.xinhuanet.com/politics/2019-05/19/c_1124514981.htm.
④ 李清华,杨庆民,张永进:从士兵到英雄——记陆军某扫雷排爆大队英雄战士杜富国[EB/OL]. 新华网,2019-05-20,http://www.xinhuanet.com/2019/05/20/c_1210138746.htm.

情景时说:"那个时候不容人有任何犹豫和思考,我是下意识的。""让我来"已经成为他的身体记忆,在那生死时刻,杜富国下意识地完成了一系列干净利索的动作。

面对伤痛,向阳重生的赞歌

在杜富国受伤后的一个多星期里,他一直昏迷不醒,醒来后第一句话却是问:"艾岩怎样?"病房里,只有战友们啜泣的声音。杜富国接着说:"你们别害怕,我没事,扫雷的工作你们替我继续完成吧。"受伤后的第 10 天,躺在病床上的杜富国疼得难以入眠,断臂上的绷带被血浸红,他抬起双臂想要触摸,少了一截的断臂老是碰不到一起,他的眼前一片黑暗,没有一丝光感。"我的手是不是没了?"杜富国问陪护他的原分队长张波。张波不敢如实回答,他说:"可能是绷带绑太紧,明天我问清楚再告诉你。"黑暗中,杜富国没有再问,一夜辗转。当部队领导最终决定告诉他真实伤情时,所有担心他反应过激而制定的应急预案都没有用上,心理医生默默关注他的表情。杜富国默默消化这个坏消息,他用颤抖的声音说道:"我知道了,你们不用担心,我会慢慢去适应没有眼睛没有手,给我点时间。"

告诉他伤情的第二天,杜富国如常开始锻炼身体,还主动和大家聊天、开玩笑,所有人悬着的心才落地。杜富国负伤的消息,唯独隐瞒了患脑出血的奶奶。但老人从电视上知道了孙子受伤的消息,流着泪来看望。"飞飞!"老人在家人搀扶下来到病房,忍着泪唤杜富国的小名。"奶奶!"杜富国使尽全身的力气用残臂抱着奶奶,这个负伤后从未流过一滴泪、叫过一声痛的英雄哭得像个孩子。从那以后,杜富国更加积极地进行复健治疗。虽然眼前失去了光明,但杜富国从没有放弃过希望。他说:"有那么多人关心我、鼓励我,我要像向日葵那样迎着内心的光努力向上,去做更多的事情。"①

受伤后,杜富国忍着巨大伤痛,从走路跑步、穿衣吃饭等基本生活技能开始,每天积极投入康复训练,练体能、练写字、学播音……逐步找到了新的人生价值和生活方向。得知自己无法重返雷场后,他坚持每天练习播音,成为战区陆军微信公众号播音员;他担任重庆市特殊教育中心校外辅导员,和盲童一起唱歌、踢球;他先后赴北京大学等军地单位宣讲 30 余次,讲述强军故事。现在,除了"排雷英雄战士",杜富国还有一个身份——军队广播节目《南陆之声》的播音员。"眼睛失去光明,心里升起太阳!"失去双手双眼的杜富国,虽然再也无法给妈妈一个完整的拥抱,再也不能看到妻子明媚的笑脸,但他永不服输的信念、坚毅刚强的品格、乐观豁达的心态,却为新时代革命军人立起了一座丰碑。②

2019 年 7 月 31 日,中央军委举行授予荣誉称号的仪式。中共中央总书记、国家主席、中央军委主席习近平为杜富国佩挂英模奖章、颁发证书。他举起断臂,敬了一个特殊的军礼。他要用这样的方式告诉所有人,自己永远是一名军人。③

---

① 章文:《排雷英雄——记陆军某扫雷排爆大队战士杜富国》,载《光明日报》2019 年 5 月 20 日。
② 王仁锋,杜富国:《用生命担当使命的新时代英雄战士》,载《党建》2022 年第 5 期。
③ 王仁锋,杜富国:《用生命担当使命的新时代英雄战士》,载《党建》2022 年第 5 期。

杜富国是红色老区培养出的优秀儿女,是用生命担当使命的新时代英雄战士,他敢于在最危急的时刻勇敢面对,把平安留给战友,把危险留给自己;他做到了随时准备为党和人民牺牲一切。他的先进事迹,充分彰显了忠诚坚定的理想信念、为民奉献的家国情怀、敢于担当的进取精神、直面磨难的刚毅品格,书写了有灵魂、有本事、有血性、有品德的新时代革命军人的铁血荣光。杜富国无愧为时代楷模,是我们每一个党员干部学习的榜样。我们要学习他在工作中遇到困难的时候"你退后,让我来"的精神,不怕困难、迎难而上、尽职尽责、勇于担当;学习他坚定理想信念,践行党的宗旨,无私无我、甘于奉献的精神,为实现第二个百年奋斗目标,实现中华民族伟大复兴的中国梦贡献自己的青春和力量!

本案例可用于"如何加强和改进党的建设"相关内容的教学。杜富国的先进事迹让我们深刻体会到,即使在和平年代,我们依然会面临无数的生死考验,而一个有着崇高信仰的共产党员在面对生死考验时会做出坚定选择,会无所畏惧地"把生的机会留给别人",勇于牺牲自己。这是党员先进性在军营战场的生动体现,也是加强党的建设在"特殊战场"的要求和方向。

1. 我们从杜富国身上可以看到共产党员作为新时代革命军人的哪些先进性?
2. 学习杜富国的先进事迹,新时代革命军人应该如何践行习近平强军思想?

参 考 文 献

李清华,杨庆民,张永进. 从士兵到英雄——记陆军某扫雷排爆大队英雄战士杜富国[J]. 时事报告,2019(6):52-53.

钱晓虎,张永进. 用热血和生命践行雷锋精神的"时代楷模"——记陆军某扫雷排爆大队英雄战士杜富国[J]. 雷锋,2019(7):55-58.

邱秋. 忠诚担当 敢于牺牲 向时代楷模杜富国学习[J]. 新湘评论,2019(15):38-39.

覃淋,韦一茜."排雷英雄"杜富国[J]. 当代贵州,2019(2):30-32.

王仁锋. 杜富国:用生命担当使命的新时代英雄战士[J]. 党建,2022(5):71.

沙洲村"半条被子"映初心

李 红

湖南省汝城县沙洲村地处罗霄山腹地，1934年，红军长征路过这里，留下了"半条被子"的感人故事。当年，三名女红军借宿徐解秀老人家中，临走时把自己仅有的一床被子剪下一半给老人留下，说：红军同其他当兵的不一样，是共产党领导的，是人民的军队，革命就是为了让老百姓过上好生活。[①] 2016年10月，习近平总书记在纪念红军长征胜利80周年大会上说：什么是共产党？共产党就是自己有一条被子，也要剪下半条给老百姓的人。2020年9月，习近平总书记在沙洲村考察时指出，"半条被子"的故事让人民群众认识了共产党，把党当成自己人。我们党坚持为人民服务，不仅仅是一句口号，而是坚持不懈的实际行动。

传承红色基因，为群众办实事解难题

沙洲村不足1平方千米，以前是罗霄山下远近闻名的穷山村，年轻人争着往经济发达地区跑，留下老少病残，发展主体严重缺位。2000年，沙洲村才有了第一条通村水泥路，唯一的公共文化设施是一个破烂不堪的篮球场。破旧泥泞、杂乱无章和百废待兴，成为沙洲村的"贴身标签"。

"村看村，户看户，群众看党员，党员看干部。"为改变沙洲村贫穷落后的面貌，党支部整个班子讲党性、比能力、拼干劲、竞成绩，凝聚起强大合力和战斗力。原村支书朱中建无暇顾及日杂店，家庭收入锐减，为了集体仍全力以赴；村委会主任朱向群在组织召唤和村民推选下，抛下建筑工头身份，卖掉了挖掘机，毅然返乡就任；村扶贫专干朱志平卖掉了运输货车，舍小我为大家，终日奔忙在村里事务上。

沙洲村搭架并完善了以党支部为核心，以村庄合作社、村务监督委员会、村民理事会、村民协会为支撑的"1+N"村民自治组织结构和运行机制。村"两委"突出党建引领、群众主体、社会参与，从"决策者、主体人、落实者"转变为"引导者、支持者、激励者"，村民人人都是主人翁，没有旁观者，没有局外人。

沙洲村上下齐心，拧成一股绳、劲往一处使，蹚出一条以红色旅游引领产业发展的致富之路。2018年，沙洲村实现整村脱贫出列。2019年，沙洲村共接待游客122万人

---

① 龙军，禹爱华："半条被子"映初心 党建引领奔小康［EB/OL］. 光明网，2020-10-16，https://epaper.gmw.cn/gmrb/html/2020-10/16/nw.D110000gmrb_20201016_1-05.htm.

次，村民人均可支配收入达 13 840 元。

转变"等靠要"思想，提升干劲找路子

干部领，群众跟。"幸福不能等靠要""好日子都是干出来的"等理念如今已根深蒂固。沙洲村广大群众把动力激发出来，把干劲提升起来，把路子主动找起来，在脱贫攻坚、全面小康、发展景区、乡村振兴等方面，加足马力往前奔。

担任生态护林员的村民朱利志因母亲患精神疾病，妻子突发强直性脊柱炎，全家背上沉重债务，2015 年被纳入建档立卡贫困户后，家人住院可报销 90% 以上，女儿上学免除所有费用，每学期还有 500 元生活费。负担减轻了，可增收仍是难题，朱利志对未来陷入迷茫。朱向群找到他说："村里设立了生态护林员公益性岗位，每年工资 1 万元。但这项工作责任重大，容不得丁点闪失，你能不能胜任？"朱利志回答说："能！我一定要看好青山，为发展旅游出力。"2016 年底，他的各项指标都达到了脱贫标准，脱了贫、不歇气，朱利志和妻子在村广场支起小摊，销售零食、饮料等，还参加创业致富带头人培训班，学习网络营销，做起了水果电商，每年收入有十几万元。

贫困户朱海忠患膀胱癌，在乡村干部和帮扶人员的支持下，种植枇杷、桃子、水晶梨、奈李等水果 5 亩，并在网上学习种植技巧，积累经验，每年收入超 3 万元。

朱小红是"半条被子"故事主人公徐解秀的孙子。现在他们家开起了民宿，朱小红在给游客炒菜之余还当上了村里的景区协管员，他们全家收入 15 万元，过上了幸福的小康生活。

沙洲村共有 142 户村民，其中 30 户是建档立卡贫困户。通过转变"等靠要"思想，村里不少和朱利志、朱海忠一样的贫困户，提振精气神，转动脑瓜子，摘掉了"穷帽子"。对于无劳动能力、无生活来源、无人赡养的贫困户，村里从集体经济收入中拿出部分给他们分红：村里光伏发电项目每年电费收益 4 万多元，其中 2.1 万元分给 7 户最困难的贫困户；2017 年村里办起瑶家乐农庄，每年收益 14.5 万元，拿出 5.2 万元分给贫困户。至 2018 年底，沙洲村仅剩的 12 户贫困户全部脱贫摘帽。①

"党建"模式推进，走好新时代的长征路

沙洲村利用本地红色旅游、绿色生态、古色乡风等资源优势，勾画出发展多元经济的蓝图，以"党建"模式推进，以"旅游"扩展，扶贫、扶志、扶技结合，聚沙成塔实现规模效应，红色旅游牵引出全面发展之路。

近几年，沙洲村加大基础设施建设力度，"半条被子"故事发生地旧址、"半条被子的温暖"专题陈列馆、民俗文化广场、红军广场、朱氏宗祠、红军卫生部旧址以及沙洲

---

① 奋斗百年路 启航新征程·小康梦圆. 沙洲村："半条被子"映初心 小康路上气象新 [N/OL]. 共产党员网，2021—08—06，https://www.12371.cn/2021/08/06/VIDE1628256481961652.shtml.

田园综合体等文旅景点和项目相继建成，总投资近4亿元。在此基础上，沙洲村还依托红色资源成立旅游公司，推出了"重走长征路"、特殊党课、拓展训练等适合团队游客的特色文旅服务项目，民宿和商铺发展到了40多家。

"半条被子"的故事和日益完善的文化旅游设施与服务，吸引了越来越多的游客来到沙洲村，如何让村民们把握住这一大好机遇，找到脱贫增收的路径，为游客做好服务呢？沙洲村党支部第一书记黄飞介绍，扶贫工作队多方争取支持，为村民们开办了厨师培训班、民宿客栈经营管理培训班、水果栽培技术培训班、礼仪培训班、电商培训班等多种实用培训班，每年举办多期培训班，累计培训沙洲村及周边村镇村民上千人次。黄飞说："一代人有一代人的长征路，我们的长征路就是带领沙洲村民全面脱贫，奔向小康，这条路虽充满艰辛，但我们即将赢得胜利，我们一定慎终如始、毫不松懈，走好这条新时代的长征路。"沙洲村党支部捧回了"全国先进基层党组织"的奖状，让沙洲村村民更加坚定了跟党走、用奋斗创造幸福生活的决心。

案例点评

沙洲村因习近平总书记多次提到红军长征路过这里时发生的"半条被子"故事而出名。90多年前，"半条被子"的故事深刻诠释了中国共产党为民谋福祉的不变初心和不懈追求；90多年后，沙洲村在党的领导下，从昔日的穷山沟到如今的小康村，充分体现了中国共产党以人民为中心的发展思想。沙洲村党支部班子讲党性、比能力、拼干劲、竞成绩，为村民群众排忧解难办实事，帮助贫困户村民脱贫摘帽，带领沙洲村村民走上全面脱贫奔小康的新长征路，延续着红军长征为民谋幸福的初心。获得"全国先进基层党组织"称号的沙洲村党支部，为农村基层党组织如何巩固脱贫攻坚成果从而实现乡村振兴发展战略提供了样板和范例。

教学建议

党的十八大以来，以习近平同志为核心的党中央坚持把解决好"三农"问题作为全党工作的重中之重，打赢脱贫攻坚战，历史性地解决了绝对贫困问题；实施乡村振兴战略，推动农业农村取得历史性成就、发生历史性变革；实现农业现代化，进一步改变农村面貌，让农民都富裕起来，这些目标的实现都需要农村基层党组织加强党建引领乡村振兴，让村民在党的领导下积极发展农业、热爱农村、愿做农民。本案例可用于"坚持和加强党的领导""中国共产党的领导地位是历史和人民的选择""从全面建成小康社会到全面建设社会主义现代化国家"等内容的教学。教师在教学中讲述沙洲村"半条被子"的故事，以及沙洲村依托红色资源的"党建"模式推进乡村振兴的成功案例，可以引导学生积极加入中国共产党，投身乡村振兴，锻炼自己、增加人生阅历，在最基层的实践中践行共产党员的初心，在服务社会的过程中实现个人的人生价值。

学习思考题

1. "半条被子"的故事给你的启示是什么?
2. 沙洲村党建引领奔小康的成功案例带给我们哪些经验和启示?

支部领路,共同致富

李 红

2019年5月,习近平总书记在江西考察时来到赣州市于都县梓山镇潭头村,察看村容村貌。他强调:要把乡村振兴起来,把社会主义新农村建设好;要加强乡村人居环境整治和精神文明建设,健全乡村治理体系,使乡村的精神风貌、人居环境、生态环境、社会风气都焕然一新,让乡亲们过上令人羡慕的田园生活。赣州全市上下牢记习近平总书记的殷殷嘱托,感恩奋进、砥砺前行。近年来,江西省赣州市委坚持党建引领,着力加强农村基层党组织建设,带动11个贫困县脱贫摘帽,114.3万贫困人口稳定脱贫,乡村振兴迈出坚实步伐。赣州市委明确提出要进一步为民服务谋福祉,深入推进新时代赣南苏区振兴发展,打造革命老区共同富裕先行区。

促进基层党建高质量发展

农村党建,抓手在哪里?赣州市委把发展村集体经济纳入基层党建"大盘子",作为基层党建高质量发展的重点任务,实行组织部门和农业农村部门双牵头机制,总结出政策红利型、出租出让型、股权分红型等5大类30种发展模式,全市行政村经营性收入均过10万元,村均达27.77万元,培育了一批集体经济强村。村集体经济蓬勃发展成为打造美丽乡村、推进乡村振兴的重要保障。

坪地山村曾是一个贫穷落后的小山村。2016年,坪地山村争取到100万元资金。村委会提出用这笔钱发展乡村旅游,壮大村集体经济。可设想刚一提出,就有村民质疑:"在村里发展旅游,全县都没有先例,能行吗?"坪地山村党支部书记陈秋生带领村干部走村入户了解民意,自费组织人员前往外地考察,聘请专业机构做项目规划等,经过半年的调研、考察,思路渐渐清晰,村民也统一了认识:由村集体领办、村民入股,实行公司化运营。公司在已有扶持资金的基础上,由村干部和党员带头出资入股,鼓励村民通过现金、土地等形式投资入股,126户村民共筹资500万元。2019年,坪地山村接待游客10多万人次,利润达100万元,村集体按照股权分红20万元。2020年,村人均年收入达7000元。

村集体有了收入后还需要加强监管。赣州市制定了村集体经济收入奖励机制和管理办法,出台村级财务管理办法,建立"三资"管理平台,把集体土地对外承包、集体项目发包经营等作为"四议两公开"的重要内容,接受群众监督,确保账务明晰、分配合理、使用规范。

选出可靠致富带头人

村子富不富,关键看支部;村子强不强,关键看"头羊"。近年来,赣州市着力加强农村带头人队伍建设,注重传承革命老区的红色基因,赓续精神血脉,特别是优先考虑红军后代、烈士家属、退役军人和军属、老党员、退休干部、老教师等群体。

谢建平是著名的"苏区模范乡"——兴国县长冈乡塘石村的党总支书记,他上任后的第一件事便是抓党建,开展"党员干部带头"行动,在产业发展、环境整治、移风易俗等方面建立积分管理制度,提升党总支组织力。谢建平刚动员村民发展大棚蔬菜时,有村民提意见:"种菜不如种粮,搞了大棚没人种怎么办?"要种植400亩蔬菜涉及300多个农户的土地,土地流转也是个难题。关键时刻,党建引领作用得到了彰显。谢建平动员塘石村干部带头流转土地,并组织党员干部分片区向村民们宣传政策,解疑释惑。如今,塘石村大棚里的蔬菜换了一茬又一茬,村民们不但有土地分红,还能在家门口就业。大棚蔬菜每年为村集体经济增收8万余元。"有公心、有责任心、能办事、办成事",村民们对谢建平赞不绝口。

曾石福是禾丰镇的返乡党员、致富带头人,他带动乡邻们组建专业合作社,与鑫悦公司签订领种协议,一起发展兰花产业,通过公司"统一供应苗圃农资、统一技术服务、统一回购销售",合作社年利润可达20万元。

赣州市委组织部选拔基层带头人既看工作圈、生活圈、服务圈测评,也看基层党建、脱贫攻坚、民生工程等落实情况,资望高且群众认可的人选、政治可靠的人选才能脱颖而出。2021年村级换届,赣州市共动员7986名红色传人参选,实现"不出事、选准人、优结构"目标。同时,全面加强党员致富带头人队伍建设,培养党员致富带头人1.7万余名,形成了一套较完整的"选人、育人、用人、带人"体系,在换届后的村党支部书记中,致富能手占比达84.58%。

在赣州市于都县禾丰镇大湾村今年年初的村两委换届选举中,刘济才因为懂经营、会管理、善协调、能发展,走上村干部岗位。新一届大湾村两委班子年富力强、充满干劲,哪家资金周转不过来,他们帮忙垫上;哪家劳动力短缺,他们组织村民补上。村里还采取"龙头企业+党员+农户""党员先锋户+农户"等模式,鼓励和引导村民发展种养产业。

厚植乡村人才土壤

乡村要振兴,离不开高素质人才。赣州市通过强化激励保障、健全管理机制等,吸引越来越多懂农业、爱农村、爱农民的"三农"人才扎根农村。2021年,赣州市评选出了首批职业农民职称,全市有1633名"田秀才""土专家"获评农艺师、畜牧师、脐橙农艺师等专业职称。这些"田秀才""土专家"们,被纳入赣州市乡土专家库管理,作为各类培养、扶持与服务的重点对象,激励他们更好地发挥农村致富带头人作用。

杨航曾开办过运输公司,生意做得不错,年收入约200万元。2014年,镇、村党组织和群众代表找到杨航，动员他参加村"两委"竞选，带领群众共同致富。2021年，杨航当选沙洲坝村党总支书记兼村委会主任。沙洲坝村有30多处革命旧居旧址，杨航一上任便提出依托红色资源优势，以"党建+"形式，由党总支部牵头建设"红军之家"，组建红色文化宣传志愿服务队，发展红色旅游，带动村民致富。

驻村干部杨群学的是财会专业，脱贫攻坚期间作为金融企业驻村工作队队员入驻沙洲坝村。驻村期满后，杨群准备到一家外省企业从事财会工作。得知杨群要外出的消息，当地镇、村干部带领群众代表挽留她继续和镇、村干部一起带领群众脱贫致富。

为厚培发展的"人才土壤"，赣州市已连续多年提高村干部待遇，村党组织书记基本报酬均在3000元/月以上。同时，将村干部纳入市、县两级干部教育培训总体规划，保证村党组织书记、村主任每年至少参加1次县级以上培训，其他村干部任期内轮训一遍。此外，赣州市近3年还从村（社区）干部中选拔乡镇班子成员53人、选聘乡镇事业干部222人。通过一系列组合拳，赣州市有效解决了村干部报酬待遇偏低、职务和岗位调整提拔的空间有限、能力素质不高、考核机制不健全等问题，着力打造一支强大的乡村振兴人才队伍，为乡村振兴提供了坚实的干部人才支撑。

案例点评

在习近平总书记提出的精准扶贫政策推动下，2020年全国贫困人口实现全部脱贫，农村从脱贫攻坚进入乡村振兴发展阶段。如何巩固脱贫攻坚成果从而实现乡村振兴是当前农村工作的重要任务，农村基层党组织则是引领乡村振兴这辆火车前行的火车头。江西省赣州市委坚持党建引领，着力加强农村基层党组织建设，带动11个贫困县脱贫摘帽，114.3万贫困人口稳定脱贫，乡村振兴迈出坚实步伐，为全国农村发展提供了如下经验：一是强化党建引领作用，把发展村集体经济纳入基层党建"大盘子"，作为基层党建高质量发展的重点任务，实行组织部门和农业农村部门双牵头机制，培育了一批集体经济强村；二是全面加强党员致富带头人队伍建设，注重传承革命老区的红色基因，赓续精神血脉，培养党员致富带头人1.7万余名，形成了一套较完整的"选人、育人、用人、带人"体系，充分发挥党员致富带头人的作用；三是厚植乡村人才土壤，以强化激励保障、健全管理机制等吸引越来越多的"三农"人才扎根农村，着力打造了一支强大的乡村振兴人才队伍，为乡村振兴提供了坚实的干部人才支撑。

教学建议

党的建设伟大工程在"四个伟大"（伟大事业、伟大梦想、伟大斗争、伟大工程）中居于核心地位，坚持和加强党的领导是农村发展必须坚持的原则，农村基层党组织应成为乡村振兴的战斗堡垒。江西省赣州市在乡村发展中着力加强农村基层党组织建设，通过提升基层党建"三化"建设质效，着力构建各地各部门联动、齐抓共管的乡村振兴工作体制机制，积极调动社会各界参与，引导各界以党建、产业、教育、就业等多种帮扶模式参与乡村振兴，一幅产业兴旺、村美民富的壮丽画卷正徐徐展开。本案例可用于

"党的建设伟大工程""脱贫攻坚战""乡村振兴发展战略"等内容的教学。教师可以在教学中通过讲解赣州市的乡村共产党员在致富路上带领农民群众共同致富的鲜活案例,引导学生积极加入中国共产党,永远跟党走,坚信无论过去、现在还是未来,中国共产党都始终坚持全心全意为人民服务的宗旨,积极带领人民群众为实现中华民族伟大复兴的梦想而奋斗。

1. 江西省赣州市委坚持党建引领,着力加强农村基层党组织建设的经验、启示有哪些?
2. 共产党员如何在乡村振兴中发挥好党员的先锋模范作用?

江西省赣州市着力加强农村基层党组织建设——建强党组织、共筑致富路[N]. 人民日报,2021-8-31(12).

让乡亲们过上令人羡慕的田园生活[N]. 光明日报 2022-9-3(5).